Das Praxis-Handbuch Garten

Den Garten gekonnt anlegen,
bepflanzen und pflegen

Das Praxis-Handbuch Garten

Den Garten gekonnt anlegen,
bepflanzen und pflegen

Matthew Biggs
John Cushnie
Bob Flowerdew
Anne Swithinbank

Deutsche Verlags-Anstalt

Die vier Autoren beantworten in der seit Jahren erfolgreichen BBC-Sendung *Gardener's Question Time* die kniffligsten Fragen engagierter Gartenbesitzer. Sie haben viele Zeitschriftenartikel und Bücher publiziert und sind Experten in ihrem Fach.

Matthew Biggs (Foto oben links) wurde im Londoner Botanischen Garten in Kew Gardens ausgebildet und ist Fachmann für den Anbau von Gemüse, Kräutern und Obst.
John Cushnie (Foto oben rechts), Gartendesigner aus Irland, hat sich auf Bäume und Sträucher spezialisiert.
Bob Flowerdew (Foto unten links) ist Experte für biologisches Gärtnern.
Anne Swithinbank (Foto unten rechts), ebenfalls in Kew Gardens ausgebildet, hat die Gewächshäuser der Royal Horticultural Society in Wisley betreut.

Aus dem Englischen übersetzt von Maria Gurlitt-Sartori

1. Auflage 2016
Copyright © der deutschsprachigen Ausgabe 2007
Deutsche Verlags-Anstalt, München,
in der Verlagsgruppe Random House GmbH

Titel der englischen Originalausgabe
Techniques & Tips for Gardeners
(BBC Gardeners' Question Time)
2005 erstmals erschienen bei
Kyle Books
192–198 Vauxhall Bridge Road
London SW1V 1DX
www.kylebooks.com
In Zusammenarbeit mit der BBC London

Text © 2005 Matthew Biggs, John Cushnie,
Bob Flowerdew & Anne Swithinbank
Fotos © Mark Winwood & Jonathan Buckley
(weitere Copyrights siehe Bildnachweis Seite 319)
Umschlagfotos: Vorderseite: Shutterstock/fototi photography
Rückseite: alle Fotos aus dem Innenteil (oben: Jonathan Buckley,
unten (4): Mark Winwood)
Alle Rechte vorbehalten

Lektorat: Caroline Taggart, Catherine Ward
Design: Geoff Hayes
© Fotos Seite 1: Mark Winwood
© Bild Seite 2/3: Manuela Göhner
Register: Sarah Ereira
Produktion: Sha Huxtable & Alice Holloway
Recherchen für die deutsche Ausgabe: Christoph Gurlitt
Satz der deutschen Ausgabe: Edith Mocker, Eichenau
Produktion der deutschen Ausgabe: Monika Pitterle/DVA

Printed in China
ISBN: 978-3-421-04030-5

www.dva.de

Inhalt

Zur deutschen Ausgabe

Dieses Buch fußt auf der erfolgreichen BBC-Hörfunksendung *Gardeners' Question Time*. In dieser Sendung werden Fragen gartenbegeisterter Zuschauer von einem Team erfahrener Gartenjournalisten beantwortet. Die vorgestellten Tipps sind also alle praxiserprobt.

Nun haben wir in Europa nicht nur völlig unterschiedliche Klimazonen, die das Gärtnern maßgeblich beeinflussen, wir haben auch noch sehr uneinheitliche Vorschriften, was den Einsatz etwa von Pflanzen- und Holzschutzmitteln angeht; auch unterscheiden sich die Bauvorschriften in Österreich und der Schweiz und sogar in den deutschen Bundesländern.

Die Übersetzer und Lektoren sowie eingeschaltete Fachberater haben den englischen Text des Originalbuches nun weitgehend den Gegebenheiten im deutschsprachigen Raum angepasst und gegebenenfalls die Besonderheiten der einzelnen Länder vermerkt. Dennoch können wir keinerlei Gewähr für die Allgemeingültigkeit der Tipps und Bauanleitungen geben. Wir empfehlen im Zweifelsfall bei den örtlichen Behörden vor größeren Baumaßnahmen nachzufragen sowie den Anweisungen auf Produkten, die im Garten zum Einsatz kommen, stets zu folgen. So werden Sie an diesem Buch und der Umsetzung der unzähligen Ideen in Ihrem Garten viel Vergnügen haben und das Garten-Handbuch immer gern zu Rate ziehen.

Viel Erfolg bei der Umsetzung Ihrer Wünsche!

Deutsche Verlags-Anstalt

Widmung

Dieses Buch ist dem Kreis unserer Hörer gewidmet, ohne den es die beliebte BBC-Sendung *Gardeners' Question Time (GQT)* nicht gäbe.

Dank

Unser Dank gilt Caroline Taggart für die geduldige und erfreulich angenehme Zusammenarbeit, Geoff Hayes für das ansprechende Design des Buches und Vicki Murrell für die einfallsreiche Auswahl des Bildmaterials.

Dank verdienen aber auch Mark Winwood für seine anschaulichen Schritt-für-Schritt-Illustrationen und Jonathan Buckley für die Beschaffung nahezu aller weiterer Bilder. Eingeschlossen in unseren Dank seien auch die Lehrenden und Lernenden des Sparsholt College Hampshire, insbesondere Ray Broughton und Mark Ekin. Rachel Foster von den Exbury Gardens, Steve Bradley und Roy Prior von der British Clematis Society steuerten außer Fachwissen und Begeisterung auch Pflanzen und Materialien für die Schritt-für-Schritt-Illustrationen bei.

Matthew Biggs' Dank für die freundliche Unterstützung gilt Johnny Mobasher und Michael Thornley von den Hartley Botanic Glasshouses, Joel Mellor für die Hilfe beim Bau des Gewächshauses, Ted Holmes von Butterfields Building Supplies Limited in Luton, StoneFlair Limited in Newark (Decorative Landscape Products) und Robert Field von Robert Field Landscapes.

Vorwort

von Roy Lancaster

Wer sich ein Leben lang mit Freude und Erfolg im Garten betätigt – ob von Berufs wegen oder aus Liebhaberei –, weiß um die typischen Anfängerfehler, zumal es genau die gleichen sind, die man als Neuling selbst einst gemacht hat. Als erfahrener Gärtner ist man somit geradezu prädestiniert, Newcomer davor zu bewahren, und durch entsprechende Ratschläge von Fehlentscheidungen abzuhalten, die eine Menge Zeit, Energie und vor allem Geld kosten.

Nie zuvor war Gärtnern aufregender, faszinierender und aktueller als heute. Das mag zum einen daran liegen, dass sich immer mehr Menschen für Gärten und Gartenarbeit begeistern, zum anderen aber auch an der nie zuvor dagewesenen Vielfalt an Gartenpflanzen – beste Voraussetzungen also für das Erscheinen dieses Buches. Autoren sind

Oben: Ein reizvoller Trog für einen Kräutergarten – eine mit Kerbel bepflanzte alte Weinkiste
Gegenüber: Gärtner wissen fruchtbaren Boden und gut verrotteten Kompost zu schätzen.

die Redakteure der seit Jahren Woche für Woche von der BBC auf Kanal 4 ausgestrahlten Gartensendung *Gardeners' Question Time (GQT)*, die sich dank ihrer ausgewogenen Mischung aus praxisnahen Tipps, topaktuellen Informationen zu Gartenfragen und einem Schuss Humor allgemeiner Beliebtheit und Akzeptanz erfreut.

Nachdem ich selbst über mehrere Jahre die Ehre und das Vergnügen hatte, mit dem *GQT*-Team quer durch England zu reisen, um die vielen Gartenclubs und Blumen-Gesellschaften zu besuchen, kann ich ohne Wenn und Aber bezeugen, dass die Ratschläge auf fundierter Sachkenntnis beruhen, und die Autoren viel Freude und Spaß daran haben, ihren Erfahrungsschatz den Hörern und Lesern weiterzugeben. Dieses Weitergeben von Erfahrungen ist die beste Voraussetzung, um Probleme zu lösen und zu beheben bzw. solche von vornherein zu verhindern. Der Respekt, den die Verfasser aufgrund ihrer langjährigen Berufspraxis in Fachkreisen genießen, autorisiert sie, sich den unterschiedlichsten Themen zuzuwenden, die Bedürfnisse und Träume der Gartenliebhaber aufzugreifen und entsprechende Ratschläge zu erteilen.

Dennoch erhebt dieses Buch keineswegs den Anspruch, ein Handbuch für Experten zu sein, wenngleich selbst sie hin und wieder auf Basiskenntnisse stoßen dürften, die im Lauf der Zeit in Vergessenheit geraten sind. Dieser anschauliche und verständliche Praxisratgeber will vielmehr die Bedenken und Ängste gegenüber dem Gärtnern zerstreuen und dem Leser Wege aufzeigen, die ihm den Zugang zum Garten erleichtern. Dass dafür kein längeres Einlesen erforderlich ist, wird bereits auf den ersten Seiten klar, handelt es sich doch um von Generation zu Generation weitergereichtes Gartenwissen, ergänzt durch neue Erkenntnisse und Ideen sowie Erfahrungen, wie sie jeder im Lauf der Jahre im eigenen Garten macht. Dieses Zusammenspiel aus Begeisterung, Kompetenz und Vertrauen ist ein zuverlässiger Garant für erfolgreiches Gärtnern.

Einführung

Darf ich Sie kurzerhand einladen, einen Blick hinter die Kulissen der Sendung *Gardeners' Question Time* zu werfen? Sie können sich nämlich gar nicht vorstellen, was für ein Gefeixe und Geschnatter im »Grünen Zimmer« herrscht, bevor das Team antritt, um eine Abendsendung zusammenzustellen. Aber womöglich wollen Sie als »Mäuschen« gar dabei sein, wenn nach der Aufnahme beim Essen in einem indischen Restaurant – kaum ein anderes Lokal, das nach 22 Uhr noch offen hätte – aufs Lebhafteste weiter diskutiert wird.

Was aber beherrscht nun wirklich die Gespräche dieser Garten-Autoritäten? In der Tat: Gott und die Welt. Und doch ist es nicht das übliche Wer-mit-Wem, das Tag für Tag in Büros und Betrieben breitgetreten wird. Alles dreht sich vielmehr um das ausgemachte Lieblingsthema der Beteiligten: das Gärtnern. Hier ein Geheimtipp, dort eine raffinierte Technik. Oft können sie es kaum erwarten, ihre neuesten Entdeckungen preiszugeben oder über Jahre erprobte Erfahrungen auszutauschen. Alle brennen sie darauf, ihre Story zum Besten zu geben, zumal diese unter Gleichgesinnten garantiert auf fruchtbaren Boden fällt.

Die meisten unserer Sendungen folgen einem mehr oder weniger festgelegten Schema. Die Außenmoderatoren Gabby Tewson und Ted Teasdale sind als Erste vor Ort, um die Voraussetzungen für die heutzutage übliche Aufnahmetechnik zu treffen. Als Erster aus unserem Team erscheint dann gewöhnlich Bob Flowerdew (er hasst Zuspätkommen und plant deshalb immer reichlich Zeit ein), mit einem längst vergriffenen Gartenwälzer unter dem Arm. Bis die anderen eintreffen, hat er meist schon mehrere Kapitel verschlungen. John Cushnie, soeben dem Flieger aus Belfast entstiegen, ist als Zweiter zur Stelle und umarmt Jo King, den zuständigen Programm-Assistenten. Wer die Sendung regelmäßig hört, weiß, dass Bobs

Leidenschaft dem organischen Obst- und Gemüseanbau gehört, während John damit gar nichts am Hut hat. Binnen Kurzem tauchen die beiden in eine Diskussion über die Vor- und Nachteile ihrer unterschiedlichen Gartenphilosophien ein, wobei Jo immer wieder in Deckung gehen muss.

Anne Swithinbank, die sich notorisch mit ihrem unzuverlässigen Wagen herumplagt und als Dritte eintrifft, bildet mit ihrem stets strahlenden Lächeln den ruhenden Pol in diesem Kreis. Matthew Biggs, der, um ja keine Zeit zu verlieren, buchstäblich in letzter Minute hereinstürzt, hat jedem von uns etwas mitgebracht: selbstgezogene Stecklinge, die noch schnell verteilt werden wollen.

Aus dem unbekümmerten Geplauder ist mittlerweile ein ernsthaftes Gespräch geworden, und wehe dem, der den Fluss in diesem Stadium aufhalten wollte. Warum auch unterbrechen, was ohnehin unmöglich wäre? Von außen betrachtet ein einmaliges Erlebnis, das sich bei bestem Willen nicht wiedergeben lässt. Wie oft habe ich mir schon gewünscht, ein Mikrofon griffbereit zu haben, um diese Flut aus Tipps, Techniken und Gehänsel aufnehmen zu können – was für ein tolles Programm ließe sich machen aus dieser gehaltvollen Mischung von über Jahre gereiftem Expertenwissen, gespickt mit jenem Schuss Geplänkel und Humor, der sich zwar nicht beschreiben lässt, aber spontan einstellt, wenn Leute einer Wellenlänge zusammentreffen, um sich begeistert über ihr Lieblingsthema auszulassen und dabei förmlich aufblühen.

All dies ist in vollem Schwange, während Gabby und Ted im Hintergrund in aller Ruhe die technischen Vorbereitungen abschließen. Sie müssen die Stimmen »ausbalancieren«, wobei von vornherein klar ist, dass es keinen Sinn hat, das Team für eine erste Stimmprobe vor die Mikrofone zu zerren, solange der Redeschwall nicht von selbst abebbt.

Schließlich aber haben alle ihren Platz eingenommen, und Eric Robson, der Chef vom Dienst in dieser Woche, versucht in schulmeisterlichem Ton für Ruhe zu sorgen. Noch immer weigert sich die »Klasse«, ihm zu gehorchen, noch wird einfach weitergeschwätzt. Allen Überzeugungsversuchen zum Trotz werden sich Bob und John weder über organische Anbaumethoden noch über Gemüse je einigen können. Gleiches gilt für Matthew und Anne, die sich über die Vor- und Nachteile von hormonellem Bewurzelungssubstrat streiten.

Allmählich aber kehrt Ruhe ein, die technischen Vorbereitungen sind soweit abgeschlossen. Gabby und Ted sind mit der Balance zufrieden, und wir begeben uns erneut in das »Grüne Zimmer«, wo die Fragen einzutrudeln beginnen. Das Team hat keinen unmittelbaren Zugang zu den Fragen, und während der Leiter und ich uns einen ersten Überblick darüber zu verschaffen versuchen, sind die anderen wieder draußen und das Geschwätz auf den hinteren »Bänken« setzt erneut ein.

Eine halbe Stunde später geht es, die sortierten Zettel mit den Fragen in der Hand, auf Sendung, und nun besteht das Auditorium nicht mehr nur aus einem halben Dutzend, sondern aus einer Million leidenschaftlicher Gartenliebhaber, mit denen das Team Tipps und Techniken austauscht.

Was könnte sich ein eingefleischter Gärtner mehr wünschen? Eigentlich nur eines: ein Buch, das all diese Fragen, die vor und während der Sendung diskutiert werden, festhält und in einem praxisnahen und leicht verständlichen Band sammelt.

Hier also ist dieses Buch! Wir hoffen, dass Sie ebenso viel Freude daran haben wie wir bei der Programmgestaltung von Englands beliebtester Gartensendung.

Trevor Taylor
Produzent
BBC Radio 4 *Gardeners' Question Time*

Gardeners' Question Time kann sonntags um 14 Uhr und freitags um 15 Uhr über BBC Radio 4 (in Deutschland: UKW 92–95 MHZ) empfangen oder als Podcast abonniert werden.

Ein farbenprächtiges Waldgartenarrangement aus Blausternchen, Cyclamen und Christrosen

Anmerkungen der Autoren

Obwohl ich seit über zehn Jahren nun mit *Gardeners' Question Time* auf Sendung bin, empfinde ich die Neugier und Begeisterung unserer Fragesteller immer wieder als schönsten Lohn. Gartenliebhaber wünschen sich nichts aufrichtiger, als den Anforderungen des Gartens gerecht zu werden und die bestmöglichen Bedingungen für ihre Pflanzen zu schaffen. Wir von der Sendung versuchen dabei Hilfestellung zu leisten, und nicht nur die Fragesteller, sondern Millionen von Gärtnern und Nicht-Gärtnern mit den Kniffligkeiten des Gartenbaus vertraut zu machen. Da es sich aber um eine Radiosendung handelt, können wir uns bedauerlicherweise nie so ausführlich einem Gartenthema oder der vergleichsweise winzigen Gruppe von Fragestellern widmen, wie es in einem Buch möglich ist. Dieses Buch bietet uns vieren von der Sendung nun Raum, unseren speziellen Fähigkeiten und Neigungen entsprechend auf Details einzugehen, ohne auf eine Redezeit von drei Minuten beschränkt zu sein. Als Autoren dieses Buchs war es uns ein Anliegen, diese Kenntnisse allgemein zugänglich und jederzeit abrufbar zu machen. Auch wenn wir nicht den Anspruch erheben, ein Allround-Nachschlagewerk für Profis vorzulegen, so hoffen wir doch, dem Amateur einen umfassenden Gartenführer an die Hand zu geben. Dieses Buch erklärt, wie sich die verschiedenen Anforderungen, die sich bei der Gestaltung und Pflege von Gärten stellen, aus unserer Erfahrung heraus bewältigen lassen, immer mit dem Ziel vor Augen, Ihnen als Leser die Arbeit zu erleichtern.

Seit Urzeiten versuchen Gärtner ihre Verfahrensweisen zu vervollkommnen, um sich eine immer höhere Erfolgsrate zu sichern und die mühselige Arbeit zu erleichtern. Aus diesem auf Erfahrung basierenden Gartenwissen, das von Generation zu Generation weitergegeben wurde, entwickelte sich schließlich jener Fundus bewährter Kenntnisse, der den meisten Büchern heute zugrunde liegt. Angesichts des breiten thematischen Spektrums und der Kreativität, die Gartenfreunde oft entwickeln, verfügt jeder über ganz spezifische »Berufsgeheimnisse«, die aus der praktischen Arbeit im Garten oder der Lust am Experimentieren gewonnen wurden.

Diese Geheimtipps werden in einem Handbuch selten preisgegeben, es sei denn im vorliegenden!

Gärtner lernen nie aus. Thomas Jefferson, dritter Präsident der Vereinigten Staaten und passionierter Obst- und Gemüsegärtner, sagte von sich: »Ich bin zwar ein alter Mann, aber ein junger Gärtner.« Die Erfahrungen, die man in einem einzigen Leben machen kann, vermögen kaum je an der Oberfläche dieses faszinierend weiten Felds zu kratzen. Ich stehe seit über 25 Jahren im Garten, und obwohl ich noch kein alter Mann bin, betrachte ich dieses Buch doch als einzigartige Gelegenheit, dem Leser mein Praxisverständnis darzulegen und zu vermitteln, dass die Kunst des Gärtnerns noch mehr Freude machen kann – als schönster Zeitvertreib der Welt!

Bob

Matthew

Anleitungen und Pflegetipps bilden das Rückgrat dieses Garten-Handbuchs – ein Gebiet, auf dem wir uns aufgrund unserer jahrelangen Praxiserfahrung bestens auskennen. Unser Erfolgsgeheimnis besteht darin, dass wir von Haus aus Gärtner sind.

Keiner von uns weiß auf jede Frage eine Antwort, aber gemeinsam finden wir für die meisten Probleme eine Lösung. Es brauchen nur drei der Beteiligten im Spiel zu sein, und schon kommen als Minimum 60 Jahre Gartenerfahrung zusammen, wobei wir oft auch schon auf das Know-how von 100 Jahren zurückgreifen konnten.

Sämtliche in diesem Buch erteilten Ratschläge und Anleitungen lassen sich problemlos umsetzen. Als Verfasser haben wir besonderen Wert auf eine an der Sache orientierte Darstellung gelegt. Gartenspezifische Termini wurden auf das Nötigste beschränkt, und wo Fachbegriffe auftreten, sind sie in einer für den Laien verständlichen Form erklärt.

Man sagt ja, dass Wissen, das großzügig weitergegeben wird, immer Früchte trägt – eine Überzeugung, die ich voll und ganz teile. So habe ich mich bemüht, sämtliche Geheimtipps, Tricks und Techniken offenzulegen, die ich in meiner langjährigen Gartenpraxis sammeln konnte.

Im Gegenzug habe ich über Anne, Bob und Matthew und deren Ideen und Methoden einiges lernen können. Wenn Sie als Leser aus den Ratschlägen dieses Buchs ebenso viel Gewinn ziehen wie ich, dann dürfen wir uns letztlich gemeinsam glücklich schätzen. Gutes Gärtnern!

Immer wieder freue ich mich über die Antworten meiner Kollegen, denn unsere Vorstellungen von einem gelungenen Garten sind mindestens ebenso weit voneinander entfernt wie die von der idealen Vorgehensweise. Im Gartenbau gibt es nämlich zweierlei Wissen: das übernommene und das erworbene. Die meisten orientieren sich zunächst an Ersterem, in Form von Büchern, Kursen oder einer richtigen Lehre. Wenn aus den vielen Stunden, die wir im Garten verbringen, allmählich Jahre werden, lernen wir die im Lauf der Zeit gesammelten Informationen so einzusetzen, dass sie unseren persönlichen Vorstellungen entsprechen und unserem Garten zugute kommen. Es will mir einfach nicht einleuchten, dass Gartenliebhaber mit einem solchen Wust an Technik bombardiert werden müssen, dass sie schließlich kaum noch wagen, eine Pflanze auch nur anzufassen, aus lauter Angst, etwas falsch zu machen. Umso mehr hoffe ich, dass es uns in diesem Praxishandbuch gelingt, dem Leser nicht nur zu zeigen, wie man ein Problem oder eine bestimmte Aufgabe angeht, sondern ihm auch das unserer Meinung nach bestmögliche Verfahren zu vermitteln.

Ich denke, Sie wären überrascht, wenn Sie wüssten, wie oft wir unterschiedlicher Meinung sind. Aber gibt es überhaupt so etwas wie richtig oder falsch? Ja und nein. Je länger ich mich mit dem Thema Garten beschäftige, desto froher bin ich, die Dinge im Lauf der Jahre etwas lockerer sehen und in Angriff nehmen zu können – ein ganz wichtiger Aspekt, denn schließlich sollte man sich wohlfühlen im Garten und unvoreingenommen und selbstbewusst auf die individuelle Kreativität vertrauen. Betrachten Sie das Buchwissen als Sprungbrett, verlassen Sie sich aber auch auf Ihre Intuition und versuchen Sie, neue Ideen zu entwickeln. Sobald sich diese verwirklichen lassen, waren es die richtigen.

John

Anne

Kapitel 1

Planung Ihres Gartens

Anne: Ein neuer Garten birgt ein unvorstellbares Potenzial. Ob man im Morgengrauen oder in der Abenddämmerung aus dem Fenster schaut – immer hat man das Rohmaterial im Blick, das nur darauf wartet, mit Leben erfüllt zu werden. Einen Garten vom ersten Spatenstich an zu planen, kann eine geradezu beängstigende Aufgabe sein, denn selbst auf einem kleinen Flecken sind Tausende von Variationen denkbar und Abertausende von Pflanzen erwägenswert, die Starrollen übernehmen und das Ensemble unterstützen könnten. Auch stellt sich die Frage, ob ein Rasen vorgesehen ist, die Gestaltung formal oder naturnah anmuten soll, welcher Pflanzstil ins Auge gefasst wird und welche Einschränkungen sich aus Lage, Boden und Klima ergeben.

Einen Plan zeichnen

Manche werden ihren Garten am liebsten mit Bleistift und Papier entwerfen, während sich andere eher schwer tun, die »Informationen« eines zweidimensionalen Plans auf ein dreidimensionales Grundstück zu übertragen. Bei einem kleinen Garten auf ebenem, vom Haus aus überschaubarem Gelände wird man in der Regel auch ohne Zeichnung auskommen. Angesichts des beschränkten Raums lassen sich Rasenflächen und Rabatten leicht abstecken und die vorgesehenen Gehölze durch Stöcke markieren. Experimentieren Sie also nach Herzenslust, bis Ihnen am Ende alles stimmig erscheint.

Sobald es sich um ein größeres Gelände handelt, das sich, wie meines, hangabwärts vielleicht gar dem Blick entzieht, erscheint es vernünftig, einen Plan zu zeichnen. Als Erstes gilt es das Gelände zu vermessen und die Grenzen maßstabsgetreu auf einen großen Bogen Millimeterpapier zu übertragen. Das ist zwar schneller gesagt als getan, denn zum Messen benötigt man nicht nur ein langes Maßband, sondern auch eine Menge Geduld. Eingezeichnet werden auch die Bäume, Rabatten und anderen Elemente, die beibehalten oder integriert werden sollen. Außergewöhnlich große Grundstücke wird man womöglich auch in mehrere Abschnitte unterteilen müssen. Vielleicht findet sich unter den Plänen vom Haus ja auch noch ein Plan von Haus und Garten. Manchmal empfiehlt es sich auch, einen Gartenarchitekten zu engagieren, denn für den Fachmann mit der entsprechenden Hard- und Software ist das Ganze ein Kinderspiel.

Der Vorteil von einem Plan ist, dass sich die individuellen Wünsche darin skizzieren und zu einem Gesamtbild verschmelzen lassen. Am besten macht man es wie die Innenarchitekten und stellt eine Wunschliste zusammen, auf der sämtliche Eigenheiten des Geländes sowie Ideen zur Farbpalette, zu den Jahreszeiten und den Lieblingspflanzen verzeichnet werden. Wann immer Sie in einer Zeitschrift oder einem Gartenmagazin etwas entdecken, das Sie anspricht, schneiden Sie es aus und bewahren Sie es in einem Garten-Ordner auf, bevor es wieder vergessen wird. Das können so einfache Ideen wie eine außergewöhnliche Mulchschicht aus Muscheln oder Schiefer sein, der Einsatz von stahlblauen und silbernen Pflanzen als kühles Pendant zu feurigen Rottönen oder die Verwendung eines mehrfach verzweigten Gehölzes anstatt eines Hochstamms.

Sobald das Grundkonzept steht, gilt es zu entscheiden, in welcher Form es sich umsetzen lässt. Insbesondere in größeren Gärten wird man die Gestaltung vielleicht gar auf mehrere Phasen verteilen müssen, denn alles auf einmal zu verwirklichen, ist oft nicht nur eine Frage der Zeit, sondern auch eine des Geldes. Unser letzter Garten war ca. 1300 Quadratmeter groß, sodass wir ihn in vier Abschnitte unterteilten: drei hinter dem Haus, von denen jeder einen Flecken Rasen einrahmte, während man hangabwärts zum Vorgarten und somit zum vierten Abschnitt gelangte.

Für ein unebenes Gelände bietet sich eine Terrassierung an. Die überschäumende Bepflanzung besteht aus *Osteospermum, Artemisia, Perovskia, Achillea* und Kardonen.

Ein gepflegter Weg bietet die Möglichkeit, links und rechts davon ganz unterschiedliche »Gartenräume« zu schaffen.

Bestandsaufnahme

Bevor Sie vor Freude über die gelungene Planskizze übermütig werden, sollten Sie festhalten, was Ihr Garten an Besonderheiten zu bieten hat. Sobald Sie sich nämlich intensiver mit der Lage und Ausrichtung des Geländes sowie dem Bodentyp befassen, werden Sie erstaunt erkennen, wie unterschiedlich das Mikroklima selbst in kleinen Gärten sein kann. Wer diese Aspekte zu identifizieren und zu deuten versteht, wird sie nicht nur als Hilfe für die Auswahl der Pflanzen, sondern auch für die Positionierung bestimmter Elemente wie Freisitz, Schattenecken, Teiche und sonnige mediterrane Rabatten nutzen können. Ich freue mich, dass jede meiner Rabatten eine unverkennbare Identität zeigt, die durch eine entsprechende Namensgebung zusätzlich unterstrichen wird. Auf diese Weise sind wir zu einem Frühlingsbeet, einer Spätsommerrabatte, einem Waldgarten, einem Wintergarten, einem Teichgarten und einem Beet mit tropischen Pflanzen gekommen. Was sich so großartig anhört, ist in Wirklichkeit oft nur ein kleines Fleckchen mit einer standortgerechten Bepflanzung. Diese

Namen fördern aber auch die Konzentration bei der Wahl der Pflanzen, denn wie oft lässt man sich zu Spontankäufen hinreißen, für die es dann, wie für gut gemeinte Geschenke, einen geeigneten Platz zu finden gilt.

Woher kommt die Sonne?

Da die Ausrichtung des Gartens darüber entscheidet, wie viel Licht die verschiedenen Bereiche zu den verschiedenen Tageszeiten erhalten, heißt der erste Schritt, den Nordpfeil auf dem Plan einzutragen. Auf der nördlichen Halbkugel erhält ein nach Süden gerichteter Garten am meisten Sonne, insbesondere im Winter, wenn sie tiefer steht. Nach Norden gerichtete Gärten sind oft schön ausgeleuchtet, wobei Bereiche im Schatten von Gebäuden und Bäumen, vor allem im Winter, dunkel und kalt sein können. Ein nach Westen gehender Garten erhält Abendsonne – ein wichtiger Aspekt für Berufstätige, die sich nach einem langen Arbeitstag auf der Terrasse entspannen möchten. Ein Garten in Ostlage ist morgens zwar lichtdurchflutet, erhält am späten Nachmittag aber bereits keine Sonne mehr.

Vor allem in Städten gilt es den Schatten von Nachbarge-
bäuden zu beobachten und in die Planung einzubeziehen.
Außerhalb der Städte werfen Bäume und Hecken Schatten,
wobei die wogende Landschaft eine faszinierende Variable
darstellt. In Flusstälern, die von Norden nach Süden in
Richtung Meer verlaufen, entstehen vielfach Erhebungen
und Senken. Vom Kauf eines Gartens auf der Ostseite des
Hügels ist somit abzuraten, wenn Abendsonne erwünscht ist.
Gleichermaßen werden Frühaufsteher nur wenig Morgensonne bekommen, wenn der Garten nach Westen geht.

Pralle Sonne und leichter Sandboden
Diese Kombination ergibt erstaunlich gute Voraussetzungen,
denn hier gedeihen sämtliche mediterranen Pflanzen, die
Sonne, gut durchlässigen und mageren Boden lieben. Das
Problem ist nämlich, dass diese Pflanzen auf schwereren,
nährstoffreicheren Böden zu viel Blattmasse entwickeln und
im Winter sehr anfällig für Kälte und Nässe sind. Am besten
lässt sich die Feuchtigkeit im Sommer durch eine Mulchschicht aus grobem Kies, Schotter oder Schiefer halten. Auf
Seite 45 empfiehlt John einige bewährte Pflanzen.

Volle Sonne und Tonboden
Hier handelt es sich um eine wesentlich schwierigere Kombination, weil die Sonne den Tonboden zu einem festen
Klumpen verbackt, in dem sich bei anhaltender Trockenheit
Risse bilden. Starke Regenfälle im Winter erzeugen Staunässe, sodass die meisten mediterranen Pflanzen hier ohnehin ausscheiden. Als Mulchschicht hat sich eine dicke Lage
aus gut verrottetem organischem Material bewährt, das durch
die Lücken nach unten sickert und dem Boden Nährstoffe
zuführt.

Lichter Schatten und Halbschatten
Lichter Schatten findet sich häufig in Nordlagen, wo wenig
direktes Sonnenlicht verfügbar ist, aber auch kein tiefer
Schatten, wie ihn Gebäude werfen. Von den Seiten kommt
in den Morgen- und Abendstunden meist genügend Licht.
Streuschatten findet sich auch unter Bäumen mit durch-
scheinendem Laubdach.

Tipps für Tonboden

● Bringen Sie reichlich organisches Material ein.
● Bereiten Sie größere Flecken
für die Pflanzung vor, denn mit
kleinen Pflanzlöchern ist in Tonboden nichts gewonnen.
● Treten Sie so wenig wie
möglich auf dem Boden herum.

Für Schatten sorgen

● Schaffen Sie Schatten-
bereiche zur Unterpflanzung,
indem Sie die unteren Triebe
der Gehölze entfernen. So
entstehen ein oder mehrere
Stämme mit einem Laubdach.

Trockenheitsverträgliche Pflanzen für Tonboden

Glockenblume *(Campanula takesimana)*
Orangenblume *(Choisya ternata)*
Weißdorn *(Crataegus)*
Trichterschwertel
 (Dierama pulcherrima)
Wolfsmilch *(Euphorbia characias*
 subsp. *wulfenii)*
Storchschnabel
 (Geranium 'Ann Folkard'*)*
Goldhopfen *(Humulus lupulus* 'Aureus'*)*
Leycesteria formosa
Prachtscharte *(Liatris)*
Zierapfel *(Malus* 'Golden Hornet'*)*
Pfeifenstrauch *(Philadelphus)*
Weidenblättrige Birne
 (Pyrus salicifolia)
Rosen
Ziest *(Stachys macrantha)*

Leycesteria formosa

Die Wirkung lässt sich mit der Lichtqualität am Waldrand
oder unter ausgedünnten Bäumen vergleichen. Diese
Lichtverhältnisse bieten ideale Voraussetzungen für eine
Reihe von Waldpflanzen, die guten, durchlässigen Boden
bevorzugen und von reichlich verrottetem organischem
Material oder Laubmoder profitieren.

In kleinen Gärten bilden Hochbeete im Bereich von Nord-
mauern ideale Bedingungen für Waldgartenbereiche. Hier
bleiben die Wurzeln in der Sommerhitze kühl, und es besteht keine Gefahr, dass große, flach ausgebreitete Blätter in
der Sonne verbrennen.

Pflanzen für Halbschatten

Buschwindröschen
 (Anemone nemorosa)
Kamelien (auf saurem Boden,
 aber nicht an Standorten mit
 Morgensonne)
Hundszahn *(Erytrhronium
 dens-canis)*
Fothergilla major (auf saurem Boden)
Scheinmohn *(Meconopsis
 betonicifolia)*
Rhododendren (nur auf saurem Boden)
Blutwurz *(Sanguinaria canadensis*
 'Plena'*)*
Dreiblatt *(Trillium cuneatum)*
Trauerglocke *(Uvularia grandiflora)*

Meconopsis betonicifolia

Pflanzen für trockenen Schatten

Frauenmantel *(Alchemilla mollis)*
Wolfsmilch *(Euphorbia amygdaloides var. robbiae)*
Storchschnabel *(Geranium x cantabrigiense* 'Biokovo')
Geranium nodosum
Geranium phaeum
Nieswurz *(Helleborus argutifolius)*
Silberblatt *(Lunaria annua)*
Mahonien *(Mahonia)*
Schaumblüte *(Tiarella cordifolia)*

Lunaria annua zwischen Päonien

Trockener Schatten

Ausgezehrter Boden, dem die Wurzeln von Bäumen kontinuierlich Wasser und Nährstoffe entziehen und der von einem dichten Laubdach überschattet ist, gehört zu den schwierigsten Standorten für eine Bepflanzung. Eine ähnliche Herausforderung sind trockene Böschungen, die über keinerlei Wasserhaltevermögen verfügen. Selbst die hier aufgelisteten robusten Pflanzen wachsen nur kümmerlich, es sei denn, sie werden regelmäßig gegossen und gemulcht.

Unter Bäumen

Efeu wächst selbst im tiefsten Schatten. Orientieren Sie sich an der Natur und setzen Sie ein paar Pflänzchen um den äußeren Schattenrand des Baums. Leiten Sie die Triebe nach innen, damit sie den Boden bedecken. Falls etwas Edleres erwünscht ist: Die aus China stammende kriechende Dreifarbige Himbeere *(Rubus tricolor)* verhält sich ganz ähnlich, bei Immergrün *(Vinca minor* und *V. major)* kommen die sternförmigen Blüten hinzu.

Stellen Sie einen Topf oder eine Topfgruppe unter den Baum. Mit gutem Erdsubstrat gefüllt, dürfte der Schatten kein Problem darstellen. Im Sommer sind Fleißige Lieschen *(Impatiens)* empfehlenswert oder, dem Standort entsprechend, ein winterharter Farn wie der Schildfarn *(Polystichum setiferum)* oder *P. polypblepharum*. Diese Farne sind nahezu immergrün, auch wenn sie im Winter etwas zerzaust wirken. Einen interessanten Blickfang bildet im Winter ein farbenprächtiges immergrünes Gehölz wie *Euonymus fortunei* 'Emerald Gaiety' oder *Aucuba japonica* 'Crotonifolia'.

Pflanzen für Mauern

Nirgends hat die Ausrichtung zur Sonne gravierendere Auswirkungen als im Bereich einer Mauer. Pflanzen für Mauern gliedern sich in »echte« Kletterpflanzen und Sträucher, die aufgrund ihrer Vorlieben und Wuchsform für eine Mauer ideal sind.

Die Frage der Stütze

Relativ wenige Kletterpflanzen können sich von selbst an Mauern und Zäunen festhalten. Wilder Wein *(Parthenocissus quinquefolia)* bildet Haftscheiben an den Spitzen seiner Rankstiele aus, mit denen er sich an der Mauer »festsaugt«.

Efeu und Kletterhortensien *(Hydrangea petiolaris,* deren nahe Verwandte *Schizophragma hydrangeoides* sowie die immergrüne *Pileostegia viburnoides)* klammern sich mit Hilfe von Luftwurzeln fest.

Die meisten anderen Kletterpflanzen, zu denen auch die windenden, kletternden und überhängenden Formen sowie die Mauersträucher gehören, sollten an einer Stützvorrichtung aufgebunden werden (s. Seite 222–226), zumindest so lange, bis sie richtig »losziehen«.

Kletterpflanzen einsetzen

Die Versuchung ist groß, Kletterpflanzen unmittelbar vor eine Mauer oder einen Zaun zu pflanzen, was aber oft bedeutet, dass diese sich mit magerem, von Steinen und Schotter durchsetztem Boden begnügen müssen und kaum Regen erhalten. Auch wenn es, solange die Pflanze noch klein ist, ein bisschen seltsam aussehen mag, sollte man sie mindestens 30 cm entfernt von der Mauerbasis einsetzen und bei Trockenheit wässern, bis sie sich etabliert hat.

Manche Kletterpflanzen (insbesondere Efeuarten und Kletterhortensien) brauchen eine etwas längere »Eingewöhnungszeit«. Haben Sie also Geduld, selbst wenn sich die Pflanzen in den ersten ein bis zwei Jahren an der Mauerbasis schwer tun, bevor sie richtig »losziehen«.

Heiße, sonnige Mauern

Auf der nördlichen Halbkugel zur Südseite ausgerichtete Mauern und Zäune profitieren den ganzen Tag von den guten Lichtverhältnissen und erhalten auch im Winter Sonne (auf der Südhalbkugel ist es die Nordseite). Wählen Sie die Pflanzen sorgfältig aus, nicht nur um die Lichtqualität bestmöglich zu nutzen, sondern auch um Arten auszusondern, die an brütend heißen Standorten nicht gedeihen. Auch Westlagen erweisen sich als günstig, denn in der zweiten Tageshälfte sind dort die Lichtverhältnisse gut.

Pflanzen für heiße, sonnige Mauern

»Echte« Kletterpflanzen
Kiwi (*Actinidia deliciosa*)
Strahlengriffel (*Actinidia kolomikta*)
Fingerblättrige Akebie
  (*Akebia quinata*)
Trompetenblume (*Campsis radicans*)
Immergrüne Waldrebe
  (*Clematis armandii*)
Clematis (idealer Standort: Westen)
Jasmin (*Jasminum officinale*)
Geißblatt-Arten (*Lonicera*)
Passionsblume (*Passiflora caerulea*)
Kartoffelwein (*Solanum crispum*
  'Glasnevin' und *S. jasminoides*
  'Album')
Sternjasmin (*Trachelospermum*
  jasminoides)
Weinrebe (*Vitis vinifera*, verschie-
  dene Kultivare)
Glyzine (*Wisteria sinensis*)

Passiflora caerulea

Mauersträucher
Schneeforsythie (*Abeliophyllum distichum*)
Säckelblume (*Ceanothus* spp. und cvs.)
Marokkanischer Ginster (*Cytisus battandieri*)
Feige (*Ficus carica* 'Brown Turkey')
Fremontodendron californicum
Itea ilicifolia
Piptanthus nepalensis
Faulbaum (*Rhamnus alaternus* 'Argenteovariegata')

Pflanzen für schattigere Mauern

»Echte« Kletterpflanzen
Waldreben (*Clematis* mit hellen interessanten Farben
  verblassen im Schatten nicht)
Efeu-Arten (*Hedera helix* cvs. und *H. colchica* cvs.)
Kletterhortensie (*Hydrangea petiolaris*)
Geißblatt (*Lonicera periclymenum* cvs.)
Wilder Wein (*Parthenocissus quinquefolia*)

Mauersträucher
Kamelie (*Camellia*)
Zierquitte (*Chaenomeles*)
Fächermispel (*Cotoneaster*
  horizontalis)
Spindelstrauch (*Euonymus fortunei*
  'Silver Queen')
Becherkätzchen (*Garrya elliptica*)
Winterjasmin (*Jasminum nudiflorum*)
Feuerdorn (*Pyracantha*)
Schnurbaum (*Sophora* 'Sun King')

Camellia japonica 'Mercury'

Geschützt oder exponiert

Wenn man sich einmal in ländlichen Gegenden umschaut, dann fällt auf, dass sich die älteren Anwesen, in geschützte Täler geduckt, gegen Wind und Kälte abschirmen. Als sie erbaut wurden, gab es nämlich weder Doppelfenster noch Zentralheizung – ein Grund, durch dicke Mauern und kleine Fenster den Wärmeverlust in Bauernhöfen und Landhäusern zu reduzieren. Heutzutage baut man gerne auf eine Anhöhe, allein schon um des weiten Blicks willen. Dass die exponierte Lage auch Probleme mit sich bringt, merkt man spätestens, wenn es an die Anlage des Gartens geht, denn der Kampf gegen den Wind bringt auch Konflikte mit sich. Durch eine entsprechende Bepflanzung lässt sich der Wind zwar brechen, meist aber auf Kosten des Ausblicks.

Auch Gärten in der Stadt befinden sich vielfach in sehr exponierten Lagen, denn die Bebauung erfolgt oft ohne Rücksicht auf die Topografie. Straßen und Plätze in der Stadt absorbieren und bewahren die Hitze und sind insgesamt wärmer als die Landschaft im Umkreis. Gebäudekomplexe wirken aber vielfach wie Windkanäle, und die Pflanzen auf Balkonen und Dachgärten müssen mit extremen Wärme-, Wind- und Lichtverhältnissen fertig werden.

Wenn Frost vorhergesagt wird, sind die Gartenliebhaber die Ersten, die Grund zum Zittern haben. Während Gärten in Meeresnähe kaum je frostgefährdet sind, herrscht im Landesinnern und in den Höhenlagen oft strenger Frost, der durchgreift und sich hartnäckig hält. Dann kommt es zu dem eigenartigen und oft unvorhersehbaren Phänomen von Frostlöchern.

Bei der Planung und Gestaltung des Gartens gilt es, jede Nuance des lokalen Klimas in Betracht zu ziehen und festzuhalten, denn man erleichtert sich dadurch nicht nur die Auswahl der Pflanzen und die Positionierung des Sitzbereichs – wünschenswert ist ein möglichst geschütztes Plätzchen –, sondern verschafft sich auch eine gewisse Vorstellung vom Erscheinungsbild der einzelnen Gartenbereiche. Ob Sie einen Präriegarten, einen mediterranen Hügel, einen Sumpfbereich, einen Waldgarten oder einen geschützten Innenhof als Refugium für Duftpflanzen anstreben, machen Sie das Beste aus den vorhandenen Bedingungen, zumal es ohnehin meist zwecklos ist, dagegen anzukämpfen.

Kalte Gärten
Kaltluftseen und Frostlöcher entstehen durch kalte und frostige Luft, die in hügeligem Gelände in Bodensenken abfließt oder vor einer festen Begrenzung wie Hecken, Mauern oder Umzäunungen hängenbleibt. Wenn die Kaltluft nicht abflie-

ßen kann, schädigt sie die Pflanzen unterhalb der Begrenzung. Frost hat mehrere »Gesichter«; am schönsten wirkt er, wenn die Luft feucht ist und sich aus dem kondensierten Wasser Eiskristalle bilden: der so genannte Raureif. Weniger augenfällig ist die klirrend trockene Kälte, die bei trockener Luft und Bodenfrost in die Erde eindringt. Nach anhaltendem Bodenfrost bieten immergrüne Pflanzen einen schrecklichen Anblick. Weil sie kein Wasser aufnehmen können, hängen ihre Blätter wie bei extremer Trockenheit schlapp herunter. Sobald Tauwetter einsetzt, normalisiert sich ihr Zustand aber wieder, es sei denn, die Wurzeln sind besonders flach und anfällig.

Frostschäden

Pflanzen reagieren ganz unterschiedlich auf Frost. Wer die Frostverträglichkeit weitgehend unberücksichtigt lässt und zu viele kälteempfindliche Gewächse setzt, riskiert in einem besonders strengen Winter einschneidende Verluste. Manche Pflanzen gehen aufgrund der sich unmittelbar über Bodenhöhe sammelnden Kaltluft ein, andere aufgrund von Bodenfrost. Noch verheerender kann sich der Frost auswirken, wenn Staunässe hinzukommt. Die meisten empfindlichen Pflanzen überstehen den Winter generell besser auf gut durchlässigem Boden.

Besonders gravierende Schäden richten Spätfröste an, insbesondere in maritimen Klimaten, wo es im Frühjahr schon so warm sein kann, dass die Pflanzen austreiben und infolge einer oder mehrerer strenger Frostnächte unverhofft eingehen. Diese sprunghaften Temperaturschwankungen sind ein Schock für die Pflanzen, zumal ihre wild wachsenden »Vorfahren« an ihrem Heimatstandort, an klarer abgegrenzte Jahreszeiten und deren Bedingungen gewohnt, nicht mit derartigen Extremen konfrontiert waren. Manche, wie die aus Japan stammenden Ahorne und die Magnolien, fühlen sich in geschützten Waldbereichen im Schatten der Laubdächer hoher Bäume am wohlsten. Sobald Pflanzen wie diese als Blickfang in einen mehr oder weniger exponierten Vorgarten gesetzt werden, sind ihre jungen Blätter oder Blüten unter Umständen gefährdet. Wenn frühblühende Pfirsich-, Birn- und Pflaumenbäume nicht fruchten, lässt sich dies oft auf eine späte Frostnacht zurückführen, in der die Blüten erfroren sind.

Vor Frostschäden im Winter geschützt: in Jute eingepackte Baumfarne

Tipps zur Verhinderung von Frostschäden

Schäden durch Spätfröste passieren vor allem, wenn plötzlich Tauwetter einsetzt und die Sonne auf die Blätter oder Knospen brennt. Wenn Sie eines Morgens aufwachen und sehen, dass empfindliche Triebe und Knospen gefroren sind, sollten Sie diese vorsichtig mit einer Gießkanne mit Brauseaufsatz wässern und mit Zeitungspapier vor der Sonne schützen. Auf diese Weise verzögert sich das Abtauen, und die wertvollen Pflanzen haben die Chance, unversehrt zu überleben.

Kälteempfindliche Pflanzen können Winterfröste überleben, wenn man sie zum Schutz von Kronen und Wurzeln sorgfältig einpackt. So lassen Gartenfreunde immer wieder erfolgreich Bananenstauden, Baumfarne und Palmen überwintern, indem sie die Blätter und Zweige zusammenbinden und Stroh, Farnwedel oder Vlies um die Pflanzen packen und mit Jute umwickeln. Sorgfältig eingepackt, können diese vermummten Pflanzen im winterlichen Garten durchaus dekorativ wirken; schlampig umwickelt sehen sie allerdings schrecklich aus, zumal sich die Verpackung bei stärkerem Wind auflöst. Um zu verhindern, dass die Wurzeln frostempfindlicher Topfpflanzen leiden, sollte man sie ebenfalls warm einpacken. Wenn ein frostempfindlicher Strauch nach einem strengen Winter Frostschäden zeigt, sollten Sie ihm zunächst einmal bis zum Sommer Zeit lassen. Manchmal treiben Pflanzen wie Zylinderputzer [Callistemon] und Pittosporum überraschend spät wieder aus, sei es aus der Basis oder knapp über Bodenhöhe. Sobald die neuen Triebe erscheinen, schneiden Sie sämtliche toten Triebe aus.

Das richtige Timing ist beim Einschätzen der Witterung unerlässlich. Empfindliche Pflanzen vertragen keinen Frost; von daher hat es auch keinen Sinn, durch vorzeitiges Pflanzen etwas erzwingen zu wollen. Einjährige und kälteempfindliche Stauden gehören ebenso wie Beetblumen und Nutzpflanzen – Feuerbohnen, Zucchini und Kürbisse etwa – erst ins Freie, wenn keine Frostgefahr mehr besteht, was gewöhnlich im ausgehenden Frühjahr bzw. Frühsommer der Fall ist.

Wind

Heftige Windböen können verheerende Auswirkungen auf Pflanzen haben: abgebrochene Zweige oder umgestürzte Gehölze, gelockerte Wurzelballen oder ausgetrocknete Blätter. Über das Laub verlieren die Pflanzen konstant Feuchtigkeit, was unter normalen Wachstumsbedingungen aber durch entsprechende Feuchtigkeitsaufnahme aus den Wurzeln ausgeglichen wird. Wenn der Wind die Feuchtigkeit jedoch förmlich hinwegfegt und abtrocknet, erhöht sich die Verdunstung derart, dass die Wurzeln mit dem Feuchtigkeitsausgleich überfordert sind. Manche Pflanzenarten haben als Schutz gegen den Wind physikalische Mechanismen wie etwa glänzende ledrige Blattoberflächen oder schützende Haare entwickelt, die der Verdunstung entgegenwirken. Die Blätter von Sukkulenten sind in der Lage, Feuchtigkeit zu speichern, und winzige Blättchen, die dem Wind kaum Widerstand bieten, sind gegen Wind und Trockenheit besser gewappnet als große, dünne Blätter.

Windböen können aber auch die Bestäubung durch Insekten beeinträchtigen. Wo Obstgehölze wie Birn-, Apfel- und Pflaumenbäume auf exponierten Standorten gezogen werden, kann der Fruchtansatz sehr spärlich ausfallen, wenn sich aufgrund starker Windböen zur Blütezeit der Insektenflug verzögert.

Schutz für windanfällige Gärten

Die Vorzüge von Hecken als Windschutz werden auf Seite 164 erläutert. Im Gegensatz zu einer massiven Abschirmung, die den Wind umlenkt, können Hecken den Wind wirksam filtern. Aber auch Flechtzäune haben sich aus diesem Grund bestens bewährt. Hürden aus Weidenruten sind in stark dem Wind ausgesetzten Gärten besonders in Form leicht umstellbarer Einzelelemente von Nutzen. So kann man sie beispielsweise zum Schutz von Jungpflanzen einsetzen, bis deren Wurzeln sich etabliert haben. Unser Hausgarten, auf der Kuppe eines Hügels nur 2 Kilometer vom Meer entfernt, befindet sich in einer regelrechten Windschneise. Von daher galt es gezielt Pflanzen auszuwählen, die sich dem Wind entgegenstellen; allerdings erfordern sie entsprechende Unterstützung, bis sie sich etablieren und neue Wurzeln bilden. Anfangs pflanzten wir Neuseeland-Flachs *(Phormium* 'Alison Blackman'), der groteskerweise aber buchstäblich aus dem Boden geweht wurde. Erst durch kurze, auf der Windseite in den Boden geschlagene Abschirmungen ließ sich das Problem lösen. Eine andere, optisch allerdings weniger ansprechende Möglichkeit wäre, zwischen Stützpfeilern verspannte Netze oder eine spezielle Windschutz-Membran als Abwehr einzusetzen. Windschutzwände sollten zu etwa 60 Prozent aus festem und 40 Prozent aus durchlässigem, mit winzigen Lücken und Öffnungen durch-

Hürden aus Haselruten bilden einen dekorativen und natürlich anmutenden Windschutz.

setztem Material bestehen. Eine um die 1,2 m hohe Abschirmung bietet über eine Entfernung bis zu 20 m effektiven Windschutz. Danach nimmt der Wind erneut Geschwindigkeit auf. Um extrem heftige Windböen erfolgreich abzufangen, dürften mehrere Windschutzelemente erforderlich sein.

Hoch hinaus
Hochhausbewohner schaffen auf ihren Balkonen oft bezaubernde Gärten. Es ist einfach eine Augenweide, wenn man vom 20. Stockwerk aus ins Grüne blicken kann, und dies trotz der großen Distanz zum Boden. Da Gärten in diesen Höhen in extremem Maß der Sonne und dem Wind ausgesetzt sind, müssen sich Hochhausbewohner der gleichen Taktiken bedienen, die Besitzer großer Grundstücke auf Bodenhöhe anwenden – nur dass sich das Ganze auf engstem Raum zusammendrängt. So muss alles niet- und nagelfest gemacht werden, damit der Wind es nicht davonweht, aber auch aus Sicherheitsgründen für die Leute darunter sowie zum Schutz der eigenen Pflanzen. Unbedingt zu beachten ist außerdem die zulässige Belastung des Balkons.

Die meisten beginnen mit einem Windschutz für die kleineren Pflanzen, indem sie auf einer Seite des Balkons ein Spalier aufstellen (nicht auf allen, denn das würde den Blick einschränken). In großen, am Spalier befestigten Töpfen kann eine Reihe windresistenter Bäume und Sträucher wie die Eberesche *(Sorbus aucuparia)*, der Lederhülsenbaum *(Gleditsia triacanthos)*, Birken, *Cotoneaster* und die immergrüne Ölweide *(Elaeagnus x ebbingei)* gepflanzt werden. Aufgrund der erforderlichen Schnittmaßnahmen und des beschränkten Wurzelraums bleiben sie hinter ihrer normalen Wuchshöhe und Breite zurück. Im Schutz dieses Windgürtels gedeihen die unterschied-

lichsten kleineren Pflanzen, zumal sich hier auch Platz für Schatten- und Sonnenliebhaber findet, angefangen bei Pelargonien bis zu Tomaten. Ich erinnere mich, sogar schon Rasen gesehen zu haben, der in Samenschalen eingesät und mit der Schere geschnitten wurde, aber auch Miniaturteiche in wasserdichten Töpfen und Kübeln. Kleine Bäume, Sträucher und Stauden können jahrelang in den gleichen leichtgewichtigen Töpfen bleiben, vorausgesetzt sie werden regelmäßig gewässert und mit den entsprechenden Nährstoffen versorgt. Meine Empfehlung ist ein Depot-Dünger, der jedes Frühjahr in die oberste Schicht des Topfsubstrats eingearbeitet wird. Geben Sie frischen Kompost hinzu, sofern im Topf noch genügend Platz ist.

Einige windverträgliche Pflanzen

Feldahorn *(Acer campestre)*
Gold-Birke *(Betula ermanii)*
Nutka-Scheinzypresse *(Chamaecyparis nootkatensis)*
Weißdorn *(Crataegus x lavallei* oder *C. monogyna* 'Stricta')
Spindelstrauch *(Euonymus japonicus)*
Stechpalme *(Ilex x altaclarensis* und *I. aquifolium cvs.)*
Goldregen *(Laburnum watereri* 'Vossii')
Lärche *(Larix decidua)*
Magnolia x loebneri cvs.
Bergkiefer *(Pinus mugo)*
Pfeifenstrauch *(Philadelphus* 'Beauclerk')
Weide *(Salix exigua)*
Gemeine Mehlbeere *(Sorbus aria* 'Lutescens')
Vogelbeere *(Sorbus cashmiriana)*
Riesenlebensbaum *(Thuja plicata)*
Winter-Linde *(Tilia cordata)*
Gemeiner Schneeball *(Viburnum opulus* 'Xanthocarpum')
Laurustinus *(Viburnum tinus* 'Gwenllian')

Gärtnern an der Küste
Gärtnern in Küstengebieten bedeutet immer auch auf extreme Wetterbedingungen gefasst zu sein. Auf der einen Seite steht die Freude darüber, dass sich angesichts des milderen Küstenklimas eine Reihe frostempfindlicher Pflanzen ziehen lässt, da aufgrund der Nähe zum Meer selten Frost auftritt. Auf der anderen Seite sehen sich die Gartenfreunde jedoch nicht nur mit harschen Winden konfrontiert, sondern auch mit Böen, die Salz, Sand oder beides enthalten. Wer also ein breites Spektrum an Pflanzen ziehen möchte, muss für Windschutz sorgen, wenn auch nicht auf Kosten des Meerblicks. Wo unbeschränkt Raum ist, gibt es eine ganze Menge Bäume, die den Wind wirksam abhalten, ob Eschen, Sykomoren, Weißdorn, Eichen, Steineichen *(Quercus ilex)* oder Monterey-Kiefern *(Pinus radiata)*. In kleineren Gärten hingegen muss man sich mit einer robusten Hecke und vielleicht ein paar Sträuchern zufriedengeben, die salzhaltige Windböen filtern. Bis sich die Gehölze richtig etabliert haben, schützt man sie durch Flechtzäune oder Abschirmungen, wie sie für wind-

Ein Dachgarten mitten in der Stadt

Altes Holz findet im Garten erneut Verwendung. Hier dient ein verwitterter Wellenbrecher als Schutz für Heiligenkraut *(Santolina)* und Spornblumen *(Centranthus).*

anfällige Gärten bereits beschrieben wurden. Jungpflanzen wachsen besser an als ältere und größere Exemplare. Um den unterschiedlichsten kleineren Pflanzen einen Lebensraum zu schaffen, bedarf es entsprechender Schutzmaßnahmen, durch die sich die salzhaltigen Windböen und das Spritzwasser auf ein erträgliches Maß reduzieren lassen. Wer je Ferien am Meer gemacht hat, wird sich an Gärten erinnern, die überquellen mit Fuchsien, Hortensien, den Kugelköpfen blauer und weißer Schmucklilien *(Agapanthus)*, tiefrosa Belladonna-Lilien *(Amaryllis belladonna)*, Fackellilien *(Kniphofia)*, Kapfuchsien *(Phygelius capensis)* und Kalifornischen Fuchsien *(Zauschneria californica)*. Getrennt davon lassen sich Böschungen mit silberlaubigen Pflanzen wie *Artemisia ludoviciana* und *A.* 'Powis Castle', Heiligenkraut *(Santolina chamaecyparissus)* und der stacheligen Curry-Pflanze *(Helichrysum italicum* subsp. *serotinum)* anlegen.

Tipps für Gärten an der Küste

● Regen Sie sich nicht auf, wenn Ihre Windschutzbepflanzung nach einem stürmischen und nassen Winter recht mitgenommen aussieht. Was im Frühling etwas zerzaust erscheint, treibt, sobald der Sommer kommt, meist wieder aus. Vergessen Sie nicht, dass diese Pflanzen vor allem ihren Zweck erfüllen sollen; wenn sie auch noch gut aussehen, ist dies ein zusätzlicher Bonus.

● Eine Mulchschicht aus grobem Strandkies und Muscheln macht sich in Strandnähe besonders gut, entfaltet aber auch in Gärten im Landesinnern Küstenatmosphäre. Eine solche Mulchschicht bewahrt die Feuchtigkeit, unterdrückt das Unkraut und bildet einen attraktiven Rahmen für niedrige Küstenvegetation.

● Viele in Neuseeland heimische Pflanzen haben sich selbst gegenüber salzhaltigen Windböen als robust und widerstandsfähig erwiesen. Sie vertragen in der Regel zwar keine eisige Kälte, eignen sich aber bestens für milde Küstenregionen, in denen kaum je Temperaturen unter 5 °C herrschen. Experimentieren Sie mit Baumastern wie der silberlaubigen *Olearia traversii*, Kultivaren von *Pittosporum tenuifolium*, dem Zickzackstrauch *Corokia cotoneaster* und *C. virgata, Elaeagnus, Griselinia littoralis*, der immergrünen Kletterpflanze *Muehlenbeckia complexa*, Hebe-Arten und Neuseeland-Flachs *(Phormium).*

Weitere robuste Sträucher und Heckenpflanzen für Küstenregionen

Escallonia rubra 'Crimson Spire'
Sanddorn (*Hippophae rhamnoides*)
Kartoffelrose (*Rosa rugosa*)
Holunder (*Sambucus nigra*)
Pfriemenginster (*Spartium junceum*)
Tamariske (*Tamarix ramosissima*)

Pflanzen, die namentlich an das Meer erinnern
Seegrasnelke (*Armeria juniperifolia maritima*)
Meerkohl (*Crambe maritima*)
Stranddistel (*Eryngium planum, E. alpinum*)
Meerlavendel (*Limonium latifolium*)
Feinstrahlaster bzw. Kap-Gänseblümchen
  (*Erigeron glaucus* 'Elstead Pink')

Hügel

Sanfte Bodenwellen machen einen Garten abwechslungsreicher, abschüssige Hänge hingegen können ein Albtraum sein. Was also tun? Im Zickzack den steilen Hang hinunter gehen und ein Gartenleben lang auf einem Bein balancieren? Die Alternative ist, das Gelände zu terrassieren, was allerdings nicht nur Zeit, sondern auch Geld kostet, zumal eine effektive Dränage und solide Mauern zur Befestigung des Bodens unerlässlich sind. Ist das Gelände aber erst einmal terrassiert, lassen sich die podestartigen Terrassen leicht über Stufen erreichen, die im Hintergrund mit einer Stützmauer abschließen und somit einzigartige Pflanzmöglichkeiten bieten. Bleibt nur zu hoffen, dass mit einer solchen Terrassierung ein Großteil der Probleme, die abschüssige Hänge mit sich bringen, gelöst ist.

Böschungen bepflanzen

Wie ansprechend Böschungen wirken, hängt einerseits von der Ausrichtung zur Sonne, andererseits aber auch davon ab, ob die Böschung hauptsächlich von oben oder von unten betrachtet wird. Am vorteilhaftesten ist ein Südhang, an dem man, unten stehend, die leuchtenden Regenbogenfarben der sonnenliebenden Pflanzen wie auf einer Ausstellungsfläche von vorn bewundern kann; oben stehend, sieht man die Pflanzen eher von hinten. Dennoch sind schattige Hänge keineswegs ein Unglück, denn vor allem im lichten Schatten von Bäumen bieten sich ideale Bedingungen für einen Waldgarten mit winterharten Farnen und Schattenpflanzen, die mit ihrem üppigem Blattwerk und den winzigen Blüten ihren eigenen Reiz haben.

● Da der Boden auf Böschungen leicht abgeschwemmt wird, empfiehlt es sich, ihn mit Pflanzen zu bedecken, die ihn mit ihrem verzweigten Wurzelwerk an Ort und Stelle verankern.
● Da Böschungen von Natur aus trocken sind, könnte ein Bewässerungssystem (ideal wäre ein leckender Schlauch) Ihnen und Ihren Pflanzen das Leben leichter machen.
● Bereiten Sie den Boden vor dem Pflanzen gründlich vor und achten Sie auf einigermaßen waagrechte Pflanzlöcher mit ringförmiger Vertiefung (Gießrand).
● Um das Wasser direkt zu den Wurzeln zu leiten, graben Sie ein kurzes Stück Schlauch oder einen Blumentopf mit überstehendem Rand neben der Pflanze ein. Sie erleichtern sich damit das Gießen und verhindern, dass das Wasser über den Hang abfließt.

Pflanzen für sonnige Böschungen
Abelia x *grandiflora* 'Francis Mason'
Säckelblume (*Ceanothus thyrsiflorus* var. *repens*)
Zistrose (*Cistus* x *purpureus*)
Silberwinde (*Convolvulus cneorum*)
Fingerhut (*Digitalis purpurea*)
Ginster (*Genista lydia*)
Sonnenröschen (*Helianthemum* 'Wisley Primrose' und andere)
Kolkwitzie (*Kolkwitzia amabilis* 'Pink Cloud')
Lavendel (*Lavandula*) sämtliche Arten
Leinkraut (*Linaria purpurea*)
Pfeifenstrauch (*Philadelphus* 'Manteau d'Hermine')
Brandkraut (*Phlomis fruticosa* und *P. russeliana*)
Rosmarin (*Rosmarinus*) sämtliche Arten
Eisenkraut (*Verbena bonariensis*)

Pflanzen für schattige Böschungen
Bärenklau (*Acanthus mollis*)
Ahorn (*Acer palmatum* 'Dissectum')
Bergenie (*Bergenia* 'Sunningdale')
Kaukasus-Vergissmeinnicht (*Brunnera macrophylla*)
Bergflockenblume (*Centaurea montana*)
Waldrebe (*Clematis* x *jouiniana* 'Praecox')
Zwergmispel (*Cotoneaster horizontalis*)
Elfenblume (*Epimedium*) sämtliche Arten
Spindelstrauch (*Euonymus europaeus* 'Emerald 'n' Gold')
Storchschnabel (*Geranium nodosum*)
Schneemarbel (*Luzula nivea*)
Lungenkraut (*Pulmonaria saccarata*)
Schaumblüte (*Tiarella cordifolia*)

Genista lydia

Prioritäten setzen

Anne: In die einzelnen Planungsphasen einzubeziehen ist eine Aufstellung Ihrer persönlichen Erfordernisse. Diese ändern sich mit der wachsenden Familie, und mit den Besitzern reifen und ändern sich auch die Gärten.

Zeitzwänge

Gartenarbeit sollte Freude bereiten. Voraussetzung dafür ist, dass der Gärtner genügend Zeit hat, sich um seinen Garten zu kümmern. Wer Anzucht und Pflege als einzige Hetze empfindet, für den wird der Garten zum Albtraum. Dies wäre jedoch umso bedauerlicher, als man so viel Befriedigung und Erfüllung daraus ziehen könnte. Deshalb gilt es bei der Planung eines neuen Gartens gründlich zu überlegen, wie sich auf Dauer erhalten lässt, was man anzulegen gedenkt.

Tricks zur Arbeitserleichterung

Nackter Boden ist der Untergang jedes noch so fleißigen Gärtners, denn Unkraut breitet sich im Nu überall aus, wo der Boden nicht bedeckt ist. Außerdem wirkt nackter Boden nur dann ansehnlich, wenn er ununterbrochen aufgelockert und glattgerecht wird. Um sich die Sache nicht unnötig schwer zu machen, empfiehlt es sich, gleich zu Beginn eine dicke Mulchschicht aufzubringen (s. Seite 114–116) und später Bodendeckerpflanzen einzusetzen, die sich über und unter der Erde miteinander verweben (s. Seite 114–115). Wer Wert auf Lücken zwischen den Pflanzen legt, kann den Boden durch eine dauerhafte Mulchschicht mit gut verrottetem organischem Material abdecken, das sich optisch kaum von Erde unterscheiden lässt; gut geeignet sind aber auch grober Strandkies (wirkt ordentlicher als feiner Kies), Splitt, Muscheln oder andere »harte« Materialien.

Falls Sie einen Garten erben, in dem der vormalige Besitzer offensichtlich seine gesamte Freizeit verbracht haben muss, Sie selbst aber ganz andere Hobbys haben, dann gilt es ihn so umzugestalten, dass sich die Arbeit bewältigen lässt.

● Sofern zu viele Rabatten da sind, säen Sie Gras ein. Mähen ist leichter als Rabatten instand zu halten; außerdem lässt diese Tätigkeit sich auch delegieren, ob innerhalb der Familie oder an eine Hilfe von außen.

● Falls Sie einen sehr großen Garten haben, dennoch aber nicht umziehen möchten, sollten Sie den Teil in unmittelbarer Hausnähe durch einen Zaun, eine Hecke oder eine Mauer abgrenzen. Beschränken Sie sich auf die Pflege dieses Bereichs und verwandeln Sie den Rest in eine Wiese. Mit ein paar Bäumen bepflanzt und einem entsprechenden Weidezaun umgeben, könnten hier die Pferde oder Schafe aus dem Dorf grasen.

● In winzigen Gärten sind Pflasterflächen und Pflanzen in Hochbeeten und Kübeln pflegeleichter als Rasen.

● Entschuldigen Sie sich nicht ständig für Ihren unordentlichen Garten, sondern integrieren Sie vielmehr einen Holzstoß und Pflanzen, die Bienen, Schmetterlinge und Vögel anlocken. Im Grunde brauchen Sie Ihren naturnahen Garten nur überzeugt genug zu vertreten, und jeder wird davon beeindruckt sein (s. Seite 31–33).

Kinder im Garten

Es gibt keinen Grund, der dagegen spräche, Kinder an der Gartenarbeit teilhaben zu lassen, zumal diese oft große Freude an ihrem eigenen »Stückchen Land« haben. Zugegebenermaßen werden die verschiedenen Interessen in einem größeren Garten wie meinem derzeitigen mit etwa 6000 m² leichter zu vereinbaren sein. Denn hier bietet sich Raum für einen ertragreichen Nutzgarten (eingezäunt), Rabatten im Umkreis des Hauses, einen Auslauf für die Kaninchen, eine große Rasenfläche zum Trampolin-Springen, Federball- und Fußballspielen. Auch für eine Obstwiese und einen Wildgarten ist noch Platz, und wo ursprünglich Wiese war, grast nun unser Shetland-Pony.

In unserem vormals kleineren Garten war Fußballspielen verboten; stattdessen fuhren wir mit den Kindern regelmäßig zu einem der öffentlichen Bolzplätze.

Viele Kinder haben Freude an einem eigenen Beet oder einer Rabatte, die ihnen gehört, allerdings nur unter erfolgversprechenden Bedingungen wie gutem Boden und einer exponierten sonnigen Lage – andernfalls verdirbt man ihnen oft für immer die Lust am Gärtnern. Generell haben Kinder eine Vorliebe für große, interessante und essbare Pflanzen.

Pflanzen, die Kinder gern selbst ziehen

Helianthus annuus 'Velvet Queen', eine außergewöhnlich rote Sonnenblumensorte

Kürbisse
Mais
Kräuter
Sonnenblumen
Dahlien
Klatschmohn
  (*Papaver commutatum* 'Lady Bird')
Schlangengurke (*Cucumis sativus*)

Meiner Erfahrung nach haben Kinder meist nicht lange Spaß an den Gartenhäuschen, die wir für sie bauen, sondern beschäftigen sich lieber mit dem Bau eigener Höhlen. Reservieren Sie ihnen einen Bereich (das kann eine Ecke im hinteren Teil eines kleinen Gartens sein), den sie ganz für sich erkunden dürfen. Legen Sie ihnen ein paar Zweige und Stöcke, Planken und allerlei Kleinholz hin, den Rest erledigen sie selbst. Rasen steht bei Kindern hoch im Kurs, denn wo ließe sich besser spielen als hier? Wo gäbe es mehr Platz, um aus Klappstühlen und alten Vorhängen, Decken und Pflöcken ein ganzes Zeltlager aufzuschlagen? Wenn die Hauptaktivitäten im Blickfeld des Hauses stattfinden, können Sie immer wieder ein Auge darauf werfen.

Sicherheit für Kinder

Teiche sind eine Gefahrenquelle für kleinere Kinder, die selbst in knietiefem Wasser ertrinken können. Am besten verzichtet man deshalb auf einen Teich, zumal es auch Wasserelemente ohne tiefes, stehendes Wasser gibt. Auf größere Kinder üben Teiche dagegen eine nicht endende Faszination aus.

Vorsicht ist auch mit den vielen giftigen Gartenpflanzen geboten. Aber wenn wir alle ausreißen wollten, müssten wir Rhododendren, Buchs, Osterglocken und Lupinen ausgraben sowie den berühmt-berüchtigten Goldregen und die Eibe. Als meine Kinder klein waren, habe ich vor allem die verlockenden giftigen Beeren von den marmorierten Blättern des Aronstabs (*Arum italicum* subsp. *italicum* 'Marmoratum') entfernt. Die Wolfsmilchgewächse (*Euphorbia*), deren Saft Hautreizungen verursachen kann, wurden in den hinteren Teil der Rabatten versetzt. Extrem giftige Pflanzen wie der Eisenhut (*Aconitum*) wurden vollkommen verbannt. Gleichzeitig haben wir den Kindern eingetrichtert, nicht mit Pflanzen zu experimentieren, sprich, immer zuerst zu fragen. Aber jeder muss für dieses Problem seine eigene Lösung finden. Auf den Verdacht hin, dass Ihr Kind eine giftige Pflanze gegessen hat, sollten Sie unverzüglich einen Arzt aufsuchen; entfernen Sie vorher sämtliche Überbleibsel aus dem Mundbereich und nehmen Sie diese als »Probe« zum Arzt mit.

Gärten können eine einzige Gefahrenzone darstellen. Halten Sie sämtliche Chemikalien unter Verschluss und vergewissern Sie sich, dass die Kinder, während der Rasen gemäht wird, nicht etwa im Garten herumstreifen. Auch sollten keine scharfen Werkzeuge liegen bleiben und die Spitzen von Stöcken mit Plastikkappen versehen werden. Wie schnell kann etwas passieren!

Kinder können von klein auf Freude am Garten haben, wenn man ihnen Aufgaben zuteilt, die sie »spielend« allein bewältigen können.

Gärtnern für ältere oder behinderte Menschen

Hochbeete bieten Gärtnern, die sich nicht mehr gut bücken können oder an den Rollstuhl gebunden sind, gute Arbeitsbedingungen. Aus Ziegel- oder einem schönen Naturstein gebaut, kommt sowohl die Bepflanzung als auch der Boden auf eine Höhe, auf der sich in Reichweite alles bestens versorgen und aus nächster Nähe bewundern lässt. (Auf Seite 68–72 finden sich Matthews Tipps zum Bau von Hochbeeten.)

Für ältere Gärtner empfiehlt sich der Bau von Rampen anstatt hoher Stufen; aber auch durch flache Stufen mit Handlauf lässt sich mancher Unfall vermeiden.

Sehbehinderte Gärtner sind vermehrt auf Sinnesreizungen wie Gerüche, Töne und den Tastsinn angewiesen. Durch Geländer, die ihnen den Gang durch den Garten erleichtern, kann man sie unmittelbar mit duftenden Blüten, aromatischen Blättern, zart behaartem Laub und glatter Rinde in Berührung bringen oder mit dem Rascheln von Bambus und dem leisen Klacken der Samenstände vertraut machen.

Annes Vorschläge für Menschen mit Sehbehinderung

Durch ihren Duft identifizierbare Pflanzen
Scheinzypresse (*Chamaecyparis lawsoniana* cvs.)
Marokkanischer Ginster (*Cytissus battandieri*)
Nelke (*Dianthus* 'Mrs Sinkins')
Berg-Eukalyptus (*Eucalyptus dalrympleana*)
Magnolie (*Magnolia grandiflora*)
Narzisse (*Narcissus* 'Quail')
Kletterrose (*Rosa* 'Étoile de Hollande')
Flieder (*Syringa vulgaris* cvs.)
Schneeball (*Viburnum x bodnantense* 'Dawn')

Durch Berühren identifizierbare Pflanzen
Pelargonie (*Pelargonium tomentosum*) mit samtweichen, nach Pfefferminze duftenden Blättern
Himalayakiefer (*Pinus wallichiana*) mit glatter Rinde
Zierkirsche (*Prunus serrula*) mit glatter, abblätternder Rinde
Wollziest (*Stachys byzantina*) mit pelzigen Blättern

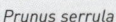

Prunus serrula

Raum für Geselligkeiten

Nicht alle Gartenbesitzer sind leidenschaftliche Pflanzen-liebhaber; die meisten aber wünschen sich einen Garten, der gepflegt und einladend wirkt und insbesondere auch als Rahmen für Geselligkeiten dient. Eine Terrasse oder ein Holzdeck kann, abgeschottet durch Pflanzen, zum Mittel-punkt des Gartens werden. Überlegen Sie sich gut, wo sich im Hinblick auf optimale Sonneneinstrahlung, Windschutz und Schatten (im Sommer heiß begehrt) ein geeigneter Platz anbietet. Der eigentliche Sitzbereich sollte Raum für eine Kochstelle (Grill), Tisch und Stühle bieten, in größeren Gärten kann man aber auch mehrere kleinere Sitzplätzchen einplanen, an denen sich auch im Winter oder in den Mor-genstunden die Sonne genießen lässt (s. auch Johns Gedan-ken zu »Zimmern im Freien« auf Seite 45–49).

(s. auch Johns Gedanken zu »Zimmern im Freien« auf Seite 45–49).

Oben: Oase für die Abendstunden: eine Terrasse am Teich, auf der man dem beruhigenden Plätschern des Wassers lauschen und die letzten wärmenden Sonnenstrahlen genießen kann.

»Inseln« für den Feierabend

Wer seinen Garten erst abends genießen kann, sollte dies bereits bei der Planung berücksichtigen. Entwerfen Sie einen nach au-ßen hin abgeschirmten Sitzbereich, der, in unmittelbarer Nähe zum Haus, auch ein kleines plätscherndes Wasserelement ent-hält. Bei der Auswahl der Gewächse empfehlen sich Duftpflan-zen mit hellen Blütenfarben, die selbst in der Dämmerung noch sichtbar sind. Viele Lilienarten duften, wobei sich ihr Wohlge-ruch mit wachsender Dunkelheit noch verstärkt. Wenn Sie die Zwiebelpflanzung zwischen Spätwinter und Frühling geschickt staffeln, werden in Ihren Töpfen kontinuierlich Lilien blühen, angefangen bei meinen Lieblingslilien, *Lilium longiflorum*, über *L.* 'Casa Blanca' und *L.* 'Marco Polo' bis zu *L.* 'African Queen'. Echte »Abend-Duftpflanzen« wie der Tabak *(Nicotiana alata)* öff-nen ihre weißen Blüten tagsüber nicht vollends, springen aber, sobald die Dämmerung anbricht, förmlich auf, um einen betö-rend süßen Duft zu verströmen. Die meisten Geißblattgewächse entfalten ihr intensives Aroma am Abend, wobei mir *Lonicera* x *americana*, *L. periclymenum* 'Belgica' (»Holländisches Geißblatt«: frühblühend) und *L. p.* 'Serotina' (spätblühend) sowie die halb-immergrünen japanischen Geißblattarten *L. japonica* 'Halliana' und *L. japonica* var. *repens* besonders geeignet erscheinen.

Selbstversorger

Wenn Sie nur ein bescheidenes Gärtchen besitzen und möglichst viele Gemüsearten darin vereinen möchten, dann empfehle ich Ihnen, den gesamten Raum in einen Potager zu verwandeln. Denn hier lassen sich Gemüse, Obst, Kräuter und Blumen dekorativ und harmonisch miteinander verbinden. Wir haben einen Teil unseres Grundstücks als Nutzgarten eingezäunt, und ich stelle immer wieder fest, wie schön dieser eigenständige Bereich doch wirkt. Auf der einen Seite befindet sich ein reizvolles, auf einem Holzrahmen basierendes Gewächshaus mit einer kleinen Terrasse, und obwohl die Fläche in der Form leicht asymmetrisch ist, haben wir sie doch grob in vier Quadrate unterteilt, was den Fruchtwechsel erleichtert (weitere Informationen über den Fruchtwechsel s. Seite 134–135). Zu den Beeten führen schmale Wege, und ein Wasserelement bildet einen halbwegs zentralen Blickfang.

Wir bauen aber nicht nur Gemüse an, sondern auch Beerenobst und als Kordon (Schnurbaum) erzogene Spalieräpfel. Spalierobst ist eine ausgezeichnete Möglichkeit, mehrere Obstarten auf kleinstem Raum zu kombinieren. Jedes Gehölz wird an einem Stab aufgeleitet und die Früchte reifen an kurzen, von einem einzigen Leittrieb ausgehenden Zweigen, die durch einen Sommerschnitt unter Kontrolle gehalten werden. Die einzelnen Gehölze, die im Abstand von 1,8 m aufeinander folgen, wirken wie überschaubare vertikale Akzente. In Reihen gepflanzt wachsen Schnittblumen wie Löwenmäulchen, Gladiolen und Zinnien, und, wo immer sie sich einfügen lassen, auch Sonnenblumen. Die Wege sind mit Thymian, Salbei, Lavendel, Goldkamille und anderen Kräutern eingefasst, viele wurden preiswert aus Samen gezogen.

Damit der Nutzgarten auch im Winter dekorativ wirkt, bedarf es einer geschickten Planung. Wer jedoch die Wegränder mit immergrünen Kräutern bepflanzt, wird sich über mangelnde Struktur nicht zu sorgen brauchen. Es gibt eine erstaunlich große Anzahl an Wintergemüse, z.B. Kohlarten (Rosenkohl, Wirsing, Weißkohl, Sprossenbrokkoli) und Lauch. Scheuen Sie sich nicht, Treibhilfen zu nutzen, aber beachten Sie, welche für die jeweiligen Gemüsearten geeignet sind. So werden Pflanzglocken aus Ton etwa für Rhabarber und Glashauben oder so genannte Cloches zum Vortreiben von Meerkohl eingesetzt (mehr über die praktischen Aspekte der Planung eines Nutzgartens s. Seite 46–47).

Schnittblumen ziehen

In jedem Garten lässt sich eine überraschende Vielfalt an Schnittblumen ziehen, sei es für Floristen, die für den Blumenschmuck in Kirchen sorgen, oder als Anschauungsmaterial für Schulungszwecke. Auch wenn ich kein Profi bin, so mache ich doch gern kleine Sträußchen für meinen Schreibtisch, um mich während der Arbeit an den Blumen zu freuen, die im Garten gerade blühen. Größere Blumenarrangements erfordern eine Art Rahmen aus Zweigen, der mit Laub und kleineren Blüten ausgesteckt wird, zwischen denen spektakulärere und üppigere Blüten als Mittelpunkt und Blickfang dienen. Ob man Letztere kauft oder selbst zieht, Gärten liefern vor allem Blattwerk und die Füllblumen. Efeuranken, Farnwedel, Funkienblätter, Neuseeland-Flachs (*Phormium*) mit seinen langen schwertförmigen Blättern und Zweige von Sträuchern wie der Ölweide (*Elaeagnus*) und dem Klebsamen (*Pittosporum*) erweisen sich als sehr brauchbar. Wie geschaffen für hübsche kleine Biedermeier- und kuppelförmig gebundene Duftsträußchen sind *Brachyglottis greyi*, Lorbeer, Ysop, Rosmarin und Lavendel.

Als Füllmaterial bewähren sich immer wieder die verschiedenen Vertreter der Kerbel- oder Mohrrübengewächse (*Umbelliferae*). Pflanzen Sie die Knorpelmöhre (*Ammi majus*) oder Dill (*Anethum graveolens*) als Einjährige. Auch die Wolfsmilcharten wie *Euphorbia lathyris*, die Zypressenwolfsmilch (*E. cyparissias*) und *E. oblongata* lassen sich gut einfügen. Farbenfrohe Füllpflanzen sind die zweijährige Nachtviole (*Hesperis matronalis*) und der Tabak (*Nicotiana*), der sich aus im Frühjahr ausgesätem Samen ziehen lässt.

Scheuen Sie sich nicht, im Nutzgarten Schnittblumen zu ziehen. Versuchen Sie es ruhig auch einmal mit Islandmohn (*Papaver nudicaule*), Dahlien und Sonnenhut (*Rudbeckia*).

Islandmohn *(Papaver nudicaule)* im Schnittblumenbeet

Was für ein Gärtner sind Sie?

Anne: Nachdem Sie sich im Klaren sind, was Ihr Grundstück an Möglichkeiten bieten kann und welche Erwartungen Sie daran haben, sollten Sie sich überlegen, wie Sie den neu geschaffenen Garten zu organisieren gedenken. Es gibt nämlich die unterschiedlichsten Gärtner auf der Welt, und alle haben sie einen ganz unterschiedlichen Zugang zur ihrem Hobby, gleichermaßen aber immense Freude daran. Ich erinnere mich an einen Rentner, einen ehemaligen Bergmann, der eine Vorliebe für Sommerblumen hatte. In einem winzigen Garten schuf er leuchtende Farbkompositionen aus Begonien und Fuchsien im Hintergrund, das Ganze abgesetzt durch einen schmalen Streifen Rasen, der zweimal pro Woche akkurat geschnitten wurde. Verblühtes sowie braune Blätter wurden unverzüglich entfernt, sämtliche Insekten abgesprüht und geringste Anzeichen von Krankheiten, die als potenzielle Gefahrenquelle für seine Schützlinge denkbar erschienen, mit Chemie bekämpft. Im Herbst wurde das Ganze so gründlich abgeräumt, dass nichts als der nackte Boden zurückblieb. Im zeitigen Frühjahr wurden die Samen unter Glas zum Keimen gebracht, Pflanzen geschnitten und somit der Austrieb gefördert, bis die ganze Prozedur wieder von vorne losging. Zugegebenermaßen nicht mein Stil, und doch musste ich bewundern, mit wie viel Mühe und Liebe er bei der Sache war. Am anderen Ende der Skala stehen all jene, die ihren Garten als kultivierte Wildnis betrachten und sämtliche Chemikalien verbannen. Hier geht es vorrangig darum, die heimischen Pflanzen standortgemäß einzugliedern und liebevoll Refugien für Kleinlebewesen aus der Natur zu schaffen. Viele Gärtner bevorzugen einen Mittelweg und setzen nur, wenn absolut nichts mehr geht, chemische Präparate ein – eine Notlösung, die erst nach gründlicher Überlegung, welche Folgen solche Maßnahmen auf das Leben im Garten haben, erfolgt. Was meinen eigenen Garten anbetrifft, so haben wir eine Vorliebe für exotische Pflanzen. Wir versuchen, sie den vorhandenen Bedingungen anzupassen, um so naturnah wie möglich gärtnern zu können, ohne den Boden austauschen oder übermäßig wässern zu müssen. Dabei setzen wir unsere Pflanzen nicht in Reihen, sondern orientieren uns vielmehr am Beispiel der Natur. Man braucht sie sich an ihrem heimischen Standort nur einmal genau anzusehen, um die Kombinationen im Garten nachzuahmen, ob für eine Waldlichtung oder Arrangements im Prärie-Stil, in denen sich Stauden und Gräser in lockeren Drifts verbinden.

Organisch gärtnern

Den Garten organisch bestellen, bedeutet zugleich auch, dem kleinen Stückchen Land, über das wir verfügen, ein gewisses Maß an Achtung entgegenzubringen. Die Entscheidung impliziert gewissermaßen, dass wir auf eigenmächtiges Eingreifen verzichten und stattdessen in die Rolle des Betreuers schlüpfen. Auch wenn wir dieses Fleckchen Erde als das unsere betrachten, so gilt es doch nie zu vergessen, dass es bereits Heimat zahlloser anderer Lebewesen ist.

In seinen Anfängen geht der organische Land- und Gartenbau auf die 40er Jahre des 20. Jahrhunderts zurück; er verstand sich als Gegenbewegung zum immer massiveren Einsatz chemischer Düngemittel. Dahinter steht die Philosophie, dass nicht die Pflanze, sondern der Boden mit Nährstoffen anzureichern ist, die ihm als organische Substanzen in Form von Kompost, Mist und anderen Stoffen zugeführt werden. Auf diese Weise lässt sich die Zahl der Mikroorganismen vermehren, während diese für die Zersetzung des organischen Materials sorgen, das wiederum Nährstoffe für das Pflanzenwachstum freisetzt. Wer sich an diesem Ansatz orientiert, bestellt seinen Garten verantwortungsbewusst, ohne die Umwelt zu vergiften. Dafür darf er sich im Gegenzug über eine Oase freuen, die nur so wimmelt von Leben. Und weil es sich dabei vorwiegend um »Räuber« aus der Natur handelt, die sich als Nützlinge erweisen, lösen sich viele Probleme »von selbst«, denn diese »Helfer« halten die Schädlingspopulationen in Schach. Gesunde Pflanzen, die nicht künstlich überdüngt sind, erweisen sich auch als weniger krankheitsanfällig. Wenn dennoch Schwierigkeiten auftreten, so lassen sie sich meist durch unorthodoxe Lösungen beheben, ohne dass gleich zur chemischen Keule gegriffen werden muss.

Das Gros organischer Gärtner dehnt seine Philosophie auf eine umweltfreundliche Lebensführung aus, die die Nutzung erneuerbarer Ressourcen ebenso einschließt wie die Reduzierung des Abfalls und eine sinnvolle Wiederverwertung.

Tipps für den angehenden organischen Gärtner
● Verwenden Sie keine chemischen Düngemittel und Pestizide, denn diese machen alle Bemühungen des organischen Anbaus zunichte. Erkundigen Sie sich bei Ihrer Gemeindeverwaltung, wie sich chemische Produkte, die nicht benötigt werden, entsorgen lassen.
● Führen Sie dem Boden durch organisches Material Nährstoffe zu.
● Schaffen Sie in Ihrem Garten Refugien für Wildpflanzen und Kleintiere aus der Natur.

Teiche locken Kleintiere aus der Natur an. Sie sollten mit flach abfallenden Uferrändern versehen sein oder über eine Randbepflanzung in höher stehenden Kübeln verfügen, um den verschiedenen Lebewesen den sicheren Zugang zum Wasser zu erleichtern. Langstängelige Pflanzen wie Schwertlilien dienen Libellen-Larven als Hilfe, aus dem Wasser zu klettern, bevor sie ihre Haut abwerfen und davonfliegen. Eine einfallsreiche Uferrandbepflanzung wirkt aber nicht nur optisch beeindruckend, sie stellt auch einen Lebensraum für Amphibien dar.

Refugien für Besucher aus der Natur

Schaffen Sie in Ihrem Garten die entsprechenden Voraussetzungen für möglichst viele Besucher aus der Natur, denn Sie fördern dadurch nicht nur die Pflanzengesundheit, sondern machen den Garten auch interessanter. Gewiss, Nackt- und Gehäuseschnecken, Blattläuse und Kriebelmücken (auch schwarze Blattläuse) können ein Ärgernis sein, aber sie dienen größeren Tieren auch als Futter und verhindern somit, dass Krankheiten kaum je zu Seuchen ausarten. Sobald Sie den Krankheitsherd komplett ausrotten, entziehen Sie den Nützlingen auch die Nahrung und veranlassen somit, dass diese sich anderswo niederlassen. Noch übler ist es, wenn Sie Krankheiten mit chemischen Sprays abtöten, denn damit vernichten Sie auch potenzielle Nützlinge. In meinem Garten werden die Blattläuse an Obstbäumen und Geißblatt in der Regel umgehend Opfer der großen Vogelpopu-

lation und unzähliger Insekten, die sich von Blattläusen ernähren. Auch über Nackt- und Gehäuseschnecken können wir kaum klagen, wahrscheinlich weil wir so viele Vögel und Kröten im Garten haben. Ein Problem sind jedoch die Nacktschnecken im Boden, die die Kartoffeln befallen. Sie lassen sich aber durch ein biologisches Mittel eindämmen, das für die Umwelt unbedenklich ist: Millionen von schneckentötenden Nematoden (Fadenwürmer) werden in den Boden geschwemmt, um deren Population ernsthaft zu reduzieren. Kleinlebewesen aus der Natur und ein schmucker Garten müssen sich nicht ausschließen, wenngleich man sich in einem naturnah gehaltenen Bereich gezielt um die Schaffung von Refugien bemühen wird, denn wo sonst fänden sich längeres Gras, bewusst naturbelassene Bereiche mit Wildblumen (Unkraut, wenn Sie so wollen) und Holzstöße, die verrotten und Insekten anlocken? Dickichtartige Hecken bieten sich als Schlaf- und Nistplätze für Vögel an. Ich setze mich manchmal gar über so manche Lehrmeinung hinweg, denn das bisschen tote Holz an meinen Bäumen ist für Spechte und andere Vögel, die die Rinde nach Insekten (meist Käferlarven) absuchen, ein begehrtes Ziel. Wenn der Sturm Obst von den Bäumen fegt, das auf dem Boden liegen bleibt, machen sich die Schmetterlinge, Amseln, Wacholderdrosseln und Fasane über die späten Leckerbissen her. Dass man die verblühten Triebe der Stauden den Winter über stehen lässt, ist inzwischen weitgehend akzeptiert.

Eine entscheidende Rolle spielen Teiche, die für die unterschiedlichsten Lebewesen eine permanente Wasserquelle darstellen. Achten Sie auf schräg abfallende Uferbereiche oder stellen Sie Töpfe mit Randpflanzen auf, damit Tiere, die Zugang zum Wasser suchen, nicht ertrinken.

Säugetiere

Hasen, Maulwürfe und Eichhörnchen im Garten bringen manche Gärtner geradezu in Rage. Zugegeben, diese »Gäste« knabbern die Pflanzen an, hinterlassen Hügel im Rasen und graben Zwiebelblumen aus (sie vergraben gleichzeitig jedoch auch Eicheln, die im kommenden Jahr für interessante Eichenbestände sorgen). Aber wie sehr man sich auch darüber ärgert, man wird sie nicht einfach los; das Einzige was hilft, ist ihnen anders gegenüberzutreten. Ich habe meinen Nutzgarten mit Hasendraht eingezäunt. Wenn ich Maulwürfe im Garten hätte, würde ich die Erde der aufgeworfenen Hügel einsammeln und als Topfsubstrat nutzen oder als Mulchschicht über dem Rasen verteilen. Wühlmäuse können lästig sein, ihre Bestände scheinen sich aber von selbst zu regulieren. Wenn Mäuse meinen Schuppen und das Gewächshaus unsicher machen, stelle ich lieber Mausefallen auf als Gift zu streuen. Im Übrigen sehne ich den Tag herbei, an dem ich Löcher in den Haselnüssen entdecke, die mir verraten, dass sich Haselmäuse in meinem Garten aufhalten. Igel richten keinerlei Schaden an, fressen dafür aber Unmengen von Nacktschnecken.

Blaumeisen lassen sich durch Fettkugeln oder Nüsse anlocken. Die Vögel revanchieren sich, indem sie die Blattläuse an Ihren Pflanzen vertilgen.

Vögel

Vögel bringen mit ihrem Gezwitscher und dem rastlosen Hin und Her Leben in den Garten. Die Pflanzen profitieren vor allem von Vogelarten, die Insekten und Weichtiere vertilgen, denn so bleiben sie von Schädlingen verschont. Viele Vögel bevorzugen »Kurzstrecken-Flüge« von Baum zu Baum. Locken Sie sie also ganz gezielt in Ihren Garten, indem Sie an exponierten Stellen einen »Vogelkorridor« aus Bäumen und Sträuchern schaffen. Hängen Sie Nistkästen auf, um die Vögel zum Bleiben anzuregen. Dichte Hecken sind begehrte Schlafplätze. Auch samen- und fruchttragende Pflanzen sind ein Anziehungspunkt für Vögel. Und selbstverständlich machen sie sich auch über die Schwarzen Johannisbeerbüsche her, aber da weder wir noch die Vögel in unserem Garten je alle Beeren aufessen, werden sie brüderlich geteilt.

Annes bevorzugte »Vogel-Pflanzen«

Begehrte Früchte
Wilder Wein (Parthenocissus tricuspidata und quinquefolia)
Pfaffenhütchen (Euonymus europaeus)
Walderdbeere (Fragaria vesca)
Efeu (Hedera helix)
Stechpalme (Ilex aquifolium cvs.)
Crab- oder Holzapfel (Malus 'Golden Hornet')
Holunder (Sambucus nigra)
Vogelbeere (Sorbus aucuparia)
Gemeiner Schneeball (Viburnum opulus)

Begehrte Samen
Zierlaucharten (Allium spp.)
Glattblatt-Aster (Aster novi-belgii)
Hänge-Birke (Betula pendula)
Karde (Dipsacus fullonum)
Sonnenblumen (Helianthus spp.)

Sorbus aucuparia

Reptilien und Amphibien

Es ist immer wieder aufregend, auf eines dieser faszinierenden Tiere im Garten zu stoßen. Wir haben viele Wassermolche und Kröten, hin und wieder auch eine Blindschleiche. Zum festen Bestand gehören Frösche, und in manchen Gärten sind auch Eidechsen und Ringelnattern gern gesehene Gäste. Insgesamt vertilgen diese Lebewesen eine Unmenge an Nacktschnecken und Insekten. Am liebsten halten sie sich ungestört zwischen Holzstößen und Komposthaufen auf.

Nützliche Krabbeltiere

Um Schwebfliegen anzulocken, braucht man nichts weiter als eine möglichst große Blumenvielfalt. Schwebfliegen-Larven sind seltsame kleine Kreaturen; sie erinnern an durchscheinende grünlich-braune Maden. Sie mögen nicht unbedingt hübsch sein, fressen aber Legionen von Blattläusen, ebenso wie die Florfliegen, ob ausgewachsen oder als Larve, aber auch die Marienkäfer. Ausgewachsen halten beide Insektenarten einen Winterschlaf. Als Unterschlupf bevorzugen sie dichtes, trockenes Material.
Käfer sind emsige Bestäuber, und einige vertilgen auch Nacktschnecken. Wespen machen sich im Garten erstaunlich nützlich, insbesondere im Frühling und der ersten Sommerhälfte, wenn sie ihren hohen Proteinbedarf durch den Verzehr zahlreicher Schädlinge decken. Leider entwickeln sie im Spätsommer und Herbst großen Appetit auf Süßes, sodass sie sich nicht nur über Obst, sondern auch über jedes Marmeladenbrot hermachen. Eine Starrolle bei der Bestäubung nehmen die Bienen ein, denn ohne sie hätten wir weit weniger Stangenbohnen und eine wesentlich spärlichere Obsternte. Die vielen verschiede-

nen Arten lassen sich durch nektarhaltige Pflanzen leicht anlocken. Am besten integriert man diese in den Nutz- und Obstgarten, denn so lenkt man die Bienen wie von selbst zu den Blüten, die auf Bestäubung angewiesen sind. *Aubrieta, Alyssum saxatile, Pulmonaria, Cheiranthus, Trifolium* im Rasen, *Buddleja*, die meisten Kräuter wie Lavendel, Thymian und Majoran, Sedum- und Fuchsienarten sind nur einige der Pflanzen, die Bienen mit Vorliebe aufsuchen.

Schmetterlinge und Motten erwecken den Garten ebenso wie Vögel zum Leben, selbst wenn deren Larven oder Raupen eine Plage sein können. Am schlimmsten sind zweifellos jene, die sich von Kohl ernähren, zumal man meist nichts anderes dagegen unternehmen kann, als die Pflanzen durch Netze abzudecken, denn nur so hält man die Schmetterlinge ab, ihre Eier abzulegen. Einige Mottenlarven befallen Obstbäume, indem sie die Blätter fressen oder, noch schlimmer, die Früchte. Trotz allem haben wir Freude an diesen fliegenden Insekten. Durch eine möglichst große Vielfalt an Pflanzen, Grasflächen und Wildblumen können Sie zumindest dafür sorgen, dass die Larven genügend zum Futtern haben.

Auch die Spinnen leisten einen entscheidenden Beitrag zum Garten, denn sie fangen unzählige Fliegen sowie Blattläuse. Besonders schön wirken die kreisförmigen Netze mancher Arten im Herbst, wenn sich die Tautropfen wie Perlen darin verfangen. Die Spinnen dienen wiederum vielen Vögeln als Nahrungsquelle.

Wildblumen

In bestimmten Teilen des Gartens machen sich Bereiche mit Wildblumen sehr gut. Es wäre also eine Überlegung wert, den Platz unter Bäumen naturnah zu belassen oder eine Wiese mit höherem Gras zu integrieren, und hier ausschließlich heimische Pflanzen zu ziehen. So ließe sich der Eindruck erwecken, dass Ihr Garten da und dort ein kleines Stück der Landschaft einbindet, zumal die Auswahl ungeheuer groß ist. Entsprechende Wachstumsbedingungen vorausgesetzt, gedeihen Wildblumen ganz von selbst. Dennoch bedürfen auch Wildgärten der Pflege. In der Natur können Sie sehen, wie rigoros einige Pflanzen ihr »Heimrecht« verteidigen und die hübscheren Wildblumen verdrängen. Sie werden also immer wieder Brombeertriebe, Nesseln, Efeu, Disteln und Ampfern eindämmen müssen, um an Ihrem weitgehend naturbelassenen Wildblumenbereich auch Freude zu haben. John wird auf die Planung eines Wildblumengartens noch ausführlicher eingehen (s. Seite 46).

Oben: Hummeln erscheinen im Frühling vor den Honigbienen; sie spielen somit eine wichtige Rolle für die Bestäubung früher blühender Pflanzen.
Rechts: Wenn Sie in einem naturnahen Bereich Ihres Gartens die Disteln stehen lassen, werden sich Schmetterlinge wie dieser Zitronenfalter daran laben.

Einen Garten übernehmen

Anne: Kaum jemand kann bei einem Umzug damit rechnen, einen Garten vorzufinden, der sich als Traumgarten präsentiert. In der Regel übernehmen wir, was uns die Vorgänger hinterlassen, wobei die Bandbreite von peinlich gepflegten Beeten und Rabatten bis zu einem Dschungel aus struppigem Gras und verwilderten Sträuchern reichen kann. Wie dem auch sei – selbst der schönste Garten wird kaum je allen Anforderungen der neu einziehenden Familie entsprechen. Ganz abgesehen davon, dass die Geschmäcker verschieden sind, unterscheiden sich auch die Bedürfnisse und die verfügbare Zeit für die Pflege. Wer ständig unter Zeitdruck steht, wird einem pflegeintensiven Liebhaber- oder Bauerngarten nicht gerecht werden, und mit einem großen Potager voller Gemüse und Obst dürften die meisten ganz einfach überfordert sein. Wenn man aber sieht, dass sich die Arbeit unmöglich bewältigen lässt, sollte man sich als Newcomer einen Überblick über das Vorhandene verschaffen und den Garten danach dem eigenen Lebensstil anpassen. In der Regel tut man gut daran, seine Ungeduld zu zügeln und den Garten zunächst ein Jahr lang unverändert zu belassen. So hat man genügend Zeit, um die Vor- und Nachteile des Geländes zu erkunden, anstatt umgehend mit neuen Entwürfen zu operieren. Obwohl die Vorstellung, komplett von vorn anzufangen, verlockend sein mag, spricht vieles für einen reifen Garten. Bevor also vorschnell über Jahre gewachsene Bäume gefällt und Sträucher ausgerissen werden, heißt es zu überdenken, welche Auswirkungen solche Aktionen auf den Windschutz, begehrte Schattenplätze und die Lebensräume der Vögel haben könnten. Bis man sich über die wichtigsten Konsequenzen Klarheit verschafft hat, vergeht in der Tat oft ein ganzes Jahr. Danach aber weiß man meist, ob man Rosen mag oder unausstehlich findet, ob es sich um Koch- oder Tafeläpfel handelt, und welche Blumen sich als Stauden oder Zwiebelpflanzen entpuppen. Wenn die neuen Besitzer dann nach einem Jahr herausgefunden haben, wie sie ihren Garten nutzen wollen, können ihre Vorstellungen in modifizierte Entwürfe oder Veränderungen einfließen. Naturnahe Bereiche mit Bäumen können für Kinder zu ihrem ureigenen Waldstück werden, in dem sie mehr Geheimnisse entdecken als auf jedem noch so sachgemäß angelegten Spielplatz. Eine duftende alte Kletterrose, die Jahr für Jahr zuverlässig blüht, dürfte sich im Hinblick auf ihre Krankheitsresistenz als geradezu ideal für den Garten erweisen und die neuen Besitzer vielleicht zu einem Rosenbogen oder einer Pergola inspirieren. Womöglich wird die hübsche vordere Eingangstür gar nicht mehr genutzt, sodass der Weg vom Auto zur Tür hinter dem Haus an Bedeutung gewinnt. Ein Weg, auf dem tagtäglich hin- und hergegangen wird, sollte

großzügig und breit genug sein und eine das ganze Jahr über ansprechende Bepflanzung zeigen. Auch wird man die etwas versteckteren Sonnenplätzchen nicht gleich auf den ersten Blick entdecken. Wenn man sie aber erst einmal ausfindig gemacht hat, bieten sie sich als Terrasse oder Sitzbereich an.

Arbeiten, die in den ersten paar Monaten anfallen

Selbst wenn man beschlossen hat, im ersten Jahr auf radikale Änderungen zu verzichten, so ist dies noch lange kein Freibrief, sich auf die faule Haut zu legen, denn es gibt in der Zwischenzeit eine Menge zu tun.

Rasen

Die meisten Gärtner wünschen sich einen Rasen, wobei sich selbst struppigste Grasflächen ohne großen Aufwand verbessern lassen. Wenn das Gras beim Einzug 8 bis 10 cm hoch ist, heißt es schnell reagieren, bevor es sich mit einem normalen Rasenmäher nicht mehr schneiden lässt. Für höheres und noch borstigeres Gras muss man sich einen Spezialmäher ausleihen, der den Anforderungen gewachsen ist. Nach dem ersten Schnitt wird sich ein schrecklicher Anblick bieten, da der gesamte grüne Teil entfernt ist und lediglich raue gelbe Stoppeln zurückbleiben. Aber das Gras erholt sich zusehends, sobald mit einem normalen Rasenmäher ein zweites Mal gemäht und zwischen Frühling und Frühsommer Dünger verabreicht wird, der gleichzeitig das Unkraut vernichtet. Bereits nach einer einzigen Anwendung müsste selbst der schlimmste Rasen eine sichtlich dichtere Grasnarbe zeigen. Falls noch eine feste Kante vorhanden ist, sollte diese beibehalten und regelmäßig in Form geschnitten werden, wobei die Erde im Bereich der Kante immer in Richtung Rabatte zu schieben ist (mehr darüber s. Seite 157).

Bäume und Sträucher

Die Identifizierung von Bäumen und Sträuchern kann selbst mit Hilfe reich illustrierter Nachschlagewerke schwerfallen. Fotografieren Sie die Gehölze, sobald diese Blätter austreiben und blühen und notieren Sie sich das Datum. Zeigen Sie die Fotos in Ihrem Gartencenter oder in der Baumschule oder fragen Sie auf Pflanzenbörsen nach – aller Wahrscheinlichkeit nach werden Fachleute Ihnen Aufschluss darüber geben können. Sehen Sie sich die Bäume genau an, um Gefahren auszuschließen, wie sie faule Stämme oder herunterfallende Äste mit sich bringen. Wo die Bäume zu dicht stehen, wird man manche zugunsten der bleibenden herausnehmen müssen. Im Zweifelsfall befragen Sie einen qualifizierten Baumschuler.

Ein so schöner Bauerngarten erfordert mehr Pflege als manche beruflich eingespannte Familie aufbringen kann. Aber lassen Sie sich ein Jahr Zeit und freuen Sie sich währenddessen an den Rosen, Kronen-Lichtnelken (Lychnis coronaria) mit ihren intensiv rosavioletten Blüten links der Sonnenuhr) und Stranddisteln (Eryngium maritimum mit stacheligen weißen Köpfen auf der rechten Seite), bevor Sie drastische Veränderungen vornehmen.

Überprüfen Sie an jungen Bäumen auch immer wieder die Bindung, denn sie darf den Stamm bei fortschreitendem Dickenwachstum nicht einschnüren. Entfernen Sie das Unkraut im Bereich der Baumscheibe und verteilen Sie eine Mulchschicht über den Wurzeln, die allerdings nicht unmittelbar um den Stamm aufgehäuft werden sollte. Übermäßig groß gewordene Sträucher, die den Weg blockieren oder zu viel Licht wegnehmen, sollten kurzfristig zurückgeschnitten werden, wenn auch nicht bis auf den Stumpf. Es hat allerdings auch keinen Sinn, wie bei Formschnittpflanzen lediglich die Spitzen zu kappen. Ich plädiere vielmehr dafür, sie auszudünnen, indem ein Drittel der alten und sich kreuzenden Triebe entfernt wird. Gehen Sie auf die Ansatzstelle oder einen kräftigen Seitentrieb zurück und schneiden Sie das alte Holz aus, wobei mit den Trieben, die am meisten im Weg sind, begonnen wird. Treten Sie zurück und betrachten Sie immer wieder die Strauchform; sie sollte so natürlich wie möglich wirken. Auch wenn diese Methode vielleicht nicht exakt dem Lehrbuch entspricht, so lässt sie sich doch jederzeit bedenkenlos anwenden, ganz gleich, um was für einen Strauch es sich handelt.

Unkraut

Mit dem Unkrautjäten dürfen Sie nicht ein Jahr lang warten, denn wenn Sie nicht beizeiten eingreifen, vermehrt es sich geradezu verheerend. Man tut deshalb gut daran, das Aussamen einjähriger Unkräuter zu verhindern, und die größeren ausdauernden Arten wie Disteln, Nesseln, Ampfern und den Kriechenden Hahnenfuß auszustechen. Rabatten, die von hartnäckigen Unkräutern wie Giersch und Winden durchzogen sind, erfordern kompliziertere Maßnahmen. Tun Sie Ihr Bestes, um zu verhindern, dass diese Unkräuter auf andere Bereiche übergreifen (s. auch Seite 109–111).

Hecken

Eine gepflegte Hecke bildet eine bezaubernde Abgrenzung für Ihren Garten und zugleich einen idealen Hintergrund für Ihre Pflanzen. Voraussetzung dafür ist allerdings, dass sie Jahr für Jahr zur richtigen Zeit geschnitten und mit den entsprechenden Nährstoffen versorgt wird (s. Seite 170–173). Die Instandsetzung einer vernachlässigten Hecke gehört zu den Arbeiten, die man im ersten Jahr bereits in Angriff nehmen sollte. Falls eine Buchen-, Hainbuchen- oder Eibenhecke bereits den halben Garten einnimmt, sollte sie im ersten Winter rigoros zurückgeschnitten werden. Wenn Ihnen das Gelände beidseitig der Hecke gehört, sollten Sie zuerst die eine Seite schneiden und mit der anderen ein paar Jahre warten. Dadurch gewinnen Sie wertvolle Zeit, denn vernachlässigte Hecken können drei Jahre benötigen, bis sie wieder so schön wie einst sind. Lebensbaum-Hecken dürfen nicht bis auf das alte Holz zurückgeschnitten werden; zur Regeneration sollten lediglich die grünen Triebe eingekürzt und zurechtgeschnitten werden.

Zur Definition von Fachbegriffen

Bob: Gärtner verwenden gewohnheitsmäßig zahlreiche mehr oder weniger spezifische Begriffe, um Pflanzen und deren Wuchs zu beschreiben. Als Neuling sollten Sie sich deshalb mit einigen grundlegenden Fachtermini vertraut machen.

Einjährige sind kurzlebige Pflanzen, die aus Samen keimen. Sie wachsen, blühen und setzen Samen an, bevor sie innerhalb eines Jahres eingehen. Auch wenn manche lediglich über eine Lebensspanne von nur wenigen Monaten verfügen, und andere in einem Jahr keimen und erst im darauffolgenden blühen, sterben sie danach ab. Einjahresblumen erreichen bis zu 60 cm Höhe (Sonnenblumen werden höher), in der Regel aber eher weniger. Aufgrund ihres kleinen Wuchses sind sie als Lückenfüller in Beeten sehr beliebt, ob Meerstrandlevkojen oder Ringelblumen. Einige langlebigere Pflanzen werden ebenfalls wie Einjährige behandelt, insbesondere Beetpflanzen wie Pelargonien und Fleißige Lieschen *(Impatiens).*

Zweijährige sind kurzlebige Pflanzen, die mehr als eine Wachstumsperiode benötigen, um ihren Zyklus zu vollenden. Wenn sie beispielsweise im ersten Sommer oder Herbst gepflanzt werden, blühen sie im darauffolgenden Jahr und wer-den dann abgeräumt. Viele Zweijahresblumen bilden Blütenähren, die in der Rabatte für Höhe sorgen – typische Vertreter im Blumengarten sind Fingerhüte und Glockenblumen. Einige kurzlebige Stauden wie Stockmalven und Goldlack werden wie Zweijährige behandelt, weil sie rasch aufschießen oder unansehnlich werden und nach den ersten zwei Jahren nur noch spärlich blühen.

Im Gemüsegarten sind viele Nutzpflanzen wie Zwiebeln und Karotten eigentlich Zweijährige. Da sie im ersten Jahr aber so viele Nährstoffe anreichern, werden sie verzehrt, bevor sie im zweiten Jahr blühen und sich aussamen könnten.

Perennierende oder langlebige Pflanzen leben erwartungsgemäß länger als ein oder zwei Jahre. Manche sind von Natur aus sehr langlebig, während andere sich nur für ein paar Jahre als gartentauglich erweisen. Viele Pflanzen, die in einem anderen Land als langlebig gelten, werden in unseren Breiten als Einjährige kultiviert, man denke nur an Zonalpelargonien, die so frostempfindlich sind, dass sie sich ausschließlich für den Sommer als Blütenschmuck eignen. In wärmeren Klimazonen hingegen können sie mehrere Jahre im Freien überleben. Die meisten perennierenden Pflanzen brauchen eine Weile, bis sie ihr Blühstadium erreicht haben; dies kann bei

Die Katzenminze *(Nepeta)* mit ihren schönen blauvioletten Blüten ist eine Staude, die über mehrere Jahre zuverlässig wieder austreibt. Fingerhüte *(Digitalis,* mit pinkroten Blütenähren) hingegen sind Zweijährige und müssen folglich nach dem zweiten Jahr ersetzt werden. Zum Glück säen sie sich aber gern von selbst aus, um die Lücken ohne Zutun des Gärtners zu füllen.

kleineren Stauden und den krautigeren Pflanzen also schon zwei bis fünf Jahre dauern, bei Bäumen und Sträuchern drei bis dreißig Jahre. Größere Exemplare brauchen generell länger, Bäume also länger als Sträucher, und Obstbäume, die aus einem Kern gezogen werden, am längsten. Das Entfernen der verblühten Köpfe bekommt den meisten ausdauernden Pflanzen gut, denn es erspart ihnen, wertvolle Ressourcen für die Samenbildung zu verschwenden.

Stauden haben, ganz gleich ob es sich um einjährige, zweijährige oder mehrjährige Pflanzen handelt, krautige Stängel und bilden im Gegensatz zu Bäumen und Sträuchern keine harten verholzten Triebe aus, die länger als ein Jahr überdauern. Die perennierenden Pflanzen ziehen im Winter meist ein (eine Ausnahme machen die Nieswurzarten) und werden in Beeten oft mit anderen krautigen Pflanzen sowie Zwiebelblumen kombiniert. Staudenhorste tendieren dazu, in der Breite zunehmend mehr Platz zu beanspruchen, kaum aber in der Höhe (auch nach Jahren nicht) – ein Faktum, das sie anpassungsfähiger macht als Sträucher und Bäume.

Laubabwerfende oder sommergrüne Pflanzen, hauptsächlich also Bäume und Sträucher, verlieren im Winter ihre Blätter, nachdem sie im Herbst noch einmal ein Feuerwerk der Farben entfacht haben.

Immergrüne sind langlebige Pflanzen, die ihre Blätter im Winter nicht wie die sommergrünen Pflanzen abwerfen, aber auch nicht einziehen wie die krautigen Gewächse. Sie werden insbesondere im Winter geschätzt, denn sie bieten Schutz, Farbe und darüber hinaus oft auch Blüten und Duft. Viele gehören zu den Koniferen (Nadelholzgewächsen) oder verfügen über harte, wachsartige Blätter wie der Lorbeer. Die meisten sind windempfindlich, insbesondere bei Bodenfrost. Die ausdauernden, graulaubigen Pflanzen sind eine Untergruppe der silberlaubigen Pflanzen. Viele von ihnen stammen ursprünglich aus dem Mittelmeerraum und einige wie Lavendel, Salbei, Heiligenkraut und Thymian gehören zu unseren bewährtesten Kräutern. Sie sind ausschließlich auf sonnige Standorte angewiesen und vertragen keine Staunässe.

Oben: Die Stechpalme (hier die »gehörnte« Variante, *Ilex cornuta* 'Red Robe') ist ein immergrüner Strauch, der zeitweilig aber Blätter verlieren kann, was meist auf Nährstoffmangel zurückzuführen ist.
Rechts: Obwohl die Palmlilie *(Yucca gloriosa)* normalerweise als Strauch klassifiziert wird, gehört sie zu jenen Pflanzen, die die Grenzen der Begriffsbestimmung verwischen und in Staudenrabatten sehr elegant wirken. Die Palmlilie wird vor allem aufgrund ihrer schwertförmigen Blätter gepflanzt. Ein weiterer Bonus sind die weißen Blütenähren, die sich vom Sommer bis in den späten Herbst hinein halten.

Sträucher, Büsche und Bäume

Pflanzen mit ausdauernden verholzten Trieben werden als Sträucher oder Büsche klassifiziert, sofern sie nicht andere Pflanzen oder Strukturen als Stütze benötigen. Dann nämlich spricht man von Kletterpflanzen, während Gehölze, die auf einem einzelnen Trieb oder Stamm wachsen, als Bäume bezeichnet werden. Unter Sträuchern versteht man meist Ziersträucher, während ein Busch auch Früchte tragen kann. Sträucher werden oft gruppenweise in einer eigenen Rabatte zusammengefasst, weil sie andernfalls alles außer den Kletterpflanzen erdrücken würden. Um sie unter Kontrolle zu halten, sind sie auf regelmäßige Schnittmaßnahmen angewiesen, denn obwohl sie in ihrer natürlichen Wuchsform am schönsten wirken, fehlt es dafür meist am erforderlichen Platz. Ein Schnitt aber sollte fachmännisch ausgeführt werden oder erst gar nicht erfolgen (s. Seite 208–212). Die meisten laubabwerfenden Spezies schneidet man am besten im Winter. Eine Ausnahme bilden Steinobst und viele immergrüne Arten, die im Frühling und Sommer geschnitten werden. Einfühlsame Gärtner entscheiden sich für Zwergformen, um die Wuchskraft und somit auch die Schnittmaßnahmen von vornherein auf ein vertretbares Maß zu beschränken. Die meisten Sträucher und Bäume lassen sich zu dekorativeren Spalier- oder Kordon- bzw. Schnurformen erziehen, sei es, um einen unübersehbaren Blickfang zu schaffen oder größere Blüten oder Früchte zu erzielen (s. Seite 200–202). Einige Kletterpflanzen wie die Kiwi oder Glyzine lassen sich aber auch zu Spalier- oder sogar Baumformen erziehen, während viele auch schöne Buschformen ergeben, wenn sie regelmäßig zurückgeschnitten werden.

Zwiebeln, Sprossknollen, Rhizome und Wurzelknollen

Viele zwei- oder mehrjährige Pflanzen speichern ihre Nährstoffreserven als Zwiebeln, Sprossknollen oder Rhizome. Diese Speicherorgane ermöglichen ihnen, eine Ruhezeit einzulegen und im darauffolgenden Vegetationsjahr erneut auszutreiben. Der Botaniker verbindet mit diesen Begriffen grundlegende Unterschiede, während sie für den Laien mehr oder weniger austauschbar sind. Eine Zwiebel ist nichts anderes als eine stark gestauchte Sprossachse, die auf fleischig angeschwollenen Blättern aufgebaut ist – Speicherorganen also, wie man sie beispielsweise bei Tulpen und Speisezwiebeln findet. Sprossknollen hingegen sind fleischige Triebverdickungen von Pflanzen wie Krokusse und Gladiolen. Aber auch die Kartoffel bildet Sprossknollen, wobei die Grenze zur Wurzelknolle fließend ist. Rhizome sind verdickte Triebe, die Wurzeln und Blätter verbinden und horizontal zur Bodenoberfläche wachsen, so etwa bei Schwertlilien, Maiglöckchen und Salomonssiegel. Kurze aufrechte Rhizome lassen sich als Wurzelstock für Pflanzen wie Primeln nutzen (als Wurzelstock für Bäume, Sträucher oder jede andere veredelte Pflanze bedarf es allerdings einer speziellen Unterlage, die die Eigenschaften des Edel- oder Pfropfreises entsprechend beeinflusst). Achten Sie auf eine sachgemäße Handhabung und Lagerung von Zwiebeln, Sprossknollen, Rhizomen und Wurzelknollen sowie auf die jeweilige Pflanztiefe; verfahren Sie genau nach Anweisung, insbesondere wenn es sich um Exemplare handelt, mit denen Sie noch keine Erfahrung haben.

Winterhart, beschränkt winterhart und frostempfindlich

Winterharte Pflanzen zeichnen sich dadurch aus, dass sie den Misslichkeiten winterlicher Temperaturen und Spätfröste trotzen und ohne zusätzlichen Schutz überleben. Was sich in diese Gruppe letztlich einreihen lässt, ist ungewiss, denn in wirklich strengen Wintern gehen viele Pflanzen ein, die unter normalen Umständen als winterhart gelten. Als Faustregel gilt, dass die Mehrheit der winterharten Sträucher in den meisten Jahren überlebt, und sich das Gros der winterharten Einjährigen im Herbst aussäen lässt, um frühere Blüten hervorzubringen als Exemplare, die erst im Frühling ausgesät wurden. Winterhart ist nicht gleichzusetzen mit starkwüchsig oder immun gegen Austrocknen durch Wind. Um es präziser auszudrücken, in Großbritannien gelten Pflanzen als winterhart, wenn sie leichte Fröste und Temperaturen unter dem Gefrierpunkt ertragen, wie sie in unserem maritimen Klima normalerweise im Winter herrschen. Allerdings gibt es hin und wieder eben einen strengeren Winter, der viele der so genannten winterharten Pflanzen eingehen lässt – von Eichen weiß man, dass in der Vergangenheit schon Stämme zerbarsten! In Nordamerika, wo extremere Temperaturschwankungen herrschen, gibt das Landwirtschaftsministerium eine Übersichtskarte heraus, auf der die Kontinente in Maximum- und Minimum-Temperaturzonen unterteilt sind; demgemäß werden Pflanzen als »winterhart in Zone 3« oder »geeignet für die Zonen 4 bis 9« beispielsweise im Handel verkauft. Selbst Pflanzen, die in Großbritannien als winterhart gelten, wird man in den nördlicheren Zonen Nordamerikas auf die maritimen Regionen beschränken, da die kontinentalen Winter weit niedrigere Temperaturen aufweisen als die, mit denen wir hier normalerweise zu kämpfen haben. Beschränkt winterharte Pflanzen sind nicht robust genug, um richtigen Frost oder strenge Wintertemperaturen zu überleben. Einige wie die Lobelien und Salvien werden in der Regel unter Glas vorgetrieben, oft mit zusätzlicher Wärme, und dann allmählich abgehärtet, bevor sie für den Sommer ausgepflanzt werden und im Winter absterben.

Mit frostempfindlichen Pflanzen ist es ganz ähnlich; sie vertragen keine Kälte. Viele lassen sich gleichermaßen abhärten und im Hochsommer ins Freie nehmen. Andere lassen sich für einen Großteil des Jahres unter Glas und ganzjährig mit zusätzlicher Wärme kultivieren.

Iris pseudacorus 'Variegata'. Die Iris-Arten sind krautige Pflanzen, die aus Zwiebeln oder Rhizomen gezogen werden, und bald schon zu großen dekorativen Horsten heranwachsen.

Nymphaea 'Rose Arey'. Die Seerose gehört zu den bekanntesten und spektakulärsten Wasserpflanzen.

Alpine Pflanzen, Wasser- und Uferrandpflanzen

Die meisten alpinen Pflanzen wachsen als Wildpflanzen in den Bergen. Die im Handel erhältlichen Steingarten-Gewächse sind vorwiegend Wildformen, keine Auslesen der Züchter. Die alpinen Pflanzen sind von Natur aus meist klein, mit reizvollen Blüten besetzt, die aber nicht duften. Kälte und Wind können ihnen nichts anhaben. Was ihnen aber schlecht bekommt, ist Feuchtigkeit; von daher erfordern die meisten gut durchlässigen Boden und einen kühlen Wurzellauf. Alpine Pflanzen gedeihen am besten auf Geröll (flachen Hügeln aus kleinen Steinen), in Töpfen oder in erhöhten Zierbeeten. Wasserpflanzen sind Pflanzen, die an das Leben im Wasser angepasst sind. Richten Sie sich genau nach den Pflanzanweisungen, insbesondere nach der jeweiligen Wassertiefe (s. Seite 80–81).

Uferrandpflanzen stehen am Wasser und bevorzugen feuchte »Füße« – Trockenheit bekommt ihnen meist nicht. Teichbinsen sind in England heimisch und empfehlen sich allein schon dadurch, dass sie Kleintiere aus der Natur anlocken.

Unterschiedliche Rollen für unterschiedliche Pflanzen

Zierpflanzen werden allein um ihrer ästhetischen Wirkung willen gepflanzt, lassen sich somit also nicht anderweitig verwerten. Im Gegensatz dazu stehen die essbaren Pflanzen oder Nutzpflanzen wie Obst und Gemüse. Als Gerüstpflanzen werden Gewächse bezeichnet, die die Struktur des Gartens bilden, insbesondere im Winter. Es handelt sich vielfach um laubabwerfende oder immergrüne Bäume und Sträucher, die oft als Hintergrund oder Kulisse von Beeten oder Rabatten dienen, da sie in Umfang und Kontur meist ziemlich konstant bleiben, und die Pflanzen im Vordergrund somit bestens zur Geltung bringen.

Das in den Alpen heimische Kalk-Kreuzblümchen *Polygala calcarea* 'Lillet' drängt sich zwischen Felsgestein hervor – ganz wie an seinem Standort in der Natur.

Die meisten Pflanzschemen enthalten einen Großteil an Füllpflanzen, die, in Dreier-, Fünfer- oder Siebener-Gruppen eingesetzt, in Beeten oder Rabatten für Substanz sorgen. Man mag sich über die Zahlenangaben wundern, aber ungerade Zahlen erzeugen nun einmal ein ansprechenderes Bild als gerade. Sie können es mir ruhig glauben oder einfach selbst ausprobieren. Als Füllpflanzen werden vorwiegend Stauden und kleinere Sträucher eingesetzt.

Beetpflanzen dienen vorübergehend als Lückenfüller in Beeten und Rabatten. Sie haben den Vorteil, dass sich ein und derselbe Bereich noch intensiver nutzen lässt, indem die Bepflanzung en gros ausgetauscht wird. Gewöhnlich betrifft dies lediglich die Sommerbepflanzung, aber auf diese Weise lassen sich innerhalb eines Jahres doch drei bis vier ganz unterschiedliche Arrangements schaffen. Unter »Teppichbeeten« versteht man eine Kombination farbenfroher, relativ niedriger Pflanzen, wie man sie von Blumenbeeten im Bereich eines Verkehrskreisels und öffentlichen Parkanlagen kennt.

Pflanzen, die tupfenartige Glanzlichter setzen, sind als Blickfang nicht zu übersehen. Einzeln eingesetzt, stellen sie in Farbe, Höhe und Kontur meist einen Kontrast dar. Sie wirken sehr effektvoll, sofern man sie sparsam verwendet, können allerdings auch aufdringlich erscheinen, wo sie zu massiv auftreten.

Liebhaberpflanzen treten in der Regel als Solitärpflanzen auf: schöne Einzelexemplare einer außergewöhnlichen Pflanze. Besonders gut zur Geltung kommen sie in einer Rasenfläche oder vor dem gleichförmig ruhigen Hintergrund einer Hecke.

Cosmos bipinnatus, eine wertvolle Sommerblume als Füll- oder Beetpflanze

Verschiedene Gartentypen

John: Sie haben das Gelände also geerbt und planen nun, einen Garten anzulegen. Was für einen Garten aber wünschen Sie sich? Sie können unter unzähligen Stilen auswählen, wobei Sie sich nicht einmal auf einen bestimmten Typ festlegen müssen. Gewappnet mit all den Informationen, die Anne Ihnen vermittelt hat, sowie Ihrer maßstabsgerechten Zeichnung, lassen sich auf einem durchschnittlich großen Gartengelände gleich mehrere Miniaturgärten oder Gartenzimmer »einrichten«, zumal diese ja keineswegs weiträumig sein müssen. Ein geheimer Garten für ein ungestörtes Tässchen Kaffee oder ein Nickerchen braucht nicht größer als 3 m² groß sein, um einen Tisch und zwei Stühle aufzustellen, abgeschirmt durch ein mit Pflanzen überwachsenes Holzspalier. Die verschiedenen Gartenzimmer lassen sich durch Stufen oder Wege, Torbögen, Pergolen oder einen zentralen Rasen miteinander verbinden.

Selbst wenn Sie einen ausgemachten Lieblingsplatz im Garten haben, so kann es doch sein, dass es Sie im Lauf der Jahreszeiten an ein anderes Plätzchen zieht. Die von duftenden Sommerblütensträuchern umgebene Terrasse wird man im Herbst vielleicht gern gegen einen Stuhl unter einer Eberesche tauschen, um sich an den feurigen Rot-, Orange- und Gelbtönen ihrer Blätter zu freuen. Und ein kleiner Waldbereich, übersät mit Winterlingen, Buschwindröschen, winterharten Cyclamen und Schneeglöckchen, könnte im Spätwinter und Frühjahr der ganze Stolz des Gartenbesitzers sein.

Mehrere Miniaturgärten können einander hervorragend ergänzen. Eine Pergola oder Laube entfaltet romantisches Flair und lädt im geheimen Garten, umgeben von köstlich duftenden Kletterpflanzen, zum Entspannen ein. Durch einen Kräutergarten in unmittelbarer Nähe zur Terrasse oder einem anderen Sitzbereich lässt sich dieses Dufterlebnis noch steigern. Auch wenn der Sommer gemeinhin als die Jahreszeit der Düfte gilt, in der unsere Lieblingsrosen, der Pfeifenstrauch und die Lavendelbüsche ihr schweres Parfüm verströmen, so verfügen andere Jahreszeiten nicht minder über ihre ganz spezifischen Wohlgerüche. Im Winter ist die Fleischbeere *(Sarcococca confusa)* mit ihren winzigen weißen Blüten ein wertvolles Gehölz, zumal ihr unbeschreiblicher Duft auf eine Entfernung von 6 m wahrnehmbar ist. Unter ein niedriges Fenster gepflanzt, erfüllt sie den ganzen Raum mit Wohlgeruch.

Weitere Sträucher wie Mahonien, die Chinesische Winterblüte *(Chimonanthus* spp.) und die Zaubernuss *(Hamamelis* spp.) hellen dunkle Wintertage auf und verdienen allein schon um ihrer duftenden Blüten willen mehr Beachtung.

Vertikale Flächen wie Zäune und Mauern spielen im Garten eine ganz entscheidende Rolle. Das Mauerwerk von Nebengebäuden und Garagen bietet hervorragende Möglichkeiten zur Erziehung von Sträuchern und Kletterpflanzen wie Rosen. Pflanzen mit Rankstielen oder Haftwurzeln kaschieren bald schon unansehnliche Fassaden, dennoch sollte man im Auge behalten, dass so beliebte Kletterer wie Glyzinen, Wilder Wein, *Clematis montana* und *Rosa* 'Kiftsgate' ausgesprochen starkwüchsig sind und deshalb eine weiträumige Mauerfläche erfordern. Hauswände mit Fenstern eignen sich bestens für duftende Sträucher. Das Parfüm des Marokkanischen Ginsters *(Cytissus battandieri)* oder des Zitronenstrauchs *(Aloysia triphylla)*, das durch ein offenes Fenster ins Zimmer strömt, erfüllt jedes Gärtnerherz mit Freude.

Pflege

Bei der Planung der verschiedenen »Gartenzimmer« sollten Sie auch über den erforderlichen Pflegeaufwand nachdenken und überlegen, in welcher Jahreszeit die Hauptarbeit zu bewältigen sein wird. Viele der neu angelegten Beete werden in der ersten Vegetationsperiode regelmäßiges oder gar ständiges Ausjäten erfordern. Notieren Sie sich die Hauptarbeitszeiten, und versuchen Sie nach Möglichkeit noch »Luft« für den Schnitt von Sträuchern und Kletterpflanzen einzuplanen, ohne dass Sie mit unaufschiebbaren Pflichten wie etwa dem Rasenmähen in Bedrängnis kommen.

Sehr oft entscheidet der Gartentyp und nicht etwa die Gartengröße, wie viel an regelmäßiger Arbeitsbelastung anfällt. So kann ein bescheidenes Stückchen Rasen von früh bis spät Zuwendung erfordern, während eine sorgfältig geplante Rabatte, die mit einer Geo-Textil-Folie und einer dicken Schicht Rindenmulch abgedeckt ist, monatelang sich selbst überlassen bleiben kann.

Die meisten reifen Gärten bestehen aus einer Mischung unterschiedlicher Gartentypen. Viele sind im Lauf der Jahre eher zufällig entstanden und haben sowohl geplante als auch ungeplante Veränderungen, Verbesserungen und Fehlschläge erfahren. Selbst wenn man sich anfangs gewiss mit den allerbesten Absichten ans Werk gemacht hat, so hieß es mit den Jahren doch Kompromisse einzugehen, weil die Gartenpflege letztlich doch mehr Zeit erforderte, als ursprünglich vorgesehen. Mit den familiären Verhältnissen wandeln sich vielfach auch die Gärten, was bedeuten kann, dass die ursprünglichen Beete und Pflanzschemen eines Tages modifiziert und zu einem Spielbereich für die Kinder umgestaltet werden, und diese ein bis zwei Jahrzehnte später, wenn sich die Familie

Malerisch ergießt sich der Schmetterlingsstrauch Buddleja *'Dartmoor' über das Dach und erfüllt das Zimmer oberhalb mit seinem Wohlgeruch – darunter eine blühende Hortensie* (Hydrangea *'Ayesha').*

wieder verkleinert, erneut Veränderungen erfahren, die dann schließlich wieder rückgängig gemacht werden, wenn die Enkel eintreffen.

Den Obst- und Gemüsegarten wird man, je nach Größe der Familie, zunächst erweitern, um ihn dann erneut zu verkleinern, wenn die Kinder aus dem Haus gehen. Sobald der Platz dafür nicht mehr genutzt wird, lässt er sich in Rasen oder einen anderen, den neuen Erfordernissen entgegenkommenden Gartentyp verwandeln.

Beete, die zunächst ausschließlich für Sträucher oder Stauden vorgesehen waren, können sich zu Gemischten Rabatten entwickeln. Wer sich aber immer wieder zu Impulskäufen verleiten lässt, wird Mühe haben, überhaupt noch Platz zu finden für die zahlreichen Blütenpflanzen, die ursprünglich nicht eingeplant waren.

Auch wenn das Ergebnis sich meist sehen lassen kann und vom Gesamtbild keineswegs ablenkt, so werden manchmal doch auch Fehler gemacht, die es auszumerzen gilt. Misslungenes Design erkennt man an einer Bepflanzung, die so starr und leblos wirkt, als wäre sie in Stein gehauen. Wenn Sträucher für den vorgesehenen Raum einfach zu groß werden und Stauden wie Unkraut wuchern, wird man nicht umhin kommen, einige herauszunehmen; zugleich wird so aber auch Platz für Neues geschaffen. So entsteht ein Garten, dessen Gesicht sich im Lauf der Zeit wandelt, was den Reiz des Gärtnerns zusätzlich steigert.

Manche Gartenbesitzer klagen, dass im Garten einfach zu viele uninteressante und ermüdende Arbeiten anfallen, was aber vielfach auch eine Frage der Organisation ist. Bevor man nun die Lust am Gärtnern verliert und die Sache für immer aufgibt, gilt es dafür zu sorgen, dass dies erst gar nicht passiert. Gestalten Sie Ihren Garten so, dass Sie Freude daran haben, nicht um fit zu bleiben.

Große Gärten

Große und extrem weitläufige Gärten erfordern eine besonders sorgfältige Planung, zumal es um einen sehr viel größeren Maßstab geht. Mit dem Kauf einzelner Pflanzen dürfte kaum Eindruck zu machen sein. Selbst wenn man das Material in ganzen Schubkarrenladungen anfährt, wird sich am Bild nur wenig ändern, denn über die Jahre werden ganze Lastwagen voll Pflanzen erforderlich sein. In diesen Dimensionen zu planen, heißt aber auch Bäume zu pflanzen, die, einmal ausgewachsen, das Landschaftsbild verändern. So können Buchen, Eichen, Linden und Kastanienbäume auf die Einkaufsliste gesetzt werden – Gehölze, von denen jedes Einzelne in einem kleineren Garten einfach nur deplatziert wirken würde.

Rasenflächen werden hier zu Parklandschaften, und der Teich entspricht schon eher einem See. Wege sind hier oft so breit, dass man zu zweit oder zu dritt nebeneinander und nicht nur hintereinander gehen kann.

Da die Instandhaltungskosten beträchtlich sind, gilt es große Gärten vor allem pflegeleicht zu gestalten. Ein kleiner formaler Bereich in Hausnähe könnte Sträucher, Stauden, Beetpflanzen, Hecken, eine Terrasse und Wasserelemente enthalten. Im Anschluss daran ließe sich, durch eine Hecke oder Mauer getrennt, ein Waldgarten und Böschungen mit größeren Sträuchern wie Rhododendren anlegen, die den Blick auf die Landschaft in der Ferne lenken.

Kleine Gärten

Am anderen Ende der Skala stehen Stadthäuser mit ihren typischen kleinen Vorgärten und dem begrenzten Fleckchen Grün hinter dem Haus, was das Spektrum für eine Vielfalt an Gartenelementen von vornherein einschränkt. Mit Hilfe einer durchdachten Planung lassen sich aber dennoch individuelle und erfreulich schöne Gärten schaffen. Setzen Sie in größtmöglicher Entfernung vor und hinter dem Haus interessante Pflanzen ein, um die Bereiche größer erscheinen zu lassen. Verzichten Sie auf Gewächse, die für das Gelände zu groß werden. Stark wuchernde Bodendeckerstauden wie etwa Taubnesseln *(Lamium* spp.), die andere disziplinierte Pflanzen in ihrem Umkreis zu ersticken drohen, sollten von der Einkaufsliste gestrichen oder, falls bereits vorhanden, aus dem Garten verbannt werden.

Balkone und Dachgärten

Balkongärten erfreuen sich von jeher großer Beliebtheit, aber seit sich die Bauträger in den Innenstädten zunehmend gezwungen sehen, mehr in die Höhe als in die Breite zu bauen, sind diese kleinen, befestigten Bereiche fast schon Standard. Der Schlüssel zum Erfolg sind Pflanzen, die für die Topfkultur geeignet sind. Wählen Sie den größtmöglichen Behälter, nachdem Sie sich über die zulässige Tragfähigkeit des Balkons informiert haben. Auf windigen Balkonen in kälteren Regionen wird sich kaum eine dauerhafte Bepflanzung mit frostempfindlichen Kletterpflanzen ansiedeln lassen.

Als sehr praktisch erweist sich ein an die Wasserleitung angeschlossenes Bewässerungssystem, allein schon deshalb, damit man das Wasser nicht durch die Zimmer tragen muss. Erdfreie Substrate wie Kügelchen aus Blähton sind leichter als Erde, tendieren aber dazu, schneller auszutrocknen.

Dachgärten können eine wahre Herausforderung darstellen und sind nichts für zaghafte Gärtner (falls es solche überhaupt gibt). Zunächst einmal sollte man sich aber informieren, ob das Dach über die entsprechende Tragfähigkeit verfügt. Danach erst wird man die erforderlichen Materialien – Erde, Pflanzen und Behälter – auf das Dach schaffen. Wind, Kälte, Böen, Sonne, Schatten und Trockenheit werden den Pflanzen zwar zusetzen und die empfindlicheren unter Umständen zugrunde richten – jene aber, die robust genug sind, um zu überleben und zu gedeihen, entlohnen den Gärtner reichlich für seine Mühe.

Kleine Fleckchen in der Stadt, wie ein gepflasterter Hof oder diese Dachterrasse, lassen sich oft nur mit Topfpflanzen begrünen. Als vorteilhaft erweist sich jedoch, dass man die Pflanzen gegebenenfalls umstellen kann, um sie vor zu viel Sonne oder Wind zu schützen.

Zimmer im Freien

John: Im Folgenden soll hier eine kleine Auswahl aus der Vielzahl möglicher Gartenräume vorgestellt werden:

Mediterrane Gärten

Die meisten Gartenbesitzer werden für einen Garten im mediterranen Stil zunächst einmal die entsprechenden Voraussetzungen schaffen müssen, das heißt, durch Zugabe von reichlich Sand und Kies für einen gut durchlässigen, offenporigen Boden zu sorgen. Dabei bedarf es nicht einmal besonderer Nährstoffreserven. Am wichtigsten ist für das Gedeihen der Pflanzen ein vollsonniger, windgeschützter Standort, denn nur so haben diese überhaupt die Chance, einen durchschnittlichen Winter zu überstehen.

Planen Sie Kräuter mit aromatischen Blättern wie Salbei, Lavendel und Thymian ein. Berücksichtigen Sie auch silberlaubige Pflanzen, die starke Sonneneinstrahlung tolerieren: Heiligenkraut *(Santolina chamaecyparissus)*, *Celmisia semicordata*, Wollziest *(Stachys byzantina)* und die Winde *(Convolvulus cneorum)*. Die Schmucklilie *(Agapanthus campanulatus)* fühlt sich unter heißen, trockenen Bedingungen besonders wohl. Strukturbildend wirkt eine Palmlilie *(Yucca gloriosa)* mit ihrer architektonischen Gestalt, insbesondere wenn aus der Rosette ihrer langen, schwertförmigen Blätter die etwa 2 m hohe Ähre mit cremeweißen glockenförmigen Blüten aufsteigt.

Sonnenröschen *(Helianthemum* spp.*)* und Zistrosen *(Cistus* spp.*)* bringen Farbe in die Sommerbepflanzung. Ein formaler Akzent lässt sich mit einem entsprechend erzogenen und in Form geschnittenen Lorbeerbäumchen setzen. Lassen Sie Platz für einen Gartenstuhl, um hier so richtig entspannen zu können.

Die Planung eines Gartens im mediterranen Stil
Pflanzen, die im Mittelmeerraum beheimatet sind, erfordern:

- einen sonnigen Standort
- Schutz vor Windböen und Spätfrösten
- leichten, gut durchlässigen Boden, der sich rasch erwärmt

Schlüsselaufgaben Im Spätherbst: als Winterschutz eine Mulchschicht aus Stroh über den Blattkronen aufbringen; im Spätfrühling: ausputzen und schneiden

Waldgärten

Waldgärten müssen nicht immer groß sein. Es genügt bereits eine Einfassung, die mit rasch wachsenden Bäumen und Sträuchern den Garten nach außen hin abschirmt und Schutz vor heftigen und kalten Windböen bietet. Ergänzen Sie Ihre Einkaufsliste der Gehölze durch eine Auswahl interessanter laubabwerfender und immergrüner Arten mit auffallend gefärbter Rinde (Birken), dekorativem Blattwerk (Ahorn), Blüten (Weißdorn) oder Früchten (Holzapfel). Unter dem Laubdach lassen sich schattenliebende Pflanzen wie Kamelien und Azaleen ziehen. Die starkwüchsige, intensiv duftende Heckenkirsche, das so genannte Geißblatt, ist eine Kletterpflanze, die sich bestens in Waldgärten einfügt.

An kleinwüchsigen Pflanzen für den Waldboden kommen zahlreiche frühlingsblühende Zwiebelblumen in Betracht. Das sind die in England wild wachsenden Hasenglöckchen, Buschwindröschen und Winterlinge – alles ausnahmslos Schattenliebhaber, die einen unkrautfreien, humosen Boden bevorzugen. Ein kleiner Waldbereich erscheint gleich wesentlich größer, wenn sich eine Art Rundweg so geschickt durch die Bepflanzung schlängelt, dass er dem Besucher das Gefühl vermeintlicher Weite vermittelt. In den ersten Jahren wird man nicht umhin kommen, das Unkraut durch Mulchen, Chemie oder mühsames Ausjäten einzudämmen. Mit der Zeit aber behindert das Laubdach der Bäume zunehmend den Lichteinfall, sodass kaum noch Unkraut sprießt. Wirksam unterdrücken lässt es sich durch eine kräftige Schicht Rindenmulch oder Holzschnitzel, die überdies den Waldcharakter zusätzlich unterstreichen. Kleine Gehölze etablieren sich schnell und wachsen oft rascher als teure große Bäume. Im Lauf der Wachstumsphase müssen die unteren Zweige regelmäßig entfernt werden, um den Zugang nicht zu blockieren.

Die Sternmagnolie *(Magnolia stellata)*, die meist als Solitärgehölz gepflanzt wird, fügt sich gut in diesen Waldgarten ein.

Einen Waldgarten planen
● Pflanzen Sie Kletterpflanzen, die über das Laubdach der Gehölze hinauswachsen. Geißblatt, Kletterrosen und Waldreben fühlen sich unter diesen Bedingungen besonders wohl.
● Pflanzen Sie frühlingsbühende Zwiebelblumen, die einziehen, bevor der Boden im Sommer zu trocken wird.
● Verzichten Sie auf rasch wachsende Koniferen wie Leylandii-Zypressen.
● Bringen Sie für die ersten Jahre Schutzvorrichtungen gegen Wildschaden an.

Schlüsselaufgaben Frühling: ausputzen, Gehölze schneiden, Wege instand setzen; Herbst: Gehölze schneiden

Wildblumengärten
Wer im hinteren Bereich des Gartens noch Platz hat für Gras, das nicht gemäht werden muss, kann sich mit einer Wildblumenwiese eine wahre Augenweide schaffen, denn vom Frühling bis zum Herbst entfaltet sie eine einzigartige Palette ständig wechselnder Blütenfarben. Dabei muss es gar kein ganzes Feld sein, zumal schon ein kleiner Flecken, der ein- bis zweimal jährlich gemäht wird, bereits eine ansehnliche Wildflora wie Kornblumen, Narzissen, Schlüsselblumen und Margeriten hervorbringen kann. Magerer, nährstoffarmer Boden bietet beste Voraussetzungen für eine Reihe von Wildblumen, die mit der Zeit von selbst Kolonien bilden.

Um Missverständnissen vorzubeugen, kann ich nur immer wieder betonen, dass ein Wildblumengarten ein beträchtliches Maß an Aufmerksamkeit erfordert, wenn er nicht wild – im Sinn von verwahrlost – aussehen soll.

Schneiden Sie das Gras nicht, bevor die Blüten Samen angesetzt haben. Lassen Sie das Heu dann ein paar Tage lang liegen und schieben Sie es, trockene Witterung vorausgesetzt, zur Seite, um sicherzugehen, dass die Samen verstreut sind, bevor Sie es in dünnen Lagen auf den Komposthaufen geben. Viele der einjährigen Blumen setzen Samen an und keimen im darauffolgenden Frühling, um den Kreislauf fortzusetzen.

Schlüsselaufgaben Spätfrühling: Pflanzung; Spätsommer: Heuschnitt

Bauerngärten
Ein Bauerngarten ist etwas für passionierte Gärtner. Die enorme zusätzliche Mühe, die Unmengen verschiedener Pflanzen an Pflege erfordern, wird reichlich belohnt, wenn der Garten in Blüte steht. Auch wenn sich keine festen Regeln aufstellen lassen, so besteht ein Großteil der Pflanzen doch aus Stauden, Zweijährigen und Einjährigen. Rosen, Gemüse, Beerenobst und Kräuter verbinden sich zu einer bunten Mischung,

und selbst der Frauenmantel *(Alchemilla mollis)* darf sich hier üppig in den Weg ergießen.

Einen Bauerngarten planen
● Säubern Sie als Erstes den Boden von ausdauernden Wurzelunkräutern.
● Lassen Sie genügend Platz zwischen den Stauden, um nicht Jahr für Jahr die Horste teilen zu müssen.
● Entfernen Sie Verblühtes, bevor sich Samen bilden.
● Sämlinge können genauso lästig werden wie Unkraut. Verlieren Sie sie nicht aus dem Auge und entfernen Sie sie wo nötig.
● Integrieren Sie Pflanzen mit duftenden Blüten und aromatischem Blattwerk.

Schlüsselaufgaben Frühling, Sommer und Herbst: Unkraut jäten und Stauden stäben; Frühling: Pflanzen teilen; Sommer: Verblühtes entfernen
Bauerngärten erfordern ständige Pflege und sind nichts für Leute, die kaum Zeit haben.

Küchen- oder Nutzgärten
In meinen Augen ist ein Nutzgarten etwas ganz Individuelles: ein Bereich, in dem wir das Beste, was es an Nahrung gibt, heranziehen und pflegen, nicht zu verwechseln mit einem Gemüsefeld, in dem in endlosen Reihen kraftloses Billiggemüse angebaut wird.

Einen Küchengarten planen
● Das Gelände sollte in voller Sonne liegen. Ein gut durchlässiger Lehmboden lässt sich im Frühling leicht bearbeiten und ermöglicht eine frühe Aussaat. Wählen Sie einen Bereich, der keine ausdauernden Unkräuter enthält oder säubern Sie ihn gründlich (s. Seite 109–111).
● Hochbeete bewähren sich auf schwerem, trockenem oder verdichtetem Boden, der im Sommer stark austrocknet. Wurzelgemüse wie Karotten und Pastinaken mögen keine steinigen Böden, da diese den Wurzeln im Weg sind. Die Steine führen zu gespaltenen und missgebildeten Wurzeln.
● Ein kleiner überschaubarer Flecken lässt sich leichter sauber halten. Beschränken Sie sich bei der Wahl auf Ihr Lieblingsgemüse und pflanzen Sie lediglich so viel, dass Sie Ihren eigenen Bedarf decken können, nicht auch noch den der Nachbarn. Blattsalate und Frühlingszwiebeln sind immer gefragt. Säen Sie alle zwei Wochen nach, um regelmäßig für Nachschub zu sorgen.

In Bauerngärten werden traditionell Gemüse und Blumen kombiniert, wie diese Kohlköpfe und Ringelblumen hier zeigen.

● Gemüsearten wie Spargel und Artischocken, die über Jahre an ein und derselben Stelle bleiben, profitieren von tiefgründigem, leichtem Boden.

Schlüsselaufgaben Frühes bis mittleres Frühjahr: Hauptarbeitsphase, in der die Vorbereitung des Bodens ebenso ansteht wie die Aussaat; Spätherbst: letzte Erntephase

Schachbrettblumen *(Fritillaria meleagris)* bilden in einer Schale ein reizvolles Frühlingsarrangement, das sich nach dem Verblühen einfach aus dem Blickfeld stellen lässt.

Topfgärten

In Töpfen lassen sich die unterschiedlichsten Pflanzen ziehen – eine Möglichkeit, die sowohl in kleinen Gärten als auch in gepflasterten oder betonierten Höfen geschätzt wird.

Frostempfindliche Sträucher können den Winter über an einem geschützten Standort Platz finden oder ins Haus genommen werden. Blattsalate, Kräuter und Erdbeeren gedeihen gut in Töpfen. Abgesehen von außergewöhnlich starkwüchsigen und wuchernden Arten lassen sich Zier-

sträucher, Kletterpflanzen und Gehölze gut im Topf ziehen, vorausgesetzt sie werden regelmäßig gedüngt.

Allerdings empfiehlt es sich, ausschließlich hochwertige Töpfe zu kaufen, zumal die meisten Kunststofftöpfe grundhässlich sind und billige Tontöpfe oft schon beim ersten Frost Risse bekommen.

Schlüsselaufgaben Frühling: Umtopfen; Sommer: Wässern, Wässern und nochmals Wässern
Topfgärten sind nichts für Gärtner, die im Sommer auf Reisen sind.

Knotengärten

Knotengärten machen Freude und müssen nicht groß sein, erfordern in der Wachstumsphase aber reichlich Pflege. Sie bestehen aus niedrigen formal erziehbaren Heckenpflanzen, die nach einem zunächst maßstabsgetreu auf dem Papier entworfenen Plan in Form kunstvoll verschlungener Muster gepflanzt werden. Der Raum zwischen den »Knoten« lässt sich mit farbenprächtigen Bodendeckersträuchern, Stauden, Einjährigen oder Kräutern ausfüllen. Der vollendete Bereich wirkt aber ebenso hübsch, wenn die Lücken stattdessen mit verschiedenfarbigem Kies ausgelegt werden. In der Regel wird für einen Knotengarten Buchs verwendet, der pro Sommer mindestens zweimal geschnitten werden muss. Vorsicht mit Schnecken! Sie verstecken sich mit Vorliebe in Buchshecken, in denen sie sich wohlfühlen wie im 5-Sterne-Hotel.

Einen Knotengarten planen
Heben Sie einen durchgehenden Graben (keine einzelnen Pflanzlöcher) für Ihre Buchspflanzen aus und geben Sie eine Schicht gut verrotteten Mist oder Kompost hinein, damit die Pflanzen einen guten Start haben.

● Setzen Sie die Pflanzen in 20 bis 25 cm Abstand voneinander in den Graben.
● Achten Sie auf Schnecken. Auch wenn sie der Buchshecke nicht schaden, so machen sie sich doch jede Nacht gefräßig über Ihre anderen Pflanzen im Garten her.

Schlüsselaufgaben Spätfrühling: Einjährige nachsetzen; Sommer: in Form schneiden

Steingärten

Ein Steingarten besteht, wie der Name schon sagt, aus einem Arrangement aus Steinen, das in Miniaturform das Bild eines Gebirgsmassivs imitiert. Steingarten- oder alpine Pflanzen werden in die Erdzwischenräume und Ritzen gesetzt. Der Steingarten muss nicht hoch sein, obwohl eine gewisse Höhe auch Raum für größere Felsbrocken bietet. Verwenden Sie für den Hügel Erde, die frei von ausdauernden Unkräutern ist, denn wenn sich die Wurzeln unter den größeren Brocken erst einmal etabliert haben, lassen sie sich nur noch schwer ausreißen.

Einen Steingarten planen

● Verwenden Sie für die Pflanzbereiche zwischen den Steinen ausschließlich unkrautfreie Erde.

● Achten Sie auf gut durchlässigen Boden.

● Mulchen Sie den Boden mit einer 5 cm starken Schicht Strandkies, um eine gute Dränage zu gewährleisten und das Unkraut einzudämmen. Sie verhindern auf diese Weise, dass die Blatthorste der Steinpflanzen unter Nässe leiden und faulen.

● Wählen Sie Pflanzen aus, die sich nicht unkontrolliert ausbreiten und ihre Nachbarpflanzen ersticken könnten.

● Halten Sie an einem Gesteinstyp fest und achten Sie darauf, dass die Maserung des Sandsteins beispielsweise in ein und dieselbe Richtung weist.

● Legen Sie jeden Gesteinsbrocken auf eine feste Unterlage, damit sich nicht alles verschiebt. Weitere Informationen zur Anlage eines Steingartens s. Seite 73–77.

Schlüsselaufgaben Frühling: Aufräumen und Kies aufbringen; Herbst: Zurückschneiden und Abdecken frostempfindlicher Pflanzen

Selbst ein niedriger Steingarten wie dieser sorgt für eine Staffelung der Höhe und bildet einen interessanten Blickfang im Garten. Der flache Randbereich erleichtert das Mähen.

Kapitel 2

Anlage und bauliche Gestaltung

Das Gelände vorbereiten

Matthew: Es gibt zweierlei Geländekategorien: Brachflächen, die wie bei Neubauten mit Unkraut überwuchert und von Bauschutt durchsetzt sind, und reife Gärten, die lediglich verändert oder instand gesetzt werden müssen, um Raum für neue Entwurfsideen zu schaffen.

Da sich in jedem Garten Dinge finden, die irgendwann im Boden vergraben wurden, können Informationen über die vorherige Nutzung des Geländes sehr aufschlussreich sein. Ob man sich entscheidet, diese oft bleischweren Objekte in die Planung einzubeziehen oder sie zu entsorgen bzw. von vornherein darum herum zu arbeiten, hat nicht nur Auswirkungen auf die Kosten, sondern auch auf die Gestaltung – ein Luftschutzbunker ist keine Basis für Blumenrabatten, als Untergrund für Terrassen und Wege aber durchaus brauchbar. Ob man sich mit dem Schutt abfindet oder ihn abführen lässt, hängt von der Zeit, dem Aufwand und den Kosten ab, vor allem aber von den Folgen für den Garten. Entscheiden Sie selbst, was sich lohnt und was nicht – wo Bauschutt in größerem Umfang ausgehoben werden muss, bleibt ein Loch zurück. Damit aber stellt sich gleich die nächste Frage: ob man dieses Loch, was wohl am naheliegendsten wäre, mit Erde auffüllt oder für ein ganz neues Element wie etwa einen Teich oder eine Staffelung der Ebenen nutzt.

Am besten bereitet man das Gelände im Frühling, Frühsommer oder Herbst vor bzw. zu einer Zeit, in der sich der Boden, insbesondere schwerer Tonboden, einigermaßen gut bearbeiten lässt. Bei nasser Witterung sollte man den Boden weder begehen noch befahren, denn man zerstört nur seine Struktur, ganz abgesehen davon, dass verdichteter und schmieriger Boden schwerer zu handhaben ist. Als Erstes gilt es zu entscheiden, was Sie an Pflanzen und Elementen beizubehalten gedenken; es empfiehlt sich, nicht alles rigoros zu entfernen, zumal sich manches vielleicht in die neue Gestaltung integrieren lässt und dem Garten bereits etwas Atmosphäre verleihen

könnte. Informieren Sie sich, bevor Sie Bäume fällen, bei Ihrer Gemeindeverwaltung über die geltenden Vorschriften. Ein Teich kann mit Schotter verfüllt und, je nach vorgesehener Bepflanzung, mit einer entsprechenden Schicht Erde abgedeckt werden.

Ein Großteil des Schutts, der sich in Gärten findet, wird sich mit den üblichen Gartengeräten beseitigen lassen. Allerdings sollte man gegen Tetanus geimpft sein und bei der Arbeit einen Overall oder eine alte Hose, robuste Arbeitshandschuhe und vor allem festes Schuhwerk tragen. Bauen Sie Ihre Kondition langsam auf, übertreiben Sich nichts und versuchen Sie, Ihren Arbeitsrhythmus zu finden. Vielleicht haben Sie ja auch eine Hilfe, denn zwei Leute schaffen (oder schwatzen vielfach auch) dreimal so viel; außerdem macht die Arbeit gleich doppelt Spaß, zumal man zu zweit oft die tollsten Einfälle hat.

Markieren Sie, wo gepflanzt wird, wo Rasen, Rabatten oder Bäume vorgesehen sind und konzentrieren Sie sich zunächst auf diese Bereiche. Wo Wege und andere bauliche Elemente geplant sind, können Sie sich das Umgraben ersparen (weisen Sie diese Bereiche also im Vorhinein aus). Graben Sie die Pflanzflächen systematisch so tief wie möglich um (s. Seite 142) und sondern Sie Steine und Abfall beim Umgraben aus. Nehmen Sie auch sämtliche alten Wurzeln und Stümpfe heraus, um künftige Probleme mit dem Hallimaschpilz (Honigschwamm) auszuschließen (s. Seite 273). Auch die Wurzeln hartnäckiger Unkräuter sollten Sie ausstechen. Eine Grabgabel eignet sich dafür oft besser als ein Spaten, vor allem aber brauchen Sie eine Hacke (Breithaue). Im Fall von scharfkantigem Schotter benötigt man einen Schubkarren mit Hartgummibereifung; eine normale Gummibereifung ist solchen Anforderungen nicht gewachsen.

Eine Trockenmauer, die sich harmonisch der Umgebung anpasst, stellt einen unschätzbaren Lebensraum für Pflanzen und Tiere dar.

Maschinen ausleihen

Insbesondere auf größeren Flächen ist das Umgraben von Hand oft so mühsam, dass Maschinen, die man ausleihen kann, eine verlockende Alternative sind. Gewiss, finanziell bedeutet dies höhere Kosten, dafür aber lassen sich die Vorarbeiten sehr viel kraftsparender und schneller bewältigen. Im Übrigen macht der Umgang mit Maschinen großen Spaß, zumal eine Aktion wie das Aufbrechen von Beton anders gar nicht machbar wäre. »Mini-Maschinen« wie Löffelbagger, Kipper und Traktoren inklusive Zubehör sind wie geschaffen für Erdarbeiten in kleinerem Maßstab. Messen Sie vor dem Ausleihen die Breite des Zugangswegs nach, um Schwierigkeiten auszuschließen.

Informieren Sie sich über den Verlauf der Gas-, Strom- und Wasserleitungen, die möglicherweise alle in Ihrem Garten verlegt sind (Bob wird sich mit diesem Thema auf den Seiten 97–98 noch ausführlicher befassen) und notieren Sie alle weiteren Details, die Ihnen auffallen. Zur Ortung dieser Leitungen kann man spezielle Suchgeräte ausleihen, die entsprechend den Anweisungen des Herstellers zu verwenden sind. Falls erforderlich, kann man sich beim zuständigen Grundbuchamt aber auch einen Plan des Geländes besorgen. Um zu verhindern, dass in anderen Bereichen des Gartens Schaden angerichtet wird, markieren Sie den Weg für die Maschine durch farbige Stöcke und Lappen, die Sie am oberen Ende oder an einem dazwischen gespannten Seil aufhängen. Vorübergehend aufgestellte Schilder, die die Tiefe der Kabel oder Leitungen ausweisen, können sehr hilfreich sein. Achtung: Große Maschinen erfordern in der Regel einen Starkstromanschluss. Im Zweifelsfall sollten Sie die Arbeit einem Fachbetrieb übertragen; besprechen Sie aber vorab, welche Elemente Sie beibehalten wollen, und vergessen Sie nicht, diese zu kennzeichnen. Sobald die groben Aufräumarbeiten abgeschlossen sind, können Sie das Gelände pflügen oder fräsen, um, insbesondere auf schweren Böden, die verdichtete Erde aufzubrechen und im Bedarfsfall Bodenverbesserer einzubringen. Geben Sie Acht, dass beim Umgraben oder Fräsen kein Unterboden an die Oberfläche gerät.

Schutt beseitigen

Die Kosten für die Beseitigung des Schutts können unterschiedlich hoch sein. Um sie möglichst niedrig zu halten, sollten Sie vergleichen, ob es günstiger ist, eine Container-Mulde aufzustellen oder einen Bagger zu mieten. Holen Sie drei Angebote ein – am besten auf Empfehlung von Freunden hin oder von Bauunternehmen vor Ort, mit denen Sie bereits gute Erfahrungen gemacht haben. Um den Platz möglichst effektiv zu nutzen, kann man alte Tanks flach klopfen oder mit Schutt füllen. Vieles lässt sich vor dem Einladen auch mit dem Holzhammer komprimieren, um Platz zu sparen, denn wer bezahlt schon gern für den Hohlraum dazwischen? Verwerten Sie alles, was noch irgendwie brauchbar ist. Beton und gebrochene Fliesen lassen sich zum Unterfüttern von Fundamenten verwenden, Feuerstein (Flint) lässt sich in Mauern oder andere bauliche Elemente integrieren, organische Stoffe lassen sich zum Kompostieren oder Verrotten aufsetzen und Holz zu Stößen aufstapeln. Beim abschließenden Planieren sollten Sie versuchen, so viel Gesteinsschutt wie nur möglich auf dem Gelände zu verteilen. Man unterschätzt leicht, wie viel Erde zum Verfüllen benötigt wird.

Was tun mit unerwünschten Pflanzen?

Gartenbesitzer, die das Gelände erst einmal kennenlernen wollen, bevor sie größere Umwälzungen vornehmen, sollten, ebenso wie Bio-Gärtner, die verholzten Unkräuter ausgraben, alles, was übermäßig wuchert, zurückschneiden und das Gelände mindestens ein Jahr lang mit Schwarzfolie, einem alten Teppich mit Juterücken oder Wellpappe abdecken. Nur in besonders schwierigen Fällen sollte man einjährige und zweijährige Unkräuter mit einem Herbizid auf Glyphosat-Basis abspritzen (s. Seite 112). Besonders wirksam ist die Behandlung im Frühjahr, wenn die Gewächse stark treiben; noch besser ist es allerdings, wenn die krautigen Pflanzen blühen oder im Herbst bereits am Einziehen sind.

Gras kann man mit einem Rasenpflug herausnehmen und die Rasensoden mit der Grasseite nach unten aufeinander stapeln und verrotten lassen oder kleinhacken und mit der Oberseite nach unten eingraben, vorausgesetzt sie sind nicht verunkrautet. Graben Sie unerwünschte Bäume und Sträucher aus den Rabatten aus. Wenn Sie kein mechanisches Rodegerät haben, sollten Sie sich für alte, fest eingewachsene Gehölze eine Seilzugwinde ausleihen (s. gegenüberliegende Seite). Sie können es aber auch mit einem normalen Seil versuchen, wenn Sie die Hebelwirkung optimal nutzen. Halten Sie eine alte Säge und eine Breithacke griffbereit, um die Wurzeln zu zerkleinern und auszugraben. Wenn Sie am Schluss einen Berg Stümpfe von unterschiedlichster Wuchsform und Größe haben, können Sie diese zu einem Haufen aufbeugen und Farne dazwischen setzen. Versuchen Sie, sämtliche Wurzeln aus dem Boden zu entfernen.

Die beste Zeit für Aufräumarbeiten im Garten ist die Zeit vor dem 5. November – in England zumindest. Bis dahin lässt sich nämlich vieles unter dem Deckmantel »Kartoffelfeuer« verbrennen; geben Sie Acht, dass Zaun oder Hecke kein Feuer fängt. Die Holzasche können Sie als Bodenverbesserer im Umkreis von Blütenpflanzen und Obstgehölzen verstreuen. Und warum nicht Ihre eigene »Chronik« im Garten vergraben und eine Kopie der Entwurfsskizzen, ein Foto vom ursprünglichen Garten und von Ihnen selbst beilegen!

Einen alten Apfelbaum mittels Seilzugwinde ausheben

Wo Bäume gefällt werden müssen, kann es sich lohnen, eine Seilzugwinde auszuleihen, denn man erspart sich dadurch mühsame »Handarbeit«, zumal sich größere Bäume damit wesentlich leichter und kleinere schneller herausnehmen lassen. Halten Sie sich generell an die Benutzungsanweisungen und tragen Sie, falls Sie empfindliche Hände haben, feste Handschuhe.

1 Verankern Sie die Seilzugwinde im Stammbereich des Baums, der gefällt werden soll.

4 Schneiden Sie eine Kerbe in den Stamm des Baums, der gefällt werden soll, um ein Abrutschen des Seils zu verhindern.

2 Suchen Sie sich einen starken vertikalen Stamm, der sich als Hebel nutzen lässt (problemlos im Fall eines Baums).

5 Befestigen Sie das Seil so hoch wie möglich, um die größtmögliche Hebelwirkung zu erzielen.

3 Entfernen Sie sämtliche Seitenäste, die dem Seil im Weg sein könnten.

6 Ziehen Sie das Gehölz unter Beachtung der Sicherheitsbestimmungen vorsichtig heraus.

Wege und Terrassen

Matthew: Nachdem Sie inzwischen herausgefunden haben, wo die Hauptversorgungsleitungen verlaufen, Ihren Geländeplan ergänzt und den Garten von Gerümpel und Unkraut befreit haben, können Sie sich nun an die bauliche Gestaltung machen. Am besten beginnen Sie mit den Wegen und Terrassen. Markieren Sie mit Stöcken und Gartenschnur oder Zwirn zunächst, wo diese vorgesehen sind.

Wege

Man unterscheidet zweierlei Wege im Garten: Die einen bilden eine Art Rahmenstruktur und laden, entlang von Blumenbeeten und Rabatten, bei jedem Wetter zur Erkundung des Gartens ein, die anderen führen in Form von Zugangswegen zur vorderen Haustür oder der Garage und entsprechen im Idealfall der kürzesten Strecke von A nach B. Da Zugangswege regelmäßig genutzt werden, empfiehlt es sich, strapazierfähige Materialien wie Beton oder Natursteinplatten dafür einzusetzen.

Wege sollten grundsätzlich breit genug sein, um den jeweiligen Anforderungen zu entsprechen. Ein Zugangsweg muss demgemäß breiter sein als ein nahezu verborgener, bewusst schmal gehaltener Pfad, der die geheimnisvolle Atmosphäre eines Waldgartens unterstreicht. Eine Mindestbreite von 90 cm bietet in der Regel ausreichend Platz für zwei nebeneinander hergehende Personen oder eine mit Einkaufstüten bepackte Einzelperson, genügt aber auch, um mit dem Schubkarren in einen Querweg einzubiegen. Gönnen Sie den heranwachsenden Pflanzen aber auch genügend Platz, damit diese in den Weg hinein wogen und die Ränder umspielen können, ohne den Zugang zu behindern.

Die Gestaltung des Weges beeinflusst aber auch, ohne dass man sich dessen bewusst ist, das Tempo, das man beim Gehen anschlägt. So lässt sich ganz deutlich erkennen, wie die Leute im Bereich von Windungen langsamer und auf gerade verlaufenden Wegen schneller gehen; von daher sind gewundene Wege wünschenswert, wo immer die Besucher zum Stehenbleiben und Betrachten der Blumenpracht inspiriert werden sollen. Je enger die Wegbiegung, desto langsamer der Schritt. Wege, die sich durch den Garten schlängeln, verschwinden oft hinter Pflanzen oder machen eine Kehre, um den Besucher zur Erkundung von dahinter verborgenen Bereichen zu verlocken. Psychologisch interessant ist auch die Beobachtung, dass Ziegel- oder Natursteinwege, deren Mörtelfugen in Längsrichtung verlaufen, den Schritt beschleunigen, während die quer zum Weg verlaufenden das Gegenteil bewirken.

Judasbäume *(Cercis siliquastrum)* bilden im Sommer eine schattige Pergola und im Winter kunstvoll verzweigte Aststrukturen.

Feste Beläge für Wege

Feste Wegbeläge sollten den Stil Ihres Gartens widerspiegeln – ein Ziegelsteinweg mit über Eck gestellter, zackenförmiger Randeinfassung passt zu Häusern im viktorianischen oder edwardianischen Stil, Granitpflaster entfaltet eine rustikale Wirkung und passt in reife Gärten, Wege aus Holzdeck hingegen gehören in zeitgenössische Gestaltungsschemen. Klinkersteine lassen sich zu unterschiedlichen Mustern verlegen und eignen sich gut, um Haus und Garten zu verbinden. Vergewissern Sie sich, dass es sich um frostbeständige Hartbrandklinker handelt, um eventuelles Bröckeln zu verhindern.

Für Fliesen – erhältlich in einer breiten Palette an Farben, Texturen und Materialien – ist ein richtiges Fundament (s. Seite 59) erforderlich; meist handelt es sich um Beton, Kunst- oder Naturstein. Ich habe in meinem Garten Indischen Sandstein in einem bräunlichen Gelbton verlegt. Das Spektrum dieses reizvollen Materials reicht von Rosaschattierungen bis zu Honiggelb, durchsetzt mit Abdrücken von Fossilien, die eine dezent stilvolle Note einbringen. Obwohl im Bereich der Betonprodukte Fortschritte erzielt wurden, ist Naturstein nicht zu übertreffen. Auch wiederverwertetes Natursteinmaterial ist erhältlich, hat aber den Nachteil, dass manchmal nur eine ebene Oberfläche verfügbar ist, was Schwierigkeiten beim Verlegen mit sich bringt.

Manche Oberflächen werden bei Nässe leicht rutschig, insbesondere in schattigen Bereichen wie etwa unter Bäumen oder in kleinen Gärten in Nordlage. Bauholz eignet sich lediglich in stark geriffelter und somit einigermaßen trittfester Form, aber auch Schiefer und glattes Ziegelpflaster sind keine Lösung, wenn der Weg auch bei Nässe begehbar sein soll. Betonsteinwerke produzieren neuerdings hochwertige Terrakotta-Imitationen und Schiefer-Klinker, die weniger rutschig sind als Natursteinmaterial.

Wege müssen aber nicht immer aus konventionellen Materialien bestehen, zumal Ihrer Fantasie keine Grenzen gesetzt sind. In Hildegard Holts Garten in Dulwich südlich von London beispielsweise wird der lange Weg, der eine zauberhafte Unterwasserwelt darstellt, zum Ende hin allmählich schmaler, und erzeugt somit eine illusorische Vorstellung von Weite. Bunte Fische und Seesterne tummeln sich zwischen den Fangarmen einer riesigen Krake, die nahezu die gesamte Länge des Weges einnimmt. Am Ende treffen sie auf ein riesiges, aus Glasperlen geschaffenes Krokodil. Gearbeitet wurde nach einem Rohentwurf auf Papier, wobei Memeth Hassan, ein Freund des Hauses, Hildegard Holt beim Verlegen zur Hand ging. Das Muster wurde ausgeschnitten und dann ohne Hilfslinien oder Schnüre übertragen, wobei der

Mit etwas Fantasie lässt sich der bescheidenste Weg in einen Blickfang verwandeln, wie hier in Hildegard Holts Garten.

Boden 15 cm tief ausgehoben werden musste. Der entstandene Graben wurde mit Schotter von Abraumhalden aufgefüllt und dann verdichtet.

Der Zement wurde von Hand gemischt, und der Weg Stück für Stück ausgelegt; nur so ließen sich die Muster aneinander fügen, bevor der Untergrund abgetrocknet war. Die Mehrzahl der für diesen Weg verwendeten Materialien besteht aus wiederverwerteten Baustoffen wie Schieferplatten, die sich ansammelten, als das Haus ein neues Dach bekam. Vertikal aufgestellt, bilden sie die Umrisse der mit Glasperlen ausgefüllten Fische. Die Keramikfliesen, die Hildegard teils auf Müllhalden aufsammeln und teils aus der alten Küche ihres Sohnes retten konnte (sie waren nach einer Renovierung überflüssig geworden), füllen die Lücken oder fassen die Ziegel in Form blau-weißer Bänder am Wegrand ein. Aus der mit einem Mosaik ausgelegten Sitzfläche eines alten Hockers entstand ein eleganter blauweißer Fisch. Hinzugekauft wurden lediglich Sand, Zement, Kiesel und Glasperlen. Hildegard, von Beruf Töpferin, integrierte auch einige kleinere Fische, die auf die Klinker aufgesetzt wurden. So ließ

sich ein Einsinken in den feuchten Beton verhindern. Der Weg ist ausgesprochen pflegeleicht und aufgrund der Textur des Mosaiks selbst bei Regen trittsicher. Im Herbst lassen sich die Blätter leicht mit einem Reisigbesen abfegen. Arrangements wie diese sind als Hauptwege, die ständig genutzt und vielfach auch mit dem Schubkarren befahren werden, allerdings nicht geeignet; sie gehören vielmehr in eine ruhige Ecke des Gartens.

Rinden- oder Kieswege

Der Weg zu unserer vorderen Haustür führt durch eine Obstwiese mit kordonartig erzogenen Spalierbäumen. Er wird lediglich von den Kindern, die zur Schule gehen oder nach Hause kommen, vom Postboten und gelegentlich von Besuch genutzt. Von daher erschien es auch kaum lohnenswert, in einen formalen Weg zu investieren, obwohl vom Stil her ein ländliches und dennoch annähernd formales Gestaltungsschema erforderlich erschien, wenn es sich harmonisch in die Umgebung einfügen sollte. Weil immer damit gerechnet werden muss, dass Kinder hinfallen, sollte der Belag auch entsprechend »weich« sein. Die nächstliegende Lösung war also ein Weg aus Rindenschnitzeln. Rindenschnitzel sind dem teilweise bereits verrotteten Rindenmulch von Waldbäumen vorzuziehen, da sie durchlässiger sind. Problematisch war lediglich, dass sich der Sportwagen auf diesem Belag relativ schwer schieben ließ, was sich aber besserte, sobald die Rindenspäne entsprechend festgefahren waren. Wenn sie mit der Zeit verrotten, kann man eine Schicht neue aufbringen oder sie insgesamt ersetzen und als Bodenverbesserer nutzen. Rindenschnitzel sind preiswert und leicht aufzubringen. Zur Auswahl stehen aber noch viele andere Beläge, von Schiefer über Steinsplitt bis zu Kies – Materialien, die eine Körnung von mindestens 20 Millimetern haben sollten. Kies und Splitt gibt es in den unterschiedlichsten Farben, passend zu den regionalen Steinvorkommen oder den Pflanzen in der Umgebung. Zwar siedelt sich in losen Belägen leicht Unkraut an; es lässt sich aber problemlos von Hand ausjäten oder aushacken. »Wer den Boden hackt, bevor das Unkraut auftaucht, wird danach auch keines mehr sichten«, lautet eine alte Gärtnerweisheit. Durch Hacken unterbricht man das Keimen der Samen und somit deren Wachstum. Allerdings sind lockere Beläge mit dem Schubkarren und vor allem mit dem Rollstuhl nur schwer befahrbar, wobei Ziehen oft leichter fällt als Schieben. Falls der Belag wirklich zum Ärgernis werden sollte, kann man ihn jederzeit austauschen.

Ein von überbordenden Pflanzen eingefasster Kiesweg verleiht einem Garten eine ungezwungen naturnahe Note.

Einen Rinden- oder Kiesweg anlegen

Lose aufgeschüttete Bodenbeläge wie Kies und Splitt sind ideal für Wege, die schlicht und ungezwungen erscheinen sollen. Holzschnitzel oder Kies können einen weichen Übergang zur Rabatte bilden und immer wieder mit Pflanzen umspielt werden.

1 Stecken Sie die Konturen mit Pflöcken und Schnur ab.

2 Heben Sie die Vegetation 4 cm tief aus; falls der Weg durch Gras verläuft, sollten Sie mindestens 5 cm tief ausheben. Sie ersparen sich damit das Abstechen einer Rasenkante.

3 Graben Sie sämtliche weichen oder schlammigen Flecken aus und füllen Sie sie mit feinem Schotter oder sandigem Unterboden auf. Treten Sie den Belag anschließend mit dem Absatz Ihrer Schuhe fest oder verdichten Sie ihn mit der Basis eines Pfahls. Schlagen Sie die Holzpflöcke senkrecht im Abstand von 60 bis 75 cm in den Boden; sie sollten mindestens 20 cm lang sein, in weichem Boden noch länger. (Falls Sie das Bauholz streichen möchten, sollte dies vorher geschehen.) Halten Sie eine kurze Latte waagrecht über das obere Ende des Holzpflocks, um zu verhindern, dass er sich beim Einschlagen in den Boden spaltet oder schräg stellt.

4 Für einen annähernd formalen Weg befestigen Sie 10 cm hohe und 2,5 cm starke Latten aus kesseldruckimprägniertem Holz an den Pflöcken; sie dienen der Fixierung. Bohren Sie in die Holzlatten jeweils zwei Löcher; diese sollten etwas kleiner sein als die rostfreien Schrauben (Spaks). Sie können aber auch verzinkte Nägel verwenden. Die Latten lassen sich auf der Weg- oder der Erdseite der Pflöcke befestigen; bei schmalen Wegen empfiehlt es sich, die Befestigung nach außen zu nehmen, damit man mit dem Zeh nicht dagegen stößt. Falls das Lattenende an einen Backsteinpfosten oder Weg anschließen sollte, lassen Sie am besten eine kleine Lücke dazwischen, denn Holz dehnt sich insbesondere an sonnigen Standorten stark aus.

5 Decken Sie die Basis des Wegs mit Geo-Textil-Folie ab. Lassen Sie die Ränder über die Holzbegrenzung hinausstehen, um zu verhindern, dass von den Seiten her Unkraut hineinwächst.

6 Bringen Sie eine 7,5 cm starke Schicht Rindenschnitzel auf und rechen Sie diese eben. Treten Sie den Belag mit den Füßen fest.

Platten für einen Weg verlegen

Für Projekte wie Wege lohnt es sich, einen Zementmischer auszuleihen. Schichten Sie die Zementsäcke an einem trockenen Platz auf – als Unterlage eignet sich eine Palette oder Ähnliches über Bodenhöhe –, und decken Sie sie notfalls mit Folie ab. Sobald Zement feucht wird, ist er nicht mehr zu gebrauchen. Entscheiden Sie, wie groß die Platten sein sollen, und zeichnen Sie auf Millimeterpapier einen Plan, der sich an der Größe der Platten orientiert; so lässt sich verhindern, dass diese geschnitten werden müssen. Selbstverständlich können Sie auch einen Landschaftsbetrieb mit der Erstellung eines Computerplans beauftragen. Eine Alternative wäre, den Weg der Breite der Platten anzupassen.

3 Schichten Sie die Platten stapelweise in Reichweite auf. Stellen Sie beim Verlegen eines Wegs ein Gefälle von 1:75 her, was bedeutet, dass auf jeweils 75 mm entlang der Horizontalen ein Gefälle von 1 mm kommt oder bei 75 cm entsprechend 1 cm Gefälle. Falls Ihre Nivellierlatte 3 m lang ist, legen Sie ein 40 mm starkes Stück Holz auf den Pflock und klopfen den Pflock eben. So erhalten Sie ein Gefälle von 1:75. Legen Sie eine Nivellierlatte an das Ende des Wegs.

1 Stecken Sie den vorgesehenen Bereich mit Pflöcken und Schnur ab; verwenden Sie ein Winkelmaß, um die rechten Winkel zu überprüfen. Falls der Weg in unmittelbarer Hausnähe verläuft, sollte die Oberfläche mindestens zwei Ziegelsteinhöhen unterhalb der Feuchtigkeitsdämmschicht liegen. Heben Sie die Grasnarbe und den Oberboden aus und schichten Sie das Material zur Wiederverwertung oder zum Abführen auf. Der gesamte Bereich sollte 25 cm tief ausgehoben werden. Verdichten Sie den Unterboden anschließend mit einem Rüttelstampfer oder einer Gartenwalze (ausleihbar).

4 Naturstein sollte auf einem noch feuchten Mörtelbett verlegt werden, das aus fünf Teilen scharfem Sand und einem Teil Zement besteht. Für Betonplatten benötigt man lediglich einen Klecks Beton an jeder Ecke und einen in der Mitte. Klopfen Sie jede Platte leicht mit einem Gummihammer und einem Stück Holz an. Für feineres Ausgleichen verwenden Sie den Stiel. Klopfen Sie nicht auf die Ränder, da diese brechen könnten. Achten Sie auf ein gleichmäßiges Gefälle und gleichgroße Fugen. Decken Sie die frisch verlegten Platten mit Folie ab, um sie vor Witterungseinflüssen zu schützen; im Sommer empfiehlt sich feuchtes Sackleinen.

2 Legen Sie eine mindestens 8 cm starke Tragschicht aus Feinschotter oder Bauschutt an. Verdichten Sie die Tragschicht mit dem von einem Geräte-Verleiher besorgten Stampfer oder einer Walze.

5 Sobald sich alles gesetzt hat, streichen Sie die Fugen mit einer Mischung aus drei Teilen scharfem Sand, einem Teil Mörtelsand und einem Teil Zement ein. Notieren Sie sich die Mischung – falls die Fugen später noch einmal verfüllt werden müssen, ist eine einheitliche Fugenfarbe gewährleistet. Wenn die Platten versehentlich mit Mörtel verschmiert werden, wischen Sie diesen sofort mit einem feuchten Schwamm ab. Glätten Sie die Fugen mit dem Rand einer nassen Maurerkelle oder einem Spachtel aus der Baustoffhandlung.

Eine Terrasse pflastern

Terrassen sind von jeher ein Ort der Entspannung und Erholung. Als Essplatz im Freien befinden sie sich meist unmittelbar beim Haus. Terrassen können aber auch anderswo in der Sonne oder im Schatten Platz finden. Zu warnen ist allerdings vor feuchten Ecken, die im Sommer Mücken anziehen. Generell sind Terrassen Teil des Gesamtbildes, als Ergänzung oder in Kontrast zu Formelementen im Umfeld. In traditionellen Gestaltungsschemen dominieren quadratische oder kreisförmige Pflaster- oder Ziegelsteinflächen, aber auch moderne Formen wie Dreiecke können im entsprechenden Kontext harmonisch wirken. Nur sollte die Terrasse in jedem Fall groß genug sein; schließlich möchte man um den Tisch herumgehen können, ohne sich an den Stühlen zu stoßen. Um sich das Gießen im Sommer zu erleichtern, sollte irgendwo auch noch Platz für den Wasserschlauch sein. Bei der Wahl des Belags wird man sich für ein Material entscheiden, das sich dem Stil der Umgebung anpasst. Naturstein- oder Betonplatten, Pflaster- oder Ziegelsteine sind besonders geeignet. Halbierte Flusskiesel ergeben einen eher unebenen Sitzplatz, wenn sie nicht ganz gut eingebettet werden. Aufgrund ihrer Form sind Platten eher für quadratische Terrassen geeignet, während sich Ziegel und insbesondere Flusskiesel für Kreise anbieten. Modernere Formen gestaltet man besser aus Betonstein oder Holzdeck, das mit einer Dekupiersäge in Form gebracht wird. Die Beläge lassen sich aber auch untereinander kombinieren, wie etwa Kieselsteine, die in eine trockene Zementmischung gesetzt und anschließend gewässert werden, damit sich die Lücken schließen. Man könnte aber auch ein bis zwei Platten herausnehmen, die Tragschicht aufbrechen und mit Sand versetzten Kompost einbringen, um verschiedene Thymianarten, Kamille und andere teppichbildende Pflanzen zu integrieren. Nicht empfehlenswert ist Kies, da die Möblierung leicht einsinkt und wackelt. Wer gar nicht darauf verzichten will, kann die Terrasse immer noch betonieren und Kies in die noch nasse Oberfläche einlassen; man riskiert allerdings, dass er sich löst. Wenn Sie mit der Möblierung durchgängig bei einem einheitlichen Stil bleiben, gewinnt das Gesamtbild an Geschlossenheit. Wählen Sie Pflanzen aus, die den gewünschten Rahmen für Ihre Terrasse schaffen und sich unter den vorherrschenden Wachstumsbedingungen wohlfühlen. Integrieren Sie einige Immergrüne, die auch im Winter einen Blickfang bilden. Wie viele Kübel und Töpfe Sie aufstellen, hängt ganz von der Zeit ab, die Sie in die Gießarbeit investieren können, wobei automatische Bewässerungssysteme oder Hochbeete (s. Seite 68) generell eine Zeitersparnis bedeuten. Falls Sie sich eine Beleuchtung wünschen, beauftragen Sie damit am besten einen Fachmann; grundsätzlich empfiehlt es sich, die Kabel vor dem Verlegen der Bodenplatten zu installieren.

Eine schattige Terrasse als idealer Platz zum Speisen unter freiem Himmel.

Dieser Steinkreis ist als Bausatz in unterschiedlichen Größen erhältlich. Orientieren Sie sich an den Anweisungen zum Verlegen eines Wegs auf Seite 59. Falls es sich um die erste Steinfläche handeln sollte, die Sie verlegen, arrangieren Sie die Platten zuerst probeweise, um sicherzugehen, dass die Abstände stimmen.

1 Markieren Sie den Kreisumfang mit Pflock und Farbsprühdose oder mit Sand.

2 Verwenden Sie zum Messen des Gefälles über größere Strecken eine Messlatte, wie man sie bei Firmen, die Geräte verleihen, bekommen kann.

3 Arbeiten Sie bei runden Flächen immer von der Mitte nach außen.

Pfosten einzementieren

Dieses Verfahren erweist sich für eine Reihe der in diesem Kapitel behandelten Projekte als brauchbar. Wie für das Verlegen von Wegbelägen lohnt es sich, als Arbeitserleichterung einen Zementmischer auszuleihen.

1 Graben Sie ein Loch in der erforderlichen Tiefe und rundum 10 cm breiter als der Pfosten. In der Regel genügt für ein 1,8 m breites Zaunpaneel ein 60 cm tiefes Loch, das mit einer 15 cm starken Basis aus Feinschotter versehen wird. Für ein 1,2 m breites Zaunelement benötigt man ein 45 cm tiefes Loch, ebenfalls mit einer 15 cm starken Tragschicht. Dies ist besonders wichtig für Zäune, die mit Kletterpflanzen umrankt oder stark dem Wind ausgesetzt sind.

2 Brechen Sie die Basis mit einer Gabel auf und heben Sie die Erde mit einem Pfostenbohrer oder einem Löffelbagger aus. Diese Maschinen arbeiten nach dem Prinzip von Zuckerzangen und erleichtern das Auskoffern (sie lassen sich preisgünstig ausleihen). Wo viele Pfosten aufzustellen sind, lohnt es sich, einen elektrischen Erdbohrer auszuleihen, den Sie allerdings nicht ohne Schutzhandschuhe und entsprechende Schutzkleidung verwenden sollten. Diese Geräte lassen sich von einer oder zwei Personen bedienen oder an einen kleinen Traktor montieren.

3 Es gibt zwei Möglichkeiten, Pfosten zu sichern: Sie können die Löcher entweder mit Beton zu je einem Teil Zement und vier Teilen Fertigbeton füllen oder das Loch, ausgehend vom Bodenniveau, mit einer 15 cm starken Schicht verdichtetem Bauschutt vollpacken und dann mit einer zähen Mischung aus Beton auffüllen, die man schichtweise aushärten lässt, damit keine Luftblasen eingeschlossen werden. Anschließend lässt sie sich mit einer nassen Maurerkelle leicht abgeschrägt glätten. Falls Beton verwendet wird, mischen Sie ihn am besten auf einem Brett daneben an.

4 Geben Sie den Beton schichtweise hinzu, indem Sie ihn im Umkreis des Pfostens mit einem Stück Holz oder Ähnlichem andrücken.

5 Häufen Sie den Beton an und schrägen Sie ihn ab, um zu gewährleisten, dass das Regenwasser abfließt. Glätten Sie die Oberfläche mit einer Maurerkelle.

Ineinander verflochtene Haselzweige wölben sich in Form eines »lebenden« Bogengangs über einem Waldweg.

Torbögen

Matthew: Torbögen eignen sich gut, um Gärten zu unterteilen und ein vertikales Element einzubringen, das in der Breite wenig Platz beansprucht, was sich insbesondere in kleineren Gärten als vorteilhaft erweist. In Form einer Laube lassen sich Bögen aber auch vor dem Hintergrund von Hecken oder Mauern erstellen.

Die einfachste Möglichkeit, einen Torbogen zu erstellen, bieten Bausätze, wie es sie aus kesseldruckimprägniertem und somit entschieden langlebigerem Holz fertig zu kaufen gibt. Meist sind sie mit seitlichen Spalieren für Kletterpflanzen ausgestattet. Man braucht etwa einen halben Tag, um sie aufzustellen, etwas länger allerdings, wenn die Pfosten einbetoniert werden, weil das Aushärten zusätzlich Zeit in Anspruch

nimmt. Da nur eine geringe Menge Beton erforderlich ist, sollte man sich im Baustoffhandel oder Baumarkt eine spezielle Mischung für Zaunpfosten besorgen. Im Idealfall sind mindestens 30 cm des Holzes im Boden zu vergraben, an exponierten Standorten noch mehr. Falls ein Pfostenträger mit Stahldorn verwendet wird, sollte man vorher abklären, wie die Leitungen im Boden verlaufen.

Rustikale Torbögen lassen sich aber auch leicht selbst bauen. Man verwendet dafür geschälte oder naturbelassene Rundhölzer, die einen Durchmesser von 7,5 bis 10 cm haben, sowie dünnere für die dekorativen Details. Rustikale Torbögen harmonieren sehr schön mit Gärten im ländlichen Stil. Auch dafür gibt es im Gartencenter oder Holzfachhandel Bausätze, falls man nicht doch eine individuelle Gestaltung vorzieht.

Ein Torelement bauen

Dieses Torelement besteht aus zwei Paar vertikalen Rundhölzern, die in den Boden einbetoniert und durch horizontale Hölzer im Bereich der Basis und der Enden stabilisiert wurden. Die dünneren Hölzer dienen allein der dekorativen Wirkung. Am besten wird das Hauptgerüst verschraubt; es lässt sich aber auch durch verzinkte Nägel fixieren, wenn auch nicht ganz so dauerhaft. Torelemente sollten robust genug sein, um als Rankgerüst ausreichenden

Halt für Kletterpflanzen wie Rosen, Clematis oder ein Geißblatt zu gewährleisten. Sie bieten sich aber auch als Stütze für andere Gewächse an, sofern sich diese durch entsprechende Schnittmaßnahmen in Zaum halten lassen. Um der Stabilität willen, schneiden Sie V-förmige Kerben in das obere Ende der senkrechten Hölzer oder einen 2,5 cm tiefen L-förmigen Schnitt in die vertikalen und horizontalen Teile, damit die beiden flachen Seiten »nahtlos« aneinander schließen. Behandeln Sie sämtliche Schnittstellen mit Holzschutzmittel, bevor Sie das Tor zusammenbauen.

1 Legen Sie die Seitenteile des Tors auf den Boden und verteilen Sie die Querhölzer nach Augenmaß, zumal es sich um ein rustikales Element handelt. Bohren Sie mit dem Bohrer Löcher für die Schrauben vor.

2 Da die Basis der Rundhölzer einbetoniert wird, sollten Sie sämtliche lose Rinde entfernen und die Hölzer über Nacht aufrecht in einen Eimer voll Holzschutzmittel stellen, damit sie möglichst viel der Flüssigkeit aufnehmen. Man kann die Enden aber auch mit einer Lötlampe versiegeln. Das Holz darf allerdings nicht zu brennen anfangen.

3 Sobald die Seiten zusammengefügt sind, graben Sie vier Löcher in den Boden, die genau dem Abstand der Pfosten entsprechen. Schaufeln Sie eine Schicht Schotter oder Bauschutt in jedes Loch.

Gegenüber: *Clematis montana* var. *wilsonii* rundet die Konturen dieses rustikalen Torbogens harmonisch ab.

4 Überprüfen Sie mit der Wasserwaage, ob sich die Seitenteile jeweils auf gleicher Höhe befinden und genau senkrecht stehen. Nageln Sie zur vorübergehenden Stabilisierung im entsprechenden Abstand Latten an die Senkrechten, bis der Beton ausgehärtet ist. Kaufen Sie einen Sack Fertigbeton, rühren Sie ihn mit Wasser an und geben Sie ihn in die Löcher. Verteilen Sie den Beton mit einem Stock gleichmäßig um die Rundhölzer; so verhindern Sie, dass sich Luftblasen bilden. Verstreichen Sie das Material mit Hilfe einer Maurerkelle zu einer flachen Kuppelform, damit das Regenwasser ablaufen kann (s. Seite 62). Lassen Sie den Beton 24 Stunden aushärten. Prüfen Sie, ob er durchgehärtet ist, bevor Sie das »Dach« des Torelements aufbringen.

5 Bauen Sie die Dachsegmente auf dem Boden zusammen und bringen Sie sie dann auf die beiden seitlichen Rahmen auf. Sichern Sie die Verbindungsstellen mit Schrauben.

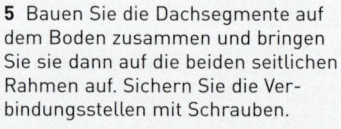

6 So sieht das fertige Torelement aus.

Pergolen

Ein typisches Gestaltungselement von Tavernen und sonnen-
überfluteten mediterranen Gärten ist die Pergola, die einen
Hauch Erwartung entfaltet, und uns selbst im Winter in der
Zuversicht bestärkt, dass eines Tages die Sonne wieder scheint.
Da die meisten Pergolen formal gehalten sind, passen sie sich
besser an geradlinige Elemente wie Gartenmauern oder andere
bauliche Strukturen an. Besonders bewährt haben sich Pergolen
aber auch als Schattenspender für die angrenzenden Räume
im Hausinnern. Überlegen Sie sich gut, wo Sie Ihre Pergola am
besten platzieren – sie sollte mit den Baustrukturen der Umgebung harmonieren, und von den Fenstern des Hauses aus einen
erfreulichen Anblick bieten. Im Zentrum des Gartens stehend,
erinnern Pergolen oft an gestrandete Raumschiffe, die das land-
schaftliche Bild unverhältnismäßig stark dominieren, insbeson-

dere wenn sie dunkel gestrichen sind. Gertrude Jekylls geniale
Lösung hieß, Pergolen in korridorartige Laubengänge umzu-
wandeln, und somit ein beeindruckendes landschaftliches Element zur Verknüpfung einzelner Gartenbereiche zu schaffen.
Bedenken Sie, dass der Regen von den Blättern heruntertropft;
zur Überdachung eines Wegs oder Sitzplatzes sind Pergolen
also nicht geeignet, denn am Ende ist man nässer als unter
freiem Himmel. Pergolen sollten mindestens 2,4 m hoch sein,
damit die Pflanzen dekorativ überhängen, aber auch, damit
man von einer Leiter aus noch problemlos hinaufreichen kann,
um die Triebe zu schneiden oder einzubinden und das Gerüst
zu streichen. Generell ist es einfacher, die Teile vor dem Zusammenbauen zurechtzusägen und -zustreichen, auch wenn
man sie voraussichtlich schon nach wenigen Jahren mühsam
von der Leiter aus nachstreichen muss. Oder man entscheidet
sich von vornherein für die »naturbelassene« Variante.

Pergolen verleihen einem kleinen Garten in der Stadt südländisches Flair.

Eine Pergola bauen

Bausätze erleichtern die Konstruktion einer Pergola. Dennoch sollte man beim Selberbauen nicht zu ehrgeizig sein. Zeichnen Sie genaue Pläne auf Millimeterpapier und notieren Sie die zugehörigen Maße, damit Sie sie jederzeit verfügbar haben; verlassen Sie sich nie auf Ihr Gedächtnis! Falls Sie noch weitere Ideen suchen: Auch das Internet hält einige reizvolle Gestaltungsvorschläge bereit. Berechnen Sie den Materialbedarf entsprechend der Stärke tragender Balken – als Standardmaße gelten 10 x 5 cm oder 15 x 5 cm – oder entsprechend der Stärke anderer Holzstreben, die in Betracht kommen. Gebrauchtes Holz ist zwar preisgünstiger, muss womöglich aber von Nägeln befreit und mit Holzschutzmittel behandelt werden. Zedernholz nimmt mit den Jahren eine reizvolle Patina an, ist aber recht teuer; Eiche ist schwer und erfordert in der Regel gemauerte Pfeiler. Die Mehrzahl der gängigen Pergolen besteht aus behandeltem Weichholz.

Falls Spalierelemente zwischen einige der Pfosten integriert werden, sollten die Innenmaße zwischen den Pfosten 1,8 m betragen. Ebnen Sie das Gelände, falls es uneben sein sollte, und erstellen Sie eine detaillierte Materialliste.

Es gibt zwei Möglichkeiten, die Pergola zu verbinden: Entweder Sie schneiden Schlitz- und Zapfenverbindungen in das Holz oder Sie verwenden verzinkte U-Klammern, um die aufeinander liegenden Hölzer zu verbinden, was einfacher und weniger zeitaufwändig ist. Allerdings wirkt das Gesamtbild weniger elegant, es sei denn, es handelte sich um eine aus schlankeren Hölzern erstellte, relativ zierliche Pergola. Behandeln Sie sämtliche Schnittflächen mit Holzschutzmittel.

1 Legen Sie die Pergola aus, um die Abmessungen zu überprüfen.

2 Vergewissern Sie sich noch einmal, ob der Pfostenträger im rechten Winkel zu den ausgelegten Hölzern steht.

3 Schlagen Sie den Pfostenträger mit dem Hammer ein und prüfen Sie immer wieder mit der Wasserwaage, ob er genau vertikal steht.

4 Sobald die Pfostenträger im Boden sind, legen Sie die Querhölzer auf. So können Sie sich vergewissern, dass alle Pfostenträger »im Wasser« sind.

5 Stellen Sie die Pfosten in die Hülse und prüfen Sie, ob diese genau vertikal stehen, bevor Sie die Befestigungsschrauben anbringen.

6 Fixieren Sie sämtliche Hölzer mit Schrauben, indem Sie kleinere Löcher vorbohren.

Anmerkungen zur 3-4-5-Regel (Lehrsatz des Pythagoras)

Wie Sie aus dem Geometrieunterricht vielleicht noch wissen, bildet ein Dreieck mit diesen Seitenlängen einen rechten Winkel. Wo immer Sie im Garten also Dreiecksformen einsetzen, gelten diese Maße oder ein Vielfaches davon. Wenn Sie sich beispielsweise vergewissern wollen, dass ein Zaun genau im rechten Winkel zum Haus steht, messen Sie einen Abstand von 3 m entlang der Hausseite und 4 m entlang der Zaunseite. Der Zaun steht dann rechtwinklig zum Haus, wenn die Verbindungslinie zwischen den beiden Enden genau 5 m misst. Falls 6 m (2 x 3) eine bessere Ausgangsbasis bilden, müsste die zweite Abmessung 8 m (2 x 4) und die dritte 10 m (2 x 5) betragen.

Verwenden Sie dafür ein Maßband, Schnur und Stöcke bzw. ein fertiges oder selbstgebautes Winkelmaß. Die Abbildungen auf den Seiten 67 und 94 zeigen, wie praktisch ein solches Hilfsmittel ist.

Stufen

Obwohl Stufen zunächst einmal unter funktionalen Aspekten betrachtet werden, haben die großen Gartendesigner dieses Medium im Lauf der Jahre zu einem Gestaltungselement stilisiert, das sich harmonisch in die Umgebung einfügt und als Teil des Gesamtbilds wahrgenommen wird.

Edwin Lutyens schuf die für die »Arts and Crafts«-Bewegung typischen halbkreisförmigen Natursteinstufen, die in ihrer Eleganz unübertrefflich sind. Antoni Gaudí kombinierte sie im Parc Güell in Barcelona mit opulenten mosaik-geschmückten Balustraden und Eidechsen-Motiven. Dennoch sind dekorative Stufenfolgen nicht nur den »Reichen und Schönen« vorbehalten. Auch in Karla Newells winzigem Hofgarten im Seebad Brighton findet sich ein schmaler Treppenlauf mit Setzstufen aus dekorativen mexikanischen Kacheln und Trittstufen aus in Beton eingegossenen Kieseln.

Wie bei Gartenwegen bestimmt auch bei Treppen der Gestaltungsstil weitgehend über die Art der Nutzung. Steile Stufen mit schmalen Auftrittsflächen veranlassen zu rascherem Gehen, während breite Stufen und tiefe Trittflächen das Schritttempo drosseln und zum Innehalten und Sich-Umschauen einladen. Letztere sind wie geschaffen für einen längeren Hang, in dessen Verlauf terrassenartige Plattformen geradezu ideal sind, um eine Verschnaufpause einzulegen und einen Blick über den Garten zu werfen. Es muss aber nicht immer eine schnurgerade Treppe sein, wo sich interessantere Entwürfe realisieren lassen. Mehrfach abgewinkelte Treppenfolgen verleihen vor allem kleineren Gärten einen Hauch von Geheimnis, insbesondere, wenn die Stufen plötzlich hinter einer Ecke verschwinden. Maßgeblich für die Sicherheit sind gleich hohe Stufen, die, in gleichem Abstand zueinander, einem natürlichen Rhythmus folgen. Sie sollten begehbar sein, ohne dass man bei jedem Schritt darauf schauen muss.

Unregelmäßige Abstände unterbrechen diesen Rhythmus und gefährden somit die Sicherheit. In den meisten Gärten haben sich Treppen mit 45 cm breiten Tritt- und 15 cm hohen Setzstufen bewährt, denn hier lassen sich auch Schubkarren und Rasenmäher noch relativ mühelos hinauf- und hinunterschaffen (als Zugang für Maschinen ist eine Rampe, wo der Platz es erlaubt, natürlich immer von Vorteil). Auch ein Handlauf (am besten in der für Erwachsene und Kinder entsprechenden Höhe) gehört grundsätzlich dazu; er sollte immer wieder einmal auf Stabilität überprüft werden.

Die beiden niedrigen Stufen, die zu meiner hinteren Haustür hinaufführen, haben Trittflächen aus Indischem Sandstein und sind mit einem Gefälle von 1:50 verlegt, damit das Wasser wegfließt. In meinen Augen wirkt Naturstein mit seinem formal-eleganten Charakter immer schön. Neue Ziegel passen gut in Gärten in der Stadt, alte, wiederverwertete Ziegel eher in Bauerngärten und viktorianische Gärten. Vergewissern Sie sich vor dem Kauf, dass es sich um frostresistentes Material handelt. Zu beachten ist auch, und das gilt insbesondere für Schiefer und Keramikfliesen, dass man bei Nässe nicht darauf ausrutscht. In Betonsteinwerken werden neuerdings recht reizvolle Naturstein-, Kupfer- und Terrakottanachbildungen hergestellt, die preisgünstiger und optisch nahezu identisch wirken, im Vergleich zu Naturmaterialien aber nicht rutschig sind.

Für einen naturnah gestalteten Waldbereich oder einen im ländlichen Stil gehaltenen Garten bieten Blockstufen aus halbierten Baumstämmen eine einfache, aber stilgemäße Lösung. Heben Sie die Form der Stufen aus der Böschung aus, verankern Sie die zersägten Baumstämme mit imprägnierten Holzpflöcken und hinterfüllen Sie die Setzstufen mit verdichtetem Unterboden oder Schotter und zum Abdecken mit einer 7,5 cm starken Schicht Kies, Splitt oder Rindenschnitzeln.

Hochbeete

Hochbeete haben viele Vorteile. Schon eine leichte Anhebung sorgt dafür, dass sich die Dränage verbessert und der Boden sich im Frühjahr schneller erwärmt, was sich wiederum vorteilhaft auf die Krümelstruktur des Oberbodens auswirkt. Hochbeete sind vom Weg aus leicht erreichbar, ohne dass man ständig auf dem Boden herumtritt und diesen verdichtet. Es gibt aber auch 30 bis 60 cm oder noch höher über Bodenniveau angesiedelte Hochbeete – entscheidend ist immer die individuelle Arbeitshöhe. Man sollte sich möglichst nicht bücken müssen oder auch vom Rollstuhl aus gärtnern können.

Eine dekorative Treppe – auch für Ihren Garten!

Stufen in eine Böschung einbauen

Um die Anzahl der erforderlichen Stufen zu ermitteln, messen Sie als Erstes die Höhe des Hangs. Stecken Sie am unteren Ende einen Stab und am oberen einen Pflock in den Boden und spannen Sie eine Schnur dazwischen. Prüfen Sie mit der Wasserwaage, ob diese waagrecht ist. Messen Sie die Länge der Schnur und teilen Sie diese durch die Tiefe einer Trittstufe (45 cm). So erhalten Sie die Anzahl der Stufen. Bewährt haben sich 45 cm für die Tritt- und 15 cm für die Setzstufe. Falls die Zahl der Stufen in der Höhe nicht genau aufgeht, setzen Sie die unterste Stufe etwas tiefer.

Die Fundamente sollten in Beton gegossen werden, um eine stabile Basis für die Stufen darüber zu bilden. Je nach Bodenbedingungen sollten sie 10 cm breiter sein als die fertigen Stufen und die gleiche Tiefe haben. In leichten Böden empfiehlt es sich, breitere Fundamente anzulegen, damit sich ein entsprechend stabilerer Unterbau erstellen lässt.

1 Stecken Sie den für die Stufen vorgesehenen Bereich mit Pflöcken und Schnur ab. Ideal ist ein Vielfaches der Plattenbreite.

3 Die Pflöcke sollten leicht über den Boden hinausragen, damit sie eine Ebene mit der Betonoberfläche bilden. Prüfen Sie die Ebenen mit der Wasserwaage. Die Stufen sollten von Seite zu Seite jeweils eben sein, nach vorn aber ein leichtes Gefälle zeigen, damit das Wasser abläuft.

2 Heben Sie den Oberboden ab und verdichten Sie den Unterboden je nach Größe der Stufen mit einem Rüttelstampfer, einer Gartenwalze oder einem Holzhammer (tragen Sie Handschuhe, um Blasen zu vermeiden). Hämmern Sie 2,5 cm starke Pflöcke senkrecht in den Boden; je nach Ausmaß der Stufen benötigen Sie zwei oder mehr.

4 Mischen Sie sechs Teile Schotter und ein Teil Zement und betonieren Sie die Trittfläche; die Setzstufe sollte plan mit der abgesteckten Schnur sein. Klopfen Sie die Oberfläche leicht an, belassen Sie sie aber zugunsten einer besseren Haftung der ersten Reihe (Pflasterklinker, Naturstein oder anderer Materialien) in etwas rauerem Zustand.

5 Legen Sie für die erste Setzstufe zwei Läufer-Reihen Material aufeinander. Prüfen Sie mit der Wasserwaage, ob die Reihen horizontal sind. Falls Sie Platten- oder Steinstufen verlegen, sollten Sie diese 3,5 cm weit über den Ziegelunterbau überstehen lassen.

6 Sobald der Mörtel trocken ist, verfüllen Sie die Lücke dahinter mit Schotter und, falls erforderlich, zusätzlich mit Beton. Dieser muss mit der Oberfläche der Steinplatten eine Ebene bilden. Lassen Sie die gesamte Stufe aushärten.

7 Legen Sie die Platte auf einen Rahmen aus Mörtel oder geben Sie je einen Klecks Mörtel auf die vier Ecken und die Mitte, wobei ein leichtes Gefälle für den Wasserabfluss einberechnet werden muss. Legen Sie unter das nach unten weisende Ende der Wasserwaage einen kleinen Holzkeil. Die Wasserwaage sollte daraufhin genau horizontal sein. So wird ein gleichmäßiges Gefälle gewährleistet. Eine andere Möglichkeit ist, die Libelle der Wasserwaage zum oberen Ende hin an der Markierung anstoßen zu lassen.

8 Verlegen Sie die zweite Setzstufe ...

9 ... sowie jeweils die nächstfolgende Platte (s. Anleitung 1–7).

10 Decken Sie die frisch verlegten Platten mit einer Plastikfolie ab, um sie zunächst vor Witterungseinflüssen zu schutzen. Im Sommer verwenden Sie dafür Sackleinen. Sobald das Mörtelbett ausgehärtet ist, werden die Ziegelsteine mit einer feuchten und krümeligen Mischung aus drei Teilen scharfem Sand und einem Teil Mörtelsand sowie einem Teil Fertigbeton ausgefugt. Notieren Sie sich Ihr Mischungsverhältnis, falls später noch einmal Ausfugungsarbeiten erforderlich werden sollten, damit sich die Mörtelfarbe nicht unterscheidet. Vermeiden Sie Mörtelspritzer auf den Platten. Wenn es versehentlich doch einmal passiert, wischen Sie sie umgehend mit einem feuchten Schwamm ab. Glätten Sie die Fugen mit einer nassen Maurerkelle oder einem Rundholz.

Hochbeete sind ideal für Zierpflanzen, die unter den vor Ort verfügbaren Voraussetzungen nicht gedeihen würden; denn wie anders ließen sich sauren Boden bevorzugende Pflanzen in Regionen mit alkalischem Boden ziehen? Sie lassen sich aber auch als Sitzgelegenheit nutzen, immer vorausgesetzt, dass sie breit genug sind und mit Holz oder Ziegelstein abdeckt werden. Die meisten Hochbeete sind rechteckig oder quadratisch, sie können aber auch in Form von Reihen angelegt werden und eine Art Terrassierung bilden. Für kompliziertere Schemen oder Mauern, die mehr als 90 cm hoch sind, sollten Sie einen Fachmann hinzuziehen. Pflanzgefäße aus Ziegelstein sollten mit Bitumen gestrichen oder mit einer wasserfesten Membran ausgelegt werden; außerdem sollten sie knapp über Bodenhöhe Dränagelöcher enthalten, damit das Wasser aus der Erde dahinter abfließen kann und der Druck, den die Erde auf die Wand ausübt, reduziert wird.

Hochbeete für Gemüse werden meist in Form von leicht zugänglichen Streifen angelegt. Sie sollten höchstens 3 m lang sein, um auszuschließen, dass der Weg an den Ecken immer wieder abgekürzt wird, zugleich aber nur so breit sein, dass man, ohne sich übermäßig strecken zu müssen, bis zur Mitte reichen kann. Sie werden lediglich einmal umgegraben und, sobald das Beet mit einem Rahmen eingefasst ist, von ausdauernden Unkräutern befreit; danach kann sich die Bodenstruktur unbeeinträchtigt entwickeln. Gemüsebeete können unmittelbar über Bodenhöhe oder auf eine Höhe Ihrer Wahl gebracht werden; vielfach bewährt hat sich eine Höhe von 23 cm. Als Einfassung werden meist kesseldruckimprägnierte Latten verwendet, die sich aber zusätzlich mit einem Holzschutzmittel streichen lassen, wenn sie etwas dekorativer wir-

Hochbeete garantieren auch in kleinen Gärten eine reiche Ernte.

ken sollen. Bohren Sie Löcher vor und verschrauben Sie die Hölzer im Bereich der Enden an Vierkanthölzern, wie sie alle 60 cm auch entlang der Ränder anzubringen sind. Einfassungen für größere Beete sollten aus 10 x 5 cm starkem kesseldruckimprägniertem Holz gebaut und mit 10 x 10 cm starken, zu einem Drittel im Boden versenkten Vierkanthölzern ver-

Hochbeete verhindern, dass die Wege immer wieder durch Erde verschmutzt werden – eine einfache Möglichkeit, den Garten sauber und gepflegt zu halten.

schraubt werden bzw. je nach Boden mit Betonanker oder verzinkter Bodenhülse versehen werden. Setzen Sie die Pflöcke im Abstand von 1,2 m und streichen Sie das Holz vor dem Zusammenbauen mit Holzschutzmittel, damit es etwas ansehnlicher wirkt.

Stecken Sie die Form des Beets mit einem Winkelmaß (3-4-5-Dreieck, s. Seite 68) und Schnur aus. Koffern Sie die Basis einen Spaten tief aus, verfüllen Sie sie mit Schotter als Dränage und legen Sie eine Geo-Textil-Folie darauf, die an den Seiten übersteht. Auf leichteren Böden fahren Sie mit der Gabel ohne großen Druck über die Basis und decken das Ganze mit seitlich überstehender Geo-Textil-Folie ab. Lassen Sie eine kleine Lücke an der Basis des Holzrahmens, damit das Wasser abfließen kann. Füllen Sie das Beet lagenweise mit dem vorgesehenen Erdsubstrat und warten Sie, bis es sich gesetzt hat. Normalerweise werden Nutzpflanzen in Blöcken zusammengesetzt, nicht reihenweise oder diagonal. Diese Anordnung hilft Platz sparen und reduziert die später anfallende Jätarbeit auf ein Minimum, denn die nahezu geschlossene Blätterdecke unterdrückt das Keimen der Unkrautsamen. Die Wege zwischen den Beeten sollten breit genug sein, um mit dem Schubkarren durchzukommen und an den Ecken zu wenden.

Steingärten

Matthew: Ersparen wir uns Steingartenkonstruktionen, die an Napfkuchen, Rosinenbrötchen und Hundegräber erinnern, ganz zu schweigen von noch schrägeren Assoziationen. Allzu oft wirken die Gebilde aus einem Berg Erde mit wahllos darüber verteilten Steinen derart unglaubwürdig, dass sie wie lächerliche Imitate der erhabenen Alpen erscheinen. Steingärten müssen nicht aus weitläufigen Landschaften mit Teichen, Wegen, Geröllhalden und Bächen bestehen. Sie sind vielmehr eine ideale Möglichkeit, auf kleinstem Raum eine erstaunliche Vielfalt an Pflanzen mit kompakter Wuchsform zu kombinieren. Außerdem eignet sich das erhöhte Arrangement bestens zur Betrachtung aus nächster Nähe.

Ein Steingarten steht und fällt mit dem Entwurf. Versuchen Sie, die Steine so zu arrangieren, als rage immer wieder einmal eine Spitze des darunter liegenden Urgesteins aus der Erde. Besuchen Sie Gebirgsregionen, um sich ein Bild zu machen, wie Steingärten in der Natur aussehen, ob im Lake District, den Alpen oder den Dolomiten. Fotografieren Sie deren grandiose Schönheit und übertragen sie diese in Miniaturform auf den kleinen Bereich Ihres Gartens hinter dem Haus. Lohnenswert ist auch ein Besuch des Steingartens der Royal Botanic Gardens von Edinburgh, der Duffryn Gardens im Süden von Wales oder des legendären Alpengartens Schynige-Platte, der bei Interlaken in der Schweiz auf 2000 m Höhe einen Blick auf das Panorama der Berner Alpen bietet, und mit seinen über 500 Arten eine unschätzbare Inspirationsquelle darstellt. Steingärten erfordern einen geschützten vollsonnigen Standort, der nicht durch überhängende Zweige von Gehölzen überschattet wird. Als ausgesprochen günstig erweist sich abfallendes Gelände, denn hier lassen sich die Steine leichter so arrangieren, dass sie wie natürlich »gewachsen« aus dem Boden hervortreten. Zu den großen Vorteilen eines Steingartens gehört, dass sich die »Pflanztaschen« mit ganz unterschiedlichen Bodenarten füllen lassen und somit Raum für eine breite Palette an Gewächsen bieten. Die meisten alpinen Pflanzen gedeihen in kieshaltigem, gut durchlässigem und mit etwas organischem Material angereichertem Boden. Gewächse, die ihr Dasein in der Natur auf Geröllhalden fristen, erfordern zusätzlich scharfen Sand und Kies. Manche Arten bevorzugen kalkhaltigen Boden, andere ausschließlich sauren Boden – mit dem entsprechenden Erdsubstrat lassen sich diese Anforderungen aber leicht erfüllen. Eine große Anzahl bevorzugt eine Mischung aus einem Teil Torfersatz und ein bis zwei Teilen Gartenkies oder scharfem Sand sowie einem Teil sterilem Lehm. Geröllliebende Pflanzen erfordern drei bis vier Teile Kies und einen Teil guten, lehmhaltigen Boden. Saure Bedingungen bevorzugende Pflanzen benötigen vier Teile Torfersatz wie etwa verrottete Rinde von Waldbäumen und einen Teil scharfen Sand. Auf alkalischen Böden wird man »Pflanztaschen« für kalkfliehende Pflanzen

am besten im oberen Bereich des Steingartens ansiedeln, denn das integrierte Erdsubstrat an der Basis des Steingartens würde ansonsten aufgrund des abfließenden Wassers bald schon alkaline Qualität annehmen. Wenn man die Basis der Pflanztaschen mit perforierter Butyl- oder Polyäthylenfolie auslegt, lassen sich die unterschiedlichen Erdsubstrate auch längerfristig getrennt halten.

Ein Steingarten bietet die Möglichkeit, Farbe, Charakter und einige ganz bezaubernde Pflanzen wie diese Daphne-Sträucher einzubringen.

Matthews zehn bevorzugte Steingartenpflanzen

Gentiana sino-ornata bildet Teppiche aus sattgrünen Blättern, übersät von feinstens gezeichneten azurblauen Blüten, die vom frühen Herbst bis zum frühen Winter erscheinen und unwiderstehlich schön sind. Sie erfordern humosen, feuchten und sauren Boden.

Pulsatilla rubra ist die rote Form der Küchenschelle, die in meinen Augen zu den schönsten Gartenpflanzen überhaupt gehört. Mit ihren außergewöhnlichen Frühlingsblüten und den wirbeligen Samenständen strahlt sie eine wohltuende Ruhe aus. Sie erfordert neutralen bis alkalischen, gut durchlässigen Boden.

Soldanella montana, das Bergfransenglöckchen, ist eine hinreißend anmutige und grazile Pflanze, die mit ihren feinstens eingeschnittenen lavendelblauen Blüten einem Art-déco-Gemälde entsprungen zu sein scheint. Es gedeiht auf feuchtem, saurem Boden in exponierter, absonniger Lage.

Dryas octopetala bildet einen kriechenden Teppich aus winzigen Blättchen, der in offene weiße Blüten mit in Gold getauchten Staubgefäßen eingehüllt ist, auf die flaumige Samenstände folgen. Neutraler bis alkalischer, humoser Boden, der gut durchlässig ist, bietet beste Wachstumsbedingungen.

Daphne cneorum 'Eximia' bringt Girlanden bogenförmiger Triebe hervor, die rot schimmernde Knospen austreiben. Sie springen im ausgehenden Frühling zu sternförmigen rosa Blüten auf. Als Standort eignet sich kieshaltiger neutraler bis alkalischer Boden, der gut durchlässig ist.

Corydalis flexuosa und seine reizvollen Kultivare fallen durch türkisblaue Blüten auf, die sich von dem zierlichen hellgrünen Laub absetzen – eine unverzichtbare Pflanze auf feuchtem, durchlässigem Boden.

Cyclamen coum, das Alpenveilchen, zeigt Blätter mit hübscher Maserung und schmückt sich im Spätwinter mit Blüten, deren Farbpalette von intensivem Rosaviolett bis zu strahlendem Weiß reicht. Alpenveilchen sind exzellente Bodendecker für feuchte, gut durchlässige Böden.

Es gibt zahlreiche Gärtnereien weltweit, die ein großes Sortiment alpiner Pflanzen führen. Informieren Sie sich im Internet über weitere Details, um sich in dem einen oder anderen Betrieb ausgiebig eindecken zu können!

Saxifraga 'Tumbling Waters'

Pulsatilla rubra

Hacquetia epipactis bildet einen winzigen Horst aus lindgrünen Blütenköpfen, die im Frühling Aufsehen erregen. Diese eigenartige, aber schöne Verwandte des Selleries gedeiht vorzugsweise im Halbschatten auf feuchtem, humosem, neutralem bis saurem Boden.

Ramonda myconi ist eine winzige Pflanze mit Büscheln lavendelartiger Blüten über den starr aufgerichteten Stielen, die sich im ausgehenden Frühling über einer Rosette gekräuselter Blätter tummeln. Sie bevorzugen feuchten, humosen und gut durchlässigen Boden im Schatten.

Saxifraga 'Tumbling Waters' zeigt eine bereifte Rosette, die nach mehreren Jahren unverhältnismäßig große Blütenstände, die bis zu 60 cm lang werden, entwickelt. Dieser Steinbrech ist auf gut durchlässigen, splitthaltigen, alkalischen Boden angewiesen.

Cyclamen coum

Einen Steingarten anlegen

Wählen Sie die Steinbrocken sorgfältig aus. Am natürlichsten wirken Steine aus der Region, wobei das Spektrum unterschiedliche Größen, darunter auch ganz große Brocken umfassen sollte. Granit ist hart und unattraktiv; Schieferton zerfällt mit der Zeit. Am geeignetsten sind Materialien wie Sandstein, die deutlich sichtbare Rillen oder Linien zeigen. Kleinere Stücke sind zwar oftmals auch in Garten- und Baumärkten erhältlich, eine weit bessere Quelle dürfte aber der Steinbruch vor Ort sein. Kaufen Sie keinen verwitterten oder vom Wasser ausgewaschenen Kalkstein; er stammt womöglich aus einem Naturschutzgebiet. Im Zweifelsfall besser fragen!

Vorsicht beim Bewegen von Steinbrocken. Tragen Sie Handschuhe, einen Schutzhelm und sicheres Schuhwerk. Sachgemäßes Heben heißt nicht den Rücken beugen, sondern die Knie. Übereilen Sie nichts und pausieren Sie, wenn Sie erschöpft sind. Geben Sie Acht, dass Sie die Finger nicht verklemmen!

Die meisten Steinbrocken lassen sich mit einem Sackwagen transportieren, vorzugsweise mit Gummibereifung. Ein Schubkarren kann leicht umkippen. Große Felsbrocken sollten mit einem Flaschenzug oder Kleinbagger von der Stelle bewegt werden. Eine andere Möglichkeit ist, den Stein auf mindestens drei Rundstangen zu legen, die wiederum auf Planken laufen. Diese Planken müssen einander überlappen. Beim Rollen wird immer wieder die hintere Stange nach vorne genommen. Was in Stonehenge und bei den Pyramiden funktionierte, müsste auch in Ihrem Garten gelingen! Vergewissern Sie sich, dass die Vorrichtung auf weichem Untergrund keinen Abdruck hinterlässt, sofern Sie die Gerüstplanken und Bretter etwa auf den Rasen oder andere ebene Flächen auflegen.

Die Steinbrocken sollten zu etwa einem Drittel leicht nach hinten geneigt eingegraben werden. Das Endergebnis muss wie natürlich »gewachsen« erscheinen; eine wichtige Voraussetzung dafür ist, dass die spezifische »Zeichnung« des Steins in einer Flucht bzw. parallel verläuft. Wählen Sie jeden Stein sorgfältig aus und bauen Sie ihn, der Größe entsprechend, schichtweise so ein, dass eine Spitze aus dem Boden herausragt. Setzen Sie zunächst die größeren Brocken und füllen Sie die Zwischenräume dahinter mit kleineren Steinen auf. Treten Sie ein paar Schritte zurück und betrachten Sie beim Arbeiten immer wieder die Gesamtwirkung – denn in diesem Stadium lassen sich noch leicht Änderungen vornehmen.

Sobald alles seinen Platz gefunden hat, können Sie mit Hilfe einer Brechstange letzte Anpassungen vornehmen, wobei kleinere Steine oder Vierkanthölzer die Hebelwirkung der Stange unterstützen können, und die größeren Brocken gegen Abrutschen mit kleineren Holzkeilen unterlegt werden. Achten Sie auf absolute Sicherheit.

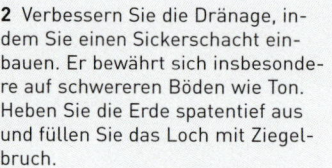

1 Beseitigen Sie mit einer Grabgabel sämtliche Wurzelunkräuter, indem Sie sich von Hand systematisch vorarbeiten, oder spritzen Sie das Gelände – als letzten Ausweg – im Frühjahr zu Beginn der Wachstumsphase, in der Blütezeit oder im Herbst, wenn viele Pflanzen einziehen, mit einem Herbizid auf Glyphosat-Basis ab. Rasensoden werden Stück für Stück ausgehoben und aufeinander gestapelt.

2 Verbessern Sie die Dränage, indem Sie einen Sickerschacht einbauen. Er bewährt sich insbesondere auf schwereren Böden wie Ton. Heben Sie die Erde spatentief aus und füllen Sie das Loch mit Ziegelbruch.

3 Legen Sie eine Geo-Textil-Folie darüber oder decken Sie die Erde mit umgedrehten Grassoden vom Rasen ab.

4 Bringen Sie Oberboden in entsprechender Höhe auf und gedulden Sie sich, bis dieser sich gesetzt hat.

5 Machen Sie eine Skizze auf Papier oder erstellen Sie mit Hilfe von Steinen oder Styropor-Elementen ein Modell.

6 Stecken Sie die Konturen Ihres Steingartens mit Schnur und Pflöcken ab.

7 Markieren Sie auch die Platzierung größerer Gesteinsbrocken, die an bestimmten Stellen als Blickfang vorgesehen sind.

8 Beim Verschieben und schichtweisen Aufsetzen der Steine mit der Brechstange ist Vorsicht geboten.

9 Setzen Sie die Steine leicht zurück und graben Sie etwa ein Drittel der Brocken ein, um ein möglichst naturnahes Bild zu schaffen.

10 Füllen Sie die »Pflanztaschen« mit Erdsubstrat und legen Sie das Pflanzmaterial aus, bevor Sie es einsetzen.

11 Sobald Sie mit der Anordnung zufrieden sind, können Sie mit der Bepflanzung beginnen. Geben Sie Schieferton und Splitt hinzu, um ein möglichst realistisches Bild zu schaffen.

Wasserelemente

Matthew: Sie werden wohl kaum den Blick über den Garten schweifen lassen und wie Lancelot Brown einst konstatieren, dass Sie sein enormes Potenzial sehen, um mit einem einzigen Fingerschnalzen ganze Landstriche zugunsten eines gigantischen Gestaltungsentwurfs auszulöschen.

Was in einem Garten immer faszinierend wirkt, ist die erfrischende und zugleich beruhigende Wirkung von Wasser, ganz gleich welcher Größenordnung. So war ein Teich mein erster Beitrag zu unserem Garten zu Hause – ein Erlebnis, das mein kindliches Interesse an der Natur und dem Garten weckte und förderte wie kein zweites. Zunächst war es lediglich ein 120 x 60 cm großer Fertigteich, der später durch ein dekorativeres nierenförmiges Design ersetzt wurde, bei beiden aber konnte ich stundenlang verweilen.

Die Wahl des passenden Gartenteichs

Teichschalen sind im Handel als vorgeformte Fertigelemente aus Fiberglas oder Kunststoff (s. Seite 82–83) erhältlich. Für individuelle Gestaltungsformen empfiehlt sich Teichfolie (s. Seite 84–85). Zur Wahl stehen vorgeformte Teichbecken in streng geometrischem und frei gestaltetem Design. Fiberglas ist teurer als Kunststoff, mit einer Lebensdauer von 10 Jahren oder mehr aber auch robuster. Teichfolien sind ideal für die Gestaltung naturnah anmutender Teiche, denn sie lassen sich in beliebiger Form und Größe zuschneiden. Butylfolie ist strapazierfähig und mit einer »Lebenserwartung« von bis zu 50 Jahren sehr langlebig. Von daher lohnt sich diese Investition auch. Die in einer Reihe dunkler Farben erhältliche PVC-Folie ist mittelstark und garantiert eine Lebensdauer von 10 Jahren. Nicht empfehlenswert ist Polyäthylen; das Material wird unter Sonneneinstrahlung spröde und bricht schließlich, kommt von daher also höchstens für Sumpfgärten in Frage.

Wachsender Beliebtheit erfreuen sich neuerdings Schwimmteiche, in denen sich Mensch und Natur den Lebensraum Wasser teilen. Die das Wasser filternden Randpflanzen absorbieren den Stickstoff und wachsen in sediment- und nährstofffreiem Substrat. Schwimmteiche wurden in England erstmals anlässlich der Hampton Court Flower Show vorgestellt, in der Schweiz, in Österreich und in Deutschland befasst man sich aber bereits seit Jahrzehnten damit. Die Idee scheint jedenfalls prima!

Teich oder Wasserrinne? Experimentieren Sie mit ungewöhnlichen Wasserelementen!

Johns Tipps zu Wasserpumpen

● Bewegtes Wasser bleibt eher klar als stehendes Wasser. Auch erzeugt bewegtes Wasser jenes angenehm beruhigende Blubbern. Dafür aber benötigt man eine Pumpe, die auch einen Springbrunnen mit Wasser versorgen oder mittels Schlauch einen Wasserfall speisen kann. Ich empfehle in jedem Fall eine elektrisch betriebene Umwälzpumpe – der Handel hält zwar auch kleine solarbetriebene Wasserelemente bereit, dennoch meine ich, dass man mehr für sein Geld erwarten darf als nur ein kümmerliches Rinnsal.

● Um das richtige Pumpsystem für den Garten auszuwählen, muss man abschätzen können, welche Pumpleistung erforderlich ist. Wenn Wasser hangaufwärts gepumpt werden muss, wird der Druck zwangsläufig schwächer sein als auf gleicher Höhe oder gar hangabwärts.

● Informieren Sie sich vor dem Kauf über die jeder Pumpe beiliegenden Angaben hinsichtlich Förderleistung und Förderhöhe. Eine Förderleistung von 9000 l/h übersteigt den Bedarf für eine kleine Fontäne, wäre für einen etwa 30 cm breiten Wasserfall oder eine Kaskade mit etwa 3 m Höhenunterschied aber ausreichend. Generell empfiehlt es sich, bei der Anschaffung darauf zu achten, dass etwas mehr Kapazität als die zunächst erforderliche verfügbar ist. Womöglich will man später einmal noch ein weiteres Wasserelement anschließen. Dann nämlich lassen sich beide betreiben und man erspart sich den Aufwand, eine weitere Pumpe mit Elektroanschluss zu installieren.

● Wo Wasser in einen Teich oberhalb gepumpt werden muss, gilt es einen hochwertigen flexiblen Schlauch zu verwenden und diesen so zu vergraben, dass er weder durch einen Spaten noch durch eine Grabgabel verletzt wird. Um einen optimalen Fluss zu erhalten, sollte der Durchmesser des Schlauchs grundsätzlich so groß wie nur möglich sein. Vergessen Sie nicht, unterhalb der Pflasterumrandung des Teichs Platz für ein Leerrohr zu lassen, durch das sich das Stromkabel und der Schlauch einführen lassen. Achten Sie darauf, dass die elektrischen Leitungen für die Pumpe lang genug sind, um sie bei Wartungsarbeiten beiseite auf trockenen Boden legen zu können.

● Falls Sie sich eine Fontäne wünschen, muss Ihr Teich groß genug sein, um das Spritzwasser komplett aufzufangen. Man unterschätzt nämlich leicht, wie weit Windböen das Wasser wegtragen können. Wo zu viel Wasser verloren geht, muss die Höhe der Fontäne notfalls zurückgenommen werden. Dafür kann man entweder die Pumpleistung reduzieren oder einen speziellen Adapter zwischenschalten. Falls die Pumpe einen Wasserfall und eine Fontäne speisen soll, wird der Hauptfluss meist in Richtung Wasserfall abgehen. Deshalb erfordern Pumpen mit nur einer Austrittsöffnung einen Y-Anschluss, um zwei Schläuche anschließen zu können (einen für jedes Element).

● Reinigen Sie die Filter von Umwälzpumpen von Zeit zu Zeit. Im Winter kann die Pumpe, falls befürchtet werden muss, dass der Teich zufriert, herausgenommen, gereinigt und bis zum Frühjahr in einem frostsicheren Schrank gelagert werden.

Wasserpflanzen

Einen entscheidenden Beitrag zu einem schönen Teich leisten die Pflanzen, die den Lebensraum Wasser mit Sauerstoff anreichern und das Wachstum von Algen eindämmen. Pflanzen sorgen aber auch für eine harmonische Verbindung von Teich und Garten. Was die Farbgestaltung anbetrifft, sollten Sumpfgärten als wesentliches Element des Gesamtarrangements und des Gartenjahrs schlechthin betrachtet werden. Wasserpflanzen lassen sich in vier Hauptkategorien gliedern: Feuchtzonen- und Sumpfpflanzen, die im seichten Boden im Umkreis des Teichs gedeihen, Uferrandpflanzen, die im flachen Wasser in etwa 15 cm Tiefe oder mehr wachsen; Pflanzen für tieferes Wasser mit Schwimmblättern wie Seerosen (die von den verschiedenen Arten tolerierte Wassertiefe variiert, ist aber auf dem Schild der jeweiligen Pflanze ausgewiesen) und die reinen Schwimmblattpflanzen. Sorgen Sie für entsprechend großzügige Pflanzriffe im Umkreis des Teichs, damit ein Bild üppiger Vegetation entsteht. Mehr Gestaltungsspielraum haben Sie, wenn Sie einen Folienteich nach Ihren eigenen Entwürfen anlegen.

Matthews zehn Lieblingspflanzen für Teiche und Teichrand

Gunnera manicata

Gunnera manicata, der großartige Riesenrhabarber aus Chile, ist nichts für zartbesaitete Gärtner oder kleine Gärten. Die austreibenden und reifen Blätter sowie die konischen Fruchtkörper auf den Blütenstielen scheinen einer prähistorischen Welt zu entstammen. Die Sumpfpflanze erfordert eine »Tiefe« von mindestens 3 m.

Aponogeton distachyos, die aus Südafrika stammende Zweireihige Wasserähre, gehörte zu den ersten Pflanzen, die in meine Wasserwelt einziehen sollten. Sie verströmt einen köstlich süßlichen Duft. Die Blüten und zigarrenförmigen Blätter schwimmen elegant auf der Wasseroberfläche. Erforderliche Wassertiefe: 12 bis 62,5 cm.

Caltha palustris, die Sumpfdotterblume, bringt leuchtend goldgelbe Blüten hervor, die sich schön von den sattgrünen, gerundeten Blättern abheben. Sie gehören gemeinsam mit ihrer weißblühenden Verwandten **Caltha palustris** var. **alba** zu den schönsten Frühlingsblühern. Letztere zeigen zu dichten Büscheln zusammengedrängte goldene Staubblätter. Die Sumpf- oder Uferrandpflanze benötigt eine Wassertiefe von 0 bis 15 cm.

Schizostylis coccinea ist zwar keine archetypische Wasserpflanze, gedeiht aber in feuchtem Boden oder in der Flachwasserzone. Über Ähren mit schwertförmigen Blättern stehen korallenrote, kelchförmige Knospen, die sich zu eleganten Sternen entfalten. Im Spätsommer bzw. frühen Herbst bieten sie ein einzigartiges Bild. Für Sumpf- oder Flachwasserbereiche mit einer Wassertiefe von 0 bis 10 cm.

Zantedeschia aethopica 'Crowborough' Mit seinen architektonischen, pfeilförmigen Blättern und den reinweißen ätherischen Blüten erweist sich der Aronstab an tiefgründigen, feuchten Standorten als überaus dankbar. Als Sumpf- oder Uferrandpflanze erfordert er eine Wassertiefe von 0 bis 30 cm.

Schizostylis coccinea

Nelumbo nucifera eignet sich nur für tropische Klimazonen. Großartige rundliche Schirmblätter und kerzengerade Stiele, über denen sich weiße Blüten mit rosa Schimmer öffnen, machen diese majestätische Pflanze zu einem geradezu legendären Gewächs. Die Schwimmblattpflanze erfordert eine Wassertiefe von 15 bis 90 cm.

Nymphaea 'Marliacea Chromatella', eine Seerose mit hübschen Primelblüten und büschelförmig hervortretenden goldgelben Staubfäden sowie reizvoll gemusterten kupferfarben austreibenden Blättern mit purpurvioletten Streifen. Die Blattunterseiten sind purpurviolett gefleckt. Eine dankbare, liebenswerte und leicht zu kultivierende Pflanze, die ihr Geld wert ist. Die Schwimmblattpflanze erfordert eine Wassertiefe von 45 bis 90 cm.

Stratiotes aloides, die Krebsschere, erinnert mit ihren Blattrosetten an die einer Ananas. Sie schwimmt bei warmen Temperaturen auf der Wasseroberfläche, um sich zu sonnen, verbringt den Winter aber untergetaucht, gut geschützt vor eisigem Frost. Kinder aller Altersstufen haben Freude an dieser Schwimmpflanze.

Hottonia palustris, die Wasserfeder, ist eine elegante Schönheit, die im Frühling aus der Tiefe aufsteigt, um eine Wolke lavendelblau getönter Blüten zu entfalten, die hauchzart über dem Teich stehen. Nicht zu verwechseln mit der auffallend bunten, stark wuchernden *Houttunyia cordata*. Die Uferrandpflanze erfordert eine Wassertiefe von 30 bis 90 cm.

Pontederia cordata, das Hechtkraut, erregt mit seinen spitzen lanzettlichen Blättern und den tiefblauen Blüten vom Spätsommer bis zum Herbst Aufmerksamkeit. Die Uferrandpflanze erfordert eine Wassertiefe von 10 bis 20 cm.

Nymphaea 'Marliacea Chromatella'

Johns Tipps für klares und unkrautfreies Wasser

Sobald sich die Schmutz- und Schwebeteilchen im Teich gesetzt haben und ein natürliches Gleichgewicht zwischen Wasserinsekten, Pflanzen und Sauerstoffgehalt herrscht, ist das Wasser in der Regel klar und sauber. Wo dies nicht der Fall ist, können Sie es mit im Wasser versenktem Gerstenstroh versuchen; es müsste das Wasser innerhalb von sechs Wochen klären und für den Rest des Sommers von Algen freihalten. Das Material ist im Handel in Form kleiner Gerstenkissen erhältlich – mehr benötigt man nicht. Für einen Teich von 3 m Durchmesser und 60 cm Tiefe genügt aber auch eine alte, mit Stroh ausgestopfte Strumpfhose, die überdies ein netter Gag ist. Man kann aber auch Wasserschnecken und sauerstoffbildende Pflanzen wie *Ceratophyllum demersum* oder *Lagarosiphon major* einsetzen. Seerosen und andere Blattschmuckpflanzen beschatten den Teich und reduzieren somit die Gefahr übermäßiger Algenbildung.

Zu dicken dunkelgrünen Strängen verwobenes, mattenbildendes Unkraut wird am besten von Hand oder mit einem Netz entfernt; man kann es aber auch um einen Schrubberstil wickeln. Benutzen Sie auf keinen Fall einen Rechen, eine Gabel oder andere scharfkantige Gartengeräte im Teich. Die Folie ist zwar robust, kann aber durch Einstiche und Schnitte beschädigt werden.

Sauerstoffbildende Pflanzen entwickeln im Nu eine Fülle von Blattwerk. Im Sommer sollte dieser Teppich ausgelichtet werden, damit er das Leben im Teich nicht erstickt. Im Herbst müssen die absterbenden Blätter entfernt werden, bevor sie auf den Grund absinken, denn die Gase, die sie beim Zersetzen entwickeln, können den Fischen und anderen Lebewesen im Teich schaden.

Sämtliche Unkräuter, Pflanzenteile, Abfälle oder Schlamm vom Teichgrund sollten nach dem Entfernen aus dem Wasser über Nacht neben dem Teich liegen bleiben, um den Insekten die Möglichkeit zu geben, ins Wasser zurückzukehren, bevor das Material gelagert oder auf den Kompost geschichtet wird.

Einen Fertigteich einbauen

Ideal für die Anlage eines Teichs sind exponierte Standorte, die mindestens sechs Stunden am Tag Sonne erhalten, weit genug von Bäumen entfernt liegen, um zu verhindern, dass Baumwurzeln beim Ausheben verletzt werden, und über einen Wasseranschluss in Reichweite verfügen, damit sich im Sommer problemlos Wasser nachfüllen lässt.

Für Teiche, in die Fische eingesetzt werden sollen, gilt eine Mindesttiefe von 60 cm. Versenkte Teiche wirken natürlicher und sollten am tiefsten Punkt des Gartens angesiedelt werden. Beim Düngen des Rasens darf aber auf keinen Fall Dünger in den Teich gelangen. Ein Hörer unserer Sendung schickte uns einmal ein Foto, auf dem sich aufgrund von Dünger, der in den Teich gesickert war, ein dicker Algenteppich gebildet hatte.

3 Heben Sie die Form des Teichs aus, indem Sie Tiefe und Breite jeder Pflanzzone berücksichtigen und Platz für ein 2,5 cm starkes Schutzvlies (im Gartencenter oder im Fachhandel für Teichzubehör erhältlich), ein Stück alten Teppichboden mit gummiertem Rücken oder eine Schicht feinen Sand für die horizontalen Flächen des Teichs einberechnen. Entfernen Sie spitze Steine und Wurzeln. Falls erforderlich, können Sie die Teichschale noch einmal in die Mulde legen und anpressen, um einen Abdruck der Form zu erhalten. Orientieren Sie sich beim Graben an dieser Form.

1 Ebnen und säubern Sie das Gelände. Bei einem formalen symmetrischen Teich stülpen Sie die Teichschale um und stecken die Form mit Pflöcken und Schnur ab. Sie können aber auch mit einem Halbmond-Kantenstecher oder Spaten sorgfältig darum herum schneiden. Bei frei gestalteten Formen stellen Sie das Teichbecken richtig herum auf und stecken die Form mit Stöcken aus, bevor Sie diese mit Schnur verbinden.

4 Prüfen Sie mittels Richtscheit und Wasserwaage, ob die Fläche waagrecht ist.

2 Markieren Sie die Form mit einem Spaten oder Halbmond und entfernen Sie die Grasnarbe. Falls der Teich mit Platten eingefasst werden soll, schneiden Sie einen weiteren Streifen aus, der 15 cm breiter als der Umriss des Teichs ist und sich nach der Stärke der Platten richtet, denn diese sollen mit dem Boden später eine Ebene bilden. Man kann den Teich aber auch etwas über Bodenhöhe einbauen, um zu verhindern, dass Dünger aus der unmittelbaren Umgebung in das Wasser gespült wird.

5 Verfestigen Sie den Boden und bringen Sie eine Schicht feinen Sand oder ein Schutzvlies auf (s. Schritt 3 oben).

6 Breiten Sie die Teichfolie über der Mulde aus.

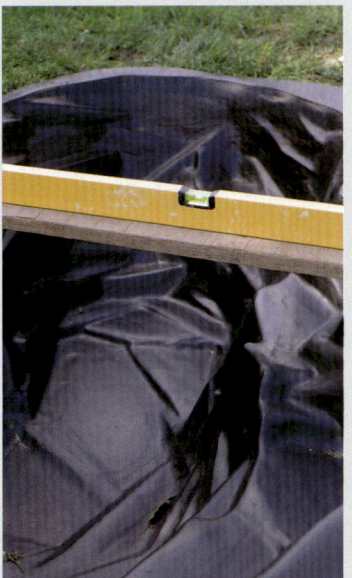

7 Füllen Sie den Teich etwa 10 cm hoch mit Wasser, damit er sich dem »Bett« anpasst. Überprüfen Sie noch einmal, ob die Ränder waagrecht sind und füllen Sie sämtliche Lücken im Umkreis der Seiten mit gesiebter Erde oder feinem Sand. Füllen Sie weiter Wasser nach, bis der Teich voll ist. Prüfen Sie dabei immer wieder mit der Wasserwaage. Falls Sie Schwierigkeiten haben, Sand in die Lücken zu pressen, können Sie ihn mit einem Schlauch hineinspülen. Füllen Sie den Teich bis etwa 5 cm unterhalb des Rands mit Wasser.

8 Unterlegen Sie die überstehenden Ränder mit Sand, um für zusätzliche Stabilität zu sorgen.

9 Kaschieren Sie die Ränder des Teichs mit Schieferplatten oder Steinen.

10 Umgeben Sie den Plattenrand mit Erde und füllen Sie die Lücken zwischen den Steinen und dem Gras. Achten Sie auf eine plane Fläche.

11 Säen Sie Gras ein oder bringen Sie Grassoden (Rollrasen) auf, um den Teich »nahtlos« in die Rasenfläche einzubetten.

Einen Folienteich einbauen

Um abschätzen zu können, wie viel Teichfolie Sie benötigen, sollten Sie als Erstes die maximale Breite, Tiefe und Länge des Teichs ausmessen. Die Breite der Folie sollte der Breite des Teichs plus der zweifachen Tiefe plus 30 cm Überhang entsprechen. Um die Länge zu errechnen, addieren Sie die Länge des Teichs plus zweifache Tiefe plus 30 cm Überhang.

1 Legen Sie die Form des Teichs mit einem Schlauch aus oder stecken Sie sie mit Pflöcken und Schnur ab. Betrachten Sie sich den Entwurf über einige Tage, um sicherzugehen, dass er Ihnen gefällt, und ändern Sie ihn wo nötig ab.

2 Schneiden Sie mit einem Halbmond-Kantenstecher genau die Form nach.

3 Heben Sie die Mulde für Ihren Teich aus. Pflanzebenen für Randpflanzen sollten mindestens 25 cm breit und tief sein sowie leicht abgeschrägt verlaufen, damit die Seiten nicht einbrechen. Auch diese Staffelung lässt sich mit einem Schlauch oder einer Schnur markieren. Der tiefste Punkt liegt bei den meisten Gartenteichen bei etwa 60 cm.

4 Entfernen Sie Wurzeln, Steine und Schutt und legen Sie die Basis entweder mit einer Lage Schutzvlies (im Gartencenter oder im Fachhandel für Teichbedarf erhältlich), einem Stück Teppichboden mit gummiertem Rücken oder einer 2 cm starken Schicht feinem Sand aus. Drücken Sie den feuchten Sand sorgfältig mit der Hand an.

5 Prüfen Sie, ob die Oberfläche des Teichs waagrecht ist, indem Sie eine Wasserwaage auf eine Nivellierlatte aus Metall oder Holz legen.

6 Breiten Sie die Teichfolie in der Sonne aus – durch die Erwärmung wird sie elastischer – und legen Sie sie anschließend über die Mulde; die Mitte der Folie muss über der Mitte des Teichbetts liegen.

7 Füllen Sie den Teich langsam mit Wasser. Sobald sich die Folie strafft, schlagen Sie die Falten sorgfältig ein – am besten verteilt man sie auf die Zonen, die weniger ins Auge fallen. Beschweren Sie die Folie im Umkreis nicht etwa durch größere Steinbrocken, denn durch zu viel Spannung kann die Folie überdehnt und somit geschwächt werden.

8 Füllen Sie den Teich bis etwa 5 cm unterhalb des Rands und schneiden Sie das überschüssige Material so ab, dass ein 15 cm großer Überstand bleibt, der mit Erde oder durch Randplatten abgedeckt wird. Falls Sie Randplatten verwenden, legen Sie diese so über die Folie, dass sie etwa 5 cm überstehen und in den Teich hineinragen. So wird die Folie kaschiert und zugleich vor Sonnenlicht geschützt.

9 Setzen Sie Uferrandpflanzen, Schwimmblatt- und sauerstoffbildende Pflanzen ein (s. Seite 80–81). Beschränken Sie sich nicht auf gängige Pflanzschemen, sondern experimentieren Sie mit *Zantedeschia elliottiana* und weiteren frostempfindlichen Gewächsen, auch wenn diese in unseren Breiten meist nur eine einzige Vegetationsperiode überleben dürften.

Mit Blattwerk überwachsene Begrenzungen erregen Neugier und wecken Interesse an dem Garten, der sich dahinter verbirgt. Hier bilden *Clematis* 'Madame Julia Correvon' und *Vitis coignetiae* 'Claret Cloak' einen dekorativen Rahmen.

Begrenzungen

Matthew: Es gibt zweierlei Arten von Begrenzungen: die, die den äußeren Rand des Gartens markieren und jene innerhalb des Gartens, die die verschiedenen Bereiche ausweisen, Abstellflächen kaschieren oder bestimmten Gestaltungsschemen Charakter verleihen. Begrenzungen stellen aber auch Lebensräume für Pflanzen dar, zum Beispiel bieten sie ihnen Schutz, Schatten oder eine Kletterhilfe.

Während die meisten Gartenliebhaber einzelne Spaliere oder Zaunpaneele gern selbst aufrichten, werden weitläufige Umzäunungen oder Mauerprojekte in der Regel vom Fachmann erstellt.

Bevor Sie sich auf größere Herausforderungen einlassen, sollten Sie den voraussichtlichen Aufwand an Zeit und Mühe hochrechnen und mit den Kosten vergleichen, die Sie sparen können, wenn Sie die Sache selbst in die Hand nehmen. Informieren Sie sich über die vor Ort geltenden Bestimmungen hinsichtlich der Höhe von Einzäunungen.

Umzäunungen

Zaunpaneele bestehen aus imprägniertem Weichholz. Sie haben eine durchschnittliche Lebensdauer von bis zu 20 Jahren, je nach Standort auch mehr. Als zusätzlicher Schutz bewährt sich regelmäßiges Streichen mit Holzschutzmittel. Es gibt auch Holzschutzmittel, die sich aufsprühen lassen, was ich selbst zwar noch nie probiert habe, dennoch aber als verlockende Alternative betrachte, nachdem ich mir seit Jahren die Mühe mache, unsere Zäune zu streichen!

Denken Sie daran, sämtliche nachträglich gesägten Flächen mit Holzschutzmittel zu behandeln, die Pfosten mit einer Kappe abzudecken und die Basis der Paneele mit 15 cm hohen Sockeln vor Spritzwasser und Fäulnis zu schützen.

Pfosten

Holzpfosten bestehen meist aus imprägniertem Weichholz. Man bekommt aber auch Hartholzpfosten aus grünem Eichenholz, die allerdings recht teuer und schwer sind und zum Verziehen und Splittern neigen, falls sie nicht sachgemäß vorbehandelt wurden. Sie erweisen sich aber als ausgesprochen fäulnisresistent und haltbar und zeigen überdies eine reizvolle Maserung.

Beim Kauf sollten Sie darauf achten, dass Pfosten und Zaunfelder zusammenpassen – massive strapazierfähige Paneele erfordern kräftige Pfosten. Ein wesentlicher Faktor ist auch die Länge der Pfosten, nachdem allein 60 cm des Pfostens in die Erde eingelassen werden. Auf unebenem Grund, leicht abschüssigem oder exponiertem Gelände müssen die Pfosten noch länger sein. Kaufen Sie deshalb grundsätzlich längere Pfosten als erforderlich, insbesondere für Hanglagen. Man kann nämlich leichter etwas von der Länge abnehmen als hinzufügen!

In schwereren Böden halten sich imprägnierte Weichholzpfosten als Stütze für einen Holz- oder Drahtzaun ungefähr 15 Jahre, wenn sie senkrecht in den Boden geschlagen werden. Betonpfosten wirken kalt und zweckmäßig. Sie lassen sich aber streichen und sind praktisch unbegrenzt haltbar. Kletterpflanzen mit Rankstielen halten sich von selbst an den Zaunfeldern fest, während andere eine zusätzliche Stütze benötigen. Es gibt Bausätze mit vorgefertigten Fundamenten und Betonpfosten, in die sich die Zaunfelder mit einem Handgriff einhängen lassen. Sie halten sich über Jahre, wirken allerdings etwas steif.

Bevor Sie die alten Zaunfelder beseitigen und neue installieren, sollten Sie Ihre Nachbarn informieren, damit diese ihre Kletterpflanzen abnehmen können!

Pfosten sichern

Pfosten, die in ein Betonfundament eingegossen werden, gewinnen insbesondere in leichteren Böden an Stabilität. Um zu verhindern, dass das Holz an der Schnittstelle zwischen Pfosten und Beton fault, sollte es vorher gründlich mit Holzschutzmittel behandelt werden. Wer je einen Betonklotz herausnehmen musste, um einen Pfosten zu ersetzen, weiß um die Schwere der Arbeit. Von daher ist es ratsamer, das Betonfundament ein paar Zentimeter über Bodenniveau herausstehen zu lassen und so abzuschrägen, dass das Wasser abfließen kann, was die Fäulnisgefahr beträchtlich reduziert. Im Baustoffhandel oder in Baumärkten gibt es ein spezielles Fertig-Beton-Gemisch für Pfosten, das zwar nicht ganz billig ist, sich dafür aber ausgezeichnet verarbeiten lässt. Anweisungen zum Setzen von Pfosten in ein Betonfundament finden sich auf Seite 42.

In schwereren Böden bewähren sich Pfostenträger, die sich in leichteren Böden zur besseren Stabilisierung auch in Beton verankern lassen. Die Pfosten werden in einen so genannten Pfostenschuh eingepasst, sodass man sie ganz leicht austauschen kann.

1 Bevor Sie zu graben oder zu hämmern anfangen, sollten Sie mit Hilfe spezieller Suchgeräte (s. Seite 52) herausfinden, wo die Gas-, Strom- und Wasserleitungen verlaufen.

2 Bohren Sie mit einer Brechstange oder einem Metalldorn und dem Holzhammer ein Loch vor. Dieses Vorbohren ist deshalb besonders wichtig, weil sich die Stahldorne auf steinigen Böden gerne drehen, wenn sie auf größere Steinbrocken treffen.

3 Führen Sie die vom Hersteller mitgelieferte Einschlaghilfe ein, um den Pfostenschuh nicht zu beschädigen. Wenn Sie nämlich direkt auf die Seitenwände schlagen, kann es sein, dass sich diese verbiegen.

4 Verwenden Sie einen Holzhammer, um die Bodenhülse mit vertikalen Schlägen in den Boden zu treiben. Prüfen Sie immer wieder mit der Wasserwaage, ob die Bodenhülse genau vertikal ist.

5 Sobald der Pfostenschuh nur noch einige Zentimeter über den Boden hinausragt, schrauben Sie den Pfosten hinein.

Sockel

Ein Sockel aus Holz oder vorgefertigt aus Beton verhindert, dass die Zaunfelder mit dem Boden in Berührung kommen und faulen. Eine solche Lösung ist billiger, haltbarer, leichter ausgewechselt und schneller gestrichen als ein ganzes Holzpaneel. Wer keine Sockel verwenden mag, kann die Zaunfelder so anbringen, dass sie sich weit genug über dem Boden befinden, um nicht damit in Berührung zu kommen. So lässt sich verhindern, dass sie faulen, allerdings entsteht an der Basis des Zauns dann eine Lücke.

Zaunfelder unterschiedlicher Stile

Dichtzaunfelder bestehen aus vertikalen Brettern, die an zwei Querriegeln fixiert und zusammengenagelt werden, wobei die stärkeren Kanten die dünneren überlappen.

Dichtzäune gibt es in Paneelform mit bereits fertig montierter Abschlussleiste zu kaufen – Letztere wird bei selbstgefertigten Lattenzäunen meist vergessen. Obwohl es sich nicht um die stabilste Umzäunung handelt, erfüllt sie den Zweck einer Abgrenzung.

Zäune mit bogenförmigem Abschluss gehören zu den beliebtesten Paneelen. Sie bestehen aus einander überlappenden horizontalen Latten, die in einem Holzrahmen verankert sind und nicht nur dekorativ wirken, sondern auch ein gewisses Maß an Sicherheit gewähren.

Holzflechtzäune bestehen aus schmalen, miteinander verflochtenen Latten, die in einem leichten Rahmen verankert sind. Sie bilden einen wirksamen Sichtschutz, sind aber oft etwas klapprig und verziehen sich gern, bis sie schließlich zusammenbrechen, insbesondere, wenn sie unmittelbar der Sonne ausgesetzt sind.

Denken Sie auch an Ihre Nachbarn, falls Sie Holzflechtzäune einsetzen, und die »gute« Seite zu Ihrem Grundstück schaut. Pflanzen Sie die Sträucher nicht zu nah an den Flechtzaun, denn die Triebe dringen durch die Ritzen zwischen den Holzlatten und zerstören den Zaun mit der Zeit. Wo immer Kletterpflanzen oder Gehölze vor einen Zaun gepflanzt werden, sollte man sie, um Problemen vorzubeugen, regelmäßig schneiden.

Mit Kletterpflanzen bewachsene Spaliere filtern den Wind viel mehr, als dass sie ihn abhalten. Sie reduzieren somit die Wirbelwirkung, was im Gegensatz zu festen Barrieren den Pflanzen auf der anderen Seite des Zauns eher zugutekommt als schadet. Zäune, die zusätzlich durch ein Spalier erhöht wurden, bilden einen wirksameren Schutz gegen Diebe (s. Seite 225).

Zäune aus Flechthürden und dekorative Paneele aus Weiden oder gespaltenen Bambusrohren bilden innerhalb des Gartens ausgezeichnete Sichtschutzwände. Allerdings sind sie weniger haltbar als andere Zäune und auch nur schwer zu imprägnieren. Schützend wirkt ein Überzug aus mattem Bootslack – man muss nur darauf achten, dass er in sämtliche Ritzen und Spalten dringt. Naturnah anmutende Weidenhürden von 1,8 m Höhe sollten an rustikalen, etwa 60 cm tief im Erdreich versenkten Pfosten verankert werden, die man an exponierten Standorten am besten in ein Betonfundament einlässt. Um die Hürden an den Stangen festzumachen, verwendet man verzinkten Draht, der an drei gleichweit voneinander entfernten Punkten um die Pfosten gewickelt wird. Verwenden Sie keine Nägel, da die Stangen leicht reißen. Falls die Weidenhürden nicht behandelt werden, sollten sie auf kesseldruckimprägnierte Sockel aufgestellt werden, die sich aus Haltbarkeitsgründen zusätzlich mit Holzschutzmittel imprägnieren lassen.

Niedrige Staketen- und Ranchzäune sind nur als optische Begrenzungen innerhalb des Gartens oder als Einzäunung auf offenem Gelände geeignet. Eine Umzäunung aus Pfosten und Kette ist ausschließlich etwas fürs Auge. Sie wird Hunde kaum abhalten, Ihre Pflanzen zu »wässern«, dafür aber Schüler jeglichen Alters (insbesondere jene, die spät abends von der Disco kommen) zum Schaukeln oder Hindernis-Springen verleiten.

Vorgefertigte Zaunfelder anbringen

Um die Zaunfelder an den Pfosten zu befestigen, bieten sich mehrere Möglichkeiten an. Man kann sie mit verzinkten Nägeln, die durch den äußeren Rahmen des Paneels und die Pfosten geschlagen werden, befestigen. Falls keine Sockel vorgesehen sind, stellen Sie das Zaunfeld auf Ziegelsteine und prüfen Sie, ob es genau waagrecht ist, bevor Sie es annageln. Man kann aber auch L- bzw. U-Beschläge mit vorgebohrten Löchern verwenden. Diese sollten entlang der Mitte des Pfostens angebracht und mit 5 cm langen verzinkten Nägeln befestigt werden. Fertigen Sie sich aus Abfallholz eine T-förmige Passlehre: Die vertikale Seite wird an der Pfostenkante angelegt, die horizontale dient der Markierung der Pfostenmitte.

Im Uhrzeigersinn von oben links: *Jasminum nudiflorum* setzt im Winter einen willkommenen Farbfleck, ob an einem Drahtzaun oder an Spalieren aufgeleitet. Flechtzäune aus Zedernholz können einen dekorativen Blickfang im Garten bilden. Spaliere über einem schlichten ländlichen Zaun bieten einer starkwüchsigen Rose (Rambler) eine ausgezeichnete Kletterhilfe. Ein Ranchzaun fungiert hier als einfache, aber effektive Abgrenzung. Geißblatt und Flechthürden bilden in einem Bauerngarten eine gelungene rustikale Kombination.

Spaliere aufstellen

4 Stellen Sie die in ein Betonfundament eingelassenen Pfosten – wie auf Seite 62 veranschaulicht – auf.

1 Markieren Sie den Verlauf des geplanten Spaliers.

5 Prüfen Sie mit der Wasserwaage, ob Zaun und Pfosten genau vertikal stehen.

2 Legen Sie die Spalierelemente auf den Boden und stecken Sie die Mitte der Löcher für die Posten mit Hilfe von Stöcken aus.

6 Befestigen Sie die Spalierfelder mit verzinkten Nägeln oder L-Beschlägen an den Pfosten. Spannen Sie im Bereich der Basis eine Schnur, um sicherzugehen, dass alle die gleiche Höhe haben.

3 Stechen Sie die Form der Löcher im Umkreis der Stöcke ab.

7 Und das ist der fertige Zaun – treten Sie ein paar Schritte zurück und bewundern Sie Ihr Werk!

Matthews Tipps zum Aufstellen eines Zauns

● Bevor man Zaunfelder und Pfosten kauft, sollte man den Verlauf des Zauns mit Schnur markieren und sich mit Hilfe eines 3-4-5-Dreiecks (pythagoreisches Dreieck) vergewissern, dass die Linie gerade ist (s. Seite 68). Messen Sie die Länge des Zauns, berechnen Sie die Anzahl der erforderlichen Zaunfelder, Sockel und Pfosten, nicht zu vergessen, die beiden Endpfosten. Außerdem heißt es, die zusätzliche Höhe für die Sockel einzuberechnen.

● Die Ausrichtung für jedes Zaunfeld sollte sich am oberen Ende der Pfosten orientieren, nicht am Bodenniveau, denn die oberen Abschlüsse müssen, ungeachtet kleiner Unebenheiten des Bodens, waagrecht bleiben. Die oberen Enden der Pfosten werden auf die entsprechende Länge gesägt und, sobald der Zaun fertiggestellt ist, mit Holzschutzmittel behandelt. Das untere Ende der Pfosten sollte nicht gekürzt werden, da dieses bereits behandelt ist.

● Auf steil abfallendem Gelände müssen Sie Ihren Zaun abtreppen. Errechnen Sie den Höhenunterschied zwischen dem höchsten und dem niedrigsten Zaunfeld und vergewissern Sie sich, dass die einzelnen »Stufen« gleichmäßig verteilt sind. Spannen Sie dafür horizontal eine Schnur vom oberen Ende des Hangs bis zum unteren, binden Sie diese an einem Stock fest und berechnen Sie den Höhenunterschied. Messen Sie die Horizontale, um auszurechnen, wie viele Zaunfelder und Pfosten erforderlich sind. Um sicherzugehen, lässt man Berechnungen wie diese am besten von einer zweiten Person nachprüfen; womöglich wird man da und dort noch geringfügig ausgleichen müssen! Wichtig ist, dass der Zaun optisch waagrecht erscheint, selbst wenn er es nicht wirklich ist.

● Falls Sie Beton verwenden, um die Pfosten zu stabilisieren, sollten Sie zunächst eine Reihe Zaunfelder aufstellen, mit Querstreben fixieren und mit Leisten abstützen. Letzte Anpassungen müssen grundsätzlich vor dem Einbetonieren erfolgen – es hat keinen Sinn, den Beton »portionsweise« anzumischen.

● Die Pfosten müssen genau vertikal sein; vergewissern Sie sich, indem Sie an jeden Pfosten die Wasserwaage anlegen und die Position gegebenenfalls korrigieren bzw. zur Stabilisierung rundum Schotter aufschütten. Zur Überprüfung von Pfosten gibt es spezielle Wasserwaagen mit sowohl vertikaler als auch horizontaler Libelle; sie lassen sich mit Gummibändern am Pfosten fixieren. Prüfen Sie nach, ob die Pfosten mittig entlang der Markierungsschnur positioniert sind, und beachten Sie, ob die Grenze vor oder hinter der Schnur liegt. Sie machen sich das Leben ansonsten nur unnötig schwer!

● Falls sich der erste Pfosten der Umzäunung an eine Hauswand oder ein Nebengebäude anschließen sollte, sichern Sie ihn mit 7 mm starken Schlossschrauben. Bohren Sie zuerst das mittlere Loch, dann erst die beiden anderen; achten Sie auf jeweils gleichen Abstand. Prüfen Sie mit einer Wasserwaage, ob der Pfosten genau vertikal steht, und bohren Sie dann an den relevanten Punkten mit einem Schlagbohrer Löcher vor, die im Mauerwerk darunter kleine Markierungen hinterlassen. Erweitern Sie die Bohrlöcher im Holz auf die entsprechende Größe und drehen Sie die Schlossschrauben durch das Holz in die Hauswand. Der Schraubenkopf muss im Holz versenkt werden, damit das erste Zaunfeld bündig an der Pfostenseite anliegt. Wenn zwischen Mauer und Holz eine Lücke bleibt, weil Mauer oder Pfosten nicht genau vertikal sind, lassen sich Keile dazwischenschieben, die man aus Holzspänen schneiden und danach imprägnieren kann, oder man verwendet Kunststoffkeile. Selbst wenn man ein bisschen zirkeln muss, bis die Position stimmt, so ist es doch ganz wichtig, dass der erste Pfosten genau vertikal steht, weil andernfalls Lücken im Zaun entstehen.

Ein Zaunfeld einkürzen

Falls sich am Ende des Zauns in der Breite kein ganzes Paneel mehr einpassen lässt, kann man dieses leicht einkürzen. Messen Sie die Entfernung zwischen dem vorletzten und dem letzten Pfosten, reißen Sie eine vertikale Linie entlang dem Paneel nach unten an, und entfernen Sie dann vorsichtig den Endpfosten, um diesen an die innere Kante der Reißlinie zu setzen. Schlagen Sie mit dem Hammer verzinkte Nägel durch die Latten in den Pfosten; legen Sie einen Ziegelstein dahinter, damit sich die Enden der Nägel umbiegen, um die Verletzungsgefahr zu reduzieren. Legen Sie das Paneel auf eine Werkbank oder einen Tisch, und sägen Sie die überstehenden Enden mit einem Fuchsschwanz ab; verwenden Sie dazu ein Sägeblatt mit feinen Zähnen.

Arbeiten Sie langsam und sorgfältig, damit das Holz nicht splittert oder anderweitig beschädigt wird, und sägen Sie so dicht wie möglich am äußeren Rand des versetzten Endpfostens. Behandeln Sie die Schnittstellen mit Holzschutzmittel.

Tore

Ein Tor weckt beim Hindurchgehen unwillkürlich Erwartungen. Ob es einen reizvollen Einblick in die »Welt« dahinter bietet oder aus Sicherheitsgründen so massiv ist, dass es den Garten nach außen hin abschottet – fest steht, dass Schilder mit dem Hinweis »Privat« die Neugier nur noch steigern!

Tore sollten mit dem Haus und seiner Umgebung harmonieren. Ein ausgewogenes Bild entsteht, wenn sich das Tor in der Höhe der angrenzenden Mauer oder dem Zaun anpasst und in der Breite dem sich anschließenden Weg entspricht. Außerdem sollte das Tor im Stil mit dem Eingangsbereich harmonieren. Ein kunstvoll verziertes Tor bildet an sich schon einen Blickfang. Selbst die Beschläge sollten sich in das Gesamtbild einfügen.

Wenn Ihr Tor zum Vorgarten die gesamte Breite der Auffahrt umfasst, empfiehlt es sich, als Zugang zum Fußweg ein kleineres Seitentor zu installieren. Dieses sollte mindestens 90 cm breit sein, für Aufsitz-Mäher oder andere Maschinen noch breiter. Tore für Fahrzeuge müssen mindestens 2,4 m breit sein.

Metalltore

Metalltore werden meist aus Gusseisen gefertigt. Die Staken sollten allerdings nicht zu dünn und unscheinbar wirken, insbesondere, wenn es sich um das Gartentor handelt. Ob vorwiegend um der Dekoration oder der Sicherheit willen, Tore tendieren generell zu formalem Charakter. Ein Kunstschmied

kann Ihnen bei der Umsetzung Ihrer Vorstellungen bestimmt weiterhelfen. Ich erinnere mich an ein zauberhaftes Tor, das mit altem Gartengerät geschmückt war. Orientieren Sie sich bei der Wahl des Tors an der Umgebung und hüten Sie sich vor protzigen Varianten, denn ein Tor sollte nicht allein dadurch auffallen, dass es sich in keiner Weise einfügt.

Schmiedeeisen harmoniert gut mit Ziegelsteinmauern. Hängen Sie die Tore stets so ein, dass sie hoch genug sind und beim Öffnen nicht auf dem Boden schleifen. Metalltore müssen regelmäßig gestrichen werden, insbesondere an der Unterseite, damit sich kein Rost bildet. Im Übrigen kann eine leuchtende Farbe durchaus gut aussehen – nur Mut also!

Holztore

Holz bietet sich für traditionelle oder moderne Tore an, wobei man sich am besten dem Material des Zauns anpassen wird, um eine gewisse Einheitlichkeit zu erzielen. Orientieren Sie sich an schlichten Gestaltungsmustern. Ein Schreiner kann Ihnen bei der Realisierung Ihrer Träume helfen.

Mauern

Ob man sich für eine Ziegelsteinmauer oder eine verputzte Variante entscheidet, hängt ganz von der Beschaffenheit der Hauswand ab, denn die beiden Elemente sollten optisch einen Zusammenhang erkennen lassen. Mauern aus Ziegelstein kommen am besten in Ziegelsteinbreite zur Geltung – Halbstein-Mauern wirken grässlich mager, stürzen leicht ein und kommen ohne Stützpfeiler oder Pfosten in regelmäßigen Abständen erst gar nicht aus.

Wo eine niedrige Begrenzungsmauer an der Auffahrt endet, sollte als Abschluss etwas Großes gepflanzt werden, was beim Rückwärtsfahren nicht zu übersehen ist; nur so lässt sich verhindern, dass man immer wieder daran streift!

Unter den vielen verschiedenen Ziegelsteinverbänden ist der so genannte »Englische Verband« zu erwähnen, der sich aus einer Reihe Bindern (der dem Betrachter zugewandten »Kopfseite« des Ziegelsteins) und drei bis vier Läuferreihen (die Längsseite zeigend) zusammensetzt.

Der Flämische Verband besteht aus jeweils einem Binder und einem Läufer oder drei Läufern und einem Binder in jeder Lage, was ein sehr dekoratives Mauerbild ergibt.

Der Englische Verband mit einer Reihe Bindern auf eine Reihe Läufer gehört zu den stabilsten Konstruktionen. Achten Sie um der Optik willen auf genau waagrechte Lagen und passen Sie auf, dass kein Mörtel auf die Ziegel kommt.

Links: Dieses schöne Tor ist zugleich Begrenzung des Areals und Rahmen für eine Blickachse in den Garten dahinter.

Mauern aus Schiefer bieten Refugien für Pflanzen wie diese Funkien.

In einem Gewächshaus lassen sich frostempfindliche Pflanzen überwintern und Sämlinge sowie Stecklinge ziehen – Pflanzen also, die man nahezu umsonst bekommt.

Gewächshäuser

Matthew: Stellen Sie Ihr Gewächshaus an einem exponierten, sonnigen und geschützten Standort auf, fernab von Frostlöchern oder Kaltluftseen, eisigen Windböen und schattenwerfenden Bäumen. Idealerweise sollte der First von Norden nach Süden verlaufen, um die Sommersonne optimal auszuschöpfen, sowie von Osten nach Westen zum Überwintern der Pflanzen sowie zur Anzucht von Sämlingen. Da die Bedingungen in der Praxis aber kaum je derart optimal sind, werden sich die meisten Gärtner zu Kompromissen gezwungen sehen. Achten Sie auch auf die Bäume in der Umgebung. Der Walnussbaum meines Nachbarn treibt erst im späten Frühling aus, sodass das Gewächshaus in den vollen Genuss der Frühlingssonne kommt. Im Sommer liegt es mittags im Schatten, geschützt vor extremer Sonneneinstrahlung, und erhält erst am späten Nachmittag wieder Sonne. Der Pflanztisch ist auf der Nordseite des Gewächshauses angesiedelt, sodass der Baum keinen Schatten auf die Südseite wirft, was auch der hier angelegten Rabatte zugute kommt. Wo es an Platz fehlt, bietet sich ein Anlehngewächshaus an, das sich an eine Mauer oder das Haus anschließen kann. Der Standort hat Vorteile im Hinblick auf die Strom- und Wasserversorgung; außerdem wirkt die Ziegelwand an einem sonnigen Standort wie ein Nachtspeicherofen, der tagsüber die Wärme absorbiert, um sie nachts wieder abzugeben. Ein solcher »Vorbau« kann an einer geschützten Stelle aber auch zum beeindruckenden Eingangsbereich werden. Seitlich eingepasste Belüftungsklappen verbessern die Luftzirkulation. Weitere Informationen zu im Handel verfügbaren Gewächshäusern bietet Bob im Kapitel: Gärtnern unter Glas (s. Seite 278–289).

Ein Gewächshaus aufstellen

Nachdem ich jahrelang wie ein Nomade von Ort zu Ort gezogen bin, um mich um anderer Leute Gewächshäuser zu kümmern, darf ich mich nun endlich zu den glücklichen Besitzern eines eigenen zählen. Bevor Sie Ihr Gewächshaus auspacken und zusammenbauen, sollten Sie die Anweisungen mehrmals durchlesen. Fotokopieren Sie sie, damit Sie eine Arbeitsvorlage und ein Original zum Abheften haben, falls Sie später einmal etwas nachlesen möchten. Zählen Sie ab, ob sämtliche vom Hersteller aufgeführten Teile vorhanden sind. Beschriften Sie sie ebenso wie die abgepackten Kleinteile; es lohnt sich sogar, die Schrauben nachzuzählen!

1 Übertragen Sie den Grundriss des Gewächshauses mit Pflöcken und Schnur auf Ihr Gelände und schlagen Sie mit dem Hammer den ersten Pflock fest ein. Achten Sie auf Rechtwinkligkeit (3-4-5-Regel s. Seite 68), bevor Sie auch die anderen Pflöcke leicht einschlagen.

2 Überprüfen Sie die Diagonalen des Rechtecks – sie müssen gleichlang sein. Wenn sämtliche Maße korrekt sind, hämmern Sie die Pflöcke fest.

3 Markieren Sie den Umriss mit Nylonschnur.

4 Heben Sie einen spatentiefen Graben aus (in leichteren Böden etwas tiefer) und vergewissern Sie sich, dass er beidseitig über den Rand des Gewächshauses hinausgeht. Hämmern Sie die Pflöcke in ungefähr 1,8 m Abstand in die Basis des Grabens, sodass das obere Ende plan mit dem angrenzenden Gelände abschließt oder sich geringfügig unter Bodenniveau befindet. Prüfen Sie mit einer Wasserwaage, ob die Enden horizontal sind. Verlegen Sie die elektrischen Leitungen, um sich nachträgliche Tunnelgrabungen unter dem Fundament zu ersparen. Sie sollten in mindestens spatentief installierten Erdkabeln verlaufen und mit einer Schicht Sand abgedeckt oder in Leerrohre integriert und mit einem Signalband versehen werden. Berechnen Sie die Länge des Kabels so großzügig, dass es am einen Ende bis zum Schalter und am anderen bis zum Verteilerkasten reicht.

5 Schütten Sie Beton im Mischungsverhältnis von fünf Teilen Kiesschotter und einem Teil Zement in den Graben, bis die Pflöcke gerade bedeckt sind. Drücken Sie den Beton an, damit die Luftblasen entweichen, und streichen Sie die Fläche mit einer Nivellierlatte glatt. Lagern Sie den Zement auf einer alten Holzpritsche und decken Sie ihn mit Polyäthylenfolie ab (wenn er nass wird, lässt er sich nicht mehr verarbeiten).

6 Decken Sie das Betonfundament, bis es trocken ist, mit einer Plastikplane oder feuchtem Sackleinen ab und legen Sie dann eine Reihe Ziegelsteine als Basis, nicht ohne vorher die Diagonalen zu prüfen. Hartbrandziegel sind praktisch unbeschränkt haltbar, lassen sich aber nur schwer schneiden. Die Linie, die den Grundriss des Gewächshauses markiert, sollte am äußeren Rand der Ziegel verlaufen. Kleinere Gewächshäuser lassen sich mit Haken, vergleichbar mit den Häringen von einem Zelt, im Beton verankern. Als Fundament des Gewächshauses muss die Lage Ziegelsteine absolut eben sein. Wenn irgendwo Lücken sind, besteht die Gefahr, dass sich das Gewächshaus verkantet und das Glas bricht. Kontrollieren Sie immer wieder mit der Wasserwaage.

7 Wenn der Mörtel durchgetrocknet ist, legen Sie die untere Rahmenleiste der Länge nach auf und positionieren die jeweiligen Endpfeiler. Prüfen Sie, ob diese rechtwinklig sind, indem Sie jeweils die Diagonalen messen; diese müssen gleichlang sein. Legen Sie die beiden Abschlusselemente auf; achten Sie darauf, dass die Tür am richtigen Ende ist. Bohren Sie in der Mitte der Basis-Leiste ein Loch, indem Sie die Bohrtiefe mit einem Streifen Abdeckband markieren. Falls Sie eine Bohrmaschine verwenden, bohren Sie das

Loch zunächst vor, denn die Ziegelsteine sind extrem hart; andernfalls müssten Sie einen Schlagbohrer ausleihen. Stecken Sie die Schrauben locker ein; sie werden erst später festgeschraubt.

8 Befestigen Sie die Bögen und unteren Querstreben.

9 Setzen Sie die unteren vertikalen Glasscheiben in den Rahmen. Das Gewicht sorgt dafür, dass sich das Gewächshaus »setzt«.

10 Nehmen Sie einzelne Glasscheiben nun wieder heraus, um die restlichen Beschläge an der Basis anzubringen. Beachten Sie, wie das Glas eingepasst und zur Sicherheit rundum mit Fensterkitt fixiert wird (als Vorsichtsmaßnahme immer Handschuhe tragen).

11 Folgen Sie den restlichen Anweisungen und arbeiten Sie langsam und systematisch weiter, bis sämtliche Glasscheiben eingesetzt sind.

Stellen Sie unter den Dachrinnen Wassertonnen auf, um Regenwasser zu sammeln. Installieren Sie spezielle Außen-Steckdosen mit wasserfesten Schaltern (befestigen Sie diese auf imprägnierten Sperrholzplatten) und bringen Sie nach Bedarf »Wachstumslampen« an.

Ein alter Schuppen verleiht einem Garten Charakter.

Schuppen

Matthew: Wenn Sie vorhaben, einen Schuppen zu kaufen, überlegen Sie sich, wie groß dieser sein muss, und entscheiden sich dann für einen doppelt so großen, vorausgesetzt, Sie haben genügend Platz. In den meisten Schuppen fehlt es an Platz für die vielen Geräte, die darin verstaut werden sollen – ein Grund, warum die Unordnung mit der Zeit »wächst«. Machen Sie vor dem Kauf eine Bestandsaufnahme, was an bereits Vorhandenem unterzubringen ist und in nächster Zeit noch angeschafft werden soll. Beachten Sie, dass eine ausreichend große Wandfläche zum Aufhängen von Handgeräten (Hacken, Rechen, Spaten und Grabgabel) sowie genügend Stellfläche für Rasenmäher, Sackwagen und Schubkarren verfügbar sein sollte. Bauen Sie sich eine Betonrampe, damit Sie mit Karren und Mäher gut über die Türschwelle kommen.

Auch ein keilförmiges Holzbrett erfüllt vorübergehend den Zweck. Die Türen sollten so hoch sein, dass man problemlos eintreten kann, und breit genug, dass man mit den Maschinen durchkommt. Auch innen sollten Sie sich frei bewegen können, ohne sich ducken zu müssen. Falls es sich um einen Schuppen mit Boden handelt, springen Sie mehrmals auf und ab, um seine Stabilität zu testen. Prüfen Sie aber auch die Türen und Seiten; wenn sie zu klapprig sind, sollten Sie nicht zugreifen. In Frage kommt nur ein Schuppen, der stabil und sicher ist, von daher empfiehlt es sich, den besten zu kaufen, den Sie sich nur leisten können. Als Alternative zu Holz sind Metallschuppen in Erwägung zu ziehen, die über interne Scharniere verfügen und von daher mehr Sicherheit bieten.

Der Sicherheitsfaktor hat insofern Vorrang, als die vielen Geräte und Maschinen, die darin lagern, eine stattliche Summe Geld gekostet haben. Von daher ist es auch ratsam, die in den allermeisten Fällen zu schwachen Scharniere der Tür auszuwechseln. Zusätzlich zum vorhandenen einfachen Schloss empfiehlt sich ein Riegel mit Vorhängeschloss. Bringen Sie Schlösser und Schrauben immer am Rahmen an, und falls sich von außen Scharniere anbringen lassen, dann scheuen Sie diese Mühe auf keinen Fall. Ersetzen Sie sämtliche kurzen Schrauben durch längere und zerstören Sie die Köpfe, damit sie sich von außen nicht aufdrehen lassen. Sie können aber auch Senkschrauben verwenden, die Köpfe mit Spezialkleber zuschmieren oder, noch besser, Schlossschrauben einsetzen. Versiegeln Sie die Fenster von innen oder bringen Sie Vorhänge oder Rollos an, damit man nicht hineinsieht, und setzen Sie verstärktes Glas ein. Ketten Sie teure Geräte am Betonboden an. Zur Sicherheit können Sie auch eine Außenbeleuchtung und eine Alarmanlage installieren. Es gibt aber auch Schuppen, die aus Sicherheitsgründen nur kleine Fenster unter dem Giebel haben. Kleine Schuppen sollten nach Möglichkeit im Boden verankert werden. Es ist schon vorgekommen, dass sie als Ganzes hochgehievt und auf die Seite gestellt wurden, insbesondere in Schrebergärten.

Apropos Optik: ein Gartenschuppen muss kein Schandfleck sein. Er lässt sich sogar in einen Blickfang verwandeln. Lasieren Sie ihn in Ihrer Lieblingsfarbe, schmücken Sie ihn mit Blumenkästen, Klappläden, Spalieren und Kletterpflanzen wie Rosen und Geißblatt und verzieren Sie den Giebel.

Wasser- und Stromversorgung

Bob: Bevor man zu gärtnern beginnt oder gar größere Veränderungen einleitet, sollte man genau wissen, wo die Versorgungsleitungen für Wasser und Strom oder andere Leitungen verlaufen. Legen Sie zu Ihrer eigenen Orientierung einen Plan an und verzeichnen Sie sämtliche neu hinzukommenden Elemente. Heften Sie sich eine Kopie an Ihr »Schwarzes Brett«.

Wenn Sie neue Gestaltungsschemen integrieren, zum Beispiel einen Wassergarten oder ein Gewächshaus, sollten Sie bedenken, dass ein beträchtlicher Teil der Kosten vom Standort bzw. der Verfügbarkeit von Strom und Wasser abhängt. Die Leitungen sollten sich möglichst in Reichweite befinden. Sobald es mühsam ist, an den Wasserhahn oder die Steckdose heranzukommen, wird man sie kaum je nutzen. Schon eine einzige Lichtquelle oder ein Wasserhahn erleichtert die Arbeit im Gewächshaus; die Kosten für einen entsprechenden Anschluss hingegen können horrend sein.

Sorgfältige Planung ist unerlässlich, denn nachträgliche Änderungen wie das Verlegen von Leitungen sind aufwändig, insbesondere im Bereich neu gepflasterter Flächen, Innenhöfe oder Terrassen. Sämtliche Wasser- und Stromleitungen sollten vom Fachmann verlegt werden, es sei denn, Sie kennen sich ebenfalls aus mit der Materie.

Gas, Wasser und Strom

Die Anschlüsse der Gemeinde oder des Energieversorgungsunternehmens (EVU) für Gas, Wasser und Strom enden am Gas-, Wasser- oder Stromzähler: Dennoch ist es wichtig, dass Sie den weiteren Verlauf der verschiedenen Leitungen außerhalb des Gebäudes kennen. Von daher ist es ganz wichtig, dass sämtliche Rohrleitungen oder Kabel auf Ihrem Plan ausgewiesen sind und somit nicht beschädigt werden. Planen Sie also vernünftig, damit im Nachhinein keine Leitungen verlegt werden müssen. Die Gasleitung für das Haus dürfte im Garten kaum eine Rolle spielen, ein Kamin- oder Lüftungsschacht könnte aber durchaus von Belang sein, zumal er keinesfalls durch Pflanzen blockiert werden darf. Wasser ist natürlich unerlässlich, denn wer könnte auf einen Wasseranschluss außerhalb des Hauses verzichten? Bewährt hat sich ein Wasserhahn für das Gemüsebeet und das Gewächshaus.

Strom ist im Garten selbst nicht unbedingt erforderlich, dennoch erweist sich eine sichere Außenbeleuchtung als praktisch. In den vollen Nutzen eines Gewächshauses wird man allerdings erst kommen, wenn Strom verfügbar ist. Bei einem Neubau empfiehlt es sich, spezielle Außensteckdosen mit Abdeckung zu installieren, die sich nicht nur für schwere Maschinen nutzen lassen, sondern auch für Haushaltsgeräte, wie sie in einem Innenhof, einem Sommerhaus oder einer Laube verwendet werden. Der Handel hält spezielle feuchtigkeitsresistente Montagesets zur Beleuchtung von Sitzplätzen und Terrassen bereit.

Sicherheit

Es kann nicht genug betont werden, wie wichtig eine sachgemäße Installation und perfekte Isolierung sind, insbesondere im Garten, im Gewächshaus und am Wasser. Der Strombedarf für ein Gewächshaus mit Bodenheizung, Heizlüfter, Beleuchtung, Pumpen und UV-Lampen ist beachtlich; all diese Geräte verlangen Elektrokabel, die professionell verlegt sind. Aber nicht für alle Aktivitäten ist Strom mit einer Netzspannung von 220 Volt erforderlich. Lassen Sie sich von einem Fachmann über die Installation von Transformatoren und Niedervolt-Systemen beraten – eine vielseitige und sichere Alternative. Momentan sind solarbetriebene Lampen und Accessoires noch teuer und nicht langlebig genug, aber die neueren, mit weißen LEDs und langlebigeren Akkumulatoren ausgestatteten Versionen dürften sich als ideal erweisen.

Durch einen Wasseranschluss im Freien erspart man sich viel Dreck, der beim Gießen ansonsten ins Haus geschleppt wird. Schläuche werden am besten aufgehängt – auf dem Boden herumliegend, erweisen sie sich leicht als Stolperfallen.

Verteiler

Verteilerkästen können Ihr Grundstück tangieren, auch wenn Sie nicht unbedingt zu Ihrem Haus gehören. Auf jeden Fall aber müssen diese Einrichtungen frei zugänglich bleiben – als Stütze für Kletterpflanzen etwa kommen sie nicht in Betracht.

Schachtdeckel

Auch Schachtdeckel von Abwasserleitungen und – in manchen ländlichen Bereichen – auch Kleinkläranlagen schränken die Möglichkeiten der Gartengestaltung ein. Falls ein Schachtdeckel über das Geländeniveau hinausragen sollte, kann durch entsprechende Geländemodellierung der Schachtdeckel auf das Geländeniveau gebracht werden, ohne dass am Schacht selbst Veränderungen vorgenommen werden. In jedem Fall müssen die Schachtdeckel für Wartungs- und Kontrollzwecke leicht zugänglich gemacht werden. Es sind zwar auch Spezialdeckel erhältlich, die sich mit Erde füllen und bepflanzen lassen; ich ziehe aber einen großen Trog, der von Blüten überquillt und sich bei Bedarf wegstellen lässt, als die einfachere Kaschierungsmöglichkeit vor.

Flüssiggas-Tanks

Flüssiggas-Tanks erfordern in der Regel eine Kaschierung. Ein freistehendes Spalier, das durch Pfosten links und rechts stabilisiert wird, eignet sich dafür besser als Elemente, die am Tank selbst befestigt werden. Grundsätzlich muss jeder Sichtschutz so weit vom Tank entfernt sein, dass jegliche Feuergefahr ausgeschlossen werden kann und die Luftzirkulation gesichert ist, denn bei Feuchtigkeit kann der Tank unter Umständen rosten.

Dränagesysteme, Abwasserrohre und Wassergräben

Die Ableitungsmöglichkeiten für das Regenwasser von Dachflächen, Terrassen, Wegen und Auffahrten sowie Kelleraußentreppen sollten von Anfang an eingeplant werden. Hierfür kommen in Frage: geschlossene Abflussrohre, offene Pflasterrinnen, mit Gras bewachsene Mulden, die je nach örtlicher Satzung oder den Festsetzungen im Bebauungsplan an die öffentliche Regenwasser- oder Mischwasserkanalisation, an eine hauseigene oder öffentlich oberirdische Regenwasserversickerungsanlage angeschlossen werden. Vielerorts ist auch eine Regenwassernutzung in einer hauseigenen Zisterne oder einem unterirdischen Speicherbehälter mit ausreichendem Abstand zur Kelleraußenwand möglich. Zur Vermeidung von Nassschäden der Kellerräume können je nach Bodenart zusätzliche Dränagerohre erforderlich sein. Sammeln Sie so viel Regenwasser wie nur möglich. Vermerken Sie den Verlauf sämtlicher unterirdischen Rohre auf Ihrem Grundstücksplan. Die Zisterne kann nach dem Winter gelegentlich verdreckt sein, denn hier schmilzt der Schnee aufgrund der zusätzlichen Wärme zuerst. Falls ein Wassergraben an Ihr Grundstück angrenzt, sind Sie in der Regel dafür verantwortlich,

dass dieser sauber bleibt und keine Abflusshindernisse (z. B. durch Gartenabfälle etc.) entstehen.

Wasserversorgung

Die einfachste – wenn auch nicht beste – Lösung ist natürlich Leitungswasser. Erstens kann es sein, dass ausgerechnet in Zeiten anhaltender Trockenheit mancherorts ein Gießverbot verhängt wird. Zweitens ist Leitungswasser teuer, zumal auch für das Abwasser bezahlt werden muss. Drittens kann der Druck in der Wasserleitung zu stark für automatische Bewässerungssysteme sein, sodass ein separater hauseigener Hochbehälter, der sich automatisch befüllt, benötigt wird (eine Toiletten-Zisterne genügt). Der Leitungsdruck kann von Gegend zu Gegend aber auch unterschiedlich sein. Wo er tatsächlich zu schwach sein sollte, können Sie ausprobieren, ob sich etwas ändert, wenn Sie gießen, bevor alle Welt auf den Beinen ist. Große Gärten dürften auf eine eigene separate Leitung angewiesen sein, insbesondere wenn es größere Teiche zu füllen gilt. Sie können aber auch eine computergesteuerte Tröpfchenbewässerung installieren, sollten sich zuvor aber vergewissern, dass Sie mit den verfügbaren Wassermengen zurecht kommen, um nicht nachrüsten zu müssen.

Der Wasserverbrauch von Sprinkleranlagen grenzt fast schon an Verschwendung. Leitungswasser ist nicht immer die günstigste Versorgungsquelle.

Leitungswasser bringt wieder ganz andere Probleme mit sich. Es ist zwar steril und sicher, leider aber auch meist recht kalt und könnte überdies auch noch chlorhaltig sein, was für die winterharten Gartenpflanzen, die damit gesprüht oder gewässert werden, zwar kein Problem darstellt, für empfindliche Pflanzen im Freien und im Gewächshaus jedoch erst verwendbar ist, wenn es sich aufgewärmt hat. Wo Platz vorhanden ist, empfiehlt es sich, einen Tank im Gewächshaus aufzustellen, in dem das Wasser chlorfrei wird und vor dem Gießen mit etwas Flüssigdünger angereichert werden kann.

Schläuche und Wasserhähne

Ein eigener Wasserhahn mit dem entsprechenden Zubehör macht sich bezahlt. In einem großen Garten, in dem womöglich noch ein Gewächshaus steht, wird man mit einem allein gar nicht auskommen. Zum Beregnen und Wässern der Pflanzen benötigt man einen Gummi- oder Kunststoffschlauch. Kaufen Sie beste Qualität, denn hochwertige Kreuzgewebeschläuche knicken nicht so leicht und halten länger. Ein an der Mauer angebrachter Schlauchhalter ist zur Aufbewahrung sehr praktisch. Wenn oft gegossen werden muss, lohnt es sich, in geeignete Sprinkleranlagen mit Sprühköpfen zu investieren, die sich schnell anbringen lassen..

Messgeräte für den Winter

Wenn Wasser gefriert, dehnt es sich aus, was zum Platzen oder Reißen von Leitungen und Schläuchen führen kann. Aus diesem Grund müssen alle wasserführenden Leitungen sachgemäß ummantelt und isoliert sein. In Kälteperioden lohnt es sich, aus Sicherheitsgründen das Wasser abzustellen. Lassen Sie Gummi- und Kunststoffschläuche leerlaufen und lagern Sie sie in einem frostgeschützten Schuppen. Falls Sie versehentlich doch einmal bei Minustemperaturen draußen liegen bleiben, dürfen sie erst weggeräumt werden, wenn das Wasser getaut ist und sich etwas aufgewärmt hat – andernfalls brechen sie leicht. Seien Sie vorsichtig mit leckenden Leitungen, die langsam zufrieren können, bis das Eis die Leitung blockiert und das Wasser sich staut.

Brunnen, Schwimmbecken, Teiche und Gräben

Ergänzend zum Leitungswasser wird vielfach auch Wasser aus Brunnen, Schwimmbecken, Teichen, Gräben oder Wasserläufen verwendet. Dieses Wasser ist in der Regel wärmer als das aus der Leitung und überdies chlorfrei, allerdings kann es oft auch schlammig sein oder Krankheitskeime enthalten. Falls Sie über Ihren eigenen Tiefbrunnen verfügen, müsste das Wasser ziemlich kalt und relativ sauber sein. Anders verhält es sich bei einer natürlichen Quelle, die aufgrund des hohen Grundwasserspiegels nicht ganz so sauberes Wasser liefert. In jedem Fall sollte das Wasser erst einmal in einem Tank stehen bleiben, damit es sich erwärmt, bevor kälteempfind-

In diesem Wasserfass wird Regenwasser gesammelt. Allerdings wäre das Recycling-System wesentlich effektiver, wenn das Dach mit einer Regenrinne versehen wäre.

liche Pflanzen oder gar solche, die auf den Schutz eines Gewächshauses angewiesen sind, gewässert werden. Wasser aus Schwimmbecken, Teichen und Gräben ist meist wärmer und dazu noch schlammiger. Es kann zwar eine ganze Menge Pflanzennährstoffe, aber eben auch Krankheitserreger oder sogar Schadstoffe enthalten; von daher ist Vorsicht geboten. Einfache elektrische Pumpen erweisen sich als große Hilfe bei der Ausschöpfung dieser Wasserressourcen. Wenn Sie eine elektrisch betriebene Pumpe verwenden, so dürfen Sie Wasser aus fließenden Gewässern oder dem Grundwasser erst nach einer entsprechenden Genehmigung entnehmen. Erkundigen Sie sich dazu bei Ihrer Gemeindeverwaltung!

Wasser sammeln und wiederverwerten

Wenigstens werden wir für das Sammeln von Regenwasser noch nicht zur Kasse gebeten, zumal es eine ganze Menge ist, die innerhalb eines Jahres zusammenkommt. Grund genug also, so viel wie nur möglich aufzufangen und zu speichern, insbesondere weil es relativ sauber ist und weder Chlor noch Salze enthält. Zimmer- und Topfpflanzen, aber auch die auf sauren Boden angewiesenen Rhododendren und Kamelien bevorzugen Regenwasser. Um diese wertvolle Ressource bestmöglich auszuschöpfen, sollten Sie das Regenwasser von Ihren Dachflächen an den Regenfallrohren in Regenwassertonnen oder den schon angesprochenen Sammelbehältern zur Regenwassernutzung auffangen. Diese lassen sich durch Überlaufrohre oder Siphons verbinden, um das Fassungsvermögen zu vergrößern. Leeren Sie die Tonnen mindestens einmal im Jahr, um sie gründlich zu reinigen. Schrubben Sie die Dachrinnen mit einer Bürste und ziehen Sie einen alten Socken als Filter über die Fallrohre. Zum Thema Regenwassernutzung gibt es zahlreiche eigene »Ratgeber«.

Wasser wird in Kunststofftonnen, Wassertanks aus Metall, in unterirdischen Betonbehältern oder gelegentlich auch in Zisternen gespeichert. Da Wasser schwer ist, benötigen Tonnen und Tanks ein stabiles Fundament. Jeder Behälter sollte grundsätzlich mit einem verschließbaren Deckel versehen sein, denn nicht nur Haustiere, sondern insbesondere kleine Kinder lassen sich gern zum Hineinklettern verleiten.

Um das Wasser leichter entnehmen zu können, stellen Sie die Tonne oder den Tank am besten auf einen größeren Steinsockel und bringen knapp über Bodenhöhe einen Hahn an. Auf diese Weise lässt sich verhindern, dass Sand, der sich am Boden absetzt, mit dem Wasser herausgeschwemmt wird. Der Hahn sollte so hoch sein, dass man eine Gießkanne darunter stellen kann.

Überlaufrohre verhindern, dass das Wasser an den Seiten herunterfließt, das Fundament unterspült und die Tonne schließlich umfällt. Im Idealfall sollte das überschüssige Wasser in weitere Behälter geleitet werden. Wasser lässt sich über die Schwerkraft umleiten und fließt, sachgemäße Planung vorausgesetzt, problemlos von einem Fass ins andere. Falls Sie die beiden Fässer durch Siphons verbinden, fließt das Wasser automatisch in beide Richtungen. Auf diese Weise können Sie nicht nur mehrere Fässer über ein Fallrohr füllen, sondern aus jedem einzelnen auch Wasser entnehmen. (Voraussetzung ist, dass sich alle auf gleicher Höhe befinden.)

Gartengeräte

Anne: Jeder Gärtner benötigt einen Grundstock an Gartengeräten. Dass diese sorgfältig ausgewählt und behandelt werden sollten, versteht sich von selbst; schließlich werden sie über Jahre unsere treuesten Freunde und Verbündeten im Garten sein. Bevor Sie einen neuen Spaten, eine Gabel oder eine Schere kaufen, prüfen Sie, wie das Gerät in der Hand liegt und wie sich die Klinge anfühlt. Nehmen Sie die Baumschere in die Hand, spielen Sie damit, um auszuprobieren, wie sie auf- und zugeht, und prüfen Sie, wie Sie mit den Griffen zurechtkommen. Entscheiden Sie sich nur dann zum Kauf, wenn das Gerät Ihren Vorstellungen entspricht und sich wie eine organische Verlängerung Ihres Arms bedienen lässt. Wichtig ist in meinen Augen aber auch, dass Sie sich mit Dingen umgeben, die Sie gern anschauen. Einen Geräteschuppen von Grund auf auszustatten, ist ein teurer Spaß, von daher lohnt es sich, zunächst einmal in der Verwandtschaft herumzufragen, ob irgendwo etwas doppelt vorhanden ist. Vielleicht kann man das eine oder andere Stück aber auch aus zweiter Hand erwerben; alte Gartengeräte stehen mancherorts, ausgebessert und frisch geschlif-

Annes geliebter Holzschubkarren ist immer ein Blickfang.

fen, zum Verkauf. Sie sind oft sehr gut verarbeitet, günstiger als neue und erfreulich schön anzusehen. Hüten Sie sich, ein Gerät anders als vorgesehen zu verwenden. Wenn der Stiel einer Gabel oder eines Spatens abbricht, so meist nur aufgrund gewaltsamen und unsachgemäßen Gebrauchs. In diesem Fall hilft nur eines: den Boden zuvor lockern und aufbrechen oder sich ein stärkeres Gerät besorgen. Das Gleiche gilt für Gartenscheren. Wenn das Holz zu dick ist, müssen Sie zur Astschere greifen, und wenn diese nicht stark genug ist, zur Baumsäge.

Grundausrüstung (was wirklich unentbehrlich ist)

Spaten

Ich muss immer lachen, wenn ich in Fernsehsendungen sehe, wie jemand mit der Schaufel umzustechen versucht oder den Spaten als Schaufel verwendet. Diese beiden Geräte sehen zwar ganz ähnlich aus, dienen aber nicht dem gleichen Zweck. Ein guter Spaten hat eine saubere, rechteckige Schneide, die eigens zum Umstechen bzw. Wenden des Bodens vorgesehen ist, aber auch zum Ausheben von Pflanzlöchern für Bäume und Gehölze. Freilich kann man damit auch, wie mit einer Schaufel, Erde von da nach dort schaffen und lockeren Kompost vom Haufen in den Schubkarren heben. Ich bevorzuge Spaten aus Edelstahl, weil die Schneiden sauberer bleiben und erstaunlich leicht in den Boden eindringen. Man bekommt sie aber nur selten mit kleinen abgerundeten »Schultern« oder Trittstegen am oberen Ende des Blatts, was sich insbesondere beim Umstechen größerer Flächen für die Füße als sehr angenehm erweist. Für etwas schwächere Staturen lohnt es sich also, nach einem Spaten mit schmalem Blatt und weich abgerundeter Oberkante zu suchen. Das Umgraben geht dann zwar nicht ganz so schnell, aber man kommt so zumindest nicht in Versuchung, sich zu viel auf einmal vorzunehmen. Um noch einmal festzuhalten: Schaufeln haben größere, meist dünnere und leicht gebogene »Blätter« und gehören nicht zu den unbedingt notwendigen Geräten. Sie sind zum Umgraben ungeeignet, zum Aufnehmen von Erde oder Kohlen aber brauchbar.

Gabeln

Ich würde mir zuerst eine kleinere Gabel kaufen, mit der sich das Unkraut leicht herausnehmen und der Boden zwischen den Pflanzen lockern lässt. Man kann damit aber auch Lauch ernten oder Mist in einen Schubkarren laden. Später lohnt es sich, eine normal große Grabgabel anzuschaffen, mit der sich steiniger Boden lockern und größere Horste ausdauernder Wurzelunkräuter ausheben lassen. Wenn Sie zwei Gabeln haben, können Sie sie Rücken an Rücken zum Teilen von Stauden verwenden. Eine Handgabel ist nicht unbedingt nötig, zum Ausjäten aber ganz hilfreich. Ein wahrer Luxus ist eine Kartoffelgabel mit flachen Zinken.

Eine Schaufel muss gut in der Hand liegen.

Schubkarren

Ganz gleich wie groß der Garten ist, einen Schubkarren wird man immer brauchen können, wobei auf ganz kleinen Fleckchen vielleicht auch ein Eimer genügt. Ich fahre damit den Kompost vom Haufen zu den Beeten, sammle darin Unkraut und Gehölzschnitt und transportiere die schweren Säcke mit Blumenerde vom Auto zum Gewächshaus oder Schuppen. Manchmal dauert es ein bis zwei Wochen, bis ich eine Arbeit abgeschlossen habe; so lange kann ich die Geräte, die ich brauche, im Schubkarren liegen lassen, diesen über Nacht in den Schuppen fahren und ihn wieder herausholen, wenn ich weitermachen kann. Es handelt sich um ein kleines verzinktes Modell, in das ich immer so viel wie möglich hineinpacke – einen größeren Karren könnte ich wahrscheinlich gar nicht mehr von der Stelle bewegen. Man erleichtert sich die Sache aber, wenn man die Hauptlast im vorderen Teil über dem Rad verteilt. Ich besitze auch einen schönen Holzschubkarren, der zwar etwas schwerer und unhandlicher ist, dessen Anblick mein Gärtnerherz aber jedes Mal höher schlagen lässt.

Handschaufel

Die Handschaufel braucht man, um Pflanzlöcher für kleinere Gewächse und Zwiebelblumen auszuheben. Kaufen Sie sich eine mit einem Blatt mittlerer Breite, die vielseitig verwendbar ist. Achten Sie darauf, dass der Griff gut in der Hand liegt, und tragen Sie Handschuhe, um bei größeren Pflanzaktionen keine Blasen zu bekommen.

Mit einem Laubrechen oder Fächerbesen lassen sich die Blätter auf dem Rasen aufsammeln, ohne die Grasnarbe zu verletzen.

Eimer und Spankörbe

Eimer kann man nie genug haben. Ich verwende zwei zum Jäten (einen für kompostierbare Unkräuter und einen für Wurzelunkräuter). Auch beim Pflanzen sollten Sie sich immer einen Eimer Wasser bereitstellen, damit jede Pflanze, bevor sie in den Boden kommt, noch einmal gründlich getaucht werden kann. Spankörbe sind ideal, um kleine Topfpflanzen, aber auch frisch herausgenommene Stauden und Zwiebelpflanzen zu transportieren – und für Sträuße oder Gemüse eignen sie sich ebenfalls gut.

Laubrechen und Besen

Damit der Garten sauber und gepflegt wirkt, müssen die Blätter und andere organische Abfälle aus dem Rasen gerecht werden, was mit einem Laubrechen oder Fächerbesen leicht von der Hand geht. Wenn Sie etwas mehr Druck ausüben und etwas tiefer graben, ritzen Sie die Grasnarbe auf und nehmen auch abgestorbenes und verfilztes Gras und Unkraut mit. Ein Besen mit mittelstarken Borsten eignet sich zum Fegen von Wegen und befestigten Flächen.

Messer

Kaufen Sie sich ein Allzweckmesser mit gerader Klinge, um Stecklinge, Schnur und vieles mehr zu schneiden. Sie brauchen in der Regel auch einen Schleifstein und Öl, um die Klinge scharf zu halten.

Baumschnitt-Geräte

Kaufen Sie die hochwertigste Baumschere, die Sie sich nur leisten können, denn Sie sollten über Jahre Freude daran haben. Für dickere Äste benötigen Sie eine Schere mit langen Griffen. Für kleinere Zweige eignet sich eine Astsäge, die sich nach Gebrauch einklappen lässt.

Gießkannen

Ihren Pflanzen zuliebe sollten Sie einige größere Gießkannen mit Brausekopf haben. Ob zum Einwässern frisch gesetzter Pflanzen, zum Aufbringen von Dünger, zum Gießen von Topfpflanzen oder zum Feuchthalten der Sämlinge – Gießkannen sind unentbehrlich.

Astscheren mit langen Griffen sind ideal für dicke Zweige und hohe Gehölze wie diesen Eukalyptusbaum.

Abgewinkelte Rasenkantenscheren ersparen das mühsame Krümmen des Rückens beim Trimmen der Rasenkanten.

Andere Geräte

Wenn Sie bereits über einen Grundstock an Gartengeräten verfügen, können Sie diesen je nach Bedarf mit der Zeit ergänzen. Unter den vielen verschiedenen Hacken empfiehlt sich vor allem für den Gemüsegarten eine Ziehhacke zum Unkrauthacken sowie als Rillenzieher. Eine Zwiebelhacke ist in Anwendung und Form ganz ähnlich, hat aber einen kürzeren Stiel.

Ein Gartenrechen aus Metall eignet sich zum Glattziehen der Erde auf Saatbeeten und zum Rechen von Kies. Wenn zwischen den Pflasterfugen Unkraut sprießt, ist das Ausstechen von Hand einem Herbizid unbedingt vorzuziehen, egal ob man mit einem Jätemesser oder dem Distelstecher vorgeht. Der Handel hält die unterschiedlichsten Varianten bereit, eigens konstruiert, um Pfahlwurzeln auszuheben oder mit speziellen Fugenkratzern selbst in kleinste Winkel und Ecken hineinzukommen.

Zum Abstechen von Rasenkanten oder Schneiden von Grassoden bewährt sich ein Halbmond-Kantenstecher. Für ein kleines Fleckchen Rasen genügt aber auch ein altes Küchenmesser mit längerer Schneide.

Reisigbesen eignen sich bestens zum Abfegen von Rasenflächen. Verwenden Sie sie zum Verteilen von Regenwurmhäufchen oder zum Einbürsten nährstoffreicher Erde in Löcher und Vertiefungen. Auch zur Bewässerung hält der Handel die unterschiedlichsten Systeme bereit. Größere Gärten profitieren von einem langen Schlauch, der am besten auf einem Schlauchhalter aufbewahrt wird. Ich persönlich kann auch ohne Sprüher und Wasserdüsen leben, aber ich kenne Leute, die sie nicht missen wollen.

Scheren

Ob der Rasen groß oder klein ist, Kanten-Scheren, mit denen sich die Grasränder bequem im Stehen schneiden lassen, sind unerlässlich. Die üblichen Handscheren eignen sich für den regelmäßigen Schnitt kleinerer Hecken (viele Gärtner bevorzugen mechanische Scheren für lange, hohe Hecken). Sie lassen sich aber auch für kleinere Bereiche mit höherem Gras, wie etwa im Schatten von Bäumen oder zwischen Kolonien von Zwiebelpflanzen verwenden.

Hacken

Gartenliebhaber mit kleinen oder mittelgroßen Ziergärten kommen vielleicht gar ohne Hacke aus, obwohl sie auch hier gute Dienste leisten. Im Nutzgarten aber sind Hacken unentbehrlich. Am praktischsten ist eine kombinierte Schlag- und Ziehhacke oder eine so genannte Doppelhacke. Die Schneide trennt die Unkräuter von den Wurzeln, sodass man im Handumdrehen einen größeren Bereich gesäubert hat, vorausgesetzt die Schneide wird regelmäßig mit dem Schleifstein geschliffen und ist somit entsprechend scharf.

Wenn Spankörbe nicht gerade zum Transportieren von Pflänzchen benutzt werden, eignen sie sich bestens zur Aufbewahrung der vielen kleinen »Helfer« im Garten.

Kapitel 3

Unkraut und Unkrautbekämpfung

Anne: Als Unkraut bezeichnet man im Wesentlichen Pflanzen, die an der »falschen« Stelle auftreten. Unsere Gärten sind im Grunde voll davon, und selbst wenn wir es je schaffen sollten, sämtliche Unkräuter auf unserem Gelände auszureißen, werden sie wie aus dem Nichts erneut auftreten. Leichte Samen fliegen über den Wind ein, die Samen von Beeren werden von den Vögeln weitergetragen, die sie nach dem Verzehr ausscheiden, Wurzelunkräuter wie Winden, Giersch, Quecke und Efeu kriechen aus Nachbargärten und Feldern unter den Begrenzungen hindurch.

Unkraut kann aber selbst über neue Pflanzen »eingeschleppt« werden; so hat sich das Schaumkraut in manch einem Garten ausgebreitet, nachdem es unbemerkt zusammen mit einem neuen Strauch oder einer Staude eingepflanzt wurde. Dieses kurzlebige Unkraut reift im Handumdrehen, verstreut aus festen Samenschoten katapultartig seine Samen, sodass im Umkreis neuer Pflanzen bald schon ganze Kolonien sprießen. Von daher ist es ganz wichtig, dass wir das Unkraut in unseren Gärten so weit wie möglich eindämmen, nicht nur aus ästhetischen Gründen, sondern weil Unkraut sich zwischen unseren Kulturpflanzen verwickelt und diesen Platz, Licht, Luft, Wasser und Nährstoffe streitig macht. Gewiss, die wenigsten Gärtner werden sich begeistert ans Ausjäten machen, und doch kann die Arbeit erstaunlich befriedigend sein, wenn man hinterher ist und die Sache überschaubar bleibt. Und dass wir unseren Pflanzen kaum je näher sind, als wenn wir ein Stück Land von Unkraut säubern, hat durchaus auch seine erfreulichen Seiten: Man denke nur an den würzigen Pfeffergeruch der Lupine, die interessant texturierten Knospen des Moosröschens und das köstliche Anis-Aroma der Duftnessel *(Agastache)* oder des Rosmarin.

Selbst wenn wir das Unkraut nicht auf Dauer verbannen können – es gibt viele Wege, es einzudämmen und ihm das Leben so schwer wie möglich zu machen.

Nigella damascena 'Deep Blue', ein zartes »Gretchen-im-Heck«, gehört zu den vielen willkommenen Wildpflanzen, die sich an freien Stellen im Garten von selbst aussäen. Betrachten Sie sich dessen fiederblättrige Sämlinge ganz genau, um sie nicht versehentlich für Unkraut zu halten und auszureißen.

Jäten,
leicht gemacht

Zunächst einmal geht es darum, eine normale Rabatte auszujäten, in der sich das Unkraut zwischen den Kulturpflanzen auszubreiten beginnt. Obwohl die Sträucher reichlich Raum beanspruchen und die Stauden im Frühjahr erneut austreiben, finden sich dazwischen überall Lücken, in denen sich Samen ansiedeln und hartnäckige Wurzelunkräuter etablieren. Am besten lassen sie sich eindämmen, solange sie noch klein sind, aber doch bereits groß genug, um sie fassen zu können, denn nur so wird man sie langfristig unter Kontrolle bekommen. Man benötigt dafür nichts weiter als einen Schubkarren, zwei Eimer und eine kleine Grabgabel.

1 Arbeiten Sie sich systematisch von einer Seite der Rabatte zur anderen und von hinten nach vorn vor, indem Sie Abschnitt für Abschnitt ausjäten. Lockern Sie den Boden zwischen den Pflanzen sorgfältig mit der Gabel und heben Sie das Unkraut aus. Angenehm an dieser Aufgabe ist, dass sie sich je nach verfügbarer Zeit einfach zwischendurch einmal erledigen lässt. Legen Sie Eimer und Gabel wieder in den Schubkarren und stellen Sie ihn weg, bis sich die nächste Gelegenheit bietet.

2 Was Sie hier zwischen den Fingern halten, ist eine faszinierende Mischung aus Pflanzen; vor allem Neulinge sollten genau prüfen, um was es sich handelt. Gewöhnlich erwischt man eine Kombination aus den gängigen Unkräutern wie Fetthenne, Vogelmiere und Ehrenpreis (s. Bild) sowie einige brauchbare Sämlinge von Gartenpflanzen, die sich vielleicht anderswo einsetzen lassen (Bob wird sich auf Seite 119 noch ausführlicher dazu äußern). Falls Sie die Pflänzchen nicht genau identifizieren können, lassen Sie ein paar davon stehen und warten ab, bis diese heranwachsen. Wenn es sich um Unkraut handelt, sollten Sie herausfinden, was es im Einzelnen ist (s. Seite 116–119) und es herausziehen. Es kann aber auch sein, dass Sie auf Sämlinge von Akeleien *(Aquilegia vulgaris)*, Silberling *(Lunaria)*, Nachtviole *(Hesperis matronalis)*, Mohn *(Papaver)*, Gretchen-im-Heck *(Nigella damascena)* oder Kronenlichtnelken *(Lychnis coronaria)* stoßen. Was das Ausjäten von Hand so erfreulich macht, ist, dass man all diese Wildpflanzen stehen lassen kann, wo sie sich von selbst ansiedeln.

3 Unter dem einjährigen Unkraut finden Sie mit Sicherheit auch einige mehrjährige Unkräuter, die teils aus Samen, teils aus kleinen Abschnitten unterirdischer Triebe herangewachsen sind, wie sie von vorangegangenen Jät-Aktionen zurückbleiben. Die meisten mehrjährigen Unkräuter verraten sich über ihre Wurzeln. Selbst an Jungpflanzen scheinen sie so vital, als könnten sie überallhin »reisen«; außerdem sind die Wurzeln dicker, länger und blasser als die der harmloseren, dunkleren, faserigen einjährigen Samenunkräuter. Heben Sie diese ausdauernden Unkräuter als Erstes aus, geben Sie sie in einen eigenen Eimer, um sie getrennt zu beseitigen. Einjährige Unkräuter lassen sich, wenn sie nicht schon am Aussamen sind, auf den Komposthaufen geben, vorausgesetzt es ist heiß genug, damit sie verdorren. Wurzelunkräuter sollten mit dem Hausmüll entsorgt werden, das Verbrennen pflanzlicher Abfälle ist in Deutschland grundsätzlich verboten – es gibt jedoch Ausnahmen.

Jäten als Routinearbeit

Mit Jäten ist man im Garten nie fertig. Die einfachste und überschaubarste Methode ist, die Wurzeln im Boden zu lockern und das Unkraut von Hand auszureißen. Man kann das Unkraut aber auch mit einer Hacke (s. Seite 110) abhacken oder mit speziellen Fugenkratzern aus Ritzen und Spalten entfernen.

Untergraben

Wenn ein verunkrautetes Stück Land zum Bepflanzen vorbereitet werden soll, kann es in einem Arbeitsgang umgegraben und gejätet werden. Sie benötigen dafür lediglich einen Spaten mit scharfer Schneide, mit dem das Unkraut von der oberen Bodenschicht abgehoben und auf dem Grund jeder »Furche« vergraben wird. Hier verrottet es und führt dem Boden Nährstoffe zu; falls ein Teil neu austreiben sollte, lässt es sich rasch aushacken (detailliertere Informationen zum Thema Umgraben s. Seite 139–142).

Ritzen und Spalten

Unkraut wächst selbst an den unwirtlichsten Stellen, wie etwa zwischen den Fugen von Pflastersteinen, insbesondere wenn das Pflaster direkt auf dem Erdboden oder in einem Sandbett und nicht in Beton verlegt wurde. Es gibt zahlreiche Geräte mit scharfen Schneiden, die eigens dazu dienen, Unkraut aus Spalten und Fugen herauszukratzen. Die beste Lösung ist aber, diese mit Gewächsen wie kriechendem Thymian (*Thymus serpyllum*), Kamille (*Chamaemelum nobile* 'Treneague') und Minze (*Mentha requienii*) zu bepflanzen oder sämtliche Lücken sauber mit Zement oder Kunstharz auszufugen.

Gelegentlich auftretendes Unkraut stellt in einem kleinen Rasen kein Problem dar.

Rasen

Nur kleine Rasenflächen lassen sich von Hand ausjäten – eine Arbeit, die sich auf einem neuen oder relativ sauberen Rasen als erstaunlich effektiv erweist, sofern das Unkraut regelmäßig ausgestochen wird. Entfernen Sie Flecken mit kriechenden Unkräutern sorgfältig mit einer kleinen Handgabel und heben Sie die langen Pfahlwurzeln des Löwenzahns mit einem Distelstecher aus. Damit sich die Flecken im Nu wieder schließen, füllt man die Löcher im Verhältnis 3:1 mit einer Mischung aus Kompost oder gutem Gartenboden und Sand.

Löwenzahn gehört zu den gängigen Unkräutern in Rasenflächen und an Wegrändern. Graben Sie die Pflanzen aus, bevor sie sich aussamen; die Pfahlwurzeln lassen sich gut herausstechen.

Hartnäckige Wurzelunkräuter ausrotten

Das routinemäßige Jäten, wie es in jedem gepflegten Garten anfällt, wurde bereits angesprochen. Wo Wurzelunkräuter jedoch überhand nehmen, sind radikalere Methoden gefragt. Dies betrifft im Wesentlichen den hartnäckigen Giersch, die Quecke, den Schachtelhalm und die Ackerwinde mit ihren tiefreichenden spaghettidicken Wurzeln. Hier hilft normales Ausjäten nicht weiter. Sorgen Sie für klar abgegrenzte Ränder, reißen Sie sämtliche einjährigen Samenunkräuter, die Sie sehen, aus und informieren Sie sich, wie Sie langfristig syste-

Hacken

Das Erfolgsgeheimnis effektiven Hackens besteht in einer wirklich scharfen Klinge. Gewöhnen Sie sich also an, immer einen Schleifstein griffbereit zu haben.

Es gibt unterschiedliche Hacken, aber im Allgemeinen wird für Unkraut die breitflächige Holländerhacke verwendet.

Stehen Sie aufrecht und achten Sie darauf, dass das »Blatt« buchstäblich flach auf dem Boden aufliegt, bevor Sie durch eine Stoß-/Ziehbewegung das Unkraut von den Wurzeln trennen.

Ich verwende die Hacke hauptsächlich im Gemüsegarten, um den nicht bepflanzten Boden unkrautfrei zu halten. Geben Sie Acht, dass Sie keine Nutzpflanzen erwischen oder die Wurzeln von Beerensträuchern verletzen.

Manche Gärtner bevorzugen die Zieh- oder Zughacke, um im direkten Umkreis von Pflanzen eine bessere Kontrolle über das Gerät zu haben. Das Hackenblatt geht in einen gebogenen »Hals« über, was das Aushacken der Unkräuter auf beengtem Raum erleichtert. Obwohl durch Hacken meist einjährige Unkräuter in Zaum gehalten werden, kann es sich auch bei der Eindämmung einiger langlebiger Wurzelunkräuter als erstaunlich ef-

fektiv erweisen, allerdings nur, wenn regelmäßig dagegen vorgegangen wird. Ich habe gute Erfahrungen bei der Bekämpfung des hartnäckigen rosa blühenden Sauerklees (Oxalis corymbosa), einer Knollenpflanze gemacht, als ich die eingewachsenen Horste vor Jahren zunächst so gut wie möglich ausgehoben und dann alles, was nachkam, im ersten Jahr Woche für Woche und im zweiten alle vierzehn Tage ausgehackt habe.

1 Die **Holländerhacke** mit flachem Stahlblatt ist die beste Universalhacke für Unkraut. Sie erleichtern sich die Arbeit beträchtlich, wenn Sie das Unkraut im Sämlingsstadium abhacken, denn größeres Unkraut lässt sich wesentlich schwerer beseitigen.

2 Eine **Ziehhacke** mit im rechten Winkel zum Schaft angebrachter Klinge eignet sich zum Entfernen einzelner Unkrauthorste. Sie können beim Hacken damit kräftiger ausholen als mit der Holländerhacke.

3 Eine **Zwiebelhacke** verfügt über einen wesentlich kürzeren Griff als eine konventionelle Hacke und eignet sich vor allem, wenn Sie ganz nah an die Pflanzen herangehen müssen und auf sehr beengtem Raum arbeiten.

matisch gegen die hartnäckigen Wurzelunkräuter vorgehen können. Durch regelmäßiges Umgraben (s. Seite 139–142), vielleicht gar in Verbindung mit Abdecken (s. Abb. gegenüber), lassen sich Nesseln, Giersch, Quecke und Ackerwinde in den Griff bekommen. Das Erfolgsgeheimnis liegt in der Regelmäßigkeit. Wie sehr Sie sich auch bemühen, selbst kleinste Wurzelabschnitte herauszulesen, sie werden nachwachsen und müssen erneut ausgejätet werden, bevor sie richtig ans Tageslicht kommen. Ohne Licht findet keine Fotosynthese statt (Umwandlung von Sonnenlicht in Energie), was bedeutet, dass die Pflanze mit der Zeit schwächlicher wird und schließlich abstirbt, auch wenn sich dieser Prozess einige Jahre oder noch länger hinziehen kann.

Die Quecke, ein Albtraum für jeden Gärtner

Nie werde ich vergessen, wie schlimm es einer Freundin erging, die die Freude am Gärtnern gänzlich verloren hat. Ihr Garten war total von Unkraut überzogen, und da sie beruflich stark eingespannt war, kam sie nur alle paar Monate an einem Wochenende dazu, den einen oder anderen Flecken Erde zu jäten. Allerdings hörte sie dann irgendwann wieder damit auf, und das ganze Gelände war bald erneut von Unkraut und Gras überwuchert. Hätte sie den unkrautfreien Boden doch nur mit alten Teppichen, Schwarzfolie (Polyäthylen) oder einer handelsüblichen Anti-Unkraut-Folie abgedeckt, so hätte sie sich viel Arbeit erspart und mit der Zeit Rabatten und einen Rasen anlegen können. Grundsätzlich sollte der Boden nie unbedeckt bleiben, weil er ansonsten im Nu verunkrautet. Entweder Sie beginnen unverzüglich mit dem Pflanzen und jäten im Umkreis der neuen Pflanzen regelmäßig, bis diese richtig eingewachsen sind, oder Sie decken den Boden komplett ab.

Den Boden säubern

1 Um einen von hartnäckigem Wurzelunkraut überwucherten Boden zu säubern, müssen Sie zunächst alles herausnehmen, außer dem Unkraut. Lassen Sie Sträucher mit verholzten Trieben stehen ...

2 ... aber graben Sie die Stauden aus, denn das Unkraut ist oft schier unentwirrbar mit dem Wurzelballen verwachsen. Pflanzen Sie die Stauden deshalb nicht anderswo im Garten ein; Sie würden das Unkraut nur noch weiter verbreiten. Wenn Sie die Pflanzen retten wollen, warten Sie mit dem Säubern des Bodens bis zum Frühjahr und nehmen Sie Kopfstecklinge von den jungen Trieben, die aus den Kronen austreiben. Diese Stecklinge können Sie dann bewurzeln (s. Seite 236), ohne zu riskieren, dass das Unkraut vermehrt wird. Sobald der Boden frei ist, können Sie ihn umgraben, mit Folie abdecken oder – als Notlösung – mit einem Herbizid behandeln.

Das Abdecken des Bodens mit einem ausgedienten Teppich (links) oder einer Anti-Unkraut-Folie (rechts) hat sich als Langzeitprogramm zur Ausrottung von Unkraut bewährt.

Abdecken

Man kann den Bereich auch mit einem Teppich oder einer Schwarzfolie (Polyäthylen) abdecken und die Enden mit Ziegelsteinen beschweren. Dahinter steht die Idee, dass das Unkraut, sobald das Licht fehlt, allmählich aufgibt, was allerdings eineinhalb bis zwei Jahre dauern kann.

Sie können diesen »Lichtblocker« direkt auf den verunkrauteten Boden aufbringen; die meisten Gärtner ziehen es allerdings vor, so viel Unkraut wie nur möglich auszugraben, um dann ausschließlich die nachwachsenden Sämlinge zu ersticken.

Extrem hartnäckiges Unkraut abtöten

Nur als Notlösung sollte zu chemischen Wirkstoffen gegriffen werden. Schachtelhalm *(Equisetum arvense)* ist extrem schwierig zu bekämpfen, da Wasser und Sprays an den Blättern abgleiten und die Pflanze über tiefgehende Wurzeln verfügt. Man kann die Blätter aber vor dem Aufbringen eines Herbizids zerdrücken und zertreten, um die Aufnahmefähigkeit zu verbessern.

Unkrautvernichtungsmittel

Wie vielen Gärtner ist es auch mir ein Anliegen, den Gebrauch von Chemikalien auf ein Minimum zu beschränken und wo immer möglich nach einer Alternative zu suchen. Im Haus- und Kleingartenbereich dürfen nur Pflanzenschutzmittel angewandt werden, die für diesen Bereich als zulässig gekennzeichnet sind. Die Anwendung von Pflanzenschutz-

Herbizide einsetzen

● Lesen Sie die Anweisungen vor Gebrauch genau durch und machen Sie sich zu einschlägigen Punkten Notizen, ganz gleich, ob es sich um Sicherheitsmaßnahmen oder die sachgemäße Anwendung des Produkts handelt.

● Zeitpunkt und Witterung sind vielfach ausschlaggebend für den Erfolg.

● Sicherheit hat Priorität. Halten Sie sich strikt an Vorsichtmaßnahmen wie etwa das Tragen von Handschuhen und Schutzkleidung.

● Das Mischen von Chemikalien erfordert Sorgfalt und Konzentration. Schrauben Sie den Deckel nach Gebrauch des Konzentrats sofort wieder auf die Flasche. Nehmen Sie nie mehr als die empfohlene Menge.

● Wenden Sie Herbizide generell nur bei windstiller Witterung an, da bei Wind die Gefahr besteht, dass auch Kulturpflanzen und Rasenflächen in Mitleidenschaft gezogen werden.

● Bewahren Sie Chemikalien am besten unter Verschluss auf, um zu verhindern, dass Kinder und Tiere damit in Berührung kommen.

mitteln für den erwerbsgärtnerischen oder landwirtschaftlichen Bereich ist im privaten Hausgarten nicht erlaubt. Verstöße stellen Ordnungswidrigkeiten dar und können mit Bußgeld geahndet werden.

Zahlreiche chemische Pflanzenschutzmittel sind mittlerweile für den Haus- und Kleingartenbereich nicht mehr zulässig. Hersteller sind zudem verpflichtet, exakte Dosieranleitungen zu liefern, außerdem Hinweise, gegen welchen Schadorganismus sie eingesetzt werden dürfen und zu welchem Zeitpunkt. In Deutschland bietet das Bundesamt für Verbraucherschutz und Lebensmittelsicherheit (BVL) Informationen über zugelassene Pflanzenschutzmittel an. Beratung und Schulung leisten die Stellen des amtlichen Pflanzenschutzdienstes in den Ländern.

Roundup (Herbizid auf Glyphosat-Basis)

Dieses Herbizid wirkt über die Blattmasse und wird von den grünen Teilen der Pflanze transloziert oder aufgenommen und an die Wurzeln weitergeleitet. Es lagert sich im Boden nicht an, sondern baut sich biologisch ab, was den Vorteil hat, dass gepflanzt werden kann, sobald das Unkraut abgestorben ist. Da es nicht selektiv wirkt, muss es von Pflanzen, die erhalten

bleiben sollen, strikt ferngehalten werden. Sie können das Mittel in der Wachstumsphase im Sommer aufsprühen, aber auch Anwendungen im Herbst erweisen sich als erstaunlich erfolgreich, da die Wirkstoffe von den Wurzeln absorbiert werden. Wir haben auf diese Weise ein Beet behandelt, das über und über von Giersch durchzogen war, und dann in der Wachstumsphase zweimal gespritzt. (Zuvor hatten wir alles bis auf die größeren Sträucher herausgenommen.) Danach konnten wir das Beet umgraben und neu bepflanzen. Im darauffolgenden Sommer keimten zwar noch vereinzelte Triebe, aber sie waren so schwach, dass wir sie leicht von Hand ausjäten konnten.

Spezielle Standortbedingungen

Unterholz, Baumstümpfe und Wassertriebe
Auch unerwünschte ausdauernde Gehölze können zur Plage werden. Brombeersträucher etwa und andere wild aufgehende Schösslinge erfordern oft mehr als nur eine Behandlung, will man sie dauerhaft unter Kontrolle halten. Zunächst gilt es den Stumpf so weit wie möglich auszugraben; nehmen Sie sich jeweils nur kleine Bereiche vor und kommen Sie auf diese regelmäßig zurück, um auch die noch nachwachsenden Teile zu erwischen. Arbeiten Sie dann zweigleisig weiter, indem Sie den Bereich abdecken (s. Seite 111) und umgraben; nur so lässt sich gewährleisten, dass die bereits »sauberen« Flecken, während Sie weiterarbeiten, nicht bereits wieder verunkrauten.

Brombeerhecken sollten im Garten möglichst kompakt gehalten werden, denn herausragende Triebe bewurzeln sich und beginnen zu wuchern.

Es gibt Unkrautbekämpfungsmittel, die speziell für Unterholz entwickelt wurden (Arborizide), und außer Glyphosat den chemischen Stoff Ammoniumsulfamid enthalten. Letzteres wirkt sowohl über das Blattwerk als auch vertikal über den Boden. Es baut sich biologisch zunächst zu Ammoniumsulfid ab, wobei Stickstoff freigesetzt wird, der den Pflanzen wiederum Nährstoffe zuführt. Da es, wie gesagt, über den Boden wirkt, heißt es mit den Pflanzen im Umkreis sehr vorsichtig zu sein. Im Übrigen sollte acht bis zwölf Wochen lang von jeder Neupflanzung abgesehen werden. Im Hausgarten sind Arborizide jedoch nicht zu empfehlen!

Wege, Terrassen und Auffahrten

Versuchen Sie diese befestigten Flächen so zu planen, dass das Unkraut möglichst keine Chance hat, um sich anzusiedeln (s. Seite 55–61). Kies oder Splitt lassen sich nur schwer unkrautfrei halten, da sich zwischen den Steinen immer wieder Erde einnistet, auf der die Sämlinge keimen. In feinem Kies können Sie mit der Hacke dagegen vorgehen, insbesondere gegen Gras, das sich andernfalls ausbreitet. Kleinere Flächen lassen sich von Hand ausjäten, größere können allerdings problematisch werden. In Deutschland immer mehr im Kommen – und wesentlich umweltschonender als herkömmliche Unkrautvernichtungsmittel auf Glyphosat-Basis – ist das Abflämmen von befestigten Flächen mit Gasflamme.

Rasenflächen

Ich für meinen Teil betrachte den Rasen als mehr oder weniger ebene Grünfläche, in der Klee, Gänseblümchen und die Gemeine Braunelle buchstäblich willkommen sind. Es gibt aber viele Gartenfreunde, die sich einen gänzlich unkrautfreien Rasenteppich wünschen.

Wenn Sie Herbizide – als letzten Ausweg – einsetzen, müssen Sie das zu bekämpfende Unkraut vorab genau diagnostizieren, denn die einzelnen Herbizid-Wirkstoffe wirken nur gegen bestimmte Pflanzen. Es wird zwar vielfach behauptet, dass Kinder und Haustiere beinahe unmittelbar nach einer chemischen Behandlung wieder auf den Rasen können, dennoch sollten Sie sich anhand der beiliegenden Anwendungshinweise genau darüber informieren. Ich würde meine Meerschweinchen das Gras jedenfalls nicht fressen lassen. Lesen Sie die Anweisungen genau durch und halten Sie sich daran, wenn es heißt, dass der erste Grasschnitt weder mit Pflanzen noch mit dem Kompost in Berührung kommen sollte. Angegeben müsste auch sein, wann sich das Gras nach weiteren Mähaktionen frühestens wieder kompostieren lässt, ohne dass die Gartenpflanzen über den Kompost mit Chemikalien infiziert werden. Manch rätselhafter Verlust von Pflanzen in der Rabatte dürfte sich auf mit Chemikalien belasteten Grasschnitt zurückführen lassen, der als Mulch aufgebracht wurde.

Was tun gegen den Japanischen Staudenknöterich?

Er gehört zu den schlimmsten und tückischsten Gartenunkräutern und ist in der Natur zu einem großen Problem geworden; nicht umsonst gibt es in England eine Verordnung, wie dagegen vorzugehen ist. Zahlreiche Symposien und Untersuchungen haben sich mit dem Japanischen Staudenknöte-

Der Japanische Staudenknöterich ist ein noch schlimmerer Albtraum als Quecke und Giersch.

rich *(Fallopia japonica* syn. *Polygonum cuspidatum)* befasst und Erkenntnisse zutage gefördert, die für den Gärtner in der Praxis sehr hilfreich sind. Es scheint zu den Geheimnissen der Pflanze zu gehören, dass sie Ruheperioden einlegt, die sich über einen Zeitraum von 20 Jahren erstrecken können, was beweist, dass kaum je von Ausrottung, sondern lediglich von Kontrolle die Rede sein kann. Schneiden Sie den Staudenknöterich nie ab und häckseln Sie ihn auch nicht, denn zur Regeneration genügen bereits 0,2 g schwere Partikel von der Größe eines Fingernagels. Versuche, einen größeren Horst durch Ausgraben, Abschneiden und Abdecken zu vernichten, sind von vornherein zum Scheitern verurteilt, weil unterirdische Triebe horizontal bis zu 7 m weit wandern können und somit in anderen Teilen des Gartens wieder auftauchen, wo sie zu einer noch größeren Plage werden. Mit erstaunlichem Geschick schaffen es diese Triebe immer wieder, selbst Löcher in Gebäuden ausfindig zu machen, ja, sie sollen gar schon in Häuser vorgedrungen sein.

Um dem Japanischen Staudenknöterich beizukommen, müssen Sie den Horst über längere Zeit schwächen. Schneiden Sie die Rohre also regelmäßig ab, ohne dabei die Wurzelkrone zu zerstören. Entsorgen Sie die Rohre, indem Sie die frischen Triebe auf Polyäthylen-Folie zum Trocknen auslegen. Sobald diese gründlich durchgetrocknet sind, kann man sie gefahrlos kompostieren. Allerdings dürfen Sie ausgerissene Triebe nie sofort kompostieren, da die Gefahr besteht, dass an der Basis ein Teil der Wurzelkrone enthalten ist.

Einen Horst großblättriger, bis zu 2,5 m hoher Stiele auf diese Weise zu behandeln, ist im Hausgarten kaum praktikabel. Ich empfehle vielmehr, die toten Triebe im Frühjahr abzuräumen und sie erneut einzusprühen, wenn sie auf etwa 1 m Höhe nachgewachsen sind. Sie werden zwar wieder nachwachsen, aber diese nachwachsenden Triebe dürften bereits schwächer sein und können somit im Herbst noch einmal abgespritzt werden. Machen Sie sich auf einen drei bis fünf Jahre dauernden Kampf gefasst.

Um das Problem – als letzten Ausweg – mit Hilfe eines Herbizids in den Griff zu bekommen, sollte man im Spätsommer bzw. Herbst ein Produkt auf Glyphosat-Basis aufbringen. Da der Japanische Staudenknöterich als unterirdisches Rhizom überwintert, zieht er die pflanzlichen Nährstoffe aus den absterbenden Blättern und Rohren in das Herz der Pflanze. Ein Bodenherbizid zieht gemeinsam mit den Nährstoffen in die Rhizome, was für die Pflanze mit verheerenden Folgen verbunden ist.

Tipps zur Eindämmung hartnäckiger Wurzelunkräuter

● Gartenliebhaber sollten beim Begutachten eines Grundstücks, das eventuell als Garten in Frage kommt, nicht nur die Ausrichtung zur Sonne im Auge haben, sondern auch den Boden auf Spuren von wuchernden Wurzelunkräutern wie dem Japanischen Staudenknöterich, Schachtelhalm und Ackerwinde prüfen. Ein ernsthafter Befall könnte Ihnen die Freude am neuen Garten nämlich verderben. Im Winter bleibt Ihnen nichts anderes übrig, als den Besitzer zu fragen.

● Wenn Sie nicht selbst spritzen wollen, sollten Sie einen Fachmann mit der Bekämpfung des Japanischen Staudenknöterichs beauftragen, der sich mit Herbiziden auskennt.

Unkraut unter Kontrolle halten

Ist der Bereich erst einmal frei von Unkraut, heißt die nächste Herausforderung, das nachwachsende Unkraut auf Dauer fernzuhalten. Eine bewährte Lösung ist, den Boden abzudecken, um dem Unkraut keine Chance zum Wachsen zu geben. Die beste Abdeckung für Beete und Rabatten stellen Kulturpflanzen dar. Bis sie herangewachsen sind, wird es dazwischen zwar überall kahle Flecken geben, diese lassen sich aber mit Mulch abdecken. Im Gemüsegarten haben sich Gründüngungen bewährt, die den Boden nicht nur abdecken und schützen, sondern auch mit Nährstoffen versorgen (s. Seite 133).

Bodenbedeckung
Einige Kulturpflanzen bilden sowohl über als auch unter der Erde ein besonders dichtes »Geflecht«, das wie eine dicke Decke das Unkraut eindämmt. Eine mit Sträuchern und Bäumen bepflanzte Rabatte profitiert von Bodendeckerpflanzen, die den Raum dazwischen ausfüllen, und bedarf nach den ersten beiden Jahren kaum noch größerer Pflegemaßnahmen. Bodendecker wirken am besten in größeren Driften und Teppichen gleichartiger Pflanzen; es empfiehlt sich deshalb, sieben oder bedeutend mehr Jungpflanzen von einem Typ einzusetzen.

Mulchen
Durch Abdecken des Bodens mit einer mindestens 8 cm dicken Mulchschicht lässt sich wirksam verhindern, dass sich zwischen den Pflanzen Unkraut ansiedelt. Einige Mulchmaterialien führen dem Boden Nährstoffe zu und helfen, die Feuchtigkeit zu halten. Um das Unkraut zu unterdrücken, eignen sich grober Strandkies und Rindenschnitzel wahrscheinlich am besten, obwohl sie dem Boden kaum Nährstoffe zuführen. Das heißt zwar nicht, dass man sich das Jäten ganz ersparen kann, aber gerade weil sich das Unkraut durch die Mulchschicht arbeiten muss, ist es deutlich geschwächt.

Die allerbeste Mulchschicht ist eine spezielle Anti-Unkraut-Folie, die über dem Boden ausgebreitet wird. Sie lässt Wasser und Luft durch, nicht aber das Unkraut. Sie können die Schicht passgerecht wie einen Teppich auf den vorbereiteten Boden aufbringen, kreuzweise Schlitze in die Oberfläche schneiden, durch die Sie die Pflanzen einsetzen, und die Membran dann mit einer dicken Mulchschicht abdecken, um sie zu kaschieren.

Polyäthylen- oder Schwarzfolie lässt sich im Gemüsegarten kurzfristig als Abdeckung verwenden; allerdings wird dadurch im Boden darunter nicht nur die Luftzirkulation, sondern auch

Annes bevorzugte Bodendeckerpflanzen

Kalmus (*Acorus gramineus* 'Variegatus') – Sonne

Frauenmantel (*Alchemilla mollis*) – Sonne/Schatten

Winterblühende Erikagewächse wie *Erica* x *darleyensis* 'White Perfection' – Sonne

Kap-Gänseblümchen wie *Erigeron glaucus* 'Elstead Pink' – Sonne

Waldmeister (*Galium odoratum*) – Schatten

Winterharte Storchschnabel-Arten wie *Geranium macrorrhizum*, *G.* x *cantabrigiense* 'Biokovo', *G. nodosum* und *G. endressii* – Sonne/Schatten

Katzenminze (*Nepeta faasenii*) – Sonne

Goldlaubiger Majoran (*Origanum vulgare* 'Aureum') – Sonne

Heiligenkraut (*Santolina chamaecyparissus*) – Sonne

Fetthenne (*Sedum spectabile*) – Sonne

Wollziest (*Stachys byzantina*) – Sonne

Stachys macrantha 'Superba' – Sonne/Schatten

Gartenthymian (*Thymus vulgaris*) – Sonne

Tulbaghia violacea – Sonne

Schneeball (*Viburnum davidii*) – Sonne/Schatten

Die verschiedensten Erika-Gewächse bedecken wie ein bunter Teppich den Boden. Einige erfordern leichten sauren Boden, aber die winterblühenden Arten tolerieren auch schweren Lehmboden (der nicht zwangsläufig alkalisch ist).

Tipps zu Bodendeckerpflanzen

● Bei der Wahl von Bodendeckern sollten Sie nach kräftigen Stauden Ausschau halten. Setzen Sie eher kleine Pflanzen und diese dichter, als viel Geld in größere Qualitäten zu stecken. Wenn sich aus finanziellen Gründen nicht dicht pflanzen lässt, können Sie die Pflanzen nach ein paar Jahren teilen und größere Gruppen bilden. Setzen Sie die Pflanzen im Idealfall etwa 30 cm auseinander.

● Einige Bodendeckerpflanzen lassen sich in dekorative kuppelförmige Horste schneiden.
Heiligenkraut wird am besten im Frühjahr und Gartenthymian im Sommer nach der Blüte geschnitten.

der Feuchtigkeitsaustausch blockiert. All diese Verfahren haben sich insofern bewährt, als sie die Arbeit im Garten auf ein Minimum reduzieren. Was mich anbetrifft, so widerstrebt es mir allerdings, mich vom Boden regelrecht »abgeschnitten« zu fühlen. Lieber plage ich mich mit dem Unkraut herum, kann mich dafür aber an den von selbst aufgegangenen Sämlingen der Kulturpflanzen freuen, ohne mir erst mühsam Zugang zu meinen Beeten und Rabatten verschaffen zu müssen.

Sauerklee *(Oxalis)* gehört ebenfalls zu den Pflanzen, die am richtigen Platz reizvoll wirken, am falschen aber zur Plage werden können.

Die gängigsten Unkräuter identifizieren

Bob: Wie Anne schon sagte, ist die klassische und in der Tat voll zutreffende Definition von Unkraut: eine Pflanze, die am falschen Ort auftritt. Jede Pflanze hat ihren spezifischen Nutzen und Platz, aber in unseren Gärten wollen wir nun einmal selbst aussuchen, was gedeihen soll, und nicht einfach akzeptieren müssen, was von selbst erscheint. Grundsätzlich kann jede Pflanze zum Unkraut werden. Ein hübscher Bodendecker wie der Sauerklee *(Oxalis)*, der sich in schattigen Waldbereichen ausgesprochen wohl fühlt, mutiert – in Großbritannien zumindest – zum Unkraut, wenn er sich zwischen unserem Gemüse, den Staudenrabatten oder im Gewächshaus ausbreitet. Gräser sind im Rasen unverzichtbar, nicht jedoch im angrenzenden Blumenbeet. Blütenpflanzen entwickeln sich zu Unkraut, wenn sie sich überall aussamen, wild und unkontrolliert wuchern oder gar mit unseren Lieblingspflanzen konkurrieren und diese zurückdrängen. In gewisser Hinsicht kann selbst ein großer Baum oder eine Kletterpflanze, aber auch eine Zypresse oder Ligusterhecke (insbesondere, wenn sie einem Nachbarn gehört!) als »Unkraut« empfunden werden. Selbstverständlich sind nicht alle Unkräuter problematisch. Wenn Sie beispielsweise Tiere aus der Natur in Ihren Garten locken wollen, werden Sie merken, dass sich viele Unkräuter dabei als ausgesprochen hilfreich erweisen. Dennoch sollten sie in den meisten Teilen des Gartens in Zaum gehalten werden, da sie vielfach als Wirtspflanze für Krankheiten und Schädlinge dienen. Jedes Unkraut, das von Schädlingen oder Krankheiten befallen ist, kann potenzieller Überträger sein, insbesondere sofern eine engere Verwandtschaft zu Ihren Gartenpflanzen besteht. Außerdem machen Unkräuter den Kulturpflanzen oft erfolgreich Luft, Licht, Wasser und Nährstoffe streitig. Eine wichtige Voraussetzung, um Unkräuter einzudämmen, ist deshalb, sie kennen- und unterscheiden zu lernen. Erst wenn man weiß, wo sie vorkommen und wie sie sich verhalten, wird man sie auch effektiv bekämpfen können.

Was wächst wo in der Natur?

In der Natur ist jedes Fleckchen kahler Boden nach kurzer Zeit »besiedelt«. Unkräuter, die der Wind in der Regel über Samen verbreitet, keimen selbst auf Schuttbergen, sodass diese nach ein paar Jahren vollkommen von Pflanzen bedeckt sind. Zunächst sind es meist Brennnesseln *(Urtica dioica)*, dann Brombeersträucher *(Rubus* spp.) und schließlich wuchernde Schösslinge von Gehölzen wie Bergahorn oder Holunder. Wenn das Mähen eingestellt wird, entsteht bald schon ein Gestrüpp, das sich zu einem wahren Wald auswächst. Alte vernachlässigte Gärten enthalten somit nicht etwa zahlreiche der hier ehemals angebauten Kulturpflanzen, sondern sind vielmehr von den unterschiedlichsten Unkräutern überzogen.

Die Blätter des Gierschs treiben im zeitigen Frühjahr aus. Stechen Sie die Pflanzen mindestens einmal pro Woche mit der Wurzel aus.

bekommen und stellen für den umsichtigen Gärtner kein Problem dar. Von daher ist es oft gar nicht erforderlich, dass man die Sämlinge im Einzelnen identifizieren kann (aufschlussreich kann bereits die Unterscheidung Samen- oder Wurzelunkräuter sein sowie deren jeweilige Anfälligkeit); man wird sie aber in jedem Fall leichter los, wenn man sie »von klein auf« in ihren unterschiedlichen Formen erkennt. Von daher ist es eine gute Idee, etwas Gartenboden in eine Pflanzschale zu geben und zu beobachten, wie die Sämlinge keimen. Entfernen Sie alle Duplikate und lassen Sie von jeder Sorte nur ein Exemplar stehen, bis Sie imstande sind, dieses zu identifizieren.

So können Sie das Auge regelrecht schulen und die lästigen Eindringlinge somit noch früher erkennen und ausreißen. Ganz anders jedoch die bereits etablierten Unkräuter. Sie erweisen sich als sehr viel hartnäckiger, denn aufgrund ihrer Reserven überleben sie oft wiederholte Anstrengungen, sie auszurotten, zumal sie vielfach auch zwischen Mulchschichten hindurchdringen. Am schlimmsten sind die wild streunenden Vagabunden, Arten, die sich überall bewurzeln und wuchern wie die Minzen, Brennnesseln und Ackerwinden. Von daher ist es ganz wichtig, sie im Frühstadium zu erkennen, denn

Von der Art des Bodens, dem verfügbaren Schatten und der Feuchtigkeit hängt letztlich ab, welche Samen zur Keimung kommen. Wenn der Boden mager und sauer ist, gedeihen hier ganz bestimmte Unkräuter oder Wildpflanzen; wenn er feucht, nährstoffreich oder kalkhaltig ist, sind andere Vorkommen zu verzeichnen. Ein sicherer Indikator für »fetten«, feuchten Boden auf einem potenziellen Gartengrundstück sind üppige sattgrüne Brennnesselhorste! Auf frisch umgebrochenem, unbepflanztem Boden siedelt sich ein Meer von Klatschmohn *(Papaver rhoeas)* und Nachtschattengewächsen *(Solanum nigrum)* an, wenn deren Samen irgendwann einmal untergegraben wurden. Auf einer ehemaligen Pferdekoppel werden mit großer Wahrscheinlichkeit Ampfern *(Rumex* spp.) sprießen. Nährstoffreicher, frisch umgebrochener Oberboden, wie man ihn für ein Gemüsebeet etwa vorbereitet, wird im Nu mit Vogelmiere *(Stellaria media)*, Hornkraut *(Cerastium* spp.), Kreuzkraut *(Senecio vulgaris)* und Gänsefuß *(Chenopodium* spp.) überzogen sein.

Sämlinge oder bereits etablierte Pflanzen?

Entscheidend für den Umgang mit Unkräutern ist die Frage, ob es sich um kleine Sämlinge oder bereits etablierte Pflanzen handelt. Letztere lassen sich sehr viel schwieriger kontrollieren und widersetzen sich oft auch radikaleren Bekämpfungsmethoden, während Sämlinge sich meist ganz einfach ausreißen lassen. Mit anderen Worten ausgedrückt: Diese überall vorkommenden Unkräuter, die kahlen, nährstoffreichen Gartenboden in Legionen befallen, lassen sich relativ gut in den Griff

Die Ampfer ist ein verbreitetes Unkraut, das oft in Verbindung mit Brennnesseln auftritt.

Wildpflanzen wie das zierliche Ehrenpreis *(Veronica filiformis)* breiten sich in vernachlässigten Ecken rasch aus.

Schafgarbe *(Achillea millefolium)* mit ihren silbergrauen Blättern zu. Dann gibt es aber auch die rosettenbildenden Unkräuter mit Pfahlwurzeln wie Ampfern, Löwenzahn *(Taraxacum officinale)*, Wegerich-Arten *(Plantago* spp.) und Disteln *(Cirsium* oder *Sonchus* spp.). Auf stark befallenen Rasenflächen wird man sie nicht einmal durch regelmäßiges Mähen loswerden. Rasenflächen auf sauren Böden mit feinblättrigen Gräsern werden oft von Ehrenpreis *(Veronica filiformis)* befallen, einem Wildkraut, das zwar hübsche kleine Blüten hervorbringt, aber nur schwer zu behandeln ist. Nässere saure Böden werden oft regelrecht erstickt von Hahnenfuß oder Scharbockskraut *(Ranunculus* spp.), und als Folge von zu tiefem Mähen siedeln sich vielfach Unmengen von Gänseblümchen im Rasen *(Bellis perennis)* an.

Verbreitet vorkommendes Gestrüpp

In einem vernachlässigten Garten können verholzende »Unkräuter«, die lange unbemerkt bleiben, regelrecht lästig werden. Vielfach handelt es sich um Bergahorne und Holunder. Eichen, Ebereschen, Stechpalmen, Kastanien, Eiben und Felsenmispel erscheinen wie von Zauberhand und selbst Holzapfelbäume tauchen wie aus dem Nichts auf. Brombeeren sind insbesondere in Gärten in Waldnähe eine wahre Plage, da die Vögel die Samen fallen lassen. In sauren, nassen Regionen stellen Rhododendren *(Rhododendron ponticum)* ein ernsthaftes Problem dar. Selbst dekorative Kletterpflanzen wie *Fallopia baldschuanica*, Wilder Wein *(Parthenocissus quinquefolia)* und starkwüchsige Kletterrosen wie *Rosa* 'Kiftsgate', Kletterhortensien *(Hydrangea petiolaris)*, Jasmin, Geißblatt *(Lonicera)*, *Clematis montana* und insbesondere Efeu *(Hedera)* können zum Ärgernis werden, sofern sie auch nur die geringste Chance bekommen.

Gängige langlebige Unkräuter

Am schwersten loswerden wird man die sich ausbreitenden Unkräuter wie den Schachtelhalm *(Equisetum arvense)*, der mit seinem prähistorisch anmutenden Habitus große Flächen überziehen kann. Wenn er in Ihrem Garten vorkommt, dann wird er mit Sicherheit auch in den Nachbargärten vertreten sein, sodass Sie ihn nur gemeinsam bekämpfen und ausrotten können. Achten Sie auch darauf, dass Kletterpflanzen wie die Zaunwinde *(Calystegia sepium)* und die Ackerwinde *(Convolvulus arvensis)* sich auf keinen Fall ansiedeln. Die Winde mit ihren trompetenförmigen weißen Blüten ist eine wahre Landplage. Der Japanische Staudenknöterich (s. Seite 113–114) ist ein weiterer Unhold, der auf feuchtem Boden ein regelrechtes Dickicht bilden kann. Das Weidenröschen *(Chaemaenerion angustifolium)* ist vergleichbar lästig, nur in kleinerem Ausmaß. Giersch *(Aegopodium podagraria)*, Ackerdistel *(Cirsium arvense)*, Taubnessel *(Lamium* spp.) und Brennnessel siedeln sich gern in feuchten, nährstoffreichen Böden an, lassen sich durch systematisches

nur so wird man auch rechtzeitig gegen sie vorgehen können. Unkräuter mit Pfahlwurzeln wie Ampfern und Disteln erholen sich trotz gelegentlichem Ausjäten meist rasch und erfordern mehrere Anläufe, bis sie sich geschlagen geben. Auch im Rasen bereiten sie oft Probleme.

Gängige Rasenunkräuter

Die meisten Rasenunkräuter sind leicht zu erkennen, zumal es sich nicht um Gras handelt, das heißt, gelegentlich schon um Gras, aber nicht um das richtige! Weit verbreitet sind die büschelförmig wachsenden gröberen Gräser, der stark wuchernde Vogelknöterich und einjährige Samengräser. Die beiden Ersteren finden sich vielfach in vernachlässigten Rasenflächen, während die einjährigen Samengräser in gepflegtem, aber meist sehr kurz geschnittenem und strapaziertem Rasen auftreten, insbesondere auf den verschlissenen Flecken. Auch Moose sind ein häufig auftretendes Problem, vor allem, wenn ein Rasen unter mangelhafter Dränage oder zu viel Schatten leidet, oder die Grasnarbe nicht kräftig genug ist, um dagegen anzukämpfen. Sie lassen sich an ihrer wolligen Textur aber leicht erkennen.

In sehr nassen und sauren Böden siedeln sich gern Binsen *(Luzula campestris)* mit ihren runden, grasähnlichen Trieben an. Häufig vorkommende Rasenunkräuter sind auch die Klee-Arten *(Trifolium* spp.) mit ihren spezifischen dreilappigen Blättern und den bei Hummeln so beliebten Kugelblüten. Man erkennt sie leicht, wenn das Gras braun wird, weil die Kleeflecken grün bleiben. Dies trifft weitgehend auch auf die

Jäten mit der Zeit aber ausrotten. Scharbockskraut *(Ranunculus ficaria)* und Pestwurz *(Petasites fragrans)* können zwar recht dekorativ wirken, ja, zunächst sogar nützlich erscheinen, entpuppen sich aber bald schon als das Unkraut, das sie in Wirklichkeit sind.

Viele starkwüchsige krautige Gartenpflanzen können, sofern sie nicht eingedämmt werden, beinahe ebenso lästig werden, da sie bald schon mehr als den ursprünglich für sie vorgesehenen Raum einnehmen. Dazu gehören die Zitronenmelisse *(Mentha officinalis)*, sämtliche Minzen *(Mentha* spp.), der Beinwell *(Symphytum* spp.), das Labkraut *(Lamium)*, die Günsel-Arten *(Ajuga)* und die Inkalilien *(Alstroemeria)* – ausnahmslos hübsche Pflanzen, die sich jedoch stark ausbreiten. Im Gemüsegarten empfiehlt es sich, die Erdbirne oder Topinambur *(Helianthemum tuberosus)* und den Meerrettich *(Cochlearia armoracia)* im Auge zu behalten, da man sie kaum wieder los wird, wenn sie sich erst einmal angesiedelt haben.

Gängige Samenunkräuter

Unkräuter, die sich hauptsächlich über Samen ausbreiten und zu denen auch viele der oben angeführten Spezies gehören,

Das Kletten-Labkraut oder Klebkraut sät sich, wo immer es darf, reichlich aus.

stellen ein anderes Problem dar. Ganze Kolonien von Sämlingen siedeln sich auf kahlen Flecken an, sofern nur etwas Feuchtigkeit und Licht verfügbar sind; allerdings muss man wissen, dass an Stellen, an denen kein Unkraut wächst, grundsätzlich auch nichts anderes sprießt! Da die meisten Samen in der oberen Bodenschicht angesiedelt sein müssen, um keimen zu können, lässt sich die Keimung der Unkräuter meist durch eine dicke Mulchschicht unterdrücken (s. Seite 114–116). Um welche Unkräuter es sich dabei handelt und wie sie sich letztlich verhalten würden, spielt somit keine Rolle mehr.

Zu den am häufigsten vorkommenden Samenunkräutern gehören die Gräser, insbesondere die Rispengras- *(Poa)* und Quecken-Arten *(Elymus repens)* sowie die fliegenden Samen von Löwenzahn *(Taraxacum officinale)*, Kreuzkraut *(Senecio)* und Disteln *(Cirsium* oder *Sonchus* spp.). Das Kanadische Berufskraut *(Conyza canadensis)* kann ernsthafte Probleme bereiten, ebenso das Kreuzkraut auf Steroiden. Das Gewöhnliche Hirtentäschel *(Capsella bursa pastoris)* und das Viermännige Schaumkraut *(Cardamine hirsuta)*, das zwar klein ist, dennoch aber stark aussamt, kommen ebenfalls recht häufig vor. Nicht zu ignorieren ist auch der Mohn. Unter den größeren Pflanzen sind das Kletten-Labkraut *(Galium aparine)* oder Klebkraut mit seinen rankenden, klebrigen Trieben und Samen zu nennen. Selbst unter unseren Kulturpflanzen finden sich viele, die sich notorisch aus Samen vermehren, es sei denn die Samenstände werden rechtzeitig abgeschnitten; überaus produktiv sind das Mutterkraut oder die Goldkamille *(Chrysanthemum parthenium)*, Silberblatt *(Lunaria)*, Schnittlauch *(Allium schoenoprasum)*, Springkraut *(Impatiens glandulifera)*, Glockenblumen *(Campanula)*, Vergissmeinnicht *(Myosotis)*, Fingerhüte *(Digitalis)*, Studentenblumen *(Tagetes)*, Frauenmantel *(Alchemilla)*, Margerite *(Chrysanthemum maximum)*, Goldrute *(Solidago)* und Binsenlilie *(Sisyrinchium)*.

Außergewöhnliche Unkräuter

Es lohnt sich, die auf Ihrem Boden regelmäßig auftretenden Unkräuter zu kennen, denn nur so lassen sich auch die ungewöhnlicheren Arten unterscheiden. Allerdings wird man in Gegenden, in denen Gartenliebhaber Haus an Haus wohnen, auf eine ganze Menge interessanter »Unkräuter« stoßen, die im Garten durchaus erwünscht sein können. Hüten Sie sich aber vor Brombeeren und wild aufgehenden Erdbeeren, die im Vergleich zu den Kultursorten minderwertig sind; eine Ausnahme machen Himbeer-Sämlinge sowie Schwarze und Rote Johannisbeeren, die man ruhig wachsen lassen sollte. Gehölze, die aus Samen sprießen, wird man allerdings besser nicht weiter kultivieren – sie brauchen einfach zu lange, um sich anzusiedeln und bringen lediglich geringe Erträge. Wild aufgehende Rosensämlinge reißt man aus, bevor sie zu recht unansehnlichen Exemplaren heranwachsen. Stechpalme, Eibe, Kirschlorbeer, Geißblatt und Felsenmispel erweisen sich in der Regel als brauchbar.

Kapitel 4

Boden

Anne: Auch wenn wir dazu neigen, den Boden als selbstverständlich gegeben zu betrachten, so ist die krümelige Substanz, die wir in unseren Gärten im Allgemeinen vorfinden, doch ein faszinierendes Phänomen. Man stelle sich das Muttergestein vor, dann die Schicht darüber, in der der Fels zu kleineren Brocken verwittert ist oder durch Wasser bzw. Gletscher abgelagert wurde. Die Oberflächenschicht, die der Luft am nächsten ist, hat eine noch stärkere Verwitterung erfahren, sodass die mineralischen Partikel noch wesentlich kleiner sind. Diese oberste Schicht durchdringen die Pflanzen mit ihren Wurzeln. Wenn sie absterben, machen sich die unterschiedlichsten Organismen über deren Überreste her und verarbeiten sie zu organischem Material oder Humus. Diese wunderbare Mischung aus anorganischen und organischen Partikeln, die die lockere Oberflächenschicht unseres Planeten bildet, bezeichnen wir als Boden.

Ob in Gartenbüchern oder in Fachgesprächen, immer wieder ist von Ober- und Unterboden die Rede. Wenn Sie ein Loch graben und das Profil der steilen Seitenwand, die dabei entsteht, betrachten, können Sie in der Regel zwei klar voneinander abgesetzte Schichten erkennen. Die untere Schicht oder der Unterboden ist meist feiner texturiert, heller in der Färbung und von kompakterer Struktur. Die obere Schicht oder der Oberboden enthält wesentlich mehr organisches Material und stellt den Teil des Bodens dar, den wir regelmäßig bearbeiten. Wenn ein Gartenboden als »gut« beschrieben wird, so heißt dies gewöhnlich, dass er aus einer 15 bis 30 cm starken fruchtbaren Mutterbodenschicht besteht. Der durchschnittliche Oberboden besteht zur Hälfte aus festen Bestandteilen und zur Hälfte aus Lücken oder Poren, die die festen Partikel durchsetzen. In gutem, dem Pflanzenwachstum förderlichen Boden sind die Poren etwa zur Hälfte mit Luft und zur Hälfte mit Wasser gefüllt, während die festen Bestandteile zu 90 Prozent aus mineralischen Stoffen aus der Natur und zu 10 Prozent aus organischen Stoffen oder Humus bestehen. Eine sachgemäße Bodenbearbeitung zielt auf einen tiefgründigen, gesunden Oberboden ab, der den Pflanzen Nährstoffe zuführt und das Wachstum fördert. Es geht letztlich also darum, den verfügbaren Boden zu manipulieren, sei es, dass wir durch einen Zusatz aus Kies oder Sand die Dränage verbessern oder durch organisches Material und Dünger die Fruchtbarkeit steigern. Oft gilt es den Boden auch vor Erosion zu schützen, indem die Oberfläche durch Pflanzen, Mulch oder Gründüngungen abgedeckt wird. So lässt sich effektiv verhindern, dass der Regen unseren wertvollen Oberboden auswäscht und hinwegschwemmt.

Das Bodenleben

In gesunden Böden wimmelt es von Leben, wobei viele Lebewesen zu klein sind, als dass wir sie mit bloßem Auge erkennen könnten. Dazwischen brechen die Bodenorganismen die organische Substanz auf, setzen dabei Pflanzennährstoffe frei und vermischen den Boden. Sobald ein totes Blatt auf den Boden fällt, wird es von größeren Organismen wie Milben, Käfern, Tausendfüßlern und Asseln in kleinere Teile zerkleinert. Dadurch wiederum vergrößert sich die Oberfläche, die von kleineren Pilzen und Bakterien weiterverarbeitet wird. In einem einzigen Gramm Boden leben zwischen 100 000 und mehreren Billionen Bakterien. Regenwürmer transportieren den Boden durch ihren Organismus und durchmischen ihn somit effektiv. Ihre Erdhäufchen enthalten mehr Bakterien, organisches Material und Pflanzennährstoffe als der Boden ringsum. Wenn wir uns die Bodenorganismen zunutze machen wollen, sollten wir gezielt zu ihrem Wohlbefinden beitragen. Die meisten Bodenorganismen leisten in gut belüftetem, warmem Boden die beste Arbeit; von daher zahlt es sich aus, der Bodenstruktur Beachtung zu schenken und Mulchmaterial aufzubringen, das die Wärme im Boden hält. Passionierte Gärtner überlassen den Prozess aber nicht allein der Natur, sondern tragen vielmehr aktiv zur Bodenverbesserung bei, indem sie ihre Gartenabfälle und organischen Stoffe kompostieren und gut verrotteten Kompost, Tierdung, Laubmoder oder anderes humushaltiges Material zur Verbesserung der Textur einbringen.

Umgegrabener Boden, der den Winter über liegenbleibt, profitiert von der Frostgare. Bis zum Frühjahr hat sich eine feinkrümelige Struktur gebildet, die dem Pflanzenwachstum zugutekommt.

Wissenswertes über Würmer

Die als »Gärtner der Natur« bezeichneten Regenwürmer sind faszinierende Kreaturen.

● Unter Laborbedingungen lebt der Regenwurm (Lumbricus terrestris) sieben Jahre, auch wenn er in der Natur wahrscheinlich früher stirbt.

● Die Anzahl der Regenwürmer pro Quadratmeter Boden unterscheidet sich beträchtlich. Eine in England erfolgte Untersuchung ergab, dass im Kiefernwald 40, in mit Mist durchsetztem Ackerboden 79 und im Obstgarten unter der Grasnarbe 848 Regenwürmer leben.

● Regenwürmer verfügen über eine Sauerstoffzirkulation, die von fünf Pseudo-Herzen angetrieben wird. Sie gehören zu den Zwitterwesen (Hermaphroditen) und paaren sich durch gegenseitigen Austausch von Sperma.

Den Boden bestimmen

Anne: Reife Gärten verfügen dank jahrelanger Kultivierung und Pflege meist über recht guten Boden. Auf meinem relativ großen Grundstück lässt sich die Erde im Umkreis des Hauses leicht bearbeiten und umgraben, zumal auch die vorherigen Besitzer auf diesem mehr oder weniger ebenen Terrain bereits Blumenbeete angelegt und etwas Gemüse und Obst angebaut hatten. Ganz anders der Boden in den weitläufigen entfernteren Bereichen des Gartens, in denen magerer Kreidegrund, durchsetzt mit Feuerstein (Flint), dominiert. In seiner klebrigen und stark verdichteten Konsistenz lässt sich der Boden hier nur schwer umgraben. In Neubaugebieten, in denen Bagger das Gelände zunächst einmal rigoros umbrechen, findet sich der Unterboden vielfach an der Oberfläche, sodass in den Gärten oft nur eine dünne Schicht Oberboden (wenn überhaupt) verfügbar ist. Von daher bedarf es harter Arbeit und einer guten Portion Geduld, um das Bodenleben erneut zu aktivieren und einen feinkrümeligen, fruchtbaren Boden zu erhalten. Die Geologie der Gegend bestimmt weitgehend, ob Ihr Garten über gut dränierenden und mageren Sandboden oder nährstoffreichen und klebrigen Tonboden verfügt. Und da ein saurer Boden ganz anders reagiert als etwa ein kreidehaltiger oder alkaliner Boden, wird man jeweils auch ganz andere Pflanzen ziehen können. Falls Sie mit Ihrem Boden noch nicht genügend vertraut sind, sehen Sie sich ihn genau an, bevor Sie Ihre

Pflanzenauswahl treffen. Sie können sich das Leben im Garten nämlich wesentlich erleichtern, wenn Sie im Einklang mit dem Boden und dem Klima und nicht dagegen arbeiten. Gehen Sie von den Bedingungen aus, die Ihr Boden Ihnen bieten kann, und Sie werden sich mit einer entsprechenden Auswahl an Pflanzen viel unnötige Mühe sparen. Je mehr Sie über den eigenen Boden wissen, desto optimaler können Sie ihn verbessern.

Geologische Bodenkarten

● Kaufen Sie sich eine Karte, die die Geologie Ihrer Gegend ausweist. Diese faszinierend schönen Karten schlüsseln genau auf, welcher Boden in welchem Umkreis vorherrscht. Heften Sie die Karte an die Wand, um die Informationen auch anderen zugänglich zu machen.

Bodenstruktur

Die Bodenstruktur ist ein hochinteressantes Thema. Dahinter steht die Frage nach der Art und Beschaffenheit der Bodenpartikel, ihre Klebefähigkeit und Verbindung zueinander, aber auch die komplexen Zusammenhänge von Wasser- und Nährstoffgehalt. Der Gehalt an Ton und Humus ist ausschlaggebend für die Dynamik des Bodens, weil in deren Oberflächenbereich die chemischen Reaktionen und der Nährstofftransfer erfolgen. In diesem Oberbodenbereich werden Ionen (elektrisch geladene Atome oder Atomgruppen) angezogen und Nährstoffe gespeichert, die dann zum Wohl der Pflanzen nach und nach freigesetzt werden. Die zwischen den Partikeln »gebauten« Brücken helfen die Krümelstruktur des Bodens aufrechtzuerhalten.

Ein einfacher Bodentest

● Wenn Sie sich die Konsistenz Ihres Bodens genauer ansehen, können Sie eine ganze Menge darüber erfahren. Diese lässt sich nämlich ganz leicht testen, indem Sie eine Hand voll feuchten Boden aufnehmen, zusammendrücken und ihn dann wie einen Ball mehrmals in die Höhe werfen und wieder aufzufangen versuchen. Sandiger Boden fühlt sich körnig an und wird sich kaum zu einem Ball formen lassen bzw. bereits beim ersten Versuch auseinanderfallen. Ein gut ausgewogener Lehmboden (generell wünschenswert) lässt sich schon eher zu einem Ball formen und wird erst nach dem zweiten oder gar dritten Versuch auseinanderfallen. Ein klebriger, kompakter Tonboden bildet einen festen Ball, der sich unzählige Male in die Höhe werfen und auffangen lässt.

Sandböden

Die großen Partikel, aus denen Sandböden bestehen, werden sich nie zu einer guten Krümelstruktur zusammenschließen, was zugleich bedeutet, dass sie weder Wasser noch Nährstoffe längerfristig speichern können. Das heißt aber noch lange nicht, dass Sandboden nur Nachteile hat. Leichte, sandige Böden zeichnen sich nämlich dadurch aus, dass sie sich im Frühjahr rasch erwärmen und somit buchstäblich zu jeder Jahreszeit zugänglich sind, gelockert oder umgegraben werden können. Auch lassen sie sich durch reichlich organisches

Material nachhaltig verbessern. Im Übrigen gibt es viele Pflanzen, die sich auf gut durchlässigen Böden wohl fühlen; man denke nur an die zahlreichen Gewächse aus dem Mittelmeerraum. Kräuter wie Lavendel, Thymian und Rosmarin gedeihen weit besser auf Sand- als auf verdichteten Tonböden. Nicht ganz winterharte Pflanzen haben auf sandigem Grund, auf dem die Wurzeln trockener bleiben, weit bessere Überlebenschancen, auf feuchten Tonböden würden sie im Winter garantiert faulen.

Tipps zum Gärtnern auf Sandböden

● Eine gute Möglichkeit, das Wasser in sandigen Bereichen zu halten, ist, die Beete mit einer Schicht grobem Strandkies zu mulchen. Zunächst aber sollten Sie Ihre Blumenbeete umgraben und mit viel Humus anreichern. Wählen Sie robuste, trockenheitsverträgliche Pflanzen aus und setzen Sie diese so ein, dass die Basis geringfügig über den Boden hinausragt. Wässern Sie sie gründlich und mulchen Sie das Beet mit einer 8 bis 10 cm starken Schicht gröberem Strandkies. Die Steine helfen, das Unkraut zurückzuhalten, und schützen den Boden gegen vorschnelle Verdunstung.

Lehmböden

Zwischen den beiden Extremen Sand- und Tonboden ist der Lehmboden aufzuführen, der eine ideale Kombination darstellt, denn er lässt sich ebenso leicht bearbeiten wie Sandboden und verfügt wie Tonboden über die Fähigkeit, Feuchtigkeit und Nährstoffe zu speichern. Wir versuchen also, unsere sandigen Böden mit Lehm anzureichern, indem wir ihnen gut verrottetes Material beigeben; gleichermaßen versuchen wir unsere Tonböden mit Lehm anzureichern, indem wir ihnen scharfen Sand oder Kies beigeben, um sie mit gröberen Partikeln zu durchsetzen, die die Belüftung und Dränage verbessern.

Tonböden

Die einzelnen Tonpartikel sind so klein, dass sie lediglich unter einem Mikroskop erkennbar sind, und Tonboden besteht aus mehr als 25 Prozent dieser Partikel. Mit Wasser gemischt, können sie sich klebrig und zementartig anfühlen. Wo weniger als 8 Prozent Tonpartikel enthalten sind, der Boden aber noch immer schwer ist, könnte Treibsand untergemischt werden. Treibsand neigt zum Verdichten, klebt aber weniger. Winzige Partikel bedeuten auch winzige Poren und ein Ton- oder Treibsand-Boden ist weniger gut belüftet; auch trocknet er wesentlich langsamer ab als Sandboden. Obwohl klebrige Tonböden zum Verzweifeln sein können, wenn sie im Sommer knochentrocken sind und den Winter über unter Staunässe leiden, so bedeuten die typisch winzigen Partikel doch, dass sie über ein hohes Wasser- und Nährstoff-Haltevermögen verfügen und das Pflanzenwachstum fördern. Es gibt eine ganze Reihe Pflanzen, einschließlich Rosen, die von verbesserten nährstoffreichen Tonböden profitieren.

Tipps zum Gärtnern auf Tonboden

● Wenn Sie schweren Tonboden betreten müssen oder länger vom Rand des Rasens aus arbeiten, sollten Sie Bretter unterlegen, um das Gewicht zu verteilen.
● Verbessern Sie die Dränage für Nutzpflanzen wie Knoblauch, indem Sie in keilförmig über dem Bodenniveau aufgeworfene Erde pflanzen – ein Verfahren, das insbesondere dem Wintergemüse und frühen Kulturen zugutekommt, da die Wurzeln über den kältesten und oftmals durchgeweichten Bereich des Bodens hinausgehoben sind.
● Um einen kalten, nassen und schweren Boden im Frühjahr vor dem Pflanzen abzutrocknen, bedecken Sie ihn mit Polyäthylen-Folie. Folientunnel, die sich mit Hilfe von Bögen auf dem Beet fixieren lassen, halten die Abdeckung vom Boden fern und schützen gegen den Regen, lassen die Luft aber zirkulieren und erwärmen den Boden.
● Beete, die lediglich 1,2 m breit und im Vergleich zur Umgebung etwas höher angesiedelt sind, lassen sich durch Abdecken leichter abtrocknen.

Acidität (Säuregrad) und Alkalinität (Basengehalt)

Gartenliebhaber, die mehr über den Säuregrad und die Alkalinität ihres Bodens wissen möchten, können sich mit Hilfe eines Bodenmessgeräts Aufschluss verschaffen. Anhand einer Metallsonde, die in den Boden eingeführt wird, lässt sich der pH-Wert auf der von 0 bis 14 reichenden Mess-Skala leicht ermitteln. Ein Wert von 7 weist auf einen neutralen Boden hin, während alles, was darunter liegt, sauer, und was darüber liegt, alkalisch ist. Die meisten Pflanzen bevorzugen Böden mit einem pH-Wert von 6,5 bis 7, aber manche tolerieren auch kreidehaltige oder alkaline Böden, während andere wie Rhododendren, Pieris, der Federbuschstrauch (Fothergilla) und Blaubeeren als kalkfliehende Pflanzen am besten auf Boden mit einem pH-Wert um 5,5 gedeihen.

Wenn Böden starke Abweichungen von neutralen Werten zeigen, kann dies ein Hinweis sein, dass es dem Boden an bestimmten, für das Pflanzenwachstum erforderlichen Mineralien mangelt. Böden über Kreide- oder Kalkstein sind alkalisch und enthalten eine Menge Kalzium, obgleich es ihnen häufig an Mangan, Bor oder Phosphor fehlt. Saure Böden hingegen enthalten oft zu viel Mangan und Aluminium. Neutrale Böden bieten die besten Bedingungen für Bakterien, was bedeutet, dass der Verrottungsprozess beschleunigt wird und somit mehr Nährstoffe für die Pflanzen verfügbar sind.

Den pH-Wert eines alkalischen Bodens modifizieren

Grundsätzlich empfiehlt es sich, im Einklang mit den Bedingungen, die das Umfeld Ihres Gartens bietet, zu arbeiten und die Pflanzen entsprechend dem Typ und pH-Wert des Bodens auszuwählen. Rätselhaft bleibt, warum Kalk- bzw. alkaline Böden häufig als Problem betrachtet werden, denn es gibt unzählige Pflanzen, die bestens auf alkalischen Böden gedeihen. Eine gute Dränage vorausgesetzt, bieten sie ein breites Spekt-

Säuregrad (Acidität) oder Basengehalt (Alkalinität) des Bodens ermitteln (pH-Wert)

● Um Aufschluss über den pH-Wert des Bodens zu gewinnen, brauchen Sie sich nur die Nachbargärten anzusehen. Wenn überall glänzend grüne und vor Gesundheit strotzende Rhododendren wachsen, können Sie sicher sein, dass Ihr Boden sauer ist. Wenn Ihnen aber auffällt, dass nirgends säureliebende Pflanzen wachsen und die Hortensienblüten von Rosa zu Blau übergehen, spricht alles für einen alkalischen Boden. Aufschluss geben aber auch größere Kalkklumpen im Boden.

● Um letzte Sicherheit über den Säuregrad oder die Alkalinität zu gewinnen, sollten Sie einen pH-Test machen. Kleine Boden-Testsets sind im Gartencenter erhältlich, sodass Sie für wenig Geld an unterschiedlichen Stellen im Garten mehrere Bodenproben entnehmen und testen, und durch entsprechende Pflanzenwahl ein Vermögen sparen können. Ich empfehle dringend mehr als einen Test pro Grundstück, weil Böden nicht nur von Natur aus unterschiedlich sein können, sondern die vorherigen Gartenbesitzer an einigen Stellen womöglich auch Material eingearbeitet haben, um den pH-Wert zu verändern.

Wie der Rest der Familie bevorzugt dieser Rhododendron der *Cilipinense*-Gruppe kalkfreien Boden. Auf alkalischem Boden kommt somit nur die Topfkultur in Frage.

rum an Möglichkeiten. Denn hier haben auch Pflanzen eine Chance, die empfindlich auf nasse Wurzeln reagieren. Magerer Boden über kreidigem Ausgangsgestein ist ideal für eine Wildblumenwiese. Paradoxerweise scheinen aber Gartenliebhaber mit alkalischen Böden geradezu erpicht auf säureliebende Pflanzen zu sein, insbesondere auf Kamelien und Rhododendren. Wer sich diesen Wunschtraum dennoch erfüllen möchte, kann diese Pflanzen in Kübel mit saurem Erdsubstrat setzen. Da Kamelien und Rhododendren in der Natur in Waldgebieten wachsen, sollte man die Töpfe nicht gleißendem Sonnenlicht aussetzen. Sie können ein kleines Hochbeet mit saurem Boden anlegen, indem Sie neutralen oder sauren Oberboden kaufen und diesen anreichern bzw. den Säuregrad durch Beigabe von gut verrottetem Gartenkompost, Laubmoder oder Kiefer- und Fichtenstreu erhöhen. Man kann den pH-Wert des Bodens aber auch senken und somit den Säuregrad erhöhen, indem man dem Boden Schwefel zusetzt.

Sauren Boden aufkalken

Nicht alle Gartenliebhaber sind glücklich über ihren sauren Boden, insbesondere jene nicht, die gern Gemüse anziehen. Die meisten Nutzpflanzen gedeihen nämlich in neutralem Boden am besten, und die Kohlgewächse *(Brassicaceae)* bevorzugen gar einen leicht alkalischen Boden.

Wenn Sie den pH-Wert mit Hilfe eines Bodentests ermittelt haben, lässt sich ein saurer Boden durch Beigabe von Kalksteinschotter mit der Zeit neutralisieren; ungeeignet ist Ätzkalk (gebrannter, ungelöschter Kalk), da dieser zu aggressiv ist und die Gefahr besteht, dass die Pflanzen verbrennen. Das Aufkalken kann jederzeit erfolgen, nur sollte man Kalk nicht gemeinsam mit Mist aufbringen. Kalk reagiert nämlich mit dem Stickstoff im Tierdung und setzt Ammoniak frei, der die Pflanzen unter Umständen schädigen kann. Für die meisten Gartenliebhaber ist die Beigabe von Kalk ein fester Programmpunkt im Fruchtwechsel-Zyklus. Kalk wird routinemäßig beim Umgraben im Winter ausgestreut, damit er sich gut verteilen und bereits wirken kann, bis die Kohlarten ausgesät oder gepflanzt werden. Beim Aufkalken heißt es, mit naturwissenschaftlicher Genauigkeit vorzugehen: Bei einem pH-Wert von 5,5 gibt man auf Sandboden 130 g Kalk pro Quadratmeter, auf Lehm 190 g und auf Ton 260 g. Bei einem pH-Wert von 6,0 werden auf Sandboden 118 g, auf Lehm 155 g und auf Ton 215 g zugesetzt. In der Praxis verfahren die Gärtner nach Gutdünken und streuen beim Umgraben einfach eine Schicht Kalk auf den Boden oder arbeiten diese oberflächlich mit dem Rechen ein. Zur Ermittlung des Ergebnisses sind regelmäßige Nachkontrollen, vor allem des pH-Werts vonnöten. Auch durch Holzasche lässt sich der pH-Wert erhöhen. Wenn Sie Kalk zusetzen, sollten Sie, wie für jeden Dünger, eine alte Waage bereithalten, Handschuhe tragen und das Material an einem windstillen Tag aufbringen; tragen Sie auch eine Schutzbrille!

Pflanzen für saure Böden

Die hier aufgeführten Pflanzen erfordern sauren Boden, um zu gedeihen. Wo der Säuregrad nicht ausreicht, zeigen die Pflanzen unter Umständen Anzeichen von Eisenmangel (s. Seite 277) sowie gelbe Blätter. Regelmäßiges Düngen mit einem speziell für Erika-Gewächse entwickelten Präparat kann zwar vorübergehend Abhilfe schaffen, keineswegs aber den erforderlichen sauren Boden ersetzen.

Camellia
Enkianthus
Fothergilla
Erica und Calluna
Kalmia
Leucothoe
Magnolia
Pieris
Rhododendron
Skimmia

Kalmia latifolia 'Myrtifolia'

Pflanzen für Kalkböden

Diese Pflanzen tolerieren alle Kalk- oder alkalinen Böden. Obwohl die farbenprächtigen, großblütigen Rhododendren, Kamelien und die meisten Magnolien hier nicht gedeihen, gibt es unzählige Alternativen. Frühe Blüten an schattigen Mauern bringt die Zierquitte (Chaenomeles) hervor, die sich fächerförmig erziehen lässt. Große, spektakuläre Blüten zeigen die sommerblühenden Pfingstrosen (Paeonia), Eucryphia, Carpenteria californica und der Kalifornische Baum-Mohn (Romneya coulteri).

Apfelbäume und Crab- oder Holzäpfel (Malus)
Esche (Fraxinus excelsior)
Birke (Betula)
Buchs (Buxus)
Schmetterlingsstrauch (Buddleja)
Säckelblume (Ceanothus)
Kalifornischer Baum-Mohn (Romneya coulteri)
Carpenteria californica

Clerodendrum trichotomum
Maßliebchenstrauch (Olearia x haastii)
Deutzia
Ölweide (Elaeagnus)
Escallonia
Eucryphia
Fatsia japonica
Feuerdorn (Pyracantha)
Fuchsie (Fuchsia)
Geißblatt-Arten (Lonicera)
Hortensie (Hydrangea)
Zierquitte (Chaenomeles)
Flieder (Syringa)
Linde (Tilia)
Magnolia (Magnolia x loebneri und Kultivare)
Myrte (Myrtus communis)
Duftblüte (Osmanthus)
Pfingstrose (Paeonia)
Klebsame (Pittosporum)
Taubenbaum (Davidia involucrata)
Zistrosen (Cistus)
Rosmarin (Rosmarinus)
Mehlbeere, Eberesche (Sorbus)
Perlschweif (Stachyrus)
Schneeball (Viburnum)

Paeonia suffruticosa 'Alice Palmer'

Maßnahmen zur Bodenverbesserung

Betrachten Sie den Boden, den Sie mit Ihrem Garten übernehmen, lediglich als Ausgangsbasis. Denn sobald Sie gut verrottetes organisches Material einarbeiten und als Mulchschicht aufbringen, können Sie entscheidend zur Verbesserung seiner Struktur und Fruchtbarkeit beitragen. Schon nach ein paar Jahren merken Sie den Unterschied. Um unseren Nutzgarten anzulegen, mussten wir zuerst Teerschichten von einer ehemaligen Auffahrt abtragen; darunter fand sich eine Bodenstruktur, die extrem verdichtet war. Nachdem wir aber reichlich Kompost und Dung eingearbeitet hatten, konnten wir bereits im ersten Jahr gute Erträge erzielen. Zwar war es nicht in allen Bereichen möglich, feines Saatgut auszusäen, weil noch immer zu viele fest verbackene Klumpen im Boden waren. Aber wir arbeiteten uns Schritt für Schritt vor, indem wir an den schlimmsten Stellen Saatkartoffeln setzten und viele Pflanzen wie Kopfsalat, Feuerbohnen und Zuckermais in Frühbeeten und Töpfen vorzogen.

Wie Sie Ihren Gartenboden verbessern können

Eine alte Gärtnerweisheit besagt: »Nähre den Boden, nicht die Pflanze.« Durch Einbringen von organischem Material lässt sich der Boden in vielerlei Hinsicht verbessern. Leichte Böden erhalten auf diese Weise die so dringend erforderliche Faserstruktur, die die Konsistenz verbessert und dafür sorgt, dass ein Vielfaches an Wasser und Nährstoffen gespeichert werden kann, während schwere, verdichtete Böden aufgebrochen werden und sich folglich weniger »verbacken« und klebrig anfühlen. In der Natur wird der Boden durch die Verrottung der Pflanzen, von den Trieben über die Blätter bis zu den Wurzeln, mit Nährstoffen angereichert. Dies fördert die Population der Kleinstlebewesen als zweite Quelle organischen Materials. Verständlicherweise neigen wir im Garten vielfach dazu, sämtliche toten Pflanzenteile zu entfernen. Wenn aus Sauberkeitsgründen aber all diese Nährstoffe abgeräumt werden, sollte man sie wenigstens auf einen Komposthaufen geben oder in Kompostkästen sammeln. Auf diese Weise gewinnt man krümeliges, gut verrottetes Erdsubstrat, das dem Boden dann in ansehnlicher Form wieder zurückgegeben werden kann.

Bis zu 75 Prozent des Pflanzenmaterials, das auf den Boden fällt, besteht aus Wasser. Der Rest setzt sich hauptsächlich aus Kohlenstoff und dem darin enthaltenen Sauerstoff, Wasserstoff sowie anorganischen Materialien zusammen, die gemeinsam mit Stickstoff, Phosphor, Pottasche, Schwefel, Kalzium, Magnesium und Spuren- oder nährstoffreichen Mikroelementen bei der Dekompostierung freigesetzt werden. Sobald die organischen Überreste auf den warmen Boden kommen, fallen Millionen von Bodenorganismen über sie her. Als Gärtner warten wir gewöhnlich, bis unser Kompost ganz oder zumindest annähernd verrottet ist und sich in dunklen, krümeligen Humus verwandelt hat. Gut verrottetes organisches Material erweckt den Boden buchstäblich zum Leben.

Organisches Material

Es gibt eine ganze Reihe organischer Materialien, die sich dem Boden zusetzen lassen. Was Sie letztlich verwenden, dürfte eher eine Frage des Wohnorts und der in der Gegend verfügbaren Substanzen sein, als was für den Boden tatsächlich das Beste wäre.

Die Frage nach dem Zeitpunkt stellt sich letztlich nicht, denn sobald der Boden offen ist, lässt sich organisches Material einarbeiten. Bei der Vorbereitung einer neuen oder teilweise erneuerten Rabatte wird man die Gelegenheit nutzen, beim Umgraben Humus einzubringen, bevor der Boden wieder bepflanzt wird. Idealerweise wird man ihn nach dem Umgraben zunächst einmal ruhen lassen, damit er sich setzen kann, um dann die einjährigen Unkräuter, die noch sprießen, auszuhacken. In diesem Fall sollten Sie den gelockerten Boden zunächst einmal festtreten, damit er sich später nicht senkt. Solange sämtliche organischen Materialien, insbesondere Tierdung, gut verrottet sind, dürften die Pflanzen nicht zu Schaden kommen. Wo lediglich ein paar Jungpflanzen hinzugefügt werden, sollten Sie einen möglichst großen Bereich saubermachen und glattrechen, um die Erdklumpen aufzubrechen, sowie dann gut verrottetes Material einarbeiten.

Im Gemüsegarten wird mit dem Umgraben und Vorbereiten der Beete gewöhnlich schon im vorangehenden Herbst und Winter begonnen. Der Vorteil von 1,2 m breiten Beeten ist, dass ein erstes Umgraben häufig für mehrere Jahre ausreicht und man dann von den Wegen aus arbeiten kann.

Geben Sie im Umkreis von etablierten Pflanzen eine 8 cm starke Mulchschicht aus organischem Material auf den Boden. Allerdings sollten Sie den Mulch von der verholzten Basis von Bäumen, Sträuchern und einigen Stauden fernhalten (am besten abfegen), um zu verhindern, dass sich das Material anhäuft und Fäulnis verursacht.

Tierdung

Bringen Sie nie frischen Mist auf! Meist setzt er Ammoniak frei und schädigt somit die Wurzeln. Ammoniak und andere lösliche Stickstoff-Verbindungen werden von Bakterien genutzt, in ihrem Körper gespeichert und erst mit dem Absterben der Bakterien freigesetzt. Das Verteilen von verrottetem

Tierdung ist ohnehin wesentlich effektiver, da frischer Mist innerhalb des Verrottungsprozesses die Hälfte seines Gewichts einbüßt. Pferdemist enthält die meisten Nährstoffe, gefolgt von Schweine-, Kuh- und Hühnermist. Man braucht lediglich eine dünne Schicht auf den Boden oder die Furche zu geben, wobei ich Mist gern mit gut verrottetem Kompost mische (Verhältnis 50:50). Hühnermist ist für die Pflanzenwurzeln zu scharf; ich gebe ihn deshalb auch nie unmittelbar auf den Boden. Stattdessen setze ich Hühnermist dem Komposthaufen zu und lasse ihn als Rottebeschleuniger zunächst einmal wirken, bevor ich ihn in entsprechend zersetzter und gemischter Form aufbringe. Pferdemist lässt sich in vielen Gegenden auftreiben, man muss sich nur selbst darum kümmern. Wer auf dem Land lebt, kann sich von einem Bauern vor Ort Kuhmist anliefern lassen. Was die Herkunft von Tierdung angeht, gilt es allerdings wählerisch zu sein, insbesondere, wenn Sie organisch gärtnern. Der Mist sollte deshalb nicht aus Betrieben mit Massentierhaltung stammen, da die Gefahr besteht, dass er Giftstoffe enthält. Die meisten Pferde und Ponys werden regelmäßig entwurmt, aber die chemischen Rückstände bauen sich in der Regel bei der Dekompostierung ab.

In einem Kompostkasten mit zwei Kammern kann in der einen Kammer das frische Material aufgesetzt und aus der anderen bereits der fast fertige Kompost entnommen werden.

Gartenkompost

Wer seinen Boden mit selbst aufgesetztem und nach und nach verrottetem Gartenkompost verbessert, macht sich die Möglichkeit, Küchen- und Gartenabfälle zu entsorgen und dem Boden Nährstoffe zuzuführen, bestmöglich zunutze. Im Zuge dieses umweltfreundlichen Prozesses werden keine fossilen Brennstoffe wie etwa bei der Herstellung von Kunstdünger verbraucht; außerdem ist, von ein bisschen Eigeninitiative abgesehen, keine Fremdenergie erforderlich. Der nährstoffreiche Kompost, der entsteht, kann in den Boden eingearbeitet oder als Mulchschicht (Ratschläge zum Aufsetzen eines eigenen Komposthaufens s. Seite 132) aufgebracht werden.

Laubmoder

Verrottetes Herbstlaub eignet sich ausgezeichnet zur Bodenverbesserung, insbesondere für die Waldpflanzen, da es sich um die gleichen Substanzen handelt, die diesen an ihrem Standort in der Natur zur Verfügung stehen. Geben Sie die gesammelten Blätter aber nicht auf den Komposthaufen, sondern lagern Sie sie separat, bis sie sich zu einer krümeligen dunklen Masse zersetzt haben, die im darauffolgenden Jahr dem Boden beigegeben wird. Sie können aber auch Laubmoder gewinnen, indem Sie die Blätter zusammen mit einem mikrobiellen Kompost-Aktivator in Säcke füllen und diese mit ein paar Luftlöchern versehen fest verschließen.

Torf

In Säcken abgepackter Moostorf (aus sphagnumreichen Moor- und Sumpfgebieten) oder Seggentorf (aus mit Seggen und Binsen bewachsenen Marschlandschaften) war vor Jahren als Bodenverbesserer ausgesprochen beliebt, insbesondere um den Säuregrad des Bodens anzuheben.

Heutzutage verbietet sich eine breite Nutzung dieser Ressourcen jedoch aus Umweltschutzgründen. Im Bewusstsein der besorgniserregenden Langzeitwirkungen des kommerziellen Torfabbaus verzichten inzwischen viele Gartenliebhaber auf die Verwendung von Torfprodukten und sehen sich nach Alternativen um. Kokosfaserprodukte beginnen sich als Torfersatzstoffe langsam zu etablieren.

Abgeerntetes Pilzsubstrat

Dieses Nebenprodukt der kommerziellen Pilzanzucht war früher wesentlich leichter erhältlich als heute und wurde von Landschaftsgärtnern allgemein geschätzt. Als Mischung aus Tierdung, Lehm und Kreide oder gemahlenem Kalk war Pilzkompost ein preiswerter »Lieferant« von gröberem organischem Material, das entweder in den Boden eingearbeitet oder über der Oberfläche verteilt wurde, vorausgesetzt, dass es nirgends kalkfliehende Pflanzen wie etwa Rhododendren gab.

Für ökologisch orientierte Gärtner empfiehlt sich allerdings nur Substrat aus biologisch-organischer Pilzanzucht. Früher ließ man sich für den Garten von Anbietern vor Ort eine kleinere Lkw-Ladung liefern; da Pilzkompost aber heute kaum noch irgendwo erhältlich ist, wird er mehr und mehr durch organische Abfälle aus Großkompostieranlagen verdrängt.

Großkompostieranlagen

Im Bemühen um Müllreduzierung nehmen viele Kommunen inzwischen die Chance eigener Kompostieranlagen wahr. Jeder Haushalt sammelt die Grünabfälle in seiner Bio-Tonne; diese werden in großem Umfang kompostiert. Der Kompost ist gründlich verrottet, denn die regelmäßig kontrollierten Temperaturen der Anlagen sind hoch genug, um zu gewährleisten, dass die Wurzeln hartnäckiger Unkräuter und Unkrautsamen abgetötet werden.

Kompostierte Rinde

Rinde wird im Gartenbau vielfach verwendet, wobei nur gut kompostierte Rinde in den Boden eingearbeitet werden sollte. Da es sich um eine relativ kostspielige Methode der Bodenverbesserung handelt, empfiehlt sich das Material vor allem für kleinere Flächen. Rinde ist abgepackt in jedem Gartencenter erhältlich.

Vermahlene Rinde und geschredderter Grünschnitt

Beide Materialien werden routinemäßig als Mulch über den Boden verteilt, um die Feuchtigkeit zu halten und das Unkraut einzudämmen. Allerdings besteht die Gefahr, dass das noch nicht kompostierte Material dem Boden während der Verrottung Stickstoff entzieht, indem die am Prozess beteiligten Bakterien Stickstoff aufnehmen. Arbeiten Sie dieses Material also nicht in den Boden ein, und bringen Sie zunächst einen Dünger auf, bevor Sie den Mulch auf den Boden geben. Schweres Mulchmaterial wie dieses lässt sich von selbst aussamenden Pflanzen kaum eine Chance; von daher sollte man es auch nicht unbedingt in Bauerngärten aufbringen, wo Pflanzen wie Akeleien, Vergissmeinnicht, Fingerhüte und Silberblatt, die sich aussäen, willkommen sind.

Schalen von Kakaobohnen

Dieses in Großbritannien von vielen Gärtnern bevorzugte Mulchmaterial besteht aus den äußeren Schalen der Kakaobohne. Es hat sich zur Eindämmung von Unkraut bewährt, steht im Ruf, Schnecken abzuschrecken und hebt den Säuregrad des Bodens. Kakaobohnen-Mulch kann für Hunde, die das Material fressen, allerdings schädlich sein. Im Lauf der Kompostierung entsteht ein natürlicher Schimmelbelag auf dem Mulch, der jedoch unbedenklich ist.

Seetang

Seetang enthält reichlich Pottasche (Kalium) und ein Alginat (Alginsäure), das die Bodenpartikel zusammenbinden hilft. Sie können Seetang entweder direkt in den unbepflanzten, feuchten Boden einarbeiten oder das Substrat dem Komposthaufen beigeben. Ich hatte aufgrund des Salzgehalts zwar immer Bedenken, aber ich kenne einige Gärten, in denen Seetang seit Jahren ohne unerwünschte Nebeneffekte als Mulch verwendet wird. Getrocknetes Seetang-Mehl ist ein guter Bodenverbesserer, und aufgekalkter Seetang scheint sowohl leichten als auch schweren Böden zu bekommen, was sich vor allem auf die Bodenstruktur und das Pflanzenwachstum auswirkt.

Dränage

Obwohl sich die Struktur des Bodens und seine Durchlässigkeit durch gut verrottetes organisches Material verbessern lassen, sind oft zusätzliche Methoden gefragt, um staunasse Böden als Folge verdichteter Schlick- und Tonpartikel oder eines hohen Grundwasserspiegels aufzuschließen.

Die roten Triebe der Silberweide (*Salix alba* subsp. *vitellina* 'Britzensis') leuchten den ganzen Winter über in diesem Sumpfbereich am Rand eines Teichs.

Wer Probleme mit nassem Boden hat, sollte die Symptome und Ursachen sorgfältig untersuchen und dann ein entsprechendes Sanierungskonzept starten. Winternässe, die vor allem in vernachlässigten, schweren Tonböden auftritt, lässt sich manchmal schon durch sachgemäße Bodenbearbeitung und Beigabe von scharfem Sand oder Kies (feiner Sand ist ungeeignet, da er den Boden noch mehr verklebt) beheben. Versuchen Sie zunächst ein Loch zu graben. Wenn sich dieses mit Wasser füllt, ist der Wasserstand hoch, was bedeutet, dass nur eine künstliche Dränage weiterhilft. Manchmal stößt man aber in 30 bis 45 cm Tiefe auch auf eine harte Schicht oder Pflugsohle. Pflugsohlen finden sich vielfach in vermehrt eisen- und aluminiumhaltigen Böden. Als dicke und undurchdringlich verdichtete Schicht hindern sie das Wasser, aus den oberen Bodenschichten abzufließen. Auf lange Sicht bleibt dem Gärtner nichts anderes übrig, als den Boden tief umzugraben, um die Pflugsohle aufzubrechen (notfalls mit der Breithacke oder dem Brecheisen).

Gärtnern auf feuchten oder sumpfigen Böden

Ein kleiner, feuchter Bereich am Rand des Gartens muss kein Problem darstellen. Man braucht sich nämlich nur zu überlegen, welche Pflanzen von feuchten Böden profitieren, und schon lässt sich die Situation vorteilhaft nutzen. Pflanzen entziehen nassen Böden mit der Zeit die Feuchtigkeit und »binden« den Boden, zumal sie mit ihren Wurzeln auch in tiefere Schichten vordringen.

Zu den Bäumen, die feuchte Böden tolerieren, gehören die Erlen. Als farbenprächtiger Baum bietet sich die etwa 10 m hoch und 5 m breit werdende gelblaubige Weißerle *(Alnus incana* 'Aurea') an, die durch orangerote Triebe und Kätzchen

Wer Pflanzen, die keine Staunässe vertragen, an einen Standort wie diesen setzt, riskiert, sie aufgrund von Sauerstoffmangel zu ertränken.

besticht, aber auch durch die gelben Blätter, die sich im Sommer blassgrün färben. Ein wertvoller hoher und schlanker Baum ist die Sumpfzypresse *(Taxodium distichum* var. *imbricatum* 'Nutans'). Diese laubabwerfende Konifere erreicht eine Höhe von 10 bis 20 m bei einer Breite von lediglich 1,2 bis 1,5 m. Zu den interessanten kleineren Pflanzen gehören die Kalla-Arten *(Zantedeschia aethiopica)*, der Rutenweiderich *(Lythrum virgatum* 'Rose Queen') und die Sommerknotenblume *(Leucojum aestivum)*.

Eine künstliche Dränage bauen

Wo die Wasserführung in einem Garten durchgängig zu wünschen übrig lässt, lohnt es sich, in ein sachgemäß installiertes Dränagesystem zu investieren, das Wasser ableitet, und die Bedingungen für erfolgreiches Gärtnern somit verbessert. Meist werden unterirdische Dränagerohre verlegt, die, fischgrätartig angeordnet, das Wasser sammeln und in einen Graben oder, wo nicht verfügbar, eine Sickergrube ableiten. Verlegen Sie den Haupt-Dränstrang (Sammler) parallel zum Gefälle des Geländes, indem Sie Gräben von 60 bis 90 cm Tiefe und 30 cm Breite einziehen. In extrem schweren Böden lassen sich diese Gräben auch von einem Minibagger ausheben. Machen Sie sich an die Arbeit, wenn der Boden trocken ist, und vermeiden Sie unnötiges Hin-und-her-Gehen, um ihn nicht zusätzlich zu verdichten. Für die Seitenstränge (Sauger), die im spitzen Winkel vom Hauptstrang ausgehen, empfiehlt sich auf Tonboden ein Abstand von 4,5 m, während auf Lehm 7,5 m erforderlich sind.

Der Haupt-Dränstrang, der heute meist aus einem perforierten Kunststoffrohr besteht (früher wurden durch Muffen verbundene Tonrohre verwendet), sollte einen Rohrdurchmesser von 10 cm haben, die Seitenstränge einen Durchmesser von 8 cm. Verlegen Sie die Rohre auf einer etwa 5 cm starken Schicht Strandkies und geben Sie Strandkies darauf, bevor mit Erde aufgefüllt wird. Beim Ausheben sollten Sie auf eine sorgfältige Trennung von Unter- und Oberboden achten, damit der Oberboden am Schluss auch wieder obenauf liegt. Manchmal genügt auch eine Schotter-Dränage, um einen kleineren Bereich zu entwässern. Heben Sie einen Graben von 60 bis 90 cm aus (im gleichen Abstand wie die Dränrohre), in den Sie an Stelle von einem Rohr eine Schicht Ziegelsteinschotter (gebrochene Backsteine), Feuerstein oder vergleichbaren Bauschutt einbringen. Decken Sie das Material mit Strandkies ab und geben Sie Erde darüber. Auf flachem Gelände müssen Graben und Rohre ein leichtes Gefälle in Richtung Sickergrube haben, damit das Wasser abfließen kann. Sickergruben sollten 1,8 m tief und breit sein. Am besten kleidet man sie mit Trockenmauern aus Ziegelstein aus, füllt sie mit Schotter und dann flächenbündig mit geeignetem Material auf.

Düngemittel

Solange die Pflanzen gedeihen, spricht vieles dafür, sie sich selbst zu überlassen. Überdüngen wirkt kontraproduktiv, denn Pflanzen, die reichlich Blattmasse entwickeln, können sich nicht selbständig aufrechthalten, reagieren im Winter anfälliger auf Frost und werden aufgrund ihrer weichen, saftigen Triebe vermehrt von Schädlingen befallen.

Sobald eine Pflanze aber Mangelerscheinungen erkennen lässt, benötigt sie Hilfe. Gelb werdende Blätter und kümmerliches Wachstum sind Symptome, die auf Stickstoffmangel hinweisen. Braun-violette Flecken und verbrannte Blattränder weisen auf ein Defizit an Pottasche hin, insbesondere dann, wenn diese Symptome mit Blühunwilligkeit und mangelndem Fruchtbehang gekoppelt sind. Gelbfärbungen zwischen den Blattadern gelten als klassisches Symptom für Magnesiummangel (s. auch Seite 276). Manche Pflanzen sind extrem nährstoffhungrig; in diesem Fall gilt es den gesunden Menschenverstand einzuschalten, bevor man Dünger verabreicht. Am meisten profitieren die Pflanzen von Düngergaben zu Beginn der Vegetationsperiode bzw. im Frühling und Frühsommer während der Hauptwachstumsphase.

Kranke Pflanzen sind nicht in der Lage, Düngemittel aufzunehmen, weil sie zur Absorption ein gesundes Wurzelsystem benötigen. Von daher gilt es die Pflanzen vor dem Düngen zunächst hochzupäppeln, weil sich die Salze andernfalls im Boden oder Topf aufbauen und das ohnehin schwache Wurzelsystem zusätzlich schädigen.

Die wichtigsten Nährstoffe (Makro-Nährstoffdünger) sind Stickstoff (N) für das Blattwachstum, Phosphor (P) für die Blüten- und Fruchtbildung sowie Kalium (K) für die Stabilität und Widerstandsfähigkeit der Pflanze. Diese namhafte Dreierkombination ist auf Düngerpaketen und Flaschen grundsätzlich in dieser Reihenfolge verzeichnet, ergänzt durch einen Verteilerschlüssel, der die Mengenverhältnisse der Stoffe prozentual angibt.

Als weitere wichtige Nährstoffe sind Magnesium (Mg), Kalzium (Ca) und Schwefel (S) zu nennen. Aber auch Mikro-Nährstoffdünger oder Spurenelemente sind wichtig; dazu gehören Eisen (Fe), Mangan (Mn), Kupfer (Cu), Zink (Zn), Brom (B) und Molybdän (Mo).

Die verschiedenen Düngemittel

In den Regalen der Gartencenter findet sich eine schier überwältigende Reihe an Düngemitteln – auf ein paar Basis-Kategorien zurückgeführt, wird die Auswahl aber doch überschaubar.

Wundermittel

● Ich erinnere mich gut, wie unsere Zierkirsche (*Prunus serrula*) eines Jahres zu kränkeln anfing und gelb werdende Blätter zeigte, die im ausgehenden Frühling plötzlich abfielen, als ob es bereits Herbst wäre. Eine Anwendung mit Bittersalz (Epsom) (200 g in 10 l Wasser aufgelöst) genügte als Blatt- und Wurzeldünger, um den Baum wieder zu Kräften zu bringen. Er hatte unter Magnesiummangel gelitten, vermutlich als Folge starker Regenfälle auf leichtem Boden.

Einzeldünger

Einzel- oder Einnährstoffdünger versorgen den Boden mit nur einer Komponente. Anorganisches schwefelsaures Ammoniak liefert lediglich Stickstoff, Superphosphat ist ein Einzeldünger, der lediglich Phosphor (natürliche Gesteinsphosphate wären eine Alternative für organische Gärtner) liefert. Anorganisches Kaliumsulfat oder (für organische Gärtner) Gesteinspottasche liefert lediglich Kalium.

Mehrnährstoffdünger

Diese Düngemittel werden dem Boden in der auf der Packung empfohlenen Dosierung zugesetzt, meist vor der Aussaat oder Pflanzung von Nutz- oder Zierpflanzen. Organische Vertreter sind Fisch-, Blut- und Knochenmehl (Stickstoff, Phosphor und Pottasche bzw. Kalium), Fischmehle (Stickstoff) und Seetangmehl (Stickstoff, Pottasche und Spurenelemente). Ein anorganisches Beispiel wäre ein Präparat auf Stickstoff-, Phosphat- und Pottasche-Basis. Im Handel erhältlich sind viele weitere Produkte, die gezielt zum Düngen spezifischer Pflanzenarten vorgesehen sind.

Langzeitdünger

Diese Mehrnährstoffdünger geben ihre Komponenten nur langsam ab und werden Bäumen, Sträuchern und Stauden meist im Spätwinter oder zeitigen Frühjahr verabreicht; die einmalige Anwendung reicht für eine gesamte Wachstumsperiode aus. Manche zersetzen sich langsam im Boden, während andere in eine kapselartige Membran eingeschlossen sind, die sich aufgrund von Feuchtigkeit und Wärme mit der Zeit auflöst. Sie können diese Präparate auch für Topfpflanzen verwenden, wenn Sie sich die regelmäßige Gabe von Flüssigdünger während der Wachstumsperiode ersparen möchten.

Flüssigdünger

Im Handel sind Düngepräparate erhältlich, die sich den Pflanzen, in Wasser aufgelöst, mit der Gießkanne oder dem Schlauch verabreichen lassen. Davon profitieren insbesondere Topfpflanzen, ob im Zimmer oder im Freien. Diese Präparate eignen sich aber auch für Pflanzen, die im Boden wachsen. Viele ökologisch orientierte Gärtner setzen ihre eigenen Pflan-

Gründüngungen einsetzen

1 Säen Sie die Gründüngung – in diesem Fall Inkarnatklee – auf einem freien Flecken Boden aus.

2 Sobald sie die richtige Schnitthöhe erreicht hat, schneiden Sie die Grünmasse und geben Sie sie auf den Kompost.

3 Arbeiten Sie den Rest in den Boden ein und warten Sie 2 bis 3 Wochen, bevor Sie Ihre Nutzpflanzen setzen oder aussäen.

Tipp

Nach dem Einarbeiten der Gründüngung ist es oft nicht leicht, ein Saatbeet zu richten. Manche Gründüngungen hinterlassen bei der Zersetzung gar Substanzen, die den Keimprozess hemmen. In diesem Fall müssen Sie die Aussaat um einen Monat verschieben oder, besser noch, den Boden für Jungpflanzen oder Setzlinge nutzen und nicht für Samen.

zenjauchen an, indem sie Brennnesseln oder Beinwell einweichen oder auch Schafsmist in Wasser auflösen und in verdünnter Form aufbringen. Allerdings sollten Sie Pflanzen weder in trockenem noch in tropfnassem Zustand düngen.

Blattdünger

Einige Flüssigdünger lassen sich auch durch Besprühen der Blätter aufbringen. Blattdünger sind besonders geeignet für Epiphyten (Pflanzen mit kleinem Wurzelsystem, die in der Natur auf den Zweigen von Bäumen angesiedelt sind) und Pflanzen mit schwächlichem Wurzelstock.

Gründüngung

Viele Gärtner würden ihren Boden am liebsten mit organischen Stoffen anreichern, haben vielleicht aber nicht die Möglichkeit, ihren eigenen Kompost zu produzieren. Gartenneulingen fehlt es oft auch an der Zeit oder dem erforderlichen Platz für einen Komposthaufen oder Kasten. Und das Anliefern von größeren Humusmengen kostet nicht nur Geld, sondern meist auch beträchtliche Mühe. Hier heißt die Lösung: Gründüngung! Auf freiem Boden eingesät, wächst sie rasch heran und lässt sich dann zwei bis drei Wochen vor dem Säen oder Pflanzen in den Boden einarbeiten. Sie brauchen dafür auch nicht schwer zu tragen – ein preiswertes Päckchen Samen genügt, und schon gewinnen Sie unmittelbar vor Ort organisches Material im Überfluss.

Vorteile von Gründüngungen

● Durch Abdecken des unbewachsenen Bodens mit Pflanzen lässt sich das Sprießen von Unkraut weitgehend verhindern und der Boden vor Erosion schützen. Klebrige Böden mit mangelhafter Wasserführung werden durch die Pflanzenwurzeln gelockert; zugleich werden Nährstoffe aus unteren Schichten nach oben befördert und den Pflanzen zugeführt. Gründüngungen stellen ein Paradies für Nutzinsekten dar, aber auch für schneckenvertilgende Frösche und Käfer; außerdem schützen sie die zahllosen unsichtbaren Bodenorganismen vor extremen Witterungseinflüssen. Gründüngungen aus der Familie der *Leguminosen* verfügen über die einzigartige Fähigkeit, den Luftstickstoff zu binden. Eine Gruppe von Bakterien der Gattung Rhizobium siedelt sich in den Wurzelhärchen von Leguminosen wie Klee an und bildet hier knöllchenartige Verdickungen oder Nodule aus. Als Gegenleistung für die Umwandlung des Luftstickstoffs in Pflanzennahrung gewährt ihr die Wirtspflanze Lebensraum und versorgt sie mit den pflanzeneigenen Zuckerreserven. Sie brauchen eine Erbsen- oder Bohnenpflanze lediglich auszugraben, um die Wurzelnodule zu sehen.

Verschiedene Gründüngungen

Um mehr über Gründüngungen zu erfahren, muss man bereit sein, sie auszusäen. Dann erst merkt man nämlich, wie rasch sie wachsen und wie bald sie sich nach der Aussaat untergraben lassen (in der Regel unmittelbar vor der Blüte). Diese Beobachtungen erweisen sich auch als hilfreich bei der Wahl des für die jeweilige Situation richtigen Typs.

Meist sind jene Gründüngungen, die den Winter über stehen bleiben, für den Gärtner die effektivsten, weil der Boden in der Wachstumsperiode vorwiegend für Nutzpflanzen reserviert ist und er somit nur den Winter über eine »Decke« benötigt. Stickstoffbindende Schmetterlingsblütler *(Leguminosen)* sind besonders wertvoll, wenn als nächstes die Pflanzung von Blattgemüse vorgesehen ist.

Annes Empfehlungen für Gründüngungspflanzen

Luzerne oder Alfalfa *(Medicago sativa)*
Dieser langlebige schmetterlingsblütige Stickstoffbinder bildet tiefgehende Wurzeln und eignet sich gut, um verfestigte Böden aufzubrechen. Als Ausgangsbedingung bevorzugt er nährstoffreichen Boden; er verträgt keine nassen Standorte und erweist sich als extrem trockenheitsverträglich. Er kann vom Frühjahr bis in den Sommer ausgesät und im Herbst dann eingearbeitet werden oder aber den Winter über (auch länger) liegen bleiben. Er enthält außer den wichtigsten Nährstoffen auch reichlich Kalzium.

Buchweizen *(Fagopyrum esculentum)*
Diese rasch wachsende, tiefwurzelnde einjährige Pflanze hat eine lange Tradition als Gründüngung und gedeiht gut auf mageren sowie sauren Böden. Im Sommer ausgesät, lässt man sie ein bis drei Monate stehen. Sie hat sich als gute Kalzium-Quelle erwiesen. Die Blüten locken Florfliegen an, deren Larven wiederum Blattläuse vertilgen.

Inkarnatsklee *(Trifolium incarnatum)*
Eine neuerdings sehr beliebte Gründüngung (auch als Bienenpflanze), die so schöne Blüten hervorbringt, dass die Gärtner es kaum übers Herz bringen, sie einzuarbeiten, bevor sich die zarten Knospen geöffnet haben. Säen Sie sie im Frühjahr oder Sommer aus und lassen Sie sie für zwei bis drei Monate stehen. In milderen Zonen kann man sie auch den Winter über stehen lassen. Inkarnatsklee bevorzugt leichten Boden.

Rotklee *(Trifolium pratense)*
Säen Sie diesen langlebigen Klee in der Zeit vom Frühjahr bis zum Spätsommer aus und lassen Sie ihn drei bis achtzehn Monate stehen. Er gedeiht gut auf Lehmboden.

Bockshornklee *(Trigonella foenum-graecum)*
Eine nur beschränkt winterharte einjährige Leguminose, die Stickstoff bindet und mit dem Klee verwandt ist. Sie können sie in der Zeit vom Frühling bis zum Herbst aussäen. Wenn sie reichlich Blattmasse gebildet hat, lässt man sie zwei bis drei Monate stehen. Sie bevorzugt Boden mit guter Wasserführung.

Acker-, Sau- oder Puffbohne *(Vicia faba)*
Diese einjährigen stickstoffbindenden Bohnen erinnern an breite Bohnen und überwintern nach Aussaat im Herbst ohne Probleme. Sie gedeihen in schwerem Boden und sollten erst vor der Frühjahrspflanzung oder Aussaat in den Boden eingearbeitet werden.

Roggen *(Secale cereale)*
Es gibt Gärtner, die diese Gründüngung ablehnen, weil sie aussieht, als hätte man das Grundstück mit Gras bepflanzt. Dennoch wirkt sich der winterharte Roggen sehr vorteilhaft auf die Struktur schwerer Böden aus. Säen Sie Roggen im Spätsommer oder Frühherbst aus und arbeiten Sie ihn im Frühjahr ein, bevor er zu blühen beginnt. Das einjährige Englische Raigras ist eine weniger kompakte Alternative.

Lupinen *(Lupinus angustifolius)*
Lupinen sind stickstoffbindende *Leguminosen* mit tiefreichenden Wurzeln, die den Boden belüften und Nährstoffe aus unteren Schichten nach oben befördern. Im Frühjahr ausgesät, lassen sie sich im Herbst einarbeiten. Sie wachsen auch auf sauren Böden.

Weißer Senf *(Sinapsis alba)*
Säen Sie diese rasch wachsende, beschränkt winterharte Einjährige zwischen Frühjahr und Sommer aus und lassen Sie sie zwei bis drei Monate stehen, bevor Sie sie in der Blüte oder davor einarbeiten. Senf bevorzugt Boden mit guter Wasserführung und soll Drahtwürmer vertreiben.

Phazelie, Bienenfreund oder Büschelschön *(Phacelia tanacetifolia)*
Es handelt sich um eine weitere Gründüngung, die so dekorativ wirkt, dass die meisten Gärtner sie stehen lassen, bis sich die blauen, bei Bienen so beliebten Blüten öffnen. Säen Sie diese winterharte Einjährige zwischen Frühling und Frühherbst aus und arbeiten Sie sie frühestens nach einem Monat, spätestens nach drei Monaten ein.

Hopfenklee *(Medicago lupulina)*
Säen Sie diese zweijährige, stickstoffbindende *Leguminose* zwischen Frühling und Sommer aus und lassen Sie sie den Winter über stehen. Sie verträgt keinen sauren Boden, toleriert in der Regel aber Schatten.

Futter- oder Saatwicke *(Vicia sativa)*
Säen Sie diese stickstoffbindenden Wicken zwischen Frühling und Frühherbst aus, um eine Fülle an Blattmasse zu gewinnen, die im darauffolgenden Frühjahr eingearbeitet wird. Diese wertvollen Stickstofflieferanten eignen sich besonders für Kohlgewächse.

Bob empfiehlt außerdem:

Kubaspinat *(Claytonia perfoliata)* und **Feldsalat** *(Valerianella)*
Beide Blattsalatkulturen produzieren im Unterschied zu den meisten Wintergemüsen reichlich Blattmasse, die essbar ist, als Hühnerfutter dienen kann und sich leicht abernten und kompostieren oder an Ort und Stelle als Mulch aufbringen lässt – wesentlich besser als die meisten aus Bauernhöfen stammenden Abdeckmaterialien.

Sumpfpflanze *(Limnanthes douglasii)*
Diese winterharte Pflanze eignet sich ausgezeichnet zum Unterdrücken anderer Pflanzen und lässt sich danach leicht einarbeiten. Wenn Sie einige Pflanzen blühen und Samen ansetzen lassen, kommen diese auch den Insekten zugute. Limnanthes hat sich insbesondere zur Unterpflanzung von Beerenobst und Sträuchern bewährt.

Ein mit unterschiedlichen Salatsorten bepflanztes Beet bietet einen farbenprächtigen Anblick. Zur Erntezeit darf man sich an der dekorativen Vielfalt
der Salate freuen.

Fruchtfolge

Anne: Immer wieder wird auf die Bedeutung des Fruchtwechsels von Beet zu Beet abgehoben. Durch gezielte Planung soll verhindert werden, dass Gemüsearten, die ein und
derselben Familie angehören, ob Zwiebeln, Kohlarten oder
Kartoffeln, Jahr für Jahr auf dem gleichen Flecken Erde
wachsen. Ziel dieser Maßnahme ist zu vermeiden, dass sich
Schädlinge und Krankheiten im Boden anreichern und die
Nährstoffreserven unausgewogen ausgeschöpft werden; denn
durch den Anbau von Kulturen einer anderen Familie gönnt
man dem Boden eine Ruhephase. Während sich die Fruchtfolge im großen Maßstab der Feldwirtschaft als äußerst effektiv erweist, lässt sie sich im kleinen Garten, wo Beet an Beet
liegt, nicht ganz so wirksam umsetzen. Dennoch lohnt es sich,
daran festzuhalten, insbesondere in einem gut organisierten,
gepflegten Garten mit leicht erhöhten, durch Planken einge-
fassten Beeten. Auf lange Sicht profitieren Ihre Nutzpflanzen
von einem gezielten Fruchtwechsel, zumal sich auf diese
Weise auch vermeiden lässt, dass der Boden über das Schuhwerk von einem Beet zum anderen getragen wird; wenn dann
auch noch die Geräte sauber gehalten werden, kann diese
Sorgfalt der Bodengesundheit nur zugute kommen.

Vierjahresfruchtfolge

Der Vorteil eines planvollen Fruchtwechsels besteht darin, dass man sich von
vornherein überlegen muss, was wohin kommt. Um optimale Ergebnisse zu
erzielen, sollten Sie Ihr Grundstück in vier verschiedene Abschnitte unterteilen und für jeden einen Vierjahresfruchtwechsel ausarbeiten (vorausgesetzt, Sie haben genügend Platz). Diese Art von Organisation entspricht in
etwa dem, was in einem Abschnitt des Gemüsegartens über eine Zeitspanne
von vier Jahren vor sich geht.

JAHR EINS: Vor dem Pflanzen von Leguminosen (Gruppe 1) bringen Sie Mist
und etwas Dünger auf. Wenn die Zeit der Leguminosen vorbei ist, graben Sie
Mist unter und setzen Sie Dünger zu.

JAHR ZWEI: Säen oder pflanzen Sie Lauchgewächse (Allium) (Gruppe 2). Wenn
diese abgeerntet sind, bringen Sie gut verrotteten Kompost und Dünger für
die Kartoffeln auf.

JAHR DREI: Pflanzen Sie Kartoffeln und andere Wurzelgemüse (Gruppe 3).
Bringen Sie danach Mist auf und lassen Sie diesen eine Zeit lang liegen, bevor
Sie Kalk und Dünger darauf geben.

JAHR VIER: Pflanzen Sie Kohlgewächse (Gruppe 4).

Wenn Sie nicht genügend Platz für einen Vierjahresfruchtwechsel haben
sollten, verzichten Sie auf die Lauchgewächse (Gruppe 2) und die Kartoffeln
(Gruppe 3), und wechseln Sie nach drei Jahren.

Gruppe 1: Leguminosen (Erbsen und Bohnen)	Gruppe 2: Lauchgewächse *(Allium)*	Gruppe 3: Wurzel- und Knollen- gewächse	Gruppe 4: Kohlgewächse *(Brassicaceae)*
Puff-/Saubohnen	Knoblauch	Rote Bete	Rosenkohl
Gartenbohnen	Lauch	Karotten	Kohl
Erbsen	Zwiebeln	Sellerie (Blatt- und Wurzelgemüse)	Brokkoli
Feuerbohnen	Frühlingszwiebeln	Pastinaken	Blumenkohl
	Schalotten	Kartoffeln	Grün-/Winterkohl
		Schwarzwurzeln	Kohlrabi
		Winterspargel	Chinakohl
		Tomaten	Rettich
			Kohl-/Steckrüben
			Weiße Rüben

Wie verfährt man mit langlebigen Kulturen?

● Manche Gärtner haben ein Beet oder Feld, das sie allein für langlebige Kulturen wie Spargel und Artischocken reserviert halten. Ich ziehe es allerdings vor, diese Kulturen einzugliedern, wo immer ich sie haben möchte (das Gleiche gilt für Beerensträucher), um dann einfach darum herum zu arbeiten.

In erhöhten Beeten lassen sich die unterschiedlichen Nutzpflanzen problemlos getrennt halten. Die Gefahr, dass Krankheiten verbreitet und übertragen werden, ist dadurch wesentlich geringer.

Tipps für andere Kulturen wie Blattsalate, Kürbisse oder Zuckermais

● Setzen Sie raschwachsende Salate und andere blattreiche Kulturen, wo immer noch Platz dafür ist, einfach dazwischen, denn, kombiniert mit langsamer wachsenden Arten wie etwa Zuckermais oder Winterkohl, freut man sich besonders, wenn man sie gerade mal schnell ernten kann. Kürbisse benötigen sehr viel Platz und können entweder ihren eigenen Bereich erhalten und somit in die Fruchtfolge eingebunden oder in Form von ein bis zwei Exemplaren zwischen den Kartoffeln integriert werden.

Kompostsubstrate und Tierdung

Bob: Was Sie an Gartenabfällen auch aufeinanderhäufen, es verrottet allmählich und wird mit der Zeit nahezu verschwinden. Wenn der Haufen aber warm und feucht gehalten wird, lässt sich die Rotte beschleunigen, insbesondere, wenn die Zutaten in kleinere Stückchen geschreddert und möglichst viele unterschiedliche Materialien gemischt werden. Die nährstoffreiche, gut verrottete »Erde«, die dadurch gewonnen wird, ist der so genannte Garten-Kompost. Er lässt sich auch zum Eintopfen von Pflanzen verwenden, wird aber meist zum Anreichern des Bodens genutzt.

Wenn Sie Ihren eigenen Gartenkompost aufsetzen, sollten Sie darauf achten, dass die Zutaten, die in den Kasten kommen, ausgewogen gemischt werden. Wenn Sie viele Abfälle haben und diese sorgfältig aufsetzen, müsste im Kasten genügend Hitze entstehen, um den Kompost zu »kochen« und in wertvollen Humus zu verwandeln. Sie können aber auch mit geringen Mengen an organischen Abfällen Kompost bereiten, nur dass Sie ihn einmal mehr mischen und umsetzen müssen, wenn der Kasten voll ist (s. gegenüberliegende Seite).

Einen Kompostkasten oder Behälter anfertigen oder auswählen

Als Erstes benötigen Sie einen Kompostkasten, um das aufgehäufte Material einzufassen. In größeren Gärten kann man aus vier Paletten, die an den Ecken zusammengebunden werden, einen preisgünstigen und brauchbaren Rahmen herstellen; genauso gut kann man aber auch durch Pfosten stabilisierten Maschendraht verwenden, der mit Karton ausgeschlagen wird. Der Handel hält kleinere Behälter aus Holz oder Kunststoff

Vier an den Ecken zusammengebundene Paletten ergeben einen geräumigen Kompostbehälter, der auch für größere Gärten oder Grundstücke geeignet ist.

bereit; der Nachteil ist nur, dass sich diese umso schneller füllen, je kleiner sie sind, aber auch deutlich weniger Hitze entwickeln. Wenn aber einfach nicht mehr Platz verfügbar ist, kommt der Isolation eine ganz wichtige Rolle zu (s. gegenüberliegende Seite). Drehbare Komposter mögen in der Theorie eine gute Idee sein, haben sich in der Praxis aber kaum bewährt. Das Gleiche gilt für die Klappen zum Entnehmen der jeweils unteren Kompostschicht.

Was kann kompostiert werden?

Theoretisch kann beinahe alles, was je am Leben war, auf den Haufen gegeben werden, von Küchenabfällen bis zu abgeräumten Pflanzen aus dem Garten. Materialien, die wie etwa Grasschnitt in größeren Mengen anfallen, sollten mit anderen Zutaten wie geschredderten Zeitungen oder Blättern gemischt werden. Das Laub von Immergrünen und Koniferen zersetzt sich in der Regel nur langsam und wird deshalb besser in Form einer Mulchschicht unter Gehölzen aufgebracht. Wo größere Mengen an Blättern anfallen, sollten sie separat, in Plastiksäcken verpackt, zu Laubmoder kompostiert werden. Sägemehl sollte nur in kleinen Mengen zugesetzt und gut untergemischt werden.

Stachelige Zweige gibt man besser nicht auf den Kompost, aber auch kranker oder infizierter Gehölzschnitt sollten eher zum Müll gegeben werden, es sei denn, Sie wären ein ganz erfahrener Kompostierer. Auch hartnäckige Wurzelunkräuter gehören nicht auf den Kompost, wenn sie nicht zuvor durch Dörren oder mindestens einmonatiges Einweichen in Wasser abgetötet wurden. Knochen, Fett und Fleischreste kann man vielleicht an Freunde, die Haustiere haben, weitergeben. Exkremente von Haustieren sollten, streng genommen, vorschriftsmäßig entsorgt werden, auch wenn ich das ganze Zeug zugegebenermaßen kompostiere. Baumwolle, Wolle, Zeitungspapier und Karton lassen sich, gründlich durchfeuchtet und zuvor geschreddert, gut kompostieren. Aber auch Federn, Haare und Horn vom Schneiden der Fußnägel etwa sind wertvolle Zutaten.

Das Aufsetzen der Materialien

Versuchen Sie eine größtmögliche Vielfalt an kompostierbarem Material zu sammeln, denn je mehr zusammenkommt, desto mehr bekommen Sie zurück. Sie können das Material je nach Verfügbarkeit entweder in dünnen Schichten aufsetzen oder zunächst einzeln in Abfallsäcken lagern, bevor Sie alles untereinander mischen.

Wie Sie auch vorgehen, das Sammeln und Füllen des Kastens stellt nun einmal den ersten Schritt dar. Sobald der Behälter voll ist, können Sie das Material entweder langsam verrotten lassen, um es im folgenden Jahr zu verwenden, oder Sie nehmen es ein bis zwei Wochen nach dem Einfüllen heraus, mischen es neu und setzen es noch einmal auf, um die »Rotte« zu beschleunigen und hochwertigen Kompost zu gewinnen. Ob Sie die Bestandteile nun aufschichten oder erneut mischen und umpacken – achten Sie vor allem darauf, dass die Materialien nicht zu schwer aufeinander lasten, weil sonst die Durchlüftung gefährdet ist. Beste Ergebnisse erzielt man mit abwechselnd trockenem Material wie Stroh, Heu oder geschreddertem Papier und feuchtem wie frischem Rasenschnitt, der Lage für Lage mit gesiebter Gartenerde oder Kompost »bestäubt« und eventuell mit einem Aktivator kombiniert wird. Ein zweites Durchmischen ist am besten mit Hilfe von zwei Kästen durchführbar, denn dann lässt sich das Material von einem in den anderen Kasten umsetzen; andernfalls müsste man die Ladung zunächst auf einer Plastikfolie absetzen und sie dann wieder einfüllen. Beim Einfüllen setzt man als Erstes die am schlechtesten verrottete äußere Lage wieder hinein, dann im Umkreis der Ränder und als oberste Schicht den gut verrotteten »Kern«. Geben Sie nach Bedarf noch mehr feuchtes oder trockenes Material hinzu, bevor Sie mit einer dicken Lage Kompost von einem garen Haufen abschließen. Diese hilft die Wärme im Haufen zu bewahren und die der Verrottung förderlichen Gase, die aufsteigen, möglichst lange zu halten.

Andere Bestandteile

Wasser ist nahezu immer erforderlich, es sei denn, Sie hätten eine größere Menge an frischen Grünabfällen hineingegeben. Setzen Sie anfangs viel Wasser zu, und dann wieder nach dem Umschichten des Haufens. Wasser aus einem Graben oder Teich eignet sich besser als Leitungswasser. Wenn Ihr Komposthaufen zur Weißschimmelbildung neigt – oft ein durchgängiges Problem, wie sich beim Umsetzen zeigt –, entsteht ein relativ magerer Kompost, es sei denn, Sie geben beim erneuten Umschichten noch mehr Wasser mit einem Anteil Urin hinzu.

Kompostaktivatoren sind immer hilfreich, obwohl Sie nicht unbedingt erforderlich sind, sofern Sie über eine gute Mischung mit genügend frischem Material verfügen. Kommerzielle Aktivator-Präparate sind oftmals nichts weiter als teure Düngemittel. Als hervorragende Kompostbeschleuniger eignen sich Tier- oder Hühnermist, Urin, Blut-, Fisch- und Knochenmehl. Auch Grasschnitt und Brennnesseln wirken gut und »heizen« den Haufen auf, wenn sie gründlich untergemischt werden. Wenn Sie Kompost von einem bereits reifen Haufen hinzugeben, trägt dieser entscheidend zur Aktivierung der Bodenorganismen bei.

Mit der Beigabe von Erde werden Organismen eingeführt, die die Kompostierung zusätzlich unterstützen. Erde liefert aber auch Mineralstoffe und Partikel, die Ihren Kompost mit Nähr-

Nicht nur Garten- und Küchenabfälle, sondern auch Baumwoll- und Wollkleidung sowie geschreddertes Papier lassen sich kompostieren.

stoffen anreichern und ihn offen und gut durchlüftet halten. Die meisten Böden enthalten auch Kalk, der den Kompost in Verbindung mit den aufsteigenden Dämpfen neutralisieren hilft. Kalk oder Kreide absorbieren die Nährstoffe, die andernfalls bei der Gärung des Haufens in Form von Ammoniak verloren gingen. Es ist also durchaus empfehlenswert, dem Kompost als Ergänzung zu dem im Boden enthaltenen Kalk eine zusätzliche Ration zu verabreichen, es sei denn, Sie hätten ihn ausschließlich für säureliebende Pflanzen vorgesehen. Holzasche ist in der Wirkung mit Kalk oder Kreide vergleichbar und versorgt den Kompost zusätzlich mit wertvollem Kalium (Pottasche).

Jeder Kompost, insbesondere kleinere Behälter, profitieren von einer Wärmedämmung; allerdings muss diese nach unten hin offen sein, damit die Würmer einziehen und später wieder abwandern können. Isolieren Sie die Seitenwände mit Noppenfolie oder Pappe und sorgen Sie vor allem auch von oben für eine Abdeckung. Noppenfolie oder Säcke, die mit zusammengeknülltem Zeitungspapier gefüllt sind, bilden eine ausgezeichnete Abdeckung. Was immer Sie zur Wärmedämmung aufbringen, es muss sich leicht entfernen lassen, damit Sie problemlos Schicht um Schicht auf den Haufen geben können.

Wann ist der Kompost reif?

Kompost kann praktisch jederzeit entnommen und durchgesiebt werden. Ein sachgemäß aufgesetzter Haufen, der ein zweites Mal gemischt und nach zwei Wochen umgesetzt wird, müsste nach weiteren zwei Wochen verwendbar sein. Dennoch dauert es meist länger. Wenn man dem Kompost sechs bis zwölf Monate Zeit gönnt, kann er ausreifen und abtrocknen, zumal sich trockenes Substrat wesentlich leichter aufbringen und verarbeiten lässt! Das heißt nicht, dass man feuchtes, leicht modriges Material nicht auch verwenden könnte, es erschwert nur die Arbeit beträchtlich. Von daher ist es meist besser, die Masse unter den Haufen zu mischen oder als oberste Schicht auf einen umgesetzten Kompost aufzubringen. Nahezu trockener Kompost lässt sich vor Gebrauch durch ein grobes Gartensieb werfen – ausgesiebt lässt er sich erfreulich leicht verarbeiten. Was im Sieb an Abfall hängen bleibt, wird sortiert, wobei Plastik und Steine entsorgt und die nur teilweise verrotteten organischen Materialien für den nächsten Haufen beiseite gelegt werden.

Wurmkomposter

Wenn Sie nur einen kleinen Garten haben und außer Küchenabfällen kaum etwas anderes sammeln können, dauert es zu lang, um eine sachgemäße Rotte in Gang zu bringen. In diesem Fall können Sie sich von Würmern helfen lassen, indem Sie entweder einen fertigen Wurmkomposter kaufen oder sich selbst einen anfertigen. Nehmen Sie einen Mülleimer, bringen Sie ein Dränage-Loch mit Verschlusszapfen geringfügig über Bodenhöhe an und bohren Sie an den Seitenwänden viele kleine Luftlöcher ein, damit die Würmer atmen können. Legen Sie drei Ziegelsteine hinein und darauf ein Sieb aus kunststoffummanteltem oder verzinktem Maschendraht. Geben Sie eine dicke Lage feuchter Rasensoden und eine Lage nährstoffreichen Gartenbodens darüber und setzen Sie die ersten Würmer ein. Nun kommen die kleingehackten Küchen- oder Gartenabfälle nach und nach hinzu, die Lage für Lage mit Erde bestreut und mit Wasser besprüht werden. Einmal wöchentlich geben Sie nun noch etwas Kalk oder zerdrückte und im Backofen erhitzte Eierschalen hinzu.

Wenn der Eimer voll ist, können Sie entweder einen weiteren aufsetzen oder den gleichen wieder verwenden, indem Sie den Inhalt zunächst leeren und die oberste Lage als Startbasis und »Impfmittel« für den neuen hineingeben. Unter dem ältesten Material müsste sich eine Lage nahezu »reiner« Regenwurmhäufchen finden; vermischt mit Ihrem Topfsubstrat, erhalten Sie eine sehr nährstoffreiche Erde. Lassen Sie regelmäßig jede Woche die Flüssigkeit abfließen und verdünnen Sie sie mit Wasser, um einen exzellenten Dünger für Ihre Topfpflanzen zu gewinnen. Der Handel bietet spezielle »Mist- oder Kompostwürmer« an. Sie können aber auch Würmer einsetzen, die beim Angeln als Fischköder verwendet werden oder eben selbst Würmer sammeln. Legen Sie einen nassen Pappkarton auf den Boden und sammeln Sie die kleinen rötlichen Würmer ab, die sich im Lauf des Tages darunter ein-

finden. Als Vorsichtsmaßnahme sollten Sie Ihren Wurmkomposter immer mit einem festen Deckel verschließen; nur so lässt sich verhindern, dass die Würmer abwandern!

Schneckenkomposter

Schneckenkomposter arbeiten nach dem gleichen Prinzip wie die Kompostwürmer, nur eben mit dem Unterschied, dass Schnecken eingesetzt werden. Sie können einen ähnlichen Behälter verwenden, benötigen zusätzlich aber einen alten Tontopf oder ein Marmeladenglas, in dem die Schnecken leben können. Stellen Sie das Gefäß in den Behälter auf eine dünne Lage Rasensoden und Gartenerde. Wichtig ist, dass Sie die Abfälle »häppchenweise« hineingeben, damit Sie die Schnecken nicht darunter begraben. Da Schnecken mehr Luft als die Würmer benötigen, dürfen Sie die Zutaten nicht zu kompakt aufhäufen. Vergessen Sie auch nicht, eine Schöpfkelle voll Wasser als »Getränk« für die Schnecken hinzuzugeben. Besprühen Sie die Schnecken täglich mit Wasser und nutzen Sie die Sickerbrühe, mit Wasser verdünnt, als Dünger. Die Exkremente der Schnecken fallen auf den Grund, weichen in der Brühe auf und ergeben einen hervorragenden Flüssigdünger. Die »Feststoffe« werden von Zeit zu Zeit herausgeschabt und als Nährstoff dem Topfsubstrat zugesetzt. Schnecken kompostieren auch Papier und viele verholzte Materialien, mit denen Würmer sich schwertun. Warum also nicht einen Schnecken- und einen Wurmkompost aufsetzen?

Ein Schneckenkomposter – oder wie aus Plagegeistern Helfer werden können!

Umgraben

Bob: Unter Umgraben versteht man das Aufbrechen des Bodens, um den Pflanzen bessere Wachstumsbedingungen zu bieten. Dazu gehört oft, dass Schutt, Unkraut und Wurzeln herausgenommen und Kompost oder Mist eingearbeitet werden. Wo immer ein Beet oder eine Rabatte zum Pflanzen oder Säen vorbereitet wird, zunächst einmal heißt es umzugraben, wie es im Gemüsegarten einmal im Jahr angesagt ist. An der Notwendigkeit im Anfangsstadium dürfte es keinen Zweifel geben, denn ohne ein erstes Umgraben wird man kaum je optimale Ergebnisse erzielen können. Umstritten ist allerdings, ob jahraus jahrein umgegraben werden muss, zumal viele Gärtner der Überzeugung sind, dass es sich erübrige oder gar kontraproduktiv auswirke.

Insbesondere Gärtner, die schweren Boden haben, schwören darauf, dass sich die Textur durch das Umgraben im Herbst verbessert. Jene mit leichtem Boden, der sich paradoxerweise auch leichter umgraben lässt, profitieren, wenn überhaupt, weit weniger davon. In beiden Fällen kann man sich durch feste Beete mit dauerhaft angelegten Wegen die Mühe sparen, mehr als einmal im Jahr umzugraben, zumal man der Verdichtung des Boden entgegenwirken kann, indem man die Beete bei Nässe nicht betritt. Versuchsreihen haben ergeben, dass es dem Boden zugute kommt, wenn er nur alle fünf bis sieben Jahre umgegraben wird, wobei es dann hauptsächlich darum geht, Maulwurfsgänge und Ameisennester aufzubrechen. So betrachtet scheint das alljährliche Umgraben als vergeudete Zeit, die man besser zum Umsetzen des Komposts, Sammeln von weiterem organischem Material oder Unkrauthacken nutzen sollte. Dies gilt in verstärktem Maß für Gemüsegärten mit Fruchtwechsel, da hier ohnehin gewährleistet ist, dass der Boden beim Ernten der Wurzel- und Knollenkulturen aufgebrochen und im Vierjahresrhythmus gründlich durchmischt wird.

Ob Sie jedes Jahr umgraben oder nicht, liegt ganz bei Ihnen oder, besser gesagt, bei Ihren Pflanzen bzw. Ihrem Boden. Dabei darf man nicht vergessen, dass es im Lauf der Jahre leichter wird. Ich persönlich betrachte das anfängliche Umgraben des Grundstücks als Voraussetzung für den Erfolg, und wenn es nur darum geht, hartnäckige Unkräuter und Bauschutt zu entfernen. Bevor Sie sich an die Arbeit machen, sollten Sie abklären, wo die Elektrokabel, Dränagerohre, Öl- oder Wasserleitungen verlaufen, um sie nicht versehentlich zu beschädigen. Beseitigen Sie die gesamte oberirdische Vegetation sowie Gehölzschösslinge, Altmaterial und Bauschutt. Das Umgraben fällt meist leichter, wenn Sie zunächst einmal mit einem robusten Walzenmäher über das struppige und versteppte Gras fahren, bevor Sie eine alte Grasnarbe herauszunehmen versuchen.

Es gibt mehrere Möglichkeiten, mit der gröbsten obersten Schicht zu verfahren. Sie können beim Umgraben einfach jeden Spatenstich Boden mit der Oberfläche nach unten einarbeiten oder die Grasnarbe abstechen und fallen lassen, um sie anschließend mit einem Spaten voll »sauberer« Erde abzudecken. Sie könnten die Grasnarbe aber auch abschälen, aufstapeln und, mit Schwarzfolie abgedeckt, zu wertvollem Lehm verrotten lassen, der eine gute Ergänzung zu Topfsubstrat ergibt. Boden, der von hartnäckigen Unkräutern, die vielleicht gar Ausläufer treiben, durchzogen ist, wird man vernünftigerweise besser verrotten lassen als untergraben.

Wer von organischem Gartenbau nichts hält, wird das Unkraut vor dem Umgraben vielleicht durch ein Herbizid abtöten (s. Seite 112). Herbizide sind genau nach Vorschrift anzuwenden und wirken, vom Fachmann aufgebracht, höchst effektiv. Manche lassen sich gut selbst anwenden, aber fragen Sie Ihren Händler vor Ort; wenn Sie ihm Ihre Situation und die vorgesehene Bepflanzung schildern, wird er Sie gewiss sachgemäß beraten. Denken Sie daran, dass Herbizide mehrere Tage, wenn nicht gar Wochen vor dem Umgraben aufgebracht werden müssen, und dass manche, um ihre volle Wirkung zu entfalten, nach dem Sprühen auf entsprechende Witterungsverhältnisse angewiesen sind. Ökologisch bedachte Gärtner ziehen es meist vor, das Unkraut zunächst zu schwächen oder abzutöten, was durch mehrmaliges Abflammen gelingt (die Ausrüstung kann man sich bei einem Geräte-Verleih besorgen) oder den Boden über mehrere Monate mit einer lichtundurchlässigen Plastikhaut (Schwarzfolie) abzudecken.

Wenn vorher nichts Derartiges unternommen wird, müssen lästige Pflanzen mit kräftigem Wurzelsystem wie Brombeeren, Disteln, Ampfern und Brennnesseln beim Umgraben entfernt werden, weil sie ansonsten, selbst wenn sie spatentief untergegraben werden, umso stärker nachwachsen. Wenn die Fläche groß genug ist, um das Unkraut zunächst einmal mit einer Bodenfräse unterzugraben, kann im Anschluss daran wiederholt umgegraben werden, bis das Unkraut erschöpft aufgibt. Aber selbst mit maschineller Unterstützung ist die Arbeit schweißtreibend, es sei denn, es handelte sich ausschließlich um leicht zu bekämpfende Unkräuter. Weniger hartnäckige Unkräuter wie feine Rasengräser, Moose, Gänseblümchen, Vogelmiere und Kreuzkraut, Gründüngungen (s. Seite 133) sowie die meisten kleinen Unkrautsämlinge lassen sich bedenkenlos untergraben.

Das Gelände vorbereiten

1 Stecken Sie die Umrisse des Geländes ab und unterteilen Sie die Fläche in überschaubare Abschnitte. Nehmen Sie sich nicht zu viel auf einmal vor, denn es handelt sich um eine recht anstrengende Prozedur, die ohnehin nur unter der Voraussetzung zu bewältigen ist, dass Sie sich einigermaßen fit fühlen. Tragen Sie bequeme Arbeitskleidung, Handschuhe gegen Blasen sowie festes Schuhwerk. Wärmen Sie sich mit leichteren Tätigkeiten auf, bevor Muskelkraft gefragt ist. Ansonsten machen Sie es wie die Leute in Norfolk: »Ziehen Sie etwas aus, bevor Sie ins Schwitzen kommen, und legen Sie sich etwas um, bevor Sie frieren.«

2 Nehmen Sie sich einen Flecken von etwa 60 bis 90 cm vor, um hier zunächst einmal sämtliches Unkraut zu entfernen. Auf diese Weise lässt sich die Fläche zum Umgraben und Saubermachen in überschaubare Abschnitte aufteilen, was die Arbeit weniger langweilig und rückenschonender macht. Bewegen Sie beim Umgraben die Arme und beugen Sie die Knie, nicht den Rücken.

3 Ob Sie eine Grabgabel oder einen Spaten verwenden, wichtig ist, dass Sie kleine »Ladungen« oder Portionen abstechen und umdrehen, keine großen.

4 Arbeiten Sie sich systematisch Streifen für Streifen über das Grundstück vor, indem Sie zuerst die Ränder und dann das Innere jeder Spatenladung abstechen, umdrehen und fallen lassen, um es in kleine Klumpen zu zerklopfen. Diese lassen sich mit dem Spatenrücken oder der Gabel aber noch weiter aufbrechen. Entfernen Sie die Wurzeln und sämtlichen Schutt und geben Sie alles säuberlich getrennt in zwei bereitstehende Eimer oder Schubkarren. Die Wurzeln kann man anschließend unter Wasser verrotten lassen und später dann kompostieren. Schutt wie Steine, Ziegelbruch, Flaschen etc. legen Sie beiseite, um sie zum Verfüllen von Pfostenlöchern oder Zementmischmaterial zu verwenden. Kunststoff, Draht und alte Batterien, wie man sie in manchen Gärten erstaunlich zahlreich vorfindet, müssen sachgemäß entsorgt werden.

5 Um sich das Umgraben zu erleichtern, kann man den ersten Streifen Boden, der abgestochen wird, auf eine Plastikplane geben oder in einen daneben aufgestellten Schubkarren laden.

6 Am besten bricht man den Untergrund jedes Grabens auf, bevor man ihn wieder zuschüttet. Sie können den Aushub vom ersten Streifen zum Verfüllen des letzten verwenden (s. Schritt 9). Fahren Sie ihn mit dem Schubkarren an Ort und Stelle oder graben Sie, falls das Gelände bis jeweils zur Hälfte bearbeitet wird, zuerst die eine und dann die andere Hälfte um. So haben Sie den Aushub am Schluss praktisch griffbereit zur Hand.

7 Wenn Sie Mist oder Rohkompost beim Umgraben einbringen wollen, können Sie den feuchten oder pappigen Mist oder den Rohkompost auf den Grund jedes offenen Grabens geben. Sie können das Material einige Wochen vor dem Umgraben aber auch über der Fläche verteilen, damit es weiter verrottet, und erst beim Umgraben mit der obersten Schicht vermischen. Aber auch andere Bodenverbesserer wie etwa Sand für die Dränage und wasserhaltendes Gesteinsmehl wie Kalk oder Gesteinsphosphat sowie Holzasche oder Dünger können nun untergemischt werden. Von größtem Nutzen sind diese Zusätze meist im Oberboden; von daher sollte man sie nicht vergraben oder tiefer unten einbringen. Getrocknetes Material lässt sich am gleichmäßigsten mischen, wenn man es vor dem Umgraben über dem Boden verstreut.

8 Heben Sie die oberste Schicht vom darauffolgenden Streifen ab und geben Sie diese in den ersten Graben; fahren Sie fort wie bisher.

9 Wenn Sie den Rand des vorgesehenen Fleckens erreicht haben, fahren Sie den Oberboden, den Sie vom ersten Graben beiseite gelegt haben, mit dem Schubkarren herbei, um den letzten damit zu füllen.

10 Am Ende sollte eine einigermaßen ebene Fläche vorliegen, die durchgängig »sauber« ist und nur wenige größere Klumpen oder hervorstehende Wurzeln enthält. Lassen Sie dem Boden Zeit, sich erneut zu setzen, bevor Sie mit dem Pflanzen beginnen, denn es kann recht unerquicklich sein, immer wieder Dellen und kleinere Hohlräume ausgleichen zu müssen. Kümmern Sie sich in der Zwischenzeit lieber um das noch sprießende Unkraut, das sehr zahlreich auftreten kann (s. Seite 108–112).

Wann wird umgegraben?

● Warten Sie nach Möglichkeit einen sonnigen Tag ab, an dem ein leichter Wind weht. Es ist nahezu unmöglich, nassen Boden richtig umzustechen; knochentrockener Boden aber kann ungemein hart sein. Weichen Sie extrem trockenen Boden einige Tage vor dem Umgraben auf. Die beste Zeit zum Umgraben ist in der Regel der Herbst, wenn der Boden Zeit hat, sich zu setzen und eine gute Krume für die Frühjahrsaussaat oder Pflanzung zu bilden. Leichtere Böden können liegenbleiben bis zum Spätwinter oder zeitigen Frühjahr. In den meisten Fällen empfiehlt es sich nicht, unmittelbar nach dem Umgraben zu pflanzen. Noch schlimmer ist es, wenn auf frisch umgegrabenem Boden Rasen verlegt oder eingesät wird, denn der Boden hat somit keinerlei Zeit sich zusammenzuschließen oder zu setzen.

Grabgabel oder Spaten?

● Die einen graben lieber mit der Gabel um, die anderen mit dem Spaten. Während der Spaten, ein entsprechend geschärftes Blatt vorausgesetzt, besser geeignet ist, um Rasensoden abzuschälen und Wurzeln durchzuschneiden, wird man mit der Grabgabel weniger Würmer töten und den Boden leichter aufbrechen, was das Herausziehen der Wurzeln wesentlich einfacher macht. In extrem steinigem Boden ist eine Gabel durch nichts zu ersetzen. Eine kleine Damen-Grabgabel lässt sich besser handhaben als ein großes, gusseisernes Exemplar. Das Gleiche gilt für den Spaten. Beide sind nützlich, sollten aber mit einem langen, kräftigen Stiel versehen sein und über entsprechend starke Zinken bzw. ein gut geschärftes Blatt verfügen.

Wie man umsticht und wie nicht

1 Wer keine Übung im Umstechen hat, kann recht bald schon schwere Arme und Beine bekommen, was mit etwas Routine aber nachlässt.

Mit der falschen Technik werden Sie (s. Abbildung) Ihrem Rücken allerdings langfristig schaden. Achten Sie vor allem darauf, dass der Spatenstiel Ihrer Körpergröße entspricht (er sollte hüfthoch sein, wenn Sie aufrecht stehen). Halten Sie Ihren Rücken beim Umstechen gerade, bewegen Sie die Arme und beugen Sie die Knie, nicht den Rücken.

2 Stoßen Sie das Blatt des Spatens senkrecht in den Boden.

Wenn Sie es abwinkeln, werden Sie weniger tief in den Boden eindringen, und es ist sehr viel mühsamer, tief genug umzuspaten.

Wie bei allen Schneidwerkzeugen gilt es, das Blatt scharf zu halten, damit der Spaten leicht in den Boden eindringt.

Zwei-Spaten-tiefes-Umgraben

Durch normales Umgraben, bei dem die obere Lage zunächst entfernt und der Grund jedes Grabens aufgebrochen wird, dringt man nur in die obere Schicht des Bodens, den »Oberboden« vor. In den meisten Bereichen genügt dies auch, um den Boden für einen Großteil unserer Pflanzen vorzubereiten, ob nun gesät oder gesetzt wird, denn in der Regel schaffen es die Wurzeln problemlos, die lockere Krume zu durchbrechen. Wenn der Boden noch tiefer umgebrochen wird, wie etwa durch Zwei-Spaten-tiefes-Umgraben oder »Holländern«, können die Wurzeln noch weiter nach unten vordringen, was ihr Wachstum zusätzlich fördert. Diese Technik wird vermehrt bei schwerem, staunassem oder verdichtetem Unterboden praktiziert.

Wie gräbt man zwei Spaten tief um?

Beginnen Sie, wie zuvor beschrieben, aber heben Sie dieses Mal drei »Ladungen« Boden aus. Als Erstes nehmen Sie den Oberboden und die darauf folgende Schicht Unterboden (halten Sie beide getrennt) aus dem ersten Streifen und den Oberboden aus dem zweiten Streifen (der sich gemeinsam mit dem Oberboden aus dem ersten Streifen aufhäufen lässt). Dann brechen Sie den Untergrund des tieferen (zwei Spaten tiefen) Grabens auf, den Sie in den ersten Streifen geschaufelt haben. Legen Sie den Unterboden vom zweiten Streifen auf die Basis des ersten tiefen Grabens, indem Sie ihn mit dem Rücken des Spatens aufbrechen, und bedecken Sie ihn mit dem Oberboden des dritten Streifens. Dann können Sie den Untergrund des zweiten Streifens aufbrechen und den Unterboden vom dritten auf diesen Untergrund geben und mit dem Oberboden vom vierten Streifen abdecken. Fahren Sie auf diese Weise fort, bis Sie den letzten Streifen erreichen, der mit dem zurückbehaltenen Unter- und Oberboden vom ersten Graben gefüllt wird.

In unserem Garten in Sparsholt bestand der Boden anfangs aus derart steinigem Ton, dass wir besseren Boden anfahren lassen mussten, der eingearbeitet wurde und inzwischen, wie man sieht, reiche Erträge liefert.

Tipps zum Zwei-Spaten-tiefen-Umgraben

● Versuchen Sie den Unterboden nicht mit dem Oberboden zu vermischen oder an die Oberfläche zu bringen, denn er ist in Textur und Fruchtbarkeit meist magerer, was oft schon an der unterschiedlichen Färbung erkennbar ist. Der leichtere Oberboden wird an der Oberfläche benötigt, um die vielen auf Atemluft angewiesenen Bodenorganismen am Leben zu halten, die für die Fruchtbarkeit verantwortlich sind. Wenn Ihr Boden extrem staunass oder verdichtet ist, sollten Sie durch Drei-Spaten-tiefes-Umgraben noch tiefere Gräben aufbrechen. Ich bin zwar vom Effekt dieser Prozedur auf den meisten Böden nicht überzeugt, möchte aber auch niemanden davon abhalten – die Römer betrachteten eine Tiefe von nahezu 2 m als ausreichend, womöglich aber auch nur, weil sie selbst keinen Finger zu rühren brauchten.

Kapitel 5
Rasenflächen

Anne: Ein neuer Rasen wird Ihren Garten verwandeln und Rabatten wie Wege auf das Schönste unterstreichen. Aber bevor Sie sich nun aufmachen, um Rasensoden oder Samen zu kaufen, sollten Sie eine Vorstellung haben, wie Ihre Gestaltung letztlich aussehen soll, und wie viel Zeit Sie für die Pflege aufbringen können. Es gibt eine Vielzahl unterschiedlicher Rasengräser, sodass die Saatgutmischung oder der Fertigrasentyp darüber entscheiden, welche Art Rasen Sie am Ende haben.

Zierrasen

Wer möchte schon leugnen, dass ein gepflegter Rasen etwas Schönes ist, mit seinem abwechslungsreich changierenden hell-dunklen Streifenmuster, wie es durch das Mähen mit einem Walzenmäher entsteht. Um diesen Effekt zu erzielen, benötigen Sie spezielle feingliedrige Rasengräser wie Ried- und Schwingelgräser – ausnahmslos langsam wachsende Arten, die einen hohen Pflegeaufwand erfordern. Breitblättrige Gräser und strapazierfähige Arten wie das ausdauernde Englische Raigras erbringen kaum je die ersehnte Wirkung. Selbstverständlich steht es Ihnen frei, sich an diesem »Bowling-Grün-Ideal« zu orientieren, allerdings sollte einer in der Familie bereit sein, sich das ganze Jahr intensiv um einen solchen Rasen zu kümmern. Dies beginnt bereits bei der perfekten Vorbereitung des Geländes für die Aussaat oder den Fertigrasen und zieht eine schier zwanghafte Bekämpfung von Unkraut und Moos nach sich, denn Konkurrenten jeglicher Art werden von diesen feinen Gräsern praktisch kaum je toleriert. Selbst bei größtem Engagement benötigt Zierrasen auf mageren Sandböden mit geringem Nährstoffgehalt generell das Doppelte an Pflege.

Optisch makellose Zierrasen sind der regelmäßigen Abnutzung durch Kinder, Hunde oder Fahrräder nicht gewachsen. Die Schilder: »Betreten des Rasens verboten« sind in der Tat wörtlich zu verstehen.

Links: Der perfekt »gestreifte« Rasen
Gegenüber: Ein nicht ganz so vollkommener, aber immer noch sehr schöner Rasen

Vom ersten Spatenstich an

Anne: Im Hinblick auf einen neuen Rasen wird sich der Gartenbesitzer zunächst zwischen Aussaat oder Fertigrasen entscheiden müssen. In unserem letzten Garten hatten wir drei kleine Rasenstücke – in zweien wurden Rasensoden verlegt, in einem Samen ausgesät. Dass sie sich später nicht voneinander unterscheiden ließen, beweist, dass das Ergebnis letztlich gleichermaßen zufriedenstellend ausfallen kann.

Die Kosten für die Aussaat von Rasensamen liegen indes weit unter den Kosten für Fertigrasen. Im Übrigen grenzt es fast schon an Magie, wenn man bedenkt, dass aus einer Schachtel oder Tüte Samen in Ihrem Garten eine geschlossene Rasenfläche entstehen wird. Verglichen damit ist das Volumen an Rasensoden für eine ähnlich große Fläche immens. Und Sie haben eine sehr viel größere Auswahl, wenn Sie Rasensamen kaufen. Sie wissen ganz genau, welche Grasarten in der Schachtel sind, zudem, in welchem Verhältnis sie stehen. Nach dem Aussäen bedarf es allerdings einer guten Portion Geduld, denn es dauert, bis die Samen keimen; außerdem ist der Erfolg immer auch von der Witterung abhängig. Zu viel Regen kann das Saatgut abschwemmen, während bei zu wenig Regen gewässert werden muss. Auf manchen Böden entsteht durch das Wässern gar eine Kruste, die die Grassamen nur schwer zu durchdringen vermögen. Während sich die Samengräser zu kleinen Inseln zusammenschließen, siedeln sich in dem noch embryonalen Rasen überall dazwischen Unkräuter an, die entfernt werden müssen, damit sie in diesem kritischen Stadium nicht mit den Rasengräsern konkurrieren.

Der größte Vorteil von Fertigrasen ist der frappierend rasche Verwandlungseffekt. Wo morgens noch nackte braune Erde war, breitet sich abends grüner Rasen aus. Sämtliche Lücken werden gefüllt, damit sich nirgends Unkraut ansiedeln kann. Dennoch kann der Kauf von Fertigrasen fast so etwas wie ein Lotteriespiel sein. Am besten ist es, wenn man vorher sehen kann, was man kauft; in der Praxis ist es aber meist so, dass man die Bestellung aufgibt, in der Hoffnung, dass alles gut geht. In der Regel wird man mit einwandfreiem Material rechnen dürfen, dennoch habe ich einmal eine derart schlechte Lieferung erhalten, dass ich auf Ersatz bestehen musste. Man darf nämlich eine gute und gleichmäßige Verteilung der Gräser erwarten, die kein oder nur ganz wenig Unkraut enthält. Das Gras sollte kurz sein und sattgrün, nicht gelblich. Bestehen Sie auch auf einigermaßen ebenen Bahnen mit gut in der Erde verwurzelten Gräsern. Außerdem sollten diese zusammenhängend und leicht handhabbar sein, und nicht gleich reißen oder auseinanderfallen. Bevor Sie Rasensoden bestellen, müssen sämtliche Vorbereitungen getroffen und

Für Bereiche unter Bäumen und einem Baumhaus eignet sich am besten eine schattenverträgliche Rasenmischung.

Strapazierfähige Rasenflächen

Die meisten Leute wünschen sich einen Rasen, der sich auch nutzen lässt. Grasmischungen, die breitblättrige Arten und ausdauerndes Raigras enthalten, eignen sich bemerkenswert gut als Gebrauchs- und Sportrasen. Auch diese Rasenflächen können durchaus ansprechend wirken, zumal sich die Wiesengräser, das Gemeine Kammgras und das Wiesenlischgras, die in den gängigen Rasenmischungen enthalten sind, in naturhaft anmutenden Grasflächen auch dann noch gut machen, wenn sie, über längere Zeit nicht gemäht, zum Blühen kommen. Das Betreten schadet diesen Rasenflächen ebenso wenig wie die Nutzung als Liegewiese oder Spielfläche für Kinder. Unser großer robuster Rasen muss einem Federballmatch ebenso standhalten wie der gelegentlichen Fahrradrallye, scharrenden Hühnern ebenso »gewachsen« sein wie den Hufen unseres Shetland-Ponys. Die meisten Rasenflächen sind auf einen exponierten hellen Standort angewiesen, um zu gedeihen. Für Rasen in halbschattigen Bereichen gibt es schattenverträgliche Rasenmischungen. In tiefem Schatten allerdings werden Rasengräser immer zu kämpfen haben. Von daher würde ich hier eher einen »festen« Bodenbelag oder eine Mulchschicht aus Strandkies empfehlen. Sie brauchen also nur den Ihrer familiären Situation entsprechenden Rasen auszuwählen und werden sehen, dass die Pflege Freude machen kann.

das Gelände gerichtet sein. Im Gegensatz zu einer Packung Grassamen lässt sich Rollrasen nämlich nicht lagern. Einmal angeliefert, sollte er so schnell wie möglich verlegt werden. Je länger er aufgestapelt liegen bleibt, desto schneller zerfällt er.

Das Gelände vorbereiten

Probleme mit dem Rasen sind meist auf schlechte Startbedingungen zurückführen. Auch wenn der Rasen aussieht wie ein Teppich, so handelt es sich doch um lebende Pflanzen, die nicht weniger Pflege und Aufmerksamkeit erfordern als die Blütenpflanzen, die in Ihren Beeten und Rabatten wachsen. Grassamen benötigt einen ebenso sorgfältig kultivierten Boden und ausreichend Feuchtigkeit zum Keimen wie aus Samen gezogene Nutzpflanzen oder Blumen.

Als Erstes gilt es das Gelände gründlich zu säubern und systematisch sämtlichen Bauschutt wie etwa Schotter, Ziegelsteine und Gehölzwurzeln zu entfernen. Verwenden Sie ein Herbizid, um die hartnäckigen Unkräuter auszurotten. Eine andere Möglichkeit ist, sie zu ersticken oder auszugraben (s. Seite 110–111). Beobachten Sie, inwieweit die Bäume im Umkreis des Rasens Schatten werfen, da Gras offene, sonnige Standorte bevorzugt. Überlegen Sie, ob Sie einige Bäume fällen oder zumindest die unteren Zweige abnehmen sollten – je höher das Laubdach, desto weniger Schatten.

Gegebenenfalls muss man sich in diesem Stadium auch Gedanken über das Gefälle des Rasens und über die Dränage machen. Die meisten Grundstücke erfordern nur ein minimales Ausgleichen und Einebnen des Bodens, wie sie mit dem ersten Umgraben und anschließenden Rechen der Fläche erfolgt. Wo allerdings tiefe Löcher und eine durchgängig unebene Fläche vorliegen, müssen Sie notfalls Erde auffüllen und vielleicht gar zusätzlichen Oberboden anliefern lassen. Auf extrem staunassen Böden wird man wohl kaum auf eine sachgemäß installierte Dränage oder Abflussmöglichkeiten verzichten können (s. Seite 130).

In den meisten Gärten genügt es, den Boden umzugraben (s. unten). Wenn die Rasenaussaat im Herbst geplant ist, sollten Sie im frühen Herbst umgraben, sobald sich der Boden nach den sommerlichen Hitzeperioden wieder einigermaßen bearbeiten lässt. Wer im Frühjahr zu säen plant, sollte den Boden im Herbst oder Winter vorbereiten. Stechen Sie den Boden spatentief um, damit die Oberbodenschicht gelockert und gewendet wird. Dafür heben Sie als Erstes einen Graben aus, um an den Unterboden heranzukommen. Bringen Sie diesen nicht an die Oberfläche, sondern rechen Sie ihn, nachdem Sie den Boden spatentief gewendet haben, auf den Grund des Grabens, um etwa vorhandene Pflugsohlen oder eine verdichtete Tonbasis aufzuschließen, damit das Wasser leichter eindringen kann.

Umgraben und Ausgleichen

1 Nutzen Sie beim Umgraben die Gelegenheit, den Boden als Ausgangsbasis für den neuen Rasen zu verbessern, indem Sie gut verrotteten Gartenkompost, Sand oder Kies einarbeiten, um den verdichteten Ton aufzuschließen. Entfernen Sie dabei sorgfältig sämtliche Unkräuter sowie größere Steine.

Wenn man frühzeitig mit dem Umgraben beginnt, hat der Boden Zeit, sich von selbst zu setzen. In der Praxis wird allerdings kaum je so weit vorausgearbeitet. Wo es schnell gehen muss, wird der Boden nicht umgestochen, sondern gefräst. In diesem Fall sollte die Fläche immer wieder festgetreten und gerecht werden, um sicherzustellen, dass die Oberfläche geschlossen und eben ist, bevor Rasen verlegt oder ausgesät wird. Dies kann sogar Spaß machen, allerdings nur, wenn der Boden trocken genug ist – ein Grund mehr, mit der Vorbereitung nicht in letzter Minute zu beginnen. Gehen Sie mit kleinen, überlappenden Trippelschritten über das Gelände, indem Sie mit der ganzen Fläche des Schuhs auftreten.

2 Rechen Sie anschließend immer wieder über die Fläche, bis sich die Oberfläche verfestigt hat (sie darf allerdings nicht steinhart sein), und der Boden sich nicht mehr senkt. In diesem Stadium lassen sich kleinere Niveau-Unterschiede noch leicht ausgleichen; gehen Sie am besten nach Augenmaß vor. Vielleicht wünschen Sie sich ja auch einen Rasen, der in Abstimmung auf die Landschaft ein leichtes Gefälle zeigt. Was allerdings nicht wünschenswert ist, sind Erdklumpen und Dellen. Ich habe mich bisher immer auf mein Augenmaß verlassen. Wer sich aber nicht sicher ist und einen absolut ebenen Rasen anstrebt, sollte wie beim Betonieren mit Holzpflöcken und einer Wasserwaage arbeiten.

Einen neuen Rasen aussäen

Es ist oft nicht leicht, den richtigen Zeitpunkt zu erwischen, denn Grassamen erfordern ein gewisses Maß an Wärme und Feuchtigkeit, um zu keimen. Aus diesem Grund gilt der frühe Herbst allgemein als die beste Zeit, gefolgt vom mittleren Frühling. Der Nachteil von einem Frühlingstermin ist der kältere Boden, aber auch die einsetzende Trockenheit, wenn das Gras zu wachsen beginnt. Rechen Sie ein bis zwei Wochen vor der Aussaat einen Universaldünger in den Boden ein. Kaufen Sie Ihre bevorzugte Rasensamenmischung – pro Quadratmeter rechnet man ein Quantum von 30 bis 40 g – und warten Sie einen Tag ab, an dem der Boden so weit abgetrocknet ist, dass Sie mit dem Rechen an der Oberfläche eine feine Furche ziehen können, die unteren Schichten aber noch so feucht sind, dass die Samen Wasser aufnehmen und wachsen können.

Tipps zur Aussaat von Grassamen

● Schütteln oder mischen Sie die Grassamen vor dem Säen, da sich die verschiedenen Sorten in der Packung oft absetzen. So gewährleisten Sie eine gleichmäßige Verteilung über die gesamte Fläche.

Aussäen

1 Wer genau nach Lehrbuch vorzugehen plant, sollte das Gelände in Abschnitte unterteilen, die richtige Samenmenge auswiegen und das Saatgut für jeden Abschnitt in zwei oder gar vier Portionen bereitlegen. Um eine gleichmäßige Verteilung zu erreichen, wird die jeweilige Menge dann zunächst in verschiedene Richtungen gehend ausgesät. (Sie können also der Länge und Breite nach über das Gelände, gleichermaßen aber auch auf und ab gehen).

In der Praxis mache ich es so, dass ich 1 m² Boden abstecke, die entsprechende Saatgutmenge für diesen Bereich abwiege und diese Fläche gleichmäßig einsäe. Danach prüfe ich noch einmal sorgfältig die Dichte, bevor ich dann systematisch weitersäe und das Saatgut wiederholt schüttle. Drehen Sie sich immer wieder um, um anhand des »Testquadrats« die Dichte zu überprüfen. Die besten Ergebnisse erzielen Sie, wenn Sie 8 bis 10 cm über den vorgesehenen Rand hinaus säen und die Konturen nachträglich abstechen (s. Seite 157).

2 Nach dem Aussäen fahren Sie mit einem Fächerbesen (Laubrechen) leicht über die Fläche, um das Saatgut teilweise zu bedecken. Wo viele Vögel oder Katzen in den Garten kommen, decken Sie die Fläche mit Netzen ab, damit nicht ein Großteil der Samen aufgefressen wird; so lässt sich auch verhindern, dass Katzen sich darin wälzen oder den Boden aufkratzen.

Pflege

Nach der Aussaat scheinen die Uhren langsamer zu gehen. Tag für Tag betrachtet der Gärtner sorgenvoll die kahle Fläche, bis nach etwa zwei Wochen über Nacht ein grüner Schimmer erscheint. Während dieser Wartezeit gilt es dem Wetter besondere Beachtung zu schenken, denn wenn der Regen ausbleibt, und die Aussaatfläche tagelang der prallen Sonne ausgesetzt ist, besteht die Gefahr, dass der Boden für die Samen zu sehr abtrocknet und diese nicht ausreichend Wasser aufnehmen können; dann aber kann es passieren, dass die Sämlinge eingehen. Stellen Sie also rechtzeitig einen Wassersprüher auf und beregnen Sie die Samen mit der Feinstrahldüse. Wer das

Beregnen Sie die Aussaatfläche nur im Notfall. In Trockenperioden trägt feines Besprühen aber entscheidend zur Keimung des Saatguts bei.

Tipps zum Nachsäen von Flecken

● Wenn das Saatgut, aus welchem Grund auch immer, nur fleckig zum Keimen kam, ritzen Sie die kahlen Bodenflächen leicht auf, um eine winzige Menge Universaldünger oder Kompost einzubringen, bevor Sie neuen Samen darüber streuen.

Pech hat, dass sintflutartige Regenfälle das Saatgut in alle Richtungen schwemmen, muss warten, bis die Fläche abgetrocknet ist, um dann noch einmal mit dem Rechen über die vereinzelt gekeimten Jungpflanzen zu gehen, selbst wenn dadurch manche der Sämlinge geschädigt werden. Danach muss erneut eingesät werden, wenn man am Schluss nicht mit einem total fleckigen Rasen dastehen möchte. Warten Sie ab, bis die jungen Gräser eine Höhe von etwa 8 cm erreicht haben, und rollen Sie sie dann, wenn möglich, leicht an. Die wenigsten Hobbygärtner werden heutzutage eine leichte Gartenwalze im Schuppen stehen haben; von daher sollten Sie sich eine ausleihen oder die Walze eines Walzenmähers hochstellen, um die Messer zu deaktivieren. Auf diese Weise lässt sich der Boden festigen und noch vorhandene Steine hineindrücken. Nach ein paar Tagen, wenn sich die Grashalme wieder aufgerichtet haben, mähen Sie das obere Drittel ab (stellen Sie die Messer höher als gewöhnlich ein). Am besten eignet sich dafür ein Zylinder- oder Walzenmäher ohne Führungsräder. Falls Sie nur einen normalen Rasenmäher mit Vorderrädern haben sollten, schrauben Sie diese vorher ab. Ein Schnitt dürfte bei Herbstaussaat in der Regel ausreichen, bei Frühjahrsaussaat wird regelmäßig gemäht; dabei geht man allmählich zur normalen Schnitthöhe über.

Gönnen Sie Ihrem neuen Rasen in der ersten Saison möglichst noch eine Schonfrist, aber düngen, jäten und wässern Sie ihn bereits wie normal. Wenn sich die Grasnarbe geschlossen hat, »dürfen« Sie auch die Ränder abstechen. Benutzen Sie zum Begradigen ein Maßband, legen Sie Holzplanken entlang der Kante auf und stechen Sie die Kontur mit einem Halbmond-Kantenstecher ab. Es empfiehlt sich, die Bögen mit der Klinge zu markieren, bevor man sich ans Schneiden macht. Heben Sie den überstehenden Rasenstreifen mit einem Krail an, lockern Sie den Rabattenboden darunter, und lösen Sie den Boden mit leichtem Ruck, um Rasen und Rabatte sauber voneinander abzusetzen.

Ein neuer Rasen durch Verlegen von Rasensoden

Die beste Zeit zum Verlegen von Rollrasen ist der Herbst (später riskiert man, dass der Boden bereits zu kalt ist). Wenn Sie es im Herbst zeitlich nicht mehr schaffen, verschieben Sie die Aktion lieber auf das kommende Jahr; allerdings müssen

Sie im Frühling und Sommer dann regelmäßig wässern. Die Hauptschwierigkeit beim Verlegen von Rollrasen besteht in der richtigen Terminierung, denn das Gelände darf nicht zu nass sein, wenn die Rasensoden geliefert werden.

Fertigrasen verlegen

Als Erstes gilt es die Konturen des Rasens zu markieren. Da Fertig- oder Rollrasen immer Bahn für Bahn verlegt wird, muss das Material im Bereich von Bögen nachträglich in Form geschnitten werden.

1 Verlegen Sie die erste Bahn Rollrasen, bevor Sie die zweite anlegen, indem Sie die Enden leicht stauchen und nicht nur wie bei Ziegelsteinen Kante an Kante legen. Auf diese Weise vermeidet man, dass sich die Ansatzstellen als lange »Nähte« abbilden, die während Trockenperioden aufbrechen könnten. Theoretisch sollten die Rasenbahnen alle die gleiche Stärke haben, aber manchmal werden Sie doch noch etwas Erde ausheben müssen, damit eine ebene Fläche entsteht.

2 Stauchen Sie die Ansatzstellen und drücken Sie sie dann nach unten, damit sie so dicht wie möglich anliegen. Ich klopfe die Soden mit der Handfläche, um eine möglichst lückenlose Verbindung zum Boden zu schaffen. Obwohl es immer wieder heißt, dass man die Rasenbahnen nicht mit dem Rücken des Spatens anschlagen soll, schadet ihnen der leichte Druck meiner Erfahrung nach in keiner Weise. Legen Sie den Rollrasen in Reichweite vor sich und achten Sie darauf, nicht vom Gras, sondern vom Boden aus zu arbeiten.

3 Am Schluss geben Sie ein Erde-Sand-Gemisch auf die Fugen und bürsten dieses ein, um die Ränder regelrecht zu versiegeln. Legen Sie zum Arbeiten Bretter aus, um das Gras zu schonen, und bürsten Sie das Substrat mit einem Besen aus Birkenreisern oder dem Rücken eines Rechens ein. Abschließend begradigen Sie die Konturen; im Fall von Bögen behelfen sich manche Gartenfreunde mit einem Gartenschlauch; ich »zeichne« die Rundungen lieber mit der Klinge eines Halbmond-Kantenstechers vor, bis ich dann endgültig schneide. Markieren Sie die geraden Kanten mit Schnur, legen Sie eine lange Holzlatte an und schneiden Sie entlang der Kante (s. Haupttext).

Pflege

Treten Sie nach Möglichkeit nicht auf den Rasen, solange sich die Wurzeln nicht fest im Boden etabliert und die Gräser sich noch nicht miteinander verwoben haben. Wenn er zu wachsen angefangen hat und gemäht werden muss, dürfen Sie das erste Mal ohne Bretter auf den Rasen stehen. Wässern, düngen und jäten Sie wie normal.

Spezielle Rollrasensoden

● Die meisten Gärtner verlegen konventionelle Rasensoden, es gibt aber auch leichtgewichtige Rollen, die von Spezialbetrieben kultiviert werden. Sie sind wesentlich dünner als üblich und erfordern eine sorgfältige Handhabung. Verlegen Sie sie nur bei optimalen Ausgangsbedingungen, denn die Gräser reagieren empfindlicher auf Kälte und trocknen leicht aus. Sie sind auch auf dünnem Vlies erhältlich, das sich mit der Zeit zersetzt.

Kahle Stellen ausbessern

Kahle Flecken lassen sich mit Samen leicht schließen, es bedarf allerdings der richtigen Vorbereitung. Dies gilt für Stellen in der Mitte des Rasens ebenso wie am Rand.

1 Lockern Sie die kahle Stelle gründlich mit einer Grabgabel auf, nicht nur im Bereich der abgetretenen Erde, sondern auch im Umkreis des spärlichen Grases. Fahren Sie fort, bis die Aussaatfläche gründlich vorbereitet ist.

3 Säen Sie die Fläche ein und bedecken Sie das Saatgut leicht mit dem Erdsubstrat bzw. durchgesiebter Erde, oder rechen Sie die Fläche leicht auf.

2 Geben Sie etwas Erdsubstrat auf die Fläche und verfestigen Sie dieses mit den Schuhen und mit dem Rücken des Rechens. Als Erdsubstrat eignet sich eine Mischung aus Lehm und Sand, die gegebenenfalls durch etwas organisches Material angereichert wird. So könnte man etwa drei Teile sandigen Lehm, sechs Teile scharfen Sand und ein Teil feinen, gut verrotteten Gartenkompost verwenden. Man kann diese Mischung zwar auch selbst herstellen, aber oft ist es einfacher, sie zu kaufen.

4 Kleine Flächen können Sie mit einer Plastikfolie überspannen, die allerdings entfernt werden muss, sobald die Saat keimt.

Um eine kahle Stelle mit Rasensoden auszubessern, sollten Sie den Flecken zunächst quadratisch oder rechteckig abstechen. Heben Sie den Boden ab und gleichen Sie je nach Bedarf aus, was an Erde fehlt oder zuviel ist, um zu gewährleisten, dass die neuen Rasensoden plan mit der Umgebung sind. Geben Sie ein Lehm-Sand-Substrat oder gesiebte Erde in die Fugen und wässern Sie die Stelle in Trockenperioden.

Rasenkanten ausbessern

Akkurat abschließende Kanten verschönern das Bild Ihres Rasens – umso ärgerlicher, wenn diese beschädigt werden, auch wenn sie sich leicht instand setzen lassen.

1 Trennen Sie im Umfeld der beschädigten Kante ein rechteckiges Rasenstück ab ...

3 ... dass die beschädigte Kante nach innen weist.

2 ... und drehen Sie es so um ...

4 Geben Sie guten Gartenboden oder Erdsubstrat darüber, um die Lücke zu schließen, und säen Sie anschließend ein. Sie können das Loch aber auch quadratisch oder rechteckig ausschneiden und mit einem Stück Rasensoden auslegen.

Den vorhandenen Rasen pflegen

Anne: Wie viel Pflege ein Rasen erfordert, hängt immer vom Zustand des Bodens darunter, von der Grasmischung im Rasen und dem Charakter des Gärtners ab. Wer sich einen makellosen Rasen wünscht, wird, insbesondere auf magerem, durchlässigem Boden, mit einer Menge zeitraubender und schweißtreibender Arbeit rechnen müssen. Wer die Sache indes etwas lockerer sieht und über einen robusten Rasen auf gutem Boden verfügt, wird mit regelmäßigem Mähen, Abstechen der Kanten und gelegentlichem Düngen gute Ergebnisse erzielen.

Geheimtipps für einen gesunden und schönen Rasen

Schenken Sie Ihrem Rasen die gleiche Zuwendung und Pflege wie den Pflanzen in Ihren Rabatten. Um welchen Rasentyp es sich auch handeln mag, ziehen Sie auch die verfügbaren Bodenbedingungen in Ihre Überlegungen mit ein. Werden Sie sich über Ihre Zielsetzungen klar und entscheiden Sie, ob es tatsächlich ein makelloser Rasenteppich sein muss oder ob Sie bereit sind, das eine oder andere Wildkräutchen zu tolerieren. Aber selbst dann wird der Rasen Arbeit machen.

● Regelmäßiges Mähen ist eine Grundvoraussetzung, um die Schönheit und Geschlossenheit des Rasens zu erhalten. Mähen dämmt das Unkraut ein und fördert die Bestockung der Gräser (Bildung von Seitentrieben). Lassen Sie das Gras nicht zu lang werden, um es dann regelrecht abzurasieren, weil Sie den Rasen damit ernsthaft schwächen würden. Versuchen Sie, in der Wachstumsphase im Frühling und Sommer einmal wöchentlich die Spitzen zu kappen.
● Bringen Sie die Kanten regelmäßig in Form, da Ihr Rasen anderenfalls »ausgefranst« wirkt und in die Rabatten hineinwächst.
● Wahre Wunder können Sie bewirken, wenn Sie Rasen auf magerem Boden oder kleine, stark frequentierte Flächen im Herbst ausrechen, aerifizieren und mit einer Schicht nahrhaftem Erdsubstrat bestreuen. Auf diese Weise lässt sich verdichteter Boden aufbrechen sowie die Dränage und der Allgemeinzustand verbessern.
● Düngergaben im Frühjahr und Herbst fördern den geschlossenen und gesunden Wuchs einer sattgrünen Grasnarbe. Ob der Rasen Dünger braucht, erkennen Sie an seinem Erscheinungsbild. Auf einem dichten Rasenteppich kann man sich die Zeit und den Dünger sparen; sobald das Gras auf ohnehin magerem Boden aber spärlich wächst und sich gelblich verfärbt, ist eine Nährstoffzufuhr unerlässlich.

Mähen

Walzen-, Zylinder- oder Spindelmäher verfügen über mehrere Messer, die sich, zylinderförmig angebracht, um eine Achse drehen – sie erzeugen einen messerscharfen Schnitt. Die Effizienz hängt von der Anzahl der Messer ab, aber auch von der Geschwindigkeit, mit der sie sich drehen. Diese Mäher ergeben den saubersten Schnitt und sind erste Wahl für feine Rasenflächen. Auf langem, struppigem und rauem Gras sind sie weniger empfehlenswert. Früher hatten die Leute mit kleinen Rasenflächen meist einen Hand-Zylindermäher, und ich halte diese Geräte nach wie vor für sehr gut. Man muss sich nicht um Stromkabel oder Treibstoff kümmern, sie laufen ruhig und bringen keinerlei Lärmbelästigung für die Nachbarn mit sich. Außerdem halten sie den Gärtner fit, denn sie »laufen« überhaupt nur, wenn sie fleißig hin und her über den kleinen Rasen geschoben werden. Für größere Flächen empfiehlt sich ein Benzin-Rasenmäher.

Sichelmäher sind heute sehr verbreitet und erweisen sich als vielseitig einsetzbar. Ein oder mehrere Messer rotieren horizontal, ob auf vier Rädern oder wie bei Hover-Mähern auf einem Luftkissen. Sichelmäher kommen auch mit langem, struppigem Gras zurecht und sind in der Tat ein wahrer Glücksfall, wenn das Gras einmal zu lang ist. Luftkissen-Mäher eignen sich besonders für nasses Gras und Hanglagen, nicht aber für schnurgerade Bahnen. Für große Rasenflächen gibt es Aufsitzmäher, die zwar teuer sind, aber große Zeitersparnis bedeuten.

Für kleinere Bereiche verwenden die meisten Gärtner einen Elektro-Rasenmäher. Geben Sie Acht, dass Sie nicht über das Stromkabel fahren; sollte es dennoch einmal passieren, wird das Kabel zerschnitten und der Sicherungsautomat hinter der Steckdose automatisch den Stromkreis unterbrechen. Für größere Flächen sind Benzin-Rasenmäher zwar die teurere Alternative, man hat dafür aber auch weniger Ärger mit ihnen.

Rasenschnitt sammeln

Wenn man den Grasschnitt auf dem Rasen liegen lässt, wird sich kaum vermeiden lassen, dass ein Teil davon ins Haus getragen wird. Größere Grasschnittklumpen schaden dem Rasen, da sie die Licht- und Luftzufuhr behindern. Auf der anderen Seite ist es lästig und zeitaufwändig, immer wieder den Grasfangsack leeren zu müssen. Dennoch plädiere ich für einen Mäher mit Grasfangsack. Man kann aber auch einen Mulch-Mäher in Betracht ziehen, der den Rasenschnitt klein schreddert und tief in den Rasen bläst. Dieses Schnittmaterial führt dem Rasen beim Verrotten Nährstoffe zu und hält die Feuchtigkeit. Ein guter Kompromiss ist, das Gras vom ersten und letzten Schnitt auf dem Rasen liegen zu lassen, weil die Gräser von der Feuchtigkeit, Nährstoffzufuhr und Beschattung der Wurzeln profitieren, ohne dass befürchtet werden muss, dass sie verkleben. Wenn der Rasenschnitt indes regelmäßig liegenbleibt, riskiert man, dass ein dicker Filz aus totem Gras und Unkraut entsteht, der den Rasen förmlich ersticken kann; die Folge ist eine ungenügende Wasserführung, die wiederum Krankheiten fördert und zur Moosbildung beiträgt.

Wer wünscht sich nicht einen schönen sattgrünen Rasen, der sich in sanften Bögen zwischen naturnah anmutenden Rabatten hindurchschlängelt?

Wenn Sie sich Streifen wünschen, benötigen Sie eine Walze. Diese gibt es in der Regel in Verbindung mit hochwertigen Zylindermähern; man kann sie aber auch mit Sichelmähern bekommen.

Wann soll gemäht werden?

Meist wird mit dem Mähen im zeitigen Frühling begonnen und im mittleren Herbst aufgehört; am besten orientiert man sich aber an der Witterung und der Wuchskraft und nicht am Kalender. Fangen Sie im Frühling an, das etwa 4 cm hohe Gras auf 3 cm Höhe zurückzuschneiden. Sobald der Rasen stärker wächst, können Sie bei einem Gebrauchsrasen auf 2,5 cm heruntergehen und bei Zierrasen auf bis zu 1 cm. Wenn das Gras dann rasch wächst, sollte mindestens einmal wöchentlich gemäht werden. Wenn mildes Winterwetter einen Wachstumsschub auslöst, kann der Rasen bedenkenlos auf 3 cm Höhe zurückgeschnitten werden, solange der Boden nicht zu nass ist.

Richtig mähen

Beginnen Sie beim Mähen am Rand des Rasens und fahren Sie zweimal darum herum (dies gilt auch für Blumenbeete und andere Elemente im Rasen). Fahren Sie dann in geraden Bahnen systematisch hin und her und achten Sie darauf, leicht überlappend zu mähen. Wichtig ist auch, dass die Bahnen gerade sind, wenn Sie Wert auf Streifen legen und deshalb einen Mäher mit Walzen verwenden. Wenn Sie beim Mähen von Zeit zu Zeit die Richtung ändern, kommt dies dem Rasen durchaus zugute; außerdem macht es Spaß, in Gegenrichtung oder diagonal zu mähen. Wenn Sie mit einem Aufsitz-Rasenmäher größere naturnah anmutende Flächen mähen, arbeiten Sie sich in immer kleiner werdenden Kreisen nach innen vor, indem Sie um Bäume und andere Hindernisse einfach herum mähen.

Zur Pflege und Wartung des Rasenmähers

Rasenmäher erfordern regelmäßiges Reinigen, um die Metallteile vor Korrosion zu schützen. Gewöhnen Sie sich an, bei einem Elektro-Mäher unbedingt den Stecker herauszuziehen, bevor Sie Reinigungs- oder Wartungsarbeiten vornehmen, und ziehen Sie bei Benzin-Rasenmähern das Zündkabel von der Zündkerze ab.
Richten Sie sich einen Werkzeugkasten mit einigen Lappen, einem Ölkännchen und einer Drahtbürste ein, um den Mäher nach Gebrauch zu säubern.
Wenn Sie sich mit Maschinen nicht auskennen, sollten Sie den Mäher einmal im Jahr zur Inspektion geben. Manche Betriebe gewähren einen Rabatt, wenn Sie Ihre Maschine frühzeitig anmelden und nicht erst im Frühjahr bringen, wenn alle Welt mit dem Mähen beginnt. Um diese Zeit drängt sich nämlich alles zusammen, und wenn Sie die Wartung bis zur letzten Minute hinausschieben, kann es zur Geduldsprobe werden, bis Sie Ihren Mäher wieder bekommen, während der Rasen Tag für Tag wächst und wächst.

Rasenpflege im Frühling

Durch leichtes Auskämmen mit einem Fächerbesen entfernen Sie Laub, Zweige, Steine und andere Abfälle, die sich den Winter über angesammelt haben. Mit diesem Rechen erfassen Sie auch abgestorbene Gräser; gleichzeitig wird der Boden oberflächlich aufgebrochen, sodass die Wurzeln ihn leichter durchdringen können. Falls eine Frühjahrsbehandlung mit einem Herbizid viel totes Pflanzenmaterial hinterlassen hat, muss der Rasen gegen Frühlingsende notfalls vertikutiert werden (s. gegenüberliegende Seite). In Extremfällen wird man den Rasen aerifizieren und ein spezielles Rasensubstrat aufbringen.

Düngen

Mit dem Düngen beginnt man im Frühling, allerdings erst, wenn das Gras zu wachsen angefangen hat. Benutzen Sie Dünger nie, um das Wachstum anzukurbeln, denn die Wurzeln sind noch nicht aktiv genug, um den Dünger auch zu nutzen.

Normalerweise geht man so vor, dass man einen guten Universal-Rasendünger aufbringt, der Stickstoff enthält, um den sattgrünen Wuchs der Gräser zu fördern, aber auch Phosphor und Kalium für einen rundum gesunden Rasen.

Wer gegen Moos und Unkraut im Rasen zu kämpfen hat, lässt sich leicht verleiten, Produkte zu verwenden, die das Gras düngen und das Unkraut zugleich abtöten. Diese Produkte sind zwar wirksam, aber am effektivsten sind Unkrautvernichtungsmittel, wenn sie nach dem Düngen aufgebracht werden. Der Dünger regt die Unkräuter zu verstärktem Wachstum an, was die Wirkung des Herbizids entschieden fördert.

Für viele Rasenflächen genügt eine einmalige Düngergabe im Frühling, auf mageren Böden kurbelt eine Düngung im Sommer das gesunde Wachstum an. Es hat allerdings keinen Sinn, einen Rasen zu düngen, der aufgrund einer längeren Trockenperiode das Wachstum eingestellt hat. Warten Sie also lieber ab, bis die Trockenperiode beendet ist, und die Gräser wieder zu wachsen beginnen.
Wenn Rasenflächen den Sommer über stark gelitten haben, sollten Sie die milden, feuchten Herbstmonate nutzen, um Dünger aufzubringen, damit sich der Rasen regenerieren kann, bevor der Winter einsetzt.
Verwenden Sie ein Präparat, das eigens für die Herbstdüngung vorgesehen ist und weniger Stickstoff enthält bzw. dieses Element dem Rasen erst nach und nach zuführt (Depotdünger).

Rasenpflege im Herbst

Wenn die sommerlichen Trockenperioden überstanden sind, und der Rasen aufgrund der herbstlichen Regenfälle wieder feucht ist (nicht staunass) und aufzuatmen beginnt, wird es nach den Härten der vergangenen Monate Zeit, ihn aufzupäppeln.

3 Die in regelmäßigem Abstand eingebrachten Vertiefungen fördern das Abfließen winterlicher Regenfälle, insbesondere auf Rasen mit stark verdichtetem Oberboden.

1 Die Regeneration beginnt mit dem Skarifizieren. Zunächst kämmt man den Rasen mit einem Fächerbesen gründlich aus, wobei tote Unkräuter, Moos und Gräser herausgezogen werden, die die Belüftung behindern. Auf einem großen Rasen sollten Sie ein Vertikutiergerät verwenden. Der Rasen bietet unmittelbar danach einen schrecklichen Anblick. Rechen Sie das Zeug aus und entfernen Sie es.

4 Um dem Gras etwas Gutes zu tun, bürsten Sie feines Erdsubstrat, eine Mischung aus Lehm, kalkfreiem Sand und organischem Material, in die obere Bodenschicht des Rasens. So können die Gräser in einer mit Topfsubstrat vergleichbaren Erde Wurzeln schlagen, ohne auf den gewohnt verdichteten Boden angewiesen zu sein. Auf diese Weise fördert man die Verzweigung der Gräser und die Bildung einer geschlossenen und robusten Grasnarbe. Rasenflächen, die aerifiziert wurden (insbesondere mit einer Gabel mit Hohlzinken), sollten im Anschluss daran mit lockerem, sandigem, gut durchlässigem Erdsubstrat versorgt werden, damit sich die Löcher schließen. Was die Kalkulation der erforderlichen Menge anbetrifft, so sollten Sie 1,3 bis 1,8 kg pro Quadratmeter häufchenweise über der Fläche verteilen.

2 Als Nächstes werden die Poren des Rasens geöffnet, damit Wasser an die Wurzeln gelangt und die Luft zirkulieren kann. Auf kleinen Rasenflächen, die unter leicht verdichtetem Boden leiden, genügt es bereits, mit einer Gabel mindestens 8 cm tiefe Löcher in die Oberfläche einzubringen. Bei schweren Böden empfiehlt es sich, eine spezielle Gabel mit Hohlzinken (Zinkengrubber) zu verwenden.

5 Anschließend bürsten Sie das Erdgemisch mit einem Reisigbesen oder dem Rücken eines Rechens ein. Dabei werden die kleineren Löcher gefüllt. Die Gräser sollten allerdings nicht vollkommen darunter zugedeckt werden.

Rasendünger aufbringen

● Nachdem Sie den Dünger besorgt haben, heißt es auf die Wetter-
vorhersage zu achten. Ideal für das Ausbringen des Düngers ist trockenes
Wetter; der Boden sollte allerdings feucht sein. Optimal sind voraus-
sichtliche Regenschauer nach dem Düngen.
● Bringen Sie den Dünger ein paar Tage nach dem Mähen auf, damit
Sie sehen, wo Sie schon waren, und die Düngerspuren nicht unter hohem
Gras verschwinden.
● Düngen Sie nicht bei Regen.
● Wenn der erhoffte Regen nach Tagen noch immer ausbleibt, muss
mit einem Rasensprenger gewässert werden.

Wie wird gedüngt?

Auf kleinen Rasenflächen lässt sich der Dünger leicht von
Hand ausstreuen. Lesen Sie sich die Angaben auf der Packung
gründlich durch, messen Sie die erforderliche Menge ab, unterteilen Sie sie in zwei Portionen und bringen Sie die eine Hälfte in Längsrichtung über dem Rasen aus, die andere Hälfte
quer dazu.

Ein Streuwagen erweist sich auf großen Rasenflächen als sehr
praktisch. Sehen Sie zu, dass das Gerät sauber und trocken ist,
damit der Dünger nicht die Öffnungen verstopft. Verwenden
Sie den Streuwagen ähnlich wie einen Rasenmäher. Düngen
Sie zunächst ein bis zwei Streifen am Rand des Rasens. Gehen
Sie dann in geraden Bahnen hin und her und achten Sie darauf, dass Sie nicht überlappend und somit zu viel Dünger aufbringen. Die meisten Düngemittel sind aus diesem Grund
deutlich sichtbar – vielen wird ein Farbstoff zugesetzt.

Flüssigdünger wirken unmittelbar nach dem Aufbringen;
zumindest muss man sich nicht darum sorgen, dass es danach
regnet, und der Dünger in den Boden gewaschen wird. Der
Boden sollte eher feucht als trocken sein, wenn der Dünger
aufgebracht wird, nicht aber staunass. Für winzige Rasenflächen
genügt eine Gießkanne mit Brausekopf. Für größere Flächen
gibt es spezielle Applikatoren mit Düngerkonzentrat, die sich
zwischen Brause und Schlauchende anbringen lassen und über
den Durchfluss des Wassers automatisch verdünnt werden.

Wässern

Rasengräser verfügen über eine unglaubliche Spannkraft; von
daher kann ich nur empfehlen, überhaupt nicht zu wässern.
Wenn das Gras bei anhaltender Trockenheit allerdings regelrecht ausdörrt, fällt es schwer, den Sprüher nicht doch aufzustellen. Wer mit dem Wässern aber erst einmal anfängt, macht
den Rasen regelrecht abhängig von zusätzlichen Wassergaben.
Meist kommt man aus diesem Teufelskreis erst wieder heraus,
wenn jegliches Rasensprengen von der Gemeindeverwaltung
untersagt wird, wie es in manchen Gegenden Englands vorkommen kann.

Kleine Rasenflächen lassen sich durch Wässern aber problemlos sattgrün halten. Für manche Gärtner ist ein schöner Rasen
ein absolutes Muss, denn er bringt die Beetpflanzen erst richtig zur Geltung, was besonders wichtig ist, wenn ein Wett-
bewerb bevorsteht – selbstverständlich wird man den Rasen
dann auch wässern.

Falls Sie sich entscheiden, Ihren Rasen zu wässern, dann am
besten abends, um die Verdunstung möglichst gering zu halten
und dem Verbrennen des Rasens vorzubeugen. Stellen Sie den
Sprüher so auf, dass er den Rasen und nicht den Weg wässert,
und achten Sie auf eine ausreichende Wassermenge; andernfalls brauchen Sie sich erst gar nicht die Mühe zu machen. Um
ein Gefühl für die erforderliche Gießmenge zu entwickeln,
empfiehlt es sich, ein paar Marmeladengläser unter dem Sprüher aufzustellen und so lange zu sprühen, bis diese mindestens
1 bis 2,5 cm Wasser enthalten – genügend, um in Trockenperioden den Wasserverlust von einer Woche auszugleichen.

Wenn Sie nicht wässern, müssen Sie warten, bis das Wetter
umschlägt und der Herbstregen den Rasen regeneriert und das
Wachstum erneut ankurbelt. Das für den Herbst empfohlene
Pflegeprogramm – Aerifizieren, Vertikutieren und Aufbringen
eines speziellen Kompost-Sand-Gemischs – unterstützt die
Regeneration des Rasens (s. Seite 155).

Unkraut eindämmen

Ob Unkraut toleriert wird oder nicht, ist fast schon eine Cha-
rakterfrage. Während der eine bereits das kleinste Kräutchen
in seinem Rasenteppich als Ärgernis empfindet, freut sich der
andere darüber. Ich für meinen Teil kann mit einer ebenen,
mehr oder weniger grünen Fläche, in der Moos und Wildpflanzen auftreten und manchmal gar dekorativ wirken, gut
leben, es sei denn sie verursachten kahle Flecken. Wer nichts
gegen Rasenunkräuter hat, wird Freude an einer Wildblumenwiese haben, denn eine mit Gänseblümchen, Klee, Brunelle
und Ehrenpreis übersäte Rasenfläche kann sehr reizvoll aussehen. Eine Ausnahme sind für mich Löwenzahn und Ampfern, denn ihre flachen Rosetten mit den großen Blättern
treten selbst nach dem Mähen noch hervor. Und doch kommt
Klee dem Rasen eher zugute, denn er bindet den Stickstoff
im Boden und macht ihn für die Gräser verfügbar.

Entscheidend ist, dass Ihr Rasen gesund aussieht. Was Sie
letztlich bewusst hinzunehmen bereit sind, hängt ohnehin
weitgehend vom Bodentyp ab. In unserem früheren Garten
mit seinem mageren Sandboden waren Wasser und Nährstoffe
immer im Nu aufgebraucht. Infolgedessen mussten wir viel
rigoroser gegen Unkraut vorgehen. Schließlich wollten wir die
spärlichen Gräser, die sprießten, nicht auch noch aufs Spiel
setzen; deshalb blieb uns nichts anderes übrig, als das Unkraut

Die Rasenkanten pflegen

Wenn die Rasenkanten abgetreten und zerrissen sind, wächst der Rasen in die Rabatten hinein, was zwangsläufig zum Verunkrauten der Beete führt. Von daher sollten möglichst nach jedem Mähen (mindestens aber nach jedem zweiten) die Kanten abgestochen und der Boden wieder in Richtung Rabatte geschoben werden.

1 Schneiden Sie den Rand mit einer speziellen Rasenkantenschere in Form.

2 Lesen Sie die abgeschnittenen Ränder heraus, denn sie könnten hartnäckige Wurzelunkräuter enthalten, die sich gern an der Nahtstelle zwischen Grasnarbe und Rabatte ansiedeln.

3 Stoßen Sie die Erde mit leicht ruckartiger Bewegung des Hackenrückens weg von der Kante in Richtung Rabatte. Durch regelmäßiges Abstechen entsteht eine »feste« Vertiefung, die auf Dauer verhindert, dass Unkraut und Gras auf die Rabatte übergreifen. Wenn man dann sieht, wie entscheidend eine saubere Rasenkante zum Gesamtbild beiträgt, wird man gern auch noch die Rabatte ausjäten.

zu bekämpfen und den Rasen regelmäßig zu düngen. Ohne einzugreifen, hätten wir uns mit noch spärlicherem Gras und kahlen Flecken abfinden müssen.

Ganz anders unser derzeitiger Garten in der Grafschaft Devon, der über wesentlich schwereren Boden verfügt und mit seinem nährstoffreichen Schlick gute Wachstumsbedingungen für eine sattgrüne Grasnarbe bietet. Die Gegend ist mit ihrem guten Boden und den saftigen Wiesen zu Recht bekannt für ihre Milchwirtschaft. Hier brauchen wir uns folglich auch weniger um den Rasen zu kümmern, denn die Rasengräser setzen sich ohnehin gegen das Unkraut durch. Der Boden enthält so viele

Ressourcen, dass wir uns kaum trauen zu düngen. Von daher wäre ein Eingreifen überhaupt nur begründet, wenn der Rasen blass und fleckig würde.

Auch die Größe des Rasens spielt bei der Unkrautbekämpfung eine Rolle. Während man in weitläufigen Rasenflächen auf dem Lande mit ein paar Unkräutern oder vielmehr Wildkräutern gut leben kann, wirkt ein kleines Rasenstück in der Stadt, das vergleichbar mit Unkraut durchsetzt ist, schlichtweg ungepflegt. Große Rasenflächen leiden auch weniger unter verdichtetem Boden. Kleinere, stark strapazierte Bereiche, die mit Unkraut durchsetzt sind, sehen im Nu fleckig und vernachlässigt aus.

Moos gilt in der Regel als Indikator für unzureichende Dränage und sauren Boden. Ich habe zwar eine Vorliebe für weiche, mit Moos durchsetzte Rasenflächen, allerdings nur solange sie einigermaßen grün bleiben und das Gras immer noch kräftig genug ist, um sich gegenüber dem Moos durchzusetzen. Um Moos auf Dauer loszuwerden, gilt es die Dränage zu verbessern (s. Seite 128–131) und den pH-Wert des Rasens zu ermitteln (s. Seite 123). Durch Aufkalken kann man den pH-Wert anheben, und da Kalk den Boden weniger sauer und somit alkalischer macht, lässt sich auch das Moos weitgehend zurückdrängen. Aber auch durch Vertikutieren, jährliches Rausrechen und Rasensand lässt sich das Moosproblem beheben (s. Seite 159).

Ich finde einen mit Gänseblümchen übersäten Rasen sehr schön, solange er dennoch sattgrün und gesund aussieht. Ob Wildkräuter im Rasen toleriert werden und welche, hängt nicht nur von der Grasnarbe, sondern vor allem vom persönlichen Anspruch des Gartenbesitzers ab.

Kanten nachschneiden

Über die bereits beschriebene routinemäßige Pflege hinausgehend, müssen die Kanten in der Regel einmal im Jahr nachgeschnitten werden, um die geraden oder bogenförmigen Konturen wieder instand zu setzen.

1 Für gerade Kanten verwenden Sie einen Meterstab, um nachzumessen, ob die Rabatte in der Breite parallel zur Mauer oder Umzäunung dahinter verläuft. Für längere Strecken nehmen Sie eine Schnur ...

2 ... und legen entlang dieser Schnur ein Brett auf, um beim Schneiden eine »feste« Führung zu haben. Bögen ziehe ich mit dem Halbmond-Kantenstecher nach; geschnitten wird erst, wenn ich mit der Kontur zufrieden bin.

3 Heben Sie den überstehenden Grasrand mit der Grabgabel ab – er lässt sich meist sauber von der Schnittkante ablösen.

4 Entfernen Sie den Rasenstreifen ...

5 ... und graben Sie die freigelegte Erde vorsichtig um, bevor Sie diese von der Kante weg in Richtung Rabatte stoßen.

6 Bei bogenförmigen Rändern »skizzieren« Sie die Rundung zunächst mit einer Seite des Halbmond-Kantenstechers.

7 Schneiden Sie entlang dieser Kontur ...

8 ... entfernen Sie die überstehende Grasnarbe sowie das Unkraut ...

9 ... und stoßen Sie die Erde mit einem leichten Ruck in Richtung Rabatte.

Von Hand jäten

Im Grunde ist es nicht schwer, einen kleinen Rasen unkraut-frei zu halten, wenn Sie »Störenfriede« sofort ausstechen, bevor diese sich ansiedeln. Am leichtesten lassen sich Unkräuter mit Pfahlwurzeln wie die Löwenzahnarten mit einem Schraubenzieher ausheben. Schwieriger wird es, die kriechenden Unkräuter von Hand zu entfernen, weil sich deren Wurzeln mit denen der Gräser verweben.

Unerwünschte Gräser entfernen

● Manche Gräser gelten als Unkraut. Wenn Ihr Rasen plötzlich mit Horsten aus breiterblättrigen Gräsern durchsetzt ist, dann bleibt nichts anderes übrig, als vor dem Mähen mit dem Halbmond-Kantenstecher oder einem scharfen Messer mehrfach kreuzweise hindurch zu schneiden, um sie mit der Zeit zum Aufgeben zu zwingen.

Unkrautbekämpfung

Rasensand

Mit diesem Gemisch aus Ammonium-, Eisensulfat und Sand dürften Sie eine ganze Menge Unkräuter und Moos loswerden. Es wirkt nach einem ganz einfachen Prinzip, indem es an den gröberen, raueren Halmen breitblättriger Unkräuter haften bleibt, während es an den feineren Grashalmen abgleitet. Das Pulver, das haften bleibt, verbrennt die Unkräuter und tötet die Blattmasse, nicht aber die Wurzeln ab. Dies führt jedoch zu einer Schwächung der Unkräuter, die dem Gras zugute kommt. Das Ammoniumsulfat, das anschließend in den Rasen gewaschen wird, düngt die Gräser und trägt zur Regenerierung ihrer sattgrünen Färbung bei. Vergewissern Sie sich, dass der Rasen während der Behandlung feucht ist; Sie dürfen weder mähen noch auf das Gras treten, bevor es nicht geregnet hat. Falls kein Regen fällt, sollten Sie nach zwei Tagen wässern. Bringen Sie keinen Rasensand auf einen frisch angelegten Rasen aus (als Frist gilt ein Jahr nach dem Einsäen und ein halbes nach Verlegen von Rasensoden).

Selektiv wirkende Herbizide

Grundsätzlich sollte man den Einsatz von Herbiziden als Notlösung betrachten. Die Effizienz von selektiv oder translokal wirkenden Herbiziden oder so genannten Wuchsstoffherbiziden basiert auf der Erkenntnis, dass es zwei verschiedene Pflanzentypen gibt: Monokotyledonen oder einkeimblättrige und Dikotyledonen oder zweikeimblättrige Pflanzen. Die Gräser in Ihrem Rasen sind Monokotyledonen und die Unkräuter, die sich dazwischen drängen, Dikotyledonen. Die Chemikalien in selektiv wirkenden Herbiziden beeinträchtigen Wuchsverhalten und Entwicklung der Zweikeimblättler und regen ein derart unkontrolliertes Wachstum an, dass diese überfordert aufgeben und eingehen. Die Monokotyledonen (einschließlich Rasengräser) bleiben mit ihrem ganz anders gearteten Wuchs-

verhalten davon unbeeinträchtigt. Wuchsstoffherbizide töten auch die Wurzeln ab und haben sich somit bei der Unkrautbekämpfung auf größeren Rasenflächen bewährt. Produkte, die das Gras in einem Arbeitsgang düngen sowie das Unkraut und Moos vernichten, sind sehr beliebt. Eine einmalige Anwendung im Frühjahr genügt, um einen normalen Rasen gesund zu halten und das Unkraut einzudämmen.

Sehen Sie sich Ihren Rasen genau an und nehmen Sie sich die Zeit, das Unkraut, das Sie loswerden wollen, zu identifizieren, bevor Sie sich zum Kauf eines Präparats entschließen – am hartnäckigsten sind die Kleearten Schneckenklee oder Luzerne sowie Sternmoos oder Niederliegendes Mastkraut. Ausschlaggebend ist auch, ob der gesamte Rasen verunkrautet ist oder nur einzelne Partien – denn wenn es sich nur um ein paar Flecken handelt, muss nicht die ganze Fläche behandelt werden.

Wie werden Herbizide aufgebracht?

Zur Bekämpfung vereinzelter Unkräuter wird man gezielt von Pflanze zu Pflanze vorgehen. Der Handel hält gebrauchsfertige Herbizide bereit; sie werden direkt aufgetragen oder aufgesprüht. Um ganze Flecken mit Unkraut im Rasen zu behandeln, verdünnt man ein Flüssigherbizid in einer Gießkanne oder einem Spritzgerät (Druckpumpe). Versehen Sie die Kanne oder Spritze mit einem Aufkleber, auf dem deutlich lesbar das Wort »Herbizid« steht, und verwenden Sie diese nie zum Gießen oder für Pestizide, zumal sich nicht ausschließen lässt, dass sich Rückstände festsetzen, die Ihre Pflanzen selbst nach gründlichem Ausspülen noch schädigen. Herbizide in Pulverform oder als Granulat eignen sich, um gezielt einzelne Bereiche zu behandeln. Von Präparaten, die Dünger enthalten, sollten Sie allerdings absehen, wenn Sie am Schluss nicht mit einem Flickenteppich dastehen wollen. Um die gesamte Fläche zu behandeln, können Sie ein Flüssigherbizid, Granulat oder Pulver verwenden. Sämtliche Präparate sollten entweder von Hand (tragen Sie grundsätzlich Handschuhe) aufgebracht oder mit einem Spritzgerät gleichmäßig verteilt werden.

Am besten behandelt man den Rasen in der Zeit zwischen ausgehendem Frühling und Frühsommer. Warten Sie einen freundlichen Tag ab, wenn der Boden feucht, das Gras aber trocken ist und vor Kurzem erst gemäht wurde. Entscheidend ist, dass kein Wind geht, weil sonst die Gefahr besteht, dass Pulver und Flüssigkeit auch auf Pflanzen in der unmittelbaren Umgebung verteilt werden. Wenn Sie sämtliche Unkräuter loswerden wollen, dürfte eine einmalige Anwendung kaum genügen – optimale Ergebnisse dürfen Sie erwarten, wenn Sie die Prozedur nach sechs Wochen wiederholen.

Lesen Sie vor der Anwendung eines Herbizids grundsätzlich die Anweisungen und befolgen Sie die Sicherheitsvorschriften. Lagern Sie die Restbestände, wie angegeben, an einem trockenen und kühlen Ort und halten Sie sie für Kinder unzugänglich unter Verschluss.

● Nach der Anwendung von Unkrautvernichtungsmitteln (ob Rasensand oder selektiv wirkendes Herbizid) darf der Grasschnitt der darauffolgenden vier Mähgänge nicht auf den Kompost gegeben werden. Selbst danach sollte der Kompost mindestens noch sechs Monate liegenbleiben, bevor das gare Substrat in den Gartenboden eingearbeitet wird.

Probleme

Würmer
Auch wenn manche Gartenbesitzer sich über Wurmhäufchen auf dem Rasen aufregen, verbitte ich mir jedes böse Wort über diese hilfreichen Kreaturen, die den Boden unter den Rasenwurzeln unermüdlich verbessern und belüften. Schluss also mit Jammern! Die Häufchen lassen sich an einem trockenen Morgen leicht abfegen.

Schnakenlarven (Wiesenwürmer)
Nur gut, dass man normalerweise gar nicht auf Schnakenlarven (beinlose Larven der Gemeinen Kohlschnake) aufmerksam wird, es sei denn, dass hungrige Vögel, um an sie heranzukommen, den Boden aufscharren und sie aufpicken. Obwohl sich Schnakenlarven von Graswurzeln ernähren, richten sie meist keinen namhaften Schaden an, die Vögel manchmal allerdings schon. Um die Schnakenlarven einzudämmen, kann man biologisch vorgehen und Nematoden (winzige wurmartige Kreaturen) einsetzen. Gute Dienste leisten hier *Steinernema feltiae*, die, sobald sich der Boden im Frühling erwärmt, mit dem Gießwasser über dem Rasen verteilt werden können.

Ameisen
Ameisenhaufen sind zwar ein Ärgernis, aber Ameisen dienen dem Grünspecht als Futter. Ich fege sie einfach ab – wo sie wirklich ein Problem sind, kann man zur »Ameisenfalle« (Ameisengift) greifen.

Hunde
Der Urin von Hündinnen hinterlässt unansehnliche verbrannte Flecken. Die einzige Lösung ist, seinem Haustier einen eigens als Hundeklo vorgesehenen Platz zuzuweisen. Falls es dennoch einmal auf dem Rasen passiert, lässt sich mit einem Eimer voll Wasser oder mit dem Schlauch verhindern, dass braune Stellen entstehen. Der Urin männlicher Hunde verursacht kein Verbrennen, sondern scheint den Rasen zu düngen, wie die sattgrünen Flecken zeigen.

Krankheiten und Auffälligkeiten
Hexen- oder Feenringe bestehen aus einem inneren Ring aus saftig grünem Gras, einer Mittelzone aus gelblichem Gras und einem äußeren sattgrünen Ring, in dem sich die Pilzfruchtkörper angesiedelt haben. Angeblich lässt sich durch Wässern des Bodens mit 15 g Eisensulfat pro 4,5 l Wasser (4,5 bis 7 l Wasser pro Quadratmeter) Abhilfe schaffen. Sicher beheben lässt sich das Problem aber nur, wenn der Boden unter dem befallenen Bereich 30 cm tief und jeweils 30 cm über den Ring hinausgehend ausgehoben wird. Er muss durch gesunden Gartenboden ersetzt und danach mit Rasensoden belegt oder neu eingesät werden. Ich warte oft lieber, bis sich der Ring so weit vergrößert hat, dass er von selbst verbrennt oder am Rand des Rasens »untergeht«.

Wenn immer wieder kahle Flecken auf schmalen Graswegen entstehen, so heißt dies meist, dass der Grastyp für das ständige Hin und Her nicht robust genug ist. Hier sollte man stattdessen besser einen dauerhaften, strapazierfähigen Weg anlegen.

Wenn Ihr Rasen auffallende gelbliche Flecken mit weißem oder blassrosa Schimmel bildet (Weißfäule bzw. Fusariumflecken oder Schneeschimmel) oder einen rötlichen nadelförmigen Pilzbefall (Rotspritzigkeit), grau-schwarze Flechten oder grüne schleimige Algen zeigt, dann spätestens sollten Sie sich eingehend über die Effizienz Ihrer Rasenpflege Gedanken machen. Sorgen Sie für ausreichend Dünger, ohne den Rasen zu überdüngen, aber auch für eine gute Dränage, die einer Verdichtung entgegenwirkt, und schon können Sie derartige Probleme vergessen. Behandeln Sie Pilzsymptome mit dem entsprechenden Fungizid und bemühen Sie sich um eine bessere Rasenpflege.

Eine Wiese anlegen und pflegen

Die einfache Methode
Am einfachsten kommt man zu einer Wiese, wenn man beim Mähen des Rasens bewusst den einen oder anderen Bereich ausspart. Lassen Sie Partien mit höherem Gras stehen und mähen Sie andere, einschließlich der Rasenwege, die als Zugang zu den wiesenhaften Bereichen dienen. Der skulpturale dreidimensionale Effekt, der entsteht, wirkt ansprechend, und bedeutet in einem großen Garten gewiss beträchtliche Zeitersparnis, sowohl beim Mähen als auch beim Einsammeln des Rasenschnitts.

Ein gerader Rasenweg, der sich durch einen Bereich mit hohem, wogendem Gras zieht, schafft unwillkürlich eine Blickachse. Ein rechteckiger Bereich lässt sich durch ein Wegekreuz in vier Quadrate unterteilen, die von geraden Wegen eingerahmt sind. Interessant wirken auch Wege, die sich, ob gerade oder in Windungen, diagonal über das Gelände ziehen, sowie

Wege, die, wie in der Natur, organisch fließend zwischen Bereichen mit höherem Gras hindurchführen.

Was auf Ihrer spontan entstandenen Wiese wächst, hängt immer vom Bestand der ursprünglichen Grasnarbe ab. Auf einem vormals gepflegten Rasen dürften kaum mehr als ein paar reizvolle hohe Gräser mit dekorativen Blütengrannen in Erscheinung treten. Erstaunlicherweise würden Wiesen ohne unser ständiges Eingreifen aber die vielfältigsten Wildblumen hervorbringen, zumal diese auf dem ehemaligen Weideland allesamt heimisch waren. Die im Zug der Anpassung

lediglich noch als flache Blattrosetten überlebende Wildflora konnte lange Zeit nur noch an den naturnah belassenen Rändern des Gartens zum Blühen kommen. Bald schon aber sollte sich das bunte Bild aus Kuckucksblumen oder Wiesenschaumkraut *(Cardamine pratensis)*, Butterblumen und dem korkfrüchtigen Bibernell-Wasserfenchel *(Oenanthe pimpinelloides)* erneut einstellen – Wildpflanzen, die so typisch für unsere Wiesen im Osten Devons und im Westen Dorsets sind. Aber auch Kleearten, Schafgarbe, Storchschnabel, Sternmiere, Flockenblume und Mädesüß meldeten sich wenig später zurück.

Halten Sie den Rasenweg in einem wiesenhaften Bereich ordentlich kurz. So wird niemand der Verlockung widerstehen, ihm zu folgen.

Eine reich blühende Wiese, übersät mit violettrosa Flockenblumen, tiefrosa Licht- oder Kuckucksnelken, weißen Wiesenmargeriten und gelben Butterblumen, ist wie hier teils der Natur, teils der einfühlsamen Pflege zu verdanken.

Ihre spontan entstandene Wiese erhalten

Um zu verhindern, dass eine Wiese zu struppig wird, sollte sie mindestens einmal im Jahr, entweder im Hoch- oder Spätsommer gemäht werden. Wenige der gängigen Rasenmäher sind auch für höheres Gras geeignet – Sie benötigen also eine andere Maschine. Für kleine Bereiche, auf denen man das Gras an einigen Stellen höher stehen ließ, wie etwa unter Apfelbäumen im hinteren Gartenbereich oder auch im Umkreis von Kolonien bildenden Zwiebelblumen wie Narzissen und Schachbrettblumen, werden Sie mit Handgeräten zurechtkommen. Eine gut geschärfte Sense oder eine Grasschere mit entsprechend langen Griffen müsste ausreichen. Für größere Bereiche aber sollten Sie am besten eine Motor-Sense oder einen Unterholz-Trimmer haben. Entfernen Sie den Grasschnitt, damit er nicht fault und den Boden düngt, denn überdüngter

Boden fördert zwar das Wachstum des Grases, nicht aber das der Wildblumen. Außerdem vermeiden Sie auf diese Weise, dass im Herbst das Gras auf einigen Flecken nachwächst. Ebenso wie Gräser und Wildblumen locken auch Wiesen zahlreiche Tiere aus der Natur in Ihren Garten. Kleine Erdmäuse und Ringelnattern finden im Bereich der Wurzeln ein Refugium, während Schmetterlinge und Motten ihre Eier ablegen oder sich an den Grashalmen verpuppen. Wo mehr Insekten leben, kommen auch mehr Vögel. Wenn Sie über ein größeres Gelände verfügen, sollten Sie einen kleinen Teil des Grases ungemäht stehen lassen, um Tieren aus der Natur einen Lebensraum zu bieten. Wenn Sie Ihre Wiese erst besser kennen, können Sie die unterschiedlichen Pflanzen und Tiere noch gezielter fördern, indem Sie manche Bereiche mehr als einmal pro Wachstumsperiode schneiden.

Neue Pflanzen in die Wildblumenwiese einführen

Es steht Ihnen frei, die Wiese so zu belassen, wie sie von Natur aus wächst, oder Wildblumen einzubringen, die sich auf dem Boden in Ihrer Region sichtlich wohlfühlen. So könnte ich auf meinem feuchten, fruchtbaren Boden beispielsweise Kuckucks- oder Lichtnelken *(Lychnis flos-cuculi)*, Narzissen und vielleicht ein paar Margeriten einführen. Letztere wirken sehr dekorativ, sind innerhalb von Wiesen aber als Pionierpflanzen zu betrachten, die nach einigen Jahren meist wieder ausbleiben. Dennoch lohnt es sich meiner Meinung nach, sie erneut einzuführen. Ich würde mich aber auch über den parasitären Kleinen Klapper- topf *(Rhinanthus minor)* freuen. Diese einjährige Pflanze dämmt den Wuchs des Grases ein und wird am besten in Form von Sa- men integriert, der, im Herbst ausgesät, von einer Kälteperiode vor dem Keimen profitiert. Auf leichterem Boden könnten Sie Eisenkrautsalbei *(Salvia verbenaca)*, wilden Thymian oder Horn- klee *(Lotus corniculatus)* einsetzen. Beziehen Sie den Samen immer aus zuverlässiger Quelle, um sicherzugehen, dass er den heimischen Beständen Ihrer näheren Umgebung entstammt. Ziehen Sie das Saatgut in kleinen Töpfchen oder Substratbal- len vor und integrieren Sie die Pflänzchen auf diese Weise in Ihre Blumenwiese. Eine Alternative wäre, auch exotische Arten aus anderen Ländern anzusiedeln. Informieren Sie sich über deren Wachstumsbedingungen, bevor Sie sich zum Kauf ent- schließen. Ich konnte Zwiebelblumen wie die feuchtigkeitslie- benden blauviolett blühenden Präriekerzen *(Camassia esculenta)*, die in Nordamerika heimisch sind, die Purpur-Rudbeckie *(Echi- nacea purpurea)* und an schattigeren Stellen den fast düster an- mutenden Storchschnabel *(Geranium phaeum)* einführen.

Die schwierigere Methode

Theoretiker führen immer wieder ins Feld, dass das Geheim- nis einer wirklich schönen Wiese darin besteht, die Boden- fruchtbarkeit zu reduzieren und das rasche Wachstum des Grases einzudämmen, um den Wildblumen eine Chance ein- zuräumen. Gartenfreunde mit mageren, sandigen oder krei- digen Böden brauchen demgemäß keinen Finger zu rühren, während Besitzer von fettem, nährstoffreichem Boden einen Großteil des Oberbodens abnehmen müssten, um den weni- ger fruchtbaren Unterboden freizulegen, auf dem sich eine entsprechende Mischung aus Gräsern und Wiesenblumen aus- säen ließe. Falls Sie sich zu einem solchen Experiment hin- reißen lassen, sollten Sie eine dünne Schicht des Oberbodens beibehalten, insbesondere wenn Ihr Unterboden verdichtet und klebrig ist. Andernfalls dürfte es recht schwer sein, den Boden für die Aussaat vorzubereiten.

Zweifellos werden Sie auf diese Weise eine farbenprächtigere Wiese erhalten, zumal ich die Idee für durchaus praktikabel halte, sofern sich der Garten nicht inmitten einer Landschaft mit ganz anderem Charakter befindet. Denn wenn ich auf diese Weise vorginge, müsste ich befürchten, dass meine Wie- se sich vor dem Hintergrund der wogenden grünen Hügel ringsum befremdend ausnimmt.

Achten Sie bei der Wahl der Samenmischung darauf, dass diese auf Ihren Boden und die klimatischen Verhältnisse abge- stimmt ist, und vermeiden Sie struppige, rasch wachsende Grä- ser. Im Allgemeinen ist von 80 Prozent langsam wachsenden Gräsern und 20 Prozent Wildblumen auszugehen. Säen Sie entweder im Herbst (die beste Zeit) oder im mittleren Früh- ling aus, wenn der Boden sich bereits erwärmt hat, dennoch aber noch genügend Feuchtigkeit für ein bis zwei Monate enthält. Man rechnet mit 15 bis 20 kg pro Hektar oder für klei- nere Flächen 5 bis 7 g pro Quadratmeter. Während der Kei- mung und Wachstumsphase sollten Sie die Entwicklung Ihrer Wiese sorgfältig verfolgen und struppiges Unkraut zugunsten der Wildblumenflora entfernen. Wenn die höchsten Gräser und Pflanzen mehr als 9 cm hoch sind, mähen Sie sie auf 4 cm Höhe herunter und wiederholen diese Prozedur bis zum Herbst, vorausgesetzt die Einjährigen blühen nicht bereits.

Eine bewährte Methode ist aber auch, das Gelände in unter- schiedliche Bereiche zu unterteilen und diese zu unterschied- lichen Zeiten zu schneiden. So lässt sich durch einen Mähgang im Frühsommer etwa verhindern, dass die frühblühenden Pflanzen zwischen den Gräsern untergehen. Da die spätblü- henden Stauden wie Skabiose und Flockenblume mehr Zeit benötigen, um zum Blühen zu kommen, werden andere Be- reiche besser erst im Spätsommer geschnitten.

Eine Wildblumenwiese in einem alten Obstgarten unterstreicht die roman- tische Stimmung.

Kapitel 6
Hecken und Heckenpflege

Anne: Die meisten Gartenbesitzer haben das Bedürfnis, ihr kleines Fleckchen Land nach außen hin abzuschirmen. Selbstverständlich kann dies durch Mauern oder Zäune geschehen, aber eine Hecke ist oft die preiswerteste, zweckdienlichste und reizvollste Begrenzung. Diese »lebenden« Wände erweisen sich aber auch innerhalb des Gartens als nützlich. Ob groß oder klein, oft gilt es das Grundstück in unterschiedliche Abschnitte zu unterteilen, sodass Hecken, die über Augenhöhe hinausreichen, wirkungsvolle Sichtbarrieren bilden. Pflanzen für Hecken sollten sich problemlos schneiden lassen und tolerieren, dass sie sich den Raum über Jahre und Jahrzehnte mit ihren »Nachbarn« teilen müssen. An Auswahl fehlt es keineswegs, aber zuerst sollten Sie sich Gedanken machen, was Sie von einer Hecke erwarten. Danach erst gilt es zu überlegen, welche Pflanzenarten Ihren Wünschen am ehesten entgegenkommen.

Schutz

Gärten, die dem Wind ausgesetzt sind, erfordern Schutz, wenn sie Jungpflanzen einen Lebensraum bieten sollen. Nichts eignet sich dafür besser als robuste Hecken, die den Wind filtern, abschwächen und besänftigen. Erstaunlicherweise haben Mauern und Zäune einen ganz anderen Effekt. Sie schneiden dem Wind massiv den Weg ab, lassen ihn wie einen Ball aufprallen und schmettern ihn über die Mauerkappe hinweg ins Innere des Gartens. Zäune aus Flechtmaterial eignen sich gut als Abgrenzung, weil sie ähnlich wie Hecken den Wind filtern (s. Seite 21–22). In extrem windgepeitschten Gärten kann die Hecke selbst in den ersten zwei bis drei Jahren womöglich auf einen Schutz aus geflochtenem Naturmaterial oder Kunststoffnetzen (»Windbrecher«) angewiesen sein, damit sich die Jungpflanzen überhaupt etablieren können (s. Seite 168). Entfernen Sie diesen zusätzlichen Windschutz, sobald die Pflanzen richtig eingewachsen sind und über einen kräftigen Wurzelstock verfügen. Kalte Böen, die Salzwasser oder Sand mit sich tragen, können die knospenden Schosse auf der dem Wind zugewandten Seite verbrennen, was erklärt, warum sich die Bäume in Gärten an der Küste regelrecht vom Meer abwenden. Der Wind peitscht sie nämlich nicht nur in die Gegenrichtung, sondern verhindert auf der dem Meer zugewandten Seite auch den Austrieb neuer Schösslinge. Wenn Ihr Gelände also stark dem Wind ausgesetzt ist, sollten Sie Ausschau nach Pflanzen mit kleinen Blättern halten, die nicht so leicht zerzaust werden, oder auf Immergrüne mit glänzenden Oberseiten zurückgreifen, die das Blatt vor dem Austrocknen schützen. Es gibt durchaus Heckenpflanzen, die robuster sind als andere, dennoch aber den gleichen Zweck erfüllen.

Weißbuche beispielsweise ist robuster als Rotbuche. Wenn Sie eine Koniferenhecke vorziehen, empfiehlt sich *Thuja plicata* als ausgesprochen windverträglich.

Links: Gemischte Hecken aus in Form geschnittener Stechpalme
Gegenüber: Eine Hecke aus der Kartoffelrose *(Rosa rugosa)* erfordert zwar eine Menge Platz, erfreut uns dafür aber mit Blüten und Früchten.

Natürlicher Windschutz

Eine gemischte Naturhecke stellt einen hervorragenden Windschutz dar. Hecken, wie man sie auf dem Lande in England überall sieht, »schieben« sich als natürliche Barrieren zwischen Garten und Landschaft, um den Wind aufzuhalten und selbst am Stadtrand einen Hauch ländliches Flair zu verbreiten. Sie beherbergen eine Vielfalt von Tieren und dienen den Vögeln nicht nur als Brutstätten und Nistplätze, sondern auch als Futter. Diese gemischten Hecken bestehen meist aus Weißdorn, Schwarzdorn, Feldahorn, Stechpalme, Rot- und Weißbuche, lassen sich aber durch Eichen, Eschen oder Holunder ergänzen. Sind diese Gehölze erst einmal eingewurzelt, können Heckenrosen und das Waldgeißblatt *(Lonicera periclymenum)* hinzukommen.

Abschirmungen in Küstennähe

Besonders hohe Ansprüche stellen sich an Heckenpflanzen an der Küste, die salzhaltigen Windböen standhalten müssen. Verwenden Sie deshalb bewährte Überlebenskünstler wie den winterharten immergrünen Spindelstrauch *(Euonymus japonica)* und die aromatisch duftende, rotblühende *Escallonia rubra* var. *macrantha*, die mit ihren ledrigen Blättern jedem Sturm trotzt. Empfehlenswert ist auch die Tamariske *(Tamarix gallica)*, deren gefiedertes Laub sich im Sommer mit rosavioletten Blütentrauben schmückt. Sanddorn *(Hippophae rhamnoides)* ist ein sehr dekoratives Gehölz, das bestens in Küstenregionen passt. Zu seinen graugrünen Blättern kommen leuchtend orangerote Beeren hinzu, sofern um der Befruchtung willen ein männlicher Busch mit mehreren weiblichen gepflanzt wird. Die in Neuseeland heimischen Baumastern *Olearia albida* und *O. traversii*, deren Blätter auffallende silbergraue Unterseiten zeigen, eignen sich ebenfalls gut für Küstengärten. Dazwischen können Sie den aus China stammenden Gemeinen Bocksdorn *(Lycium barbarum)* oder den so genannten Teufelszwirn mit seinen biegsamen, graugrün belaubten Trieben hindurchranken lassen. Auf die violettrosa Blüten folgen orangerote Beeren, die an Hecken in Küstennähe sehr dekorativ wirken.

Eibenhecken in Powis Castle – eine formale Abschirmung in großem Maßstab

Formale Abschirmungen und Begrenzungen

Ausladend buschige Naturhecken haben zwar durchaus ihren Reiz, als Hintergrund für Pflanzen und in Gärten, die formaler gestaltet sind, wirken klassische Hecken indes passender. Am häufigsten begegnet man der Eibe *(Taxus baccata)*, die auf gutem Boden erstaunlich rasch wächst. Die bekannteste konifere Heckenpflanze ist die Leyland-Zypresse (x *Cupressocyparis leylandii)*. Diese viel geschmähte, auch als Grüne Baumzypresse bekannte Konifere bildet in Kürze eine dichte Hecke, vorausgesetzt sie wird sachgemäß erzogen, entspitzt und geschnitten (s. Seite 170–172). Die Rotbuche *(Fagus sylvatica)* eignet sich für traditionelle Hecken, insbesondere wo Höhe gefragt ist, und zeigt sich auch im Herbst nie ganz kahl. Sie wirft ihr Laub im Herbst nämlich nicht ab, sodass man im Winter auf eine rostrote Begrenzung blickt – ärgerlich nur, wenn im Frühjahr die Blätter dann abfallen. Das neu austreibende Laub aber besticht durch ein sagenhaft frisches Hellgrün, und Sperlinge schlagen zwischen den Zweigen mit Vorliebe ihr Nachtlager auf. Kirschlorbeerhecken *(Prunus laurocerasus)* wirken sehr spektakulär, während Liguster *(Ligustrum)* und Heckenkirche *(Lonicera nitida)* mit ihrem eher provinziellen Touch heute kaum noch gefragt sind.

Blühende Hecken

Für reizvolle mittelgroße Hecken eignen sich die verschiedensten Sträucher, von denen manche reiche Blüten oder Früchte hervorbringen. Forsythien *(Forsythia* x *intermedia* ‘Lynwood’) wirken in ihrer gelben Blütenfülle zwar berauschend; dennoch wage ich zu bezweifeln, ob man sich für ein Schauspiel von so beschränkter Dauer für den Rest des Jahres mit einem eher langweiligen Gehölz zufrieden geben sollte. Das Gleiche gilt für die Goldjohannisbeere *(Ribes aureum)*. Die immergrüne Berberitze *(Berberis* x *stenophylla)* war früher sehr beliebt, zumal sie als ausgesprochen dornige Begrenzung selbst Eindringlinge abschreckt. Mit ihren bogenförmig überhängenden Trieben, die im Frühling goldgelbe Blüten tragen, entfaltet sie eine naturnah anmutende Wirkung, ein Effekt, der durch purpurviolette Beeren im Herbst noch unterstrichen wird. Obwohl der Strauch das ganze Jahr über ansprechend wirkt, scheint er aus der Mode gekommen zu sein. Feuerdorn-Hecken *(Pyracantha* spp.) sind inzwischen populärer und erfüllen eine ganz ähnliche Funktion, denn sie bringen dornige Triebe, Blüten und Früchte hervor. Das Becherkätzchen *(Garrya elliptica)* ist zunächst ein eher langsam wachsendes Gehölz, das aber mit der Zeit eine brauchbare Hecke bildet und sich im Frühling mit blassgrünen schnurartig herunterhängenden Blütenquasten schmückt. Wenn Sie über genügend Platz ver-

fügen und sich eine ungewöhnliche Blütenhecke wünschen, bietet sich die Kartoffelrose *(Rosa rugosa)* an. Dass sie zu den wenigen buchstäblich krankheitsresistenten Rosen gehört, ist den winzigen Härchen auf der Blattoberfläche zu verdanken, die die Pflanze vor Krankheitskeimen schützt. In eine Reihe gesetzt, bildet diese Strauchrose eine verschwenderisch üppige, mit 1,5 m Höhe und 1,2 m Breite allerdings auch recht ausladende Hecke. Dafür darf man sich auf die großen einfachblühenden rosa oder weißen Blüten mit ihrem köstlichen Duft freuen, auf die im Herbst die Hagebutten folgen.

Niedrige Hecken oder Begrenzungen

Nachdem ich mich bisher vor allem mit Hecken befasst habe, die etwa Augenhöhe erreichen oder darüber hinausgehen, gibt es im Garten auch immer wieder Stellen, wo sich niedrigere Pflanzen aneinanderreihen und entlang von Wegen oder Rasenflächen kleinere Hecken bilden. Ein gutes Beispiel ist der immergrüne Buchs, obwohl er neuerdings öfter von Buchsbrand befallen wird. Hecken aus Lavendel, Ysop *(Hyssopus officinalis)*, Rosmarin (empfehlenswert: die Sorte *Rosmarinus* ‘Miss Jessopp's Upright’) und der strauchartige Gamander *(Teucrium fruticans)* wirken sehr ansprechend. Für Rosenhecken eignen sich die zwergwüchsige Polyantha-Rose ‘The Fairy’ mit rosa Blüten oder die büschelblütigen Floribunda-Rosen, insbesondere die cremeweiß überhauchte duftende Züchtung ‘Gruß an Aachen’. Sämtliche Lavendelarten ergeben reizvolle Hecken. Sie können entweder durchgängig bei einem Typ bleiben wie *Lavandula angustifolia* ‘Twickel Purple’, leicht variierende Pflanzen aus billigem Samen anziehen oder, wie ich kürzlich, abwechselnd *Lavandula angustifolia* ‘Miss Katherine’ mit dem Schopflavendel *L. stoechas* ‘Fathead’ kombinieren.

Hecken pflanzen

Matthew: Traditionell gilt als beste Pflanzzeit für Hecken nach wie vor die Zeit zwischen dem Laubfall und dem Aufbrechen der Knospen – von Mitte Herbst also bis zum zeitigen Frühjahr, vorausgesetzt der Boden ist offen und nicht staunass. Der Herbsttermin ist ideal, insbesondere auf leichten Böden, wobei das Timing stets vom Ort, dem Bodentyp und dem vorangegangenen nassen oder trockenen Sommer abhängt. Nach einem extrem trockenen Sommer sollten Sie mit der Pflanzung warten, bis der Regen den Boden durchfeuchtet hat. Auf exponierten Standorten empfiehlt sich eine Pflanzung im zeitigen Frühjahr, denn nur so lassen sich Frostschäden ausschließen. Graben Sie Lehmboden im Herbst um, damit der Frost die Erdklumpen auseinanderbrechen kann, und lassen Sie den Boden vor dem Pflanzen ruhen. Leichte, sandige Böden können jederzeit umgegraben werden.

Maßgeblich für die Pflanzzeit ist auch die Tatsache, dass Heckenpflanzen in der Regel mit nacktem Wurzelstock geliefert werden, und von daher erst nach dem Laubfall verfügbar sind. Die relativ teure Container-Ware kann das ganze Jahr über gepflanzt werden, auch wenn sie sich in der »klassischen« Pflanzzeit rascher etabliert. Annoncen von auf Heckenpflanzen spezialisierten Betrieben finden sich meist im hinteren Teil von Gartenzeitschriften; vergleichen Sie die Angebote, um möglichst preiswert einzukaufen. Durch frühzeitige Bestellung sichern Sie sich die größte Auswahl an hochwertigen Pflanzen.

Wenn die Hecke im rechten Winkel von einem Haus oder Zaun ausgeht, sollten Sie mit Hilfe der 3-4-5-Regel sicherstellen, dass es sich genau um 90° handelt (s. Seite 68). Genauigkeit bei der Heckenpflanzung ist vor allem im Bereich der Grundstücksgrenzen erforderlich. Sprechen Sie mit Ihren Nachbarn vorher über die in Frage kommenden Kultivare und den Heckenverlauf, um sicherzugehen, dass diese mit Ihren Vorschlägen einverstanden sind. Hier ist Kommunikation gefragt!

Matthews Pflanztipps für Hecken

● Vermeiden Sie, auf den zum Pflanzen vorbereiteten Boden zu treten. Wenn der Boden feucht ist, sollten Sie sich eine Art Gerüst aus Brettern bereitlegen, auf dem Sie stehen können, um ihn nicht noch mehr zu verdichten.

● Lockern Sie vor dem Einsetzen von Container-Pflanzen grundsätzlich die Wurzeln. Schaufeln Sie die Erde wieder in das Pflanzloch und treten Sie sie mit dem Absatz des Stiefels leicht fest, ohne sie aber zu verdichten.

● Ziehen Sie Pflanzen mit nacktem Wurzelstock vorsichtig aus dem Bündel; durch gewaltsames Zerren können die Wurzeln beschädigt werden. Schneiden Sie schadhafte Wurzeln bis auf den gesunden Austrieb zurück, breiten Sie die Wurzeln sorgfältig aus, lockern sie den Boden dazwischen und drücken Sie ihn an.

● Nach dem Pflanzen wässern und mulchen Sie den Boden mit einer 7,5 bis 10 cm starken Schicht gut verrottetem organischem Material. Sie können aber auch durch Schlitzfolie pflanzen und die Ränder im Boden eingraben, um die Folie an Ort und Stelle zu fixieren.

Eine junge Hecke schützen

Heckenpflanzen müssen nicht angestäbt werden. Errichten Sie an Standorten, die stark dem Wind ausgesetzt sind, einen provisorischen Windschutz, der mindestens 30 cm über die höchste Pflanze hinausragen und in 60 cm Abstand aufgestellt werden sollte. Lassen Sie ihn mindestens ein Jahr stehen, zumindest aber bis die Pflanzen sich etabliert haben. Spezielle Windschutznetze und Stäbe sind im Gartencenter erhältlich.

Eine Hecke pflanzen

1 Markieren Sie zunächst den vorgesehenen Verlauf des Grabens. Er sollte 30 bis 60 cm breit sein und somit in etwa der Breite einer »reifen« Hecke entsprechen.

2 Schälen Sie die Grasnarbe ab und schichten Sie die Soden neben dem Graben auf einem Stück Sackleinen oder einer Plastikfolie auf. Verwenden Sie einen Spaten mit gut geschärftem Blatt (stecken Sie sich einen Schleifstein in die Tasche, um notfalls nachzuschärfen oder verwenden Sie einen alten Spaten mit dünnem Blatt). Sie können sich für große Flächen aber auch ein Abschälgerät ausleihen.

3 Da die Heckenpflanzen dicht nebeneinander wachsen, und dies über Jahrzehnte, muss der Boden ganz gründlich vorbereitet werden. Heben Sie den Graben spatentief aus, entfernen Sie große Steine, Schutt und Unkraut und setzen Sie die Erde auf der anderen Seite ab. Lockern Sie die Basis mit der Gabel und arbeiten Sie organisches Material ein. Reichern Sie auch die neben dem Graben aufgeschichtete Erde mit organischem Material an. Geben Sie die aufeinander gestapelten und mit dem Spaten zerkleinerten Soden mit der Grasseite nach unten auf den Grund des Grabens.

4 Vor dem Pflanzen lockern Sie den Bereich mit der Gabel, um die größeren Erdklumpen aufzubrechen; rechen Sie die Basis grob eben. Spannen Sie eine Schnur entlang der Mitte des vorbereiteten Bereichs bzw. zwei Schnüre, falls eine doppelreihige Hecke vorgesehen ist. Achten Sie auf den parallelen Verlauf der Schnüre. Wässern Sie die Pflanzen vor dem Einsetzen gründlich; am besten stellt man sie eine halbe Stunde in einen Eimer oder eine Wassertonne, oder man wässert die Container mit der Gießkanne oder dem Schlauch.

5 Kürzen Sie sämtliche beschädigten Wurzeln mit einer scharfen Gartenschere ein.

6 Legen Sie die Pflanzen entlang dem Rand des Grabens aus. Prüfen Sie den Abstand mit einem Maßband.

7 Pflanzen Sie in entsprechender Pflanztiefe und schaufeln Sie die Erde wieder in den Graben. Bei Exemplaren mit nacktem Wurzelstock erkennt man die richtige Pflanztiefe im Bereich der Verbindungsstelle zwischen Rinde und Wurzelsystem an dem andersfarbigen Gewebe (in dieser Höhe waren die Pflanzen auch in der Gärtnerei eingesetzt). Für Container-Ware gilt als Pflanzhöhe die gleiche Höhe wie im Topf. Legen Sie quer über das Pflanzloch einen Stock, um sicherzugehen, dass die Pflanztiefe stimmt. Berechnen Sie ein, dass sich der Boden noch setzt und geben Sie im Zweifelsfall etwas mehr Erde hinzu.

8 Wie groß der Pflanzabstand sein sollte, müsste aus den Pflanzanweisungen des Gartenbetriebs ersichtlich sein. Die Abstände variieren von 30 bis 60 cm. Einreihige Hecken sind schmaler und eleganter. Doppelreihige Hecken scheiden meist schon aus Kostengründen aus, bilden aber eine dichte Begrenzung, die Tieren aus der Natur als willkommenes Refugium dient.

9 Für doppelreihige Hecken mit mehr als 90 cm Breite werden die Pflanzen im Abstand von 45 cm versetzt gepflanzt. Das bedeutet, dass sie in jeder Reihe in 90 cm Abstand und in der gegenüberliegenden zweiten Reihe in die jeweilige Mitte der ersten gesetzt werden. In Gegenden, die anfällig für Staunässe sind, empfiehlt es sich, die Hecke leicht erhöht zu pflanzen.

Die Hecke pflegen

Matthew: Gießen Sie die Pflanzen nach dem Einsetzen gründlich an. Wässern Sie sie auch in den folgenden zwei Jahren, insbesondere vor Trockenperioden – Sie erleichtern ihnen damit das Einwurzeln. Häufen Sie um die Basis jeder Pflanze einen Gießrand auf, damit das Wasser zu den Wurzeln vordringt und nicht einfach wegläuft und versickert. Auf trockenen Standorten sollten Sie eine Tröpfchenbewässerung einrichten, die, sobald sich die Hecke vollends etabliert hat, entfernt wird.

Verteilen Sie im Umkreis der Wurzeln in der Zeit vom mittleren bis zum späten Frühling jedes Jahr einen Universal-Dünger oder Ammonium-Sulfat (30 bis 40 g pro Quadratmeter) und geben Sie, wenn erforderlich, eine Mulchschicht darüber. Entfernen Sie im Umkreis des Stamms das Unkraut; Sie dürfen allerdings nicht zu tief hacken, um die Wurzeln nicht zu beschädigen. Am Ende jeder Wachstumsperiode gilt es abgestorbenes Pflanzenmaterial herauszunehmen und zu ersetzen.

Sicherheit

● Gehen Sie vorsichtig mit Heckenscheren um und denken Sie daran, dass vor allem Elektro-Scheren bei falscher Handhabung tödlich sein können.

● Tragen Sie eine Schutzbrille, Handschuhe, Ohrenschützer und Sicherheitsschuhe und vermeiden Sie lose flatternde Kleidung.

● Überprüfen Sie die Sicherheit Ihrer Leiter und achten Sie auf eine ebene Stellfläche. Leihen Sie sich für höhere Hecken um der Stabilität willen ein tragbares Leitergerüst mit Plattform. Falls Sie Holzplanken zwischen zwei Leitern legen, dürfen Sie sich nicht zu weit nach vorn oder hinten lehnen!

● Achten Sie beim Kauf von benzinbetriebenen oder elektrischen Trimmern auf adäquate Sicherheitsmechanismen. Vergessen Sie nicht, sämtliche Maschinen abzuschalten, bevor Sie den Arbeitsplatz verlassen.

● Betreiben Sie den Elektro-Trimmer nur über eine Steckdose mit Sicherungsautomat. Dieser gewährleistet, dass die Sicherung automatisch herausspringt, wenn Störungen auftreten oder das Kabel beschädigt wird. Legen Sie sich das Kabel immer über die Schulter und lassen Sie es nicht lose herunterhängen. Am besten ist, man ist zu zweit, falls etwas passiert.

● Wenn Sie Kreislaufprobleme haben oder sich nicht wohlfühlen, sollten Sie nicht mit der Heckenschere arbeiten.

● Halten Sie Kleinkinder vom Arbeitsbereich fern.

● Unterbrechen Sie den Heckenschneider nicht bei der Arbeit, sondern warten Sie, bis er eine Pause macht und die Maschine abgeschaltet ist. Da Finger sich nicht ersetzen lassen, ist höchste Vorsicht geboten.

● Sorgen Sie dafür, dass Sie das Handwerkszeug nicht über Kopfhöhe halten müssen, was sehr ermüdend ist. Eine Handschere aus Leichtmetall mit ausziehbaren Griffen erspart Ihnen beim Heckenschneiden viel Mühe.

Heckenpflege

Ganz gleich, ob Sie mit einer Elektroschere, einem Trimmer oder einer Handschere arbeiten, pflegen Sie Ihr Werkzeug sachgemäß und halten Sie es scharf. Sie erleichtern sich dadurch die Arbeit. Im Idealfall sollte eine Hecke um der Pflege willen nicht höher als 1,8 m hoch sein.

Schnittmaßnahmen

Entsprechend den Schnittmaßnahmen werden Hecken in der Regel in drei Gruppen unterteilt. Wie häufig geschnitten wird, hängt vom Stil der Hecke und ihrer Wüchsigkeit ab. Achten Sie auf Vogelnester und versuchen Sie, die brütenden Vögel nicht zu stören.

Vergewissern Sie sich, dass die Leiter stabil ist, bevor Sie sich an das Schneiden der Hecke machen.

Legen Sie vor dem Schneiden im Bereich der Basis Sackleinen oder Polyäthylenfolie aus – Sie erleichtern sich dadurch das Aufsammeln des Schnittmaterials. Formale Hecken werden akkurat in Form geschnitten, während naturnah anmutende Hecken ihre natürliche Wuchsform entwickeln dürfen.

Gruppe 1

Schneiden Sie aufrecht wachsende Pflanzen wie Weißdorn, Liguster, Schwarzdorn und die 'Myrobalana'-Pflaume bei der Pflanzung auf 15 cm zurück und kürzen Sie die Seitentriebe im darauffolgenden Sommer leicht ein. Im Spätwinter oder zeitigen Frühling des zweiten Jahrs schneiden Sie sämtliche Triebe um 15 Prozent zurück. Fahren Sie fort, die Seitentriebe den Sommer über einzukürzen, um konisch zulaufende Seiten zu erhalten. Diese Schnittmaßnahmen können drei- bis viermal pro Jahr erforderlich sein: im ausgehenden Frühjahr, im Hoch- und im Spätsommer bzw. Frühherbst, je nach Wüchsigkeit. Um Zeit zu sparen, können Sie auch nur einmal im Spätsommer schneiden, müssen dafür aber in Kauf nehmen, dass die Hecke bis dahin etwas unordentlich wirkt. Schneiden Sie die Triebe von Immergrünen wie Buchs, *Escal-*

lonia und *Lonicera nitida* bei der Pflanzung um ein Drittel zurück. Wiederholen Sie die Prozedur im Spätwinter oder zeitigen Frühling des darauffolgenden Jahrs. Später kürzen Sie dann alle vier bis sechs Wochen vom Spätfrühling bis zum Frühherbst nur noch den oberen Austrieb und die Seitentriebe, um die angestrebte Form zu erhalten. Für einen akkuraten Schnitt sollten Sie sich aus Sperrholz eine Schablone anfertigen (s. Seite 176). Falls die zur Gruppe 1 gehörenden Heckenpflanzen erst gegen Ende der Wachstumsperiode gesetzt werden, verschiebt sich der Schnitt auf das zweite Jahr.

Gruppe 2

Diese umfasst laubabwerfende Sträucher, die wie Hasel, Rot- oder Weißbuche von Natur aus über eine buschige Basis verfügen. Nach der Pflanzung schneiden Sie sämtliche Triebe bis auf ein nach außen weisendes Auge um ein Drittel zurück. Diese Schnittmaßnahmen werden vom Spätwinter bis zum zeitigen Frühling des darauffolgenden Jahres fortgesetzt, um die Hecke kompakt zu halten und eine dichte Verzweigung an der Basis zu fördern. »Reife« Hecken müssen nur noch im Spätsommer in Form geschnitten werden.

Ein Torbogen in einer Buchenhecke verändert sich im Lauf der Jahreszeiten nicht nur in der Farbe, sondern auch in der Form.

Liguster lässt sich gut beschneiden.

Gruppe 3

Dazu gehören Koniferen und die meisten Immergrünen wie die Lawson-Zypresse, Stechpalme, Kirschlorbeer, Eibe und Zwergmispel. Nach der Pflanzung mit jeweils einem Stützstab lassen Sie den Leittrieb unbeschnitten und putzen die abstehenden Seitentriebe aus. Im Sommer kürzen Sie die Seitentriebe erneut ein und binden den Leittrieb am Stützstab auf. In den darauffolgenden Jahren schneiden Sie die Pflanzen bis zu dreimal jeden Sommer in die vorgesehene Form. Die Schnittmaßnahmen sollten spätestens im ausgehenden Sommer abgeschlossen sein, damit die Triebe Zeit haben zum Reifen, bevor Frost einsetzt. Kappen Sie den Haupttrieb, sobald die erforderliche Höhe erreicht ist.

Blühende und fruchtende Hecken

Frei wachsende Hecken, die am diesjährigen Holz blühen, wie etwa winterharte Fuchsien, Hartriegel *(Cornus)* oder Schmetterlingsstrauch *(Buddleja davidii)* können wie die Solitärsträucher im Frühling bis auf die Basis zurückgenommen werden. Der Frühling ist auch die richtige Zeit, um abgestorbene Triebe oder Unkraut zu entfernen und Dünger sowie eine Mulchschicht aufzubringen.

Für Feuerdorn *(Pyracantha)* und Zierquitte *(Chaenomeles)*, die am Holz des Vorjahrs blühen, kürzen Sie im mittleren bis späten Sommer die diesjährigen Triebe um 50 Prozent ein und schneiden um die Herbstmitte leicht nach, was noch an neuen Trieben erscheint. Sie können eine frei wachsende Hecke aber auch nach der Blüte auslichten. Sie entfernen damit zwar einige Beeren von fruchtenden Pflanzen wie dem Feuerdorn, helfen zugleich aber die Form zu bewahren.

Blütenhecken wie Kamelien belässt man am besten, es sei denn, man nimmt die struppigen Triebe nach der Blüte heraus. Kamelien kommen am besten als annähernd formale oder frei wachsende Hecken zur Geltung.

Eine *Cotoneaster*-Hecke – formal beschnitten, mit Blüten und Früchten

Johns Tipp für Kirschlorbeer-Hecken

● Großblättrige Sträucher wie der Kirschlorbeer sind schwer zu schneiden, wenn man am Schluss nicht Unmengen halbierter Blätter haben möchte. Kürzen Sie die Triebe mit der Handschere ein. Das erfordert zwar Zeit, Sie werden dafür aber mit einer gepflegten Hecke belohnt.

Formschnitt

Hecken sollten im Bereich der Basis breiter sein als oben. Nur so lässt sich verhindern, dass das Wachstum durch zu viel Schatten beeinträchtigt wird, und der Schnee sich im oberen Bereich anhäuft. Die Seiten sollten leicht konisch zulaufen und flach oder mit einer Rundung abschließen. Prüfen Sie beim Schneiden immer wieder, ob die Form noch stimmt.

1 Wenn Sie Schwierigkeiten haben, eine Hecke »freihand« in Form zu schneiden, behelfen Sie sich mit zwei in einer Flucht angeordneten Stäben, die, in den Boden gesteckt und durch zwei Schnüre verbunden – eine Schnur im oberen Bereich und die andere an der Basis – die Orientierung erleichtern.

2 Schneiden Sie die Hecke sorgfältig, indem Sie sich an diese Orientierungshilfe halten. Geben Sie Acht, dass Sie die Schnüre nicht durchschneiden!

3 Schneiden Sie die Oberkante der Hecke und achten Sie auf eine genau horizontale »Krone«.

Ineinanderverflochtene Hecken

Matthew: Durch Ineinanderführen der Heckenpflanzen entstehen die sprichwörtlichen »Hecken auf Stelzen«, die bereits in den formalen Gärten des alten Roms ein typisches Gestaltungselement darstellten. In William Shakespeares »Viel Lärm um Nichts« ist die Rede vom Spazierengehen »in einer dicht verwachsenen Allee« in einem Garten. Ideal ineinanderführen lassen sich Gehölze mit kräftigen, biegsamen Trieben wie Apfel, Birne, Rot- und Weißbuche, Platane, Linde und Weißdorn. Sie wurden traditionell in eine Flucht gesetzt, damit sich ihre Zweige beim Heranwachsen von selbst miteinander verwebten. Oft unterstützt der Gärtner aber auch den Prozess, indem er einen Span der Rinde von sich berührenden Zweigen abnimmt, um diese ineinanderzuführen.

Vor der Pflanzung bauen Sie sich einen Rahmen aus Holz, Metall oder Pfosten und Draht, an dem sich die Bäume ausrichten lassen. Dieses »Gerüst« sollte einen Endpfosten enthalten, der über die jeweils letzten Gehölze hinausreicht, damit die »Hecke« flach abschließt. Der Abstand zwischen den Bäumen hängt von der Wüchsigkeit der Gehölze ab; er kann bis zu 2,5 m betragen.

Ineinandergeführte Hecken schneiden

Nach der Pflanzung sollten Sie sämtliche Zweige unterhalb dieses Rahmens abschneiden. Binden Sie alle nach links oder rechts gehenden Seitenzweige mit einem Kokosstrick ein. Achten Sie darauf, dass der Leittrieb vertikal wachsen kann.

Gegen Ende des darauffolgenden Sommers, wenn sich die Gehölze bereits etabliert haben, werden die langen Seitentriebe bis auf einen Seitenspross zurückgenommen. Sobald der Leitast die obere Begrenzung des Rahmens erreicht hat, kann er horizontal gebogen und eingebunden werden. Sämtliche Sprosse, die sich nicht problemlos biegen und an einem Stützdraht einbinden lassen, sollten entfernt werden. In den kommenden Jahren verweben Sie die Zweige wo immer sie aufeinandertreffen; binden Sie auch die in die vorgesehene Richtung weisenden neuen Sprosse ein. Schneiden Sie die davon abweichenden Sprosse bis auf ein nach außen weisendes Auge zurück.

Vereinfachen kann man die Sache, indem man eine Reihe Bäume 1,2 bis 1,5 m auseinander setzt, die Zweige im unteren Bereich des Stamms entfernt, den Leittrieb ausschneidet, die oberen Zweige wegnimmt und somit lediglich die seitlichen Sprosse stehen lässt. Die Zweige verflechten sich mit der Zeit und bilden eine dichte, reich verzweigte »Hecke«.

Ineinandergeführte Linden bilden eine elegante Allee.

In Amport House in der Grafschaft Hampshire hat Gertrude Jekyll eine großartige Lindenallee geschaffen. Anstatt die Zweige horizontal zu ziehen, wurden sie so erzogen, dass sie wie Girlanden herunterhängen, was bewundernswert grazil wirkt.

Formschnitt

Matthew: Unter Formschnitt versteht man die Kunst, immergrüne Gehölze in gegenständliche Formen zu schneiden; traditionell verwendet man dafür kleinblättrige Pflanzen wie Eibe, Buchs und Liguster, die von jeher als besonders schnittverträglich gelten. Solitärpflanzen lassen sich erfolgreich in Töpfen ziehen, im größeren Maßstab eines Gartens sind sie jedoch auf einen exponierten, sonnigen Standort angewiesen, der, um der ebenmäßigen Wuchsform willen, vor extremen Windböen geschützt, zugleich aber auch problemlos zugänglich sein sollte, sowohl zum Betrachten als auch zur Instandhaltung. Formschnittpflanzen sollten regelmäßig beschnitten werden. Um gesundes Wachstum zu fördern, bringt man im Frühjahr einen Langzeit- oder Depot-Dünger und eine Mulchschicht auf.

Die meisten Formschnittpflanzen sind mit Hilfe eines Drahtrahmens entstanden. Die biegsamen jungen Schosse werden in den Rahmen eingebunden, um den buschigen Wuchs zu unterstützen, während die Seitensprosse regelmäßig auf zwei bis drei Augen zurückgeschnitten werden, was die Verzweigung fördert. Auf diese Weise entwickelt sich allmählich die vorgesehene Form; dabei gilt es die Schnüre regelmäßig zu kontrollieren, damit diese nicht in die Zweige einschneiden. Die vertikalen Triebe wachsen am schnellsten, gefolgt von den Seitensprossen. Nach unten weisende Triebe, die in der Wachstumsperiode regelmäßig in den Rahmen eingebunden werden sollten, wachsen hingegen am langsamsten. Die rahmenbildenden Triebe bleiben »zeitlebens« an Ort und Stelle, während die formbildenden entfernt werden können, sobald die Gestalt klar ersichtlich ist.

Abgesehen von Formen, die Sie fertig kaufen können, lassen sich aus Stöcken und Maschendraht, wie man ihn für Hühnergehege oder Zäune verwendet, auch individuelle Gestaltungsentwürfe verwirklichen – Ihrer Fantasie sind keine Grenzen gesetzt! Großartige Beispiele der Formschnittkunst finden sich in Levens Hall in der englischen Grafschaft Cumbria und auf dem Friedhof von Tulcán im Norden Ecuadors, wo Elefanten und Astronauten zu bewundern sind. Während Bögen »freihand« geschnitten werden können, benötigt man für kompliziertere geometrische Formen Wasserwaage, Senkblei und Winkelmaß sowie eine ganze Portion Geduld und Zeit für die erforderliche Pflege.

Die Wüchsigkeit der Pflanze entscheidet, wie oft sie geschnitten werden muss – die Eibe erfordert pro Wachstumsperiode lediglich einen Schnitt, während die starkwüchsigere Heckenkirsche *(Lonicera nitida)* dreimal geschnitten werden muss. Um Formschnittgehölze erneut instand zu setzen, schneiden Sie die schadhaften Triebe aus und binden neue Sprosse als Ersatz ein. Beginnen Sie mit dem Schnitt im Frühsommer.

Levens Hall – Paradebeispiel eines Formschnittgartens. Lassen Sie sich davon inspirieren!

Wolkenschnitt

Der Wolkenschnitt wartet mit zwei Formen auf: der traditionellen japanischen Schnittform von Gehölzen, die kahle Stämme mit dichten »Wolken« an den Triebspitzen favorisiert – ein Verfahren, das die Wuchsform der Pflanze unterstreicht, sowie der Form, die Hecken in dynamisch wogende Gebilde verwandelt. Immer wieder sieht man in Gärten britischer Landhäuser bewundernswerte Beispiele. Wer sich inspirieren lassen möchte, sollte Walmer Castle in Kent besuchen. Buchs, Eibe, Thuja und Zypresse lassen sich freihand in diese Wolkenformen schneiden und somit zu ansprechend rundlichen Elementen heranbilden.

Wolkenschnitt – lebende Skulpturen

Schritt für Schritt zum Formschnitt

1 Kegel und Pyramiden in Töpfen eignen sich gut für den Anfang. Die einfachste Methode ist eine Stockpyramide. Stellen Sie dafür einen Stock in den Topf ...

2 ... und binden Sie sämtliche langen Triebe mit Zwirn an dem Stock fest, um die äußeren Konturen zu formen.

3 Schneiden Sie die Pflanzen entlang dieser »Pyramidenschablone«, um die Form einzuhalten.

Eine »Formschnitt«-Kugel aus Efeu schaffen

Wenn es Ihnen an der erforderlichen Zeit oder Geduld für Formschnittelemente fehlt, bietet sich eine sehr einfache Alternative an. Sie können mit Hilfe
eines Rahmens aus engmaschigem Drahtgeflecht einen Rahmen schaffen
und Efeu daran aufleiten. Beginnen Sie auch hier mit schlichten Kegel- oder
Kugelformen.

1 Geben Sie eine 5 cm starke Dränageschicht auf den Grund des Topfs.

2 Füllen Sie den Topf mit einer 50:50-Mischung aus Topfsubstrat und Kompost.

3 Fixieren Sie den Drahtrahmen im Kompostsubstrat und lassen Sie genügend Platz frei, um mehrere kleine Efeupflanzen im Umkreis der Seiten zu integrieren. Füllen Sie den Rahmen mit Moos aus dem Rasen.

4 Wenn der Rahmen mit Moos gefüllt ist, entfernen Sie ihn und pflanzen Ihre Efeu-Stecklinge um den äußeren Rand des Topfs.

5 Setzen Sie den Rahmen wieder ein und leiten Sie die Efeu-Stecklinge durch das Drahtgitter nach oben. Besprühen Sie das Moos mit Wasser, um es feucht zu halten, und wässern Sie das Erdsubstrat regelmäßig. Schützen Sie den Topf vor praller Sonne, bis die Efeupflänzchen richtig eingewachsen sind.

Hecken verjüngen

Matthew: Wenn eine Hecke über den vorgesehenen Platz hinauswächst, vernachlässigt, verunkrautet oder an der Basis verkahlt ist, helfen nur noch drastische Maßnahmen. Robuste Heckenpflanzen wie Stechpalme, Weißdorn, Rotbuche, Feuerdorn und Eibe (die einzige Konifere, die aus dem alten Holz erneut austreibt) lassen sich zum Verjüngen und Nachformen alle scharf zurückschneiden. Die beste Zeit dafür ist der ausgehende Winter, denn unmittelbar danach setzt das Wachstum wieder ein, sodass die Schnittwunden verheilen und bald schon nicht mehr ins Auge fallen. Düngen Sie die Hecke während der vorausgehenden Wachstumsperiode, damit sie über genügend Reserven und Kraft für einen Neuaustrieb verfügt.

Weil ein scharfer Rückschnitt sehr hohe Anforderungen an eine Pflanze stellt, sollten die Schnittmaßnahmen stufenweise erfolgen. Nehmen Sie sich in einem Jahr den oberen Bereich und eine Seite vor, und behandeln Sie die gegenüberliegende Seite im Jahr darauf. Wenn die Hecke nach dem ersten Schnitt stark mitgenommen erscheint, sollten Sie eine weitere Wachstumperiode abwarten, bevor Sie die Gegenseite schneiden. Insgesamt müssten Sie bis zu 50 Prozent der Hecke zurückschneiden können.

Bevor Sie sich an die Arbeit machen, sollten sämtliche Schneidwerkzeuge geschärft und einwandfrei in Ordnung sein. Sie benötigen eine Bügelsäge, eine Baumschere, eine Gartenschere, eine Astsäge, Handschuhe und Schutzbrille. Verwenden Sie die Bügelsäge für dicke Äste, die Baumschere für die etwas dünneren und die Gartenschere für kleine Triebe.

Arbeiten Sie sich von der Basis ausgehend nach oben vor. Am besten stellen Sie einen Häcksler daneben und engagieren einen Helfer, der das Material gleich wegräumen und schreddern kann.

Nehmen Sie sich die Heckenkrone als Letztes vor. Lassen Sie sich vom Ergebnis nicht abschrecken, zumal es immer wieder erstaunlich ist, wie gut sich Hecken von einem derartigen »Gemetzel« erholen! Nach dem Schnitt düngen Sie die Hecke mit einem Depot-Dünger, mulchen mit gut verrottetem organischem Material und wässern sie gründlich, bevor die niederschlagsärmere Zeit einsetzt.

In eine Hecke integrierte »Fenster« erzeugen Spannung.

Hecken aus Leyland-Zypressen

Überlegen Sie sich gut, ob Sie eine Hecke aus Leyland-Zypressen pflanzen wollen. Bei sorgfältiger Pflege und regelmäßigem Schnitt dürfen Sie sich über eine ausgezeichnete, rasch wachsende Hecke freuen. Sich selbst überlassen dürfte eine solche Hecke jedoch Probleme bereiten und somit keineswegs eine Freude sein. Leyland-Zypressen zehren den Boden aus, werfen Schatten und sorgen manchmal deshalb für Ärger. Von daher sollte die Hecke von Anfang an sachgemäß geschnitten werden, damit spätere Probleme erst gar nicht aufkommen. Wenn die Hecke erst zu mächtig geworden ist, wird es teuer, sie in der Höhe und Breite zurückzunehmen. Im ersten Jahr sollten Sie die Seitensprosse zurückschneiden, um die gewünschte Form zu schaffen. Dafür sind zwei Schnittaktionen erforderlich – eine zu Beginn der Wachstumsperiode um die Frühlingsmitte und eine im Hochsommer (bzw. sobald der Leittrieb die erforderliche Höhe erreicht hat). Schneiden Sie die Leittriebe bis auf 15 cm zurück; die neu austreibenden Triebe dürften den Raum bald schon ausfüllen. Wenn sie zu groß werden, können jüngere Pflanzen im mittleren Frühling um ein Drittel zurückgenommen werden, aber geben Sie Acht beim Reduzieren der Breite, da die Pflanzen aus älterem Holz nicht mehr austreiben.

Eine »gelegte Hecke« ist ein wahres Kunstwerk.

Hecken »legen«

Ausgewachsene Hecken vergreisen mit der Zeit. Man kann sie durch »Legen« aber verjüngen, indem die alten Stämme ausgelichtet, die verkahlten Äste herausgenommen und die langen Triebe nach unten »gelegt« werden, um eine lebende Barriere zu bilden, die sich allmählich wieder zu einer Hecke entwickelt.

Die traditionellen, aus Weißdorn und Schlehe, Haselnuss und Feldahorn bestehenden Hecken eignen sich für dieses Verfahren am besten. Sachgemäß »gelegte« Hecken können mehr als ein halbes Jahrhundert alt werden. Die Praktik des Legens ist eine tief in der ländlichen Tradition verwurzelte Handwerkskunst. Warum sollte man sie nicht erneut aufleben lassen?

Kapitel 7

Bepflanzung

Bob: Es gibt gute Gründe, für die bestmöglichen Ausgangsbedingungen zu sorgen und qualitativ hochwertige Pflanzen auszuwählen, die gesund und sortenrein sind, zumal manche Probleme oft erst nach Jahren in Erscheinung treten. Schädlinge und Krankheiten hätten wohl nie Eingang in Ihren Garten gefunden, wären diese nicht mit den Pflanzen oder deren Erdsubstrat eingeschleppt worden. Es ist folglich also ausschlaggebend, wo Sie einkaufen; selbst wenn Sie im Fach-

Oben: Die besten Pflanzen entstehen aus an Ort und Stelle ausgesäten Samen.
Gegenüber: Eine 'Rambling Rector'-Rose, die in einen Birnbaum klettert

betrieb etwas mehr bezahlen müssen, bietet sich hier mit Sicherheit ein größeres Spektrum »sauberer« und hochwertiger Pflanzen als unter den Billigangeboten im Straßenverkauf oder am Marktstand, obwohl Sie auch da einige gute Pflanzen bekommen können, allerdings oft nur die gängigsten und gefragtesten Exemplare und keine speziellen Sorten.

Aus Samen gezogene Pflanzen sind fast immer preiswerter und starkwüchsiger als solche, die aus Ablegern, Stecklingen oder Knospen vermehrt wurden. Viele dürften zwar frei von Krankheitserregern sein, allerdings gibt es immer auch einige, die infiziert sind oder sich, was noch schlimmer ist, als zu starkwüchsig erweisen. Wenn Sie Ihre eigenen Pflanzen aus Ablegern, Stecklingen oder Knospen heranziehen, können Sie Ihren Bestand an bestimmten Pflanzen zwar ohne große Kosten vermehren, dennoch kann das Verfahren, insbesondere bei Schwarzen Johannisbeeren und Himbeeren, ganz eigene Probleme mit sich bringen. Verwenden Sie als Vermehrungsgrundlage nie eine Pflanze, die schwächlich und ungesund aussieht oder nicht sortenrein ist. Die meisten Schwierigkeiten bereiten oft Pflanzen, die man von anderen Gartenfreunden geschenkt bekommt, obwohl diese es eigentlich wissen müssten.

Was beachtet werden sollte

Sobald Sie sich im Klaren darüber sind, welche Pflanze Sie suchen, sollten Sie nur allerbeste Qualität wählen. So empfiehlt es sich etwa, einen Rhabarber oder Stachelbeerstrauch, der garantiert virenfrei (mit Zertifikat) ist, zu kaufen, denn nur so haben Sie die Garantie, dass er sich, im Gegensatz zu Beständen ohne Zertifikat, zumindest am Anfang bewährt. Pflanzen, die in sterilem Erdsubstrat unter Glas gezogen werden, müssten, anders als die im Gartenboden wachsenden Exemplare, frei sein von im Boden lebenden Schädlingen und Krankheiten. Besonders vorsichtig sollten Sie beim Kauf von Kohlpflanzen, Levkojen und Goldlack sein – ausnahmslos im Freiland gezogene Pflanzen –, weil sie die Kropf- oder Fingerkrankheit (Kolhernie) »einschleppen« können. Greifen Sie nur zu, wenn die Pflanzen in sterilisiertem Erdsubstrat gezogen wurden!

Bobs Einkaufstipps für gesunde Pflanzen

Überlassen Sie es nicht dem Zufall, dass die Pflanzen, die Sie kaufen, auch wirklich gesund und kräftig sind. Prüfen Sie über das gesunde Erscheinungsbild hinausgehend, ob über genügend junge Triebe verfügen. Bei Pflanzen, die viele kräftige junge Knospen oder Blätter und Schösslinge zeigen, können Sie zugreifen, andernfalls sollten Sie weitersuchen.

Außerdem gilt es auf spezifische Gefahrenquellen zu achten.

3 Wenn die vorgesehene Pflanze im Topf sitzt, nehmen Sie sie heraus, denn nur so können Sie prüfen, ob die Wurzeln gesund sind und das Erdsubstrat durchdrungen haben. Sie sehen aber auch, ob sie überaltert oder am Absterben sind oder sich schier endlos im Kreis drehen, was kein gutes Zeichen ist.

1 Prüfen Sie die Pflanze kritisch auf Schäden oder Krankheitsbefall. Pflanzen mit gespaltenen Trieben sind anfälliger für Infektionen. Untersuchen Sie die Pflanze auch auf Blattläuse an den Spitzen, Schildläuse an den Trieben und blasse Sprenkel und Flecken der Roten Spinne. Wenn Letztere bereits feine Gespinste gebildet hat, sollten Sie vom Kauf unbedingt absehen.

4 Prüfen Sie die Pflanze auf verdächtige Maden, Würmer oder Wurzelläuse. Wenn die Oberfläche des Erdsubstrats mit Unkräutern, Moosen und Leberblümchen überzogen ist, weist alles darauf hin, dass die Pflanze schon eine Weile im Topf sitzt.

2 Verfärbungen im Bereich der Blätter und absterbende Partien, aber auch Löcher sind, ungeachtet der Menge, immer ein schlechtes Zeichen, insbesondere erbsengroße Einschnitte an den Rändern, die auf Dickmaulrüssler hinweisen.

5 Lassen Sie sich nicht verführen, Pflanzen zu kaufen, die mit Blüten übersät sind, so verlockend diese auch aussehen mögen. Kaufen Sie besser Pflanzen mit vielen Knospen oder ein bis zwei Blüten, damit Sie sich einige Tage später an den restlichen freuen dürfen.

Sichtbar unter Wassermangel leidende oder staunasse Pflanzen sollten Ihnen ebenfalls ein Hinweis sein, sich anderwärts umzusehen.

Wann kauft man am besten?

Wann der beste Zeitpunkt für den Kauf ist, hängt immer von der Pflanze ab. Optimale Ergebnisse erzielt man, ungeachtet der Zeit und Mühe, durch Aussäen von Samen – vorzugsweise an Ort und Stelle, im Saatbeet oder kleinen Anzuchttöpfen (s. Seite 230–235). Die zweitbeste Methode ist, einen Steckling oder Ableger zu bewurzeln, vorzugsweise wieder an Ort und Stelle bzw. in einem Saat- oder Mutterbeet (s. Seite 235–241). Wenn sich keine dieser Möglichkeiten umsetzen lässt, und Sie Ihre Pflanzen kaufen müssen, sollten Sie nicht vergessen, dass jede Pflanze, die anderswo aufgezogen und flüchtig untersucht wurde, nie so wuchsfreudig sein kann, wie eine vor Ort oder in unmittelbarer Nähe gezogene, die dann unverzüglich in einen ganz ähnlichen Boden und vergleichbaren Standort verpflanzt wird.

Blütenpflanzen kauft man am besten, wenn sich bereits ein oder zwei Blüten entfaltet haben, denn so kann man sich über deren Farbton oder Blütenform vergewissern. Beetpflanzen und viele Zimmerpflanzen werden von den Züchtern vorgetrieben, damit sie ansprechender wirken; viele lassen sich allerdings nicht gern verpflanzen. Damit sie sich schneller einwurzeln und letztlich eine üppigere Blütenpracht entfalten, entfernt man die Blütenknospen und Blüten der meisten Beetpflanzen, bevor man sie auspflanzt.

Für die meisten Pflanzen wird man Kataloge durchsehen und sich inspirieren lassen; so hat es sich etwa bewährt, bei speziellen Versandgärtnereien vorzubestellen, die Ihnen das Material dann zur jeweiligen Pflanzzeit liefern. Zwar lässt sich ein Großteil der Pflanzen, etwas Sorgfalt vorausgesetzt, jederzeit umtopfen oder auspflanzen – bessere Ergebnisse wird man aber erzielen, wenn man sie in der Ruhephase oder unmittelbar vor der Wachstumsphase erhält.

Die beste Zeit für den Kauf laubabwerfender Bäume und Sträucher, Zier- und Fruchtgehölze ist der frühe Herbst, wobei diese nach erfolgter Lieferung unverzüglich gepflanzt werden sollten. Die meisten immergrünen Gehölze sollten im Frühjahr gekauft und eingesetzt werden, ebenso frostempfindliche Pflanzen. Die Pflanzzeiten für Zwiebelblumen variieren. Je nach Sorte kann nahezu jeden Monat die eine oder andere Zwiebel gepflanzt werden, obwohl man Schneeglöckchen beispielsweise besser »grün« im Topf kauft als in Form getrockneter Zwiebeln. Die meisten Stauden profitieren von einer Pflanzung im Herbst, wenn sie aber zugleich geteilt werden, hat sich das Frühjahr oft als sicherer erwiesen.

Tulpen, die im kommenden Frühling blühen sollen, müssen im Herbst gepflanzt werden. Dann aber darf man sich auf eine Blütenpracht wie hier freuen.

Wurzelnackte Pflanzen oder Container-Ware?

Insbesondere Bäume und Sträucher werden vielfach mit nacktem Wurzelstock angeboten. Als Vorteil erweist sich, dass man die Wurzeln vor dem Kauf auf Qualität und Krankheitsbefall prüfen kann. Im Allgemeinen wachsen wurzelnackte Gehölze problemloser ein als viele Pflanzen, die als Container-Ware geliefert werden. In jedem Fall wird sich ein kleinerer, jüngerer und starkwüchsiger Solitär besser etablieren als ein größeres und teureres Exemplar, das oft nur schwer einwurzelt. Wenn Sie also im Zweifel sind, entscheiden Sie sich für die kleinere Pflanze. Mehr Informationen über Container-Ware finden Sie auf Seite 190.

Ich persönlich halte es für eine Dummheit, nahezu jedes Gehölz, das über Kopfhöhe hinauswächst, im Container zu kaufen. Bei großen Bäumen kommt es vor allem auf einen starken und reich verzweigten Wurzelstock an, der das Gehölz auch zeitlebens zu versorgen imstande ist – von daher hat es keinen Sinn, Pflanzen zu kaufen, deren Wurzeln sich im Topf bereits in Spiralen drehen (vergessen Sie nie, diese vor dem Pflanzen zu entflechten!).

Einen Pflanzplan erstellen

Anne: Es ist eine Frage des Ausgangsstadiums, wie Gartenliebhaber die Bepflanzung ihres Gartens planen.

Vom ersten Spatenstich an

All jene, die ganz von vorn beginnen, werden die Umrisse ihres Gartens bereits abgesteckt, Rasen angelegt und die Beete umgestochen haben, bevor sie zu pflanzen beginnen. Dabei werden manche ihr Gelände bis auf die letzte Zwiebelblume planen, Garten-Enzyklopädien wälzen und Kataloge durchackern, um sich über jedes einzelne Pflänzchen genauestens zu informieren. Mit einem präzisen Bild vor Augen und viel Liebe und Begeisterung für die Sache haben sie sich um die ganzjährige Farbwirkung ebenso den Kopf zerbrochen wie über Frühlingsrabatten, Spätsommerbeete, farblich aufeinander abgestimmte Höhepunkte und dramatische Kombinationen. Dann erst machen sie sich auf den langen und steinigen, oft auch recht kostspieligen Weg, all diese Pflanzen aufzutreiben.

Andere Gartenfreunde hingegen betrachten die Gestaltung als abgeschlossen, sobald die letzte Platte verlegt oder das letzte Stück Fertigrasen ausgerollt und angedrückt ist. Sie haben keinerlei Plan für die Bepflanzung, besuchen dafür aber oft und gern das Gartencenter, um ein Sammelsurium kleiner Pflänzchen in ihren Einkaufswagen zu laden, nicht zu vergessen die vielen, wahllos zusammengetragenen Ableger von Freunden und Bekannten. Nach drei Jahren, wenn das Gerüst eines gelungenen Gartens allmählich Gestalt annehmen sollte, ragen noch immer die nackten Mauern und Zäune auf, und im Winter wird man vergeblich nach Farbe Ausschau halten.

Aber auch hier bietet sich ein Mittelweg. Verschaffen Sie sich einen Überblick über die Konturen des Gartens und überlegen Sie sich, wie Sie das Gelände in unterschiedliche Bereiche gliedern könnten. Dabei sind Pflanzblöcke, die Kopfhöhe erreichen oder darüber hinausragen, ganz wichtig, und je früher diese eingeplant werden, desto besser. Planen Sie diese Blöcke zunächst auf dem Papier ein, indem Sie genau ausweisen, wo Höhe erforderlich ist, oder stecken Sie, falls Ihnen die Planung auf dem Papier Schwierigkeiten bereitet, Stäbe und Stöcke in den Boden, um ein Gefühl für diese das Rückgrat bildenden Pflanzen zu entwickeln. Berücksichtigen Sie in Ihren Überlegungen auch die Wirkung, die die Bäume des Nachbargrundstücks haben werden, und verzeichnen Sie deren vorgesehene Höhe. Einige Bäume wie etwa Birken werfen lichten Schatten, während andere buchstäblich den Lichteinfall blockieren. Selbst im kleinsten Garten müsste sich im

Ein farbenprächtiges Frühsommer-Arrangement aus Katzenminze, Fingerhüten und Zierlauch

Bei einer Neubepflanzung wird man bereits vorhandene Elemente wie etwa »reife« Bäume in die Planung integrieren.

hinteren Bereich Raum für einen Baum finden, insbesondere dort, wo mehrere Gärten aneinander grenzen. Ideal ist meiner Ansicht nach ein Apfelbaum, vor allem, wenn dieser mit Wildpflanzen oder wiesenhaft anmutenden Stauden unterpflanzt wird, die einen schönen Kontrast zu der eher formalen Bepflanzung in Hausnähe bilden.

Legen Sie als Erstes den Platz für die Gehölze fest. Bewährte kleine Arten sind die Kahle Felsenbirne (*Amelanchier laevis*), die mit der Zeit eine Höhe und Breite von 8 m erreicht. Dieser aus Nordamerika stammende Baum trägt im Frühling hübsche weiße Blüten und im Austrieb bronzefarbenes Laub. Darauf folgen blauschwarze Früchte und eine schöne Herbstfärbung. Der Zierapfel *Malus* 'Golden Hornet' wird bis zu 10 m hoch und besticht im Frühling durch reizvolle Blüten und im Herbst durch eine Fülle fester goldener Früchte. Wenn diese mit der Zeit weich werden, dienen sie den Vögeln im neuen Jahr als begehrte Futterquelle. Unter den kleineren Magnolien ist besonders *Magnolia* x *loebneri* 'Merril' hervorzuheben, die alkaline Böden toleriert und bis zu 8 m Höhe erreicht. Ein mehrfach verzweigtes Exemplar der Tibetischen Zierkirsche (*Prunus serrula*) bleibt in der Regel unter 8 m Höhe; mit der rötlichen, abblätternden Rinde ist das Gehölz das ganze Jahr über eine Zierde, insbesondere im Licht der Wintersonne.

Als Nächstes sind die größeren Sträucher wie die Schneeballarten (*Viburnum*), der Perückenstrauch (*Cotinus* spp.), der Spindelstrauch (*Euonymus alatus*) und der so genannte Heilige

Bambus (*Nandina* spp.) an der Reihe. Informieren Sie sich über deren Höhe und Breite und gestehen Sie ihnen den Raum zu, den sie brauchen, um sich ihrer Natur gemäß zu entwickeln. Messen Sie den Platzbedarf vor dem Einpflanzen aus. Scheuen Sie sich nicht, einen Baum und ein paar größere Sträucher zu einer Gehölzgruppe zusammenzufassen. Am Anfang wirken diese kleinen Pflanzen, die erst noch wachsen müssen, angesichts der freien Flächen dazwischen zwar beinahe lächerlich; man kann diese Lücken aber gut mit kleineren kurzlebigeren Sträuchern, Kletterpflanzen, Stauden, Zwiebelblumen und Beetpflanzen füllen. Diese können mit der Zeit dann herausgenommen werden, sobald die größeren Bäume und Sträucher, die das Rückgrat bilden, herangewachsen sind und sich miteinander verbinden.

Ein schmales Budget?

● Wenn Sie nur wenig Geld haben, um Pflanzen zu kaufen, sollten Sie die Bäume und Sträucher zuerst pflanzen, damit diese bereits wachsen können. Füllen Sie die Zwischenräume mit Einjährigen und Zweijährigen, die sich aus Samen ziehen lassen, bis Sie sich dauerhaftere Pflanzen leisten können.

Neue Pflanzschemen in einen bereits vorhandenen Garten integrieren

Als ich noch als Gartenarchitektin tätig war, wurde ich hin und wieder beauftragt, eine überalterte Rabatte umzugestalten, zu verjüngen und wieder mit Leben zu erfüllen. Gesunde, alt eingewachsene Bäume und Sträucher blieben selbstverständlich stehen, aber die meisten anderen Pflanzen wurden herausgenommen und der Boden gründlich umgegraben und mit Nährstoffen angereichert. In der Regel habe ich die Rabatte dann grob auf Millimeterpapier skizziert, ein Karo auf dem Papier einem Quadratmeter auf dem Gelände entsprechend. Vor der Rabatte stehend, wurde dann eingetragen, was erforderlich war, wobei die Bäume und Sträucher im richtigen Abstand eingezeichnet und auch der Standort der kleineren Sträucher markiert wurde; ersichtlich war auch, wo drei Exemplare von einer Art zu einer Gruppe zusammengefasst werden oder zwei bis drei in gleichem Abstand zueinander die Rabatte säumen sollten. Dann erst trug ich die Blöcke der Stauden ein, die fast immer in Dreier- oder Fünfergruppen (manchmal auch einem Mehrfachen), kaum je aber einzeln oder zu zweien gepflanzt wurden. Kreuze standen für Solitärpflanzen, wobei zwischen jeder Pflanze 45 cm Platz frei blieb. In die Lücken ließen sich im Abstand von etwa 20 cm immer noch Beetpflanzen und, je nach Jahreszeit, auch Zwiebelblumen setzen.

Die einzelnen Pflanzen habe ich kaum je spezifiziert, denn das hätte meine Auftraggeber eine Menge Geld gekostet. Vielmehr wurde der gewünschte Gesamteffekt besprochen

und einige Vorlieben einbezogen; die Auswahl der Pflanzen blieb ansonsten mir überlassen. Ich habe daraufhin dann drei Gartenbetriebe an einem Tag besucht und anhand des Plans sämtliche Pflanzen auf einen Schlag eingekauft. Selbstverständlich habe ich die gesündesten Pflanzen ausgesucht und mich auch nach Schnäppchen umgeschaut, während vor meinem Auge ein Bild vom endgültigen Eindruck entstand und der Plan mehr und mehr Gestalt anzunehmen begann.

Einen Pflanzplan erstellen

● Klären Sie mittels einschlägiger Handbücher, wie viel Platz jede Pflanze benötigt.
● Pflanzen Sie kleinere Sträucher und Stauden in großzügigen Gruppen oder Driften.
● Planen Sie von vornherein ein, dass Sie kleinere Sträucher und Stauden herausnehmen müssen, sobald die größeren Gehölze wachsen und miteinander verschmelzen.
● Immergrüne Sträucher erregen das ganze Jahr über Aufmerksamkeit. Zu viele können allerdings eine schwere und ziemlich düstere Atmosphäre entfalten. Erstrebenswert erscheinen ein Drittel immergrüne und zwei Drittel laubabwerfende Gehölze; dieses Verhältnis gewährleistet, dass der Garten im Winter ein bemerkenswert anderes Bild bietet als im Sommer.
● Manche Pflanzen sind auf Partner angewiesen. Für einen guten Fruchtansatz benötigen Obstbäume wie der Apfel einen Befruchter; von daher empfiehlt es sich, einen Apfelbaum einer anderen Sorte daneben zu setzen, der zur gleichen Zeit blüht. Stechpalmen sind in der Regel ausschließlich männlich oder weiblich. Damit die weiblichen Kultivare Beeren ansetzen, muss ein männliches Exemplar in die Nähe gesetzt werden. Wo lediglich Platz für eines ist, empfiehlt sich *Ilex aquifolium* 'J. C. van Tol', ein Zwitter, der sich selbst befruchtet.

Durch eine entsprechende Auswahl an Pflanzen unterschiedlicher Höhe und Form lässt sich eine Rabatte ansprechend gestalten.

Auf alle Fälle sollten Sie einige Pflanzen für die neue Rabatte genau spezifizieren, wobei es recht zeit- und kostenaufwändig sein kann herauszufinden, wo bestimmte außergewöhnliche Pflanzen erhältlich sind. Deshalb sollte man sich auch nicht stur auf eine Pflanze versteifen; viel wichtiger ist, dass man sich hinsichtlich der etwaigen Anzahl an einen Plan hält und dass die Pflanzen das ganze Jahr über etwas zu bieten haben – dies vor Augen, werden Sie gezielter einkaufen, dennoch aber Freude daran haben. Wenn ich dann erneut pflanze, bestelle ich ein paar besondere Gewächse, den Rest aber kaufe ich in Gärtnereien, im Gartencenter und auf Blumenausstellungen. Und wer wenigstens einige Pflanzen aus Samen anzieht, kann immer auch Kosten einsparen.

Jahreszeitliche Aspekte gezielt einplanen

Gemischte Rabatten aus Bäumen, Sträuchern und Stauden, die das ganze Jahr über ansprechend wirken, scheinen im Prinzip ideal, erweisen sich in der Praxis aber oft als weniger effektiv als erhofft. Dabei ließe sich eine Menge über die Gestaltung bestimmter Rabatten für bestimmte Jahreszeiten sagen. Eine Winterrabatte sollte sich im Blickfeld des Hauses befinden, damit man sich vom Fenster aus an den winterblühenden Gewächsen, farbenprächtigen Trieben und klassischen Immergrünen freuen kann, ohne zuerst die Stiefel anziehen und hinausgehen zu müssen. Viele winterblühende Sträucher wie der Schneeball (*Viburnum* x *bodnantense* 'Dawn') und die Zaubernuss (*Hamamelis*) haben duftende Blüten; an eine geschützte Stelle gesetzt, verströmen sie ihr volles Aroma. Wenn Sie zwei Rabatten anlegen, die den Rasen links und rechts säumen, dürfte es schwierig sein, eine Bepflanzung zu schaffen, die allen Vorlieben gerecht wird und das ganze Jahr über attraktiv wirkt. Warum also nicht die eine Rabatte hauptsächlich mit frühlingsblühenden Pflanzen und die andere mit Spätsommerblühern ausstatten? Auf diese Weise lassen sich Vergissmeinnicht, frühe Zwiebelblumen, hübsche Primeln, Akeleien und Frühsommergewächse in der Frühlingsrabatte zusammenfassen, wobei sich für später immer noch die eine oder andere Überraschung wie etwa ein Perückenstrauch (*Cotinus* 'Grace') integrieren lässt. Reservieren Sie die andere Rabatte dann für ein Arrangement aus feurigen Rottönen, angefangen beim Blumenrohr (*Canna*) über mexikanische Sonnenblumen bis zu Rudbeckien und Dahlien.

Begleitpflanzung

Anstatt die Pflanzen in Blöcken zusammenzufassen, wie etwa drei *Perovskia* spp. als Blickfang, eine Gruppe interessant marmorierter Blattpflanzen wie *Arum italicum* als Winterschmuck oder markante Gräserhorste als Akzente einzusetzen, könnte man auch so pflanzen, dass ein Arrangement das andere ablöst. Diese Taktik empfiehlt sich insbesondere in kleinen Gärten, denn dann können frühlingsblühende Zwiebelblu-

Libertia peregrinans zwischen dem leuchtend rosavioletten Thymian, *Thymus* 'Bertram Anderson'

men zwischen Stauden hindurch wachsen, die danach die absterbenden Blätter der Zwiebeln kaschieren – insgesamt eine ideale Strategie.

Die immergrüne goldlaubige Staude *Libertia peregrinans* erweist sich mit ihren schmalen Blättern als sehr brauchbar, um Pflanzenhorste voneinander abzugrenzen, zumal sich die Wurzelballen problemlos teilen lassen. Mit Hilfe des Setzholzes lassen sich kleine Abschnitte zwischen sommerblühenden Pflanzen verteilen. Auch wenn man diese zunächst kaum wahrnehmen wird, treten sie im Winter, wenn andere Pflanzen eingezogen sind, mit ihren leuchtenden, schwertförmigen Blättern ins Rampenlicht.

Farben

Wie die meisten Gärtner mache ich mir über die Farbgestaltung bei der Gartenplanung zugegebenermaßen wohl zu wenig Gedanken. Wenn irgendwo eine tolle Kombination entsteht, dann doch oft eher zufällig. Manchmal knallen die Farben aber auch spektakulär aufeinander. Wer analytisch vorgehen möchte, kann sich am Farbkreis orientieren. Farben, die miteinander verschmelzen, liegen dicht beieinander, während Kontraste einander gegenüberliegen – man sieht also deutlich, wie sich subtile oder dramatische Wirkungen erzielen lassen. Wenn Sie etwa Blau nehmen, entfalten die daneben angesiedelten Weiß- und Purpurtöne eine harmonische Wirkung. Auf der gegenüberliegenden Seite des Farbkreises befinden sich indes die aufregenden Orange-, Gelb- und Rottöne, die Ihre Blauschattierungen zum Leuchten bringen.

Pflanzenkompatibilität
In der Natur wachsen die Pflanzen an den Standorten, an deren Klima und Boden sie sich angepasst haben, ob Sümpfe und Feuchtgebiete oder trockene und verseppte Bereiche, halbschattige Waldstandorte, Bergregionen oder Wiesenflächen. Für unsere Gärten haben wir Pflanzen aus allen Teilen der Welt und zahllosen unterschiedlichen Wachstumsbereichen übernommen. Dennoch erwarten wir von ihnen, dass sie sich alle auf einem Gelände ansiedeln und ein harmonisches Bild bieten.

Erstaunlicherweise erfüllen sich diese Erwartungen sogar meist. Weil manche Pflanzen aber aus ganz unterschiedlichen Umgebungen in der Natur stammen, können sie, dicht nebeneinander gesetzt, manchmal schon leicht deplatziert wirken.

Wie gepflanzt wird

John: Wer meint, es genüge, ein Loch auszuheben und die Wurzeln darin zu vergraben, ist schlecht beraten. Zwar spricht vieles dafür zu glauben, dass auch »unglückliche« Pflanzen überleben, aber das ist schließlich nicht der Punkt. Ich möchte Sie vielmehr davon überzeugen, dass jede Pflanze die bestmöglichen Bedingungen und Pflegemaßnahmen erhalten sollte. Finden Sie also heraus, welche Voraussetzungen Ihrer Pflanze entsprechen. Bevorzugt sie feuchten, nassen, trockenen, alkalischen oder sauren Boden? Fühlt sie sich in der Sonne oder im Schatten oder gar irgendwo dazwischen am wohlsten?

Einige laubabwerfende Pflanzen wie Rosen und Heckenpflanzen kann man im Spätherbst und Winter mit nacktem Wurzelstock kaufen (die Vor- und Nachteile hat Bob auf Seite 185 bereits erläutert). Zur Auswahl steht Ihnen ballierte Pflanzware, Pflanzen also, die in ein Ballentuch aus Sackleinen bzw. Jute oder ein Polypropylen-Netz eingebunden sind, das am Wurzelhals der Pflanze verknotet ist. Besteht das Ballentuch aus verrottbarem Material und ist der Ballen weniger fest, braucht man das Tuch nicht vor dem Einpflanzen entfernen. Lösen Sie jedoch in jedem Fall den Knoten des Ballentuchs an der Stammbasis!
Die meisten Bäume und Sträucher werden in Töpfen angezogen und als Container-Ware verkauft, was sich als vorteilhafter erweist als wenn sie erst unmittelbar vor dem Verkauf eingetopft werden. Bei Ersteren darf man einen gesunden Wurzelballen erwarten, der das Erdsubstrat zusammenhält. Erst für den Verkauf eingetopfte Pflanzen wurden zunächst als ballenlose Pflanzen (wurzelnackt) angezogen und den Winter über in einen Container gesetzt. Dies aber bedeutet, dass die Wurzeln sich erst im Spätsommer im Erdsubstrat ausbreiten. Wenn die Pflanze also vorher verkauft und zur Begutachtung aus dem Topf genommen wird, fällt die Erde einfach ab, was ihr keineswegs bekommt!

Rechts: Ein untrügliches Indiz für eine Container-Pflanze: Die Wurzeln hatten nicht genügend Zeit, um das Erdsubstrat zu durchwurzeln, das in dem Augenblick abfällt, in dem die Pflanze aus dem Topf genommen wird.
Gegenüber: Eines von Johns Lieblingsgehölzen: die Himalaya-Birke, *Betula utilis* var. *jacquemontii*, als Solitärpflanze

Einen Strauch pflanzen

Anne hat bereits erklärt, wie man den richtigen Standort für die Pflanze auswählt, sodass wir sie in unserem Garten nur noch willkommen heißen und an ihren neuen Standort verpflanzen müssen.

Ein sachgemäß eingepflanzter Strauch erfreut uns über viele Jahre. Diese Mahonie *(Mahonia media* x ˈCharityˈ*)* gehört zu Johns bevorzugten Gehölzen. Ihre zart rötlichen jungen Blätter färben sich bei reifen Pflanzen grün und sind mit Dornen bewehrt.

1 Das Pflanzloch sollte größer als erforderlich sein, um die ausgebreiteten Wurzeln des Strauchs aufnehmen zu können – im Durchschnitt mindestens doppelt so groß wie der Topf oder die Wurzeln.

2 Beim Ausheben des Pflanzlochs sollten Sie den Oberboden getrennt halten, um ihn später im Bereich der Wurzeln wieder einzufüllen. Beseitigen Sie den verdichteten Ton-Unterboden und sämtliche Steine mit mehr als 2,5 cm Durchmesser. Setzen Sie den Strauch probeweise in das Loch, um zu prüfen, ob dieses tief und breit genug ist, um die Wurzeln aufzunehmen.

3 Lockern Sie den Boden an der Basis und im Umkreis der Seiten des Pflanzlochs mit einer Grabgabel, damit die Wurzeln es leichter haben und das Wasser abfließen kann.

4 Wässern Sie Container-Pflanzen bzw. den Wurzelballen bereits am Tag vor der Pflanzung. Ziehen Sie sämtliche Wurzeln, die umeinander gewickelt oder zu einem festen Ball verwachsen sind, heraus und lockern Sie sie. Beschädigte oder abgebrochene Wurzelabschnitte werden mit einem scharfen Messer oder einer Gartenschere entfernt und die offenen Enden mit Schwefelblüten-Pulver bestäubt. Bei wurzelnackten Pflanzen einschließlich Bäumen werden die größeren Wurzeln in alle Richtungen ausgebreitet.

5 Geben Sie eine Schicht gut verrotteten Stallmist auf den Grund des Pflanzlochs, um die Wasserhaltefähigkeit zu verbessern. Mischen Sie eine Handvoll Knochenmehl unter den Oberboden.

6 Pflanzen Sie den Strauch in der gleichen Tiefe wie im Topf, sodass sich der Wurzelhals auf Bodenhöhe befindet.

7 Geben Sie den Boden Schicht um Schicht wieder in das Pflanzloch, sodass er die Wurzeln gut umschließt; geben Sie Acht, dass Sie die kleineren Faserwurzeln dabei nicht beschädigen. Bei klumpigem Boden muss man aufpassen, dass keine Lufteinschlüsse entstehen, weil diese den Tod sämtlicher Wurzeln bedeuten.

8 Verfestigen Sie den Boden ein letztes Mal mit dem Fuß und treten Sie ihn so an, dass eine Mulde entsteht, die verhindert, dass das Wasser abfließt, bevor es den Boden durchdringt.

9 Wässern Sie den Strauch, um den Boden im Bereich der Wurzeln zusammenzuschließen.

10 Eine 5 cm starke Mulchschicht aus kompostierter Rinde, die auf den feuchten Boden gegeben wird, hilft, die Feuchtigkeit im Bereich der Wurzeln zu halten und zugleich das Unkraut einzudämmen.

Einen Baum pflanzen und anpfählen

Die meisten Bäume über 1,2 bis 1,5 m Höhe sollten durch einen Pfahl gestützt werden, um Windbruchschäden vorzubeugen. Ein kurzer Pfahl, der in einer Höhe von etwa 60 cm angebunden wird, gewährt dem Baum einen gewissen Bewegungsspielraum, stabilisiert aber die Wurzeln. Dieser Bewegungsspielraum fördert das Dickenwachstum des Stamms, sodass dieser nach kurzer Zeit ohne Stütze auskommt.

Nachdem die Pflanze richtig eingewachsen ist, wird sie mit einem Pfahl versehen, der durch einen Baumgurt bzw. eine Bandschnalle mit Gummiman-schette fixiert wird. Diese Manschette dient als Distanzstück zwischen Pfahl und Stamm und verhindert Reibstellen. Baumgurte sind leicht zu handhaben; Sie dürfen nur nicht vergessen, den Riemen wieder durch die Schnalle zurückzuführen, weil er sich sonst womöglich wieder löst. Riemen, die durch beidseitig der Manschette angebrachte Schlitze geführt werden, müssen mit Nägeln am Pfahl fixiert werden. Bei Draht besteht die Gefahr, dass dieser in die Rinde einschneidet – von daher sollte man auch nicht vorübergehend Draht verwenden. Prüfen Sie die Bindungen regelmäßig, um zu gewährleisten, dass sie nicht zu fest sitzen. Je nach Dickenwachstum des Stamms müssen die Bindungen im Frühjahr und im Herbst gelockert werden. Weitere Informationen zum Anpfählen von Gehölzen finden sich auf der gegenüberliegenden Seite.

1 Heben Sie eine Baumgrube aus, die größer als der Wurzelstock des Baums ist, damit sich die Wurzeln ungehindert ausbreiten können. Häufen Sie den Oberboden getrennt vom Unterboden auf – sobald Sie diesen mit dem Spaten zerschlagen, merken Sie, dass der Unterboden härter und weniger nährstoffreich ist. Lockern Sie die Basis des Pflanzlochs mit einer Grabgabel, um die Dränage zu verbessern; die Wurzeln haben es somit leichter, den Unterboden zu durchdringen.

2 Sobald die Baumgrube vorbereitet ist, breiten Sie die Wurzeln des Baums aus (nicht vorher, denn Sie riskieren sonst, dass diese austrocknen) und setzen den Baum hinein.

3 Falls ein Pfahl erforderlich ist (s.o.), sollten Sie schauen, wie er sich, ohne die Wurzeln zu beeinträchtigen, positionieren lässt. Wenn Sie den Baum vor den Pfahl setzen, kaschiert er diesen. Um zu verhindern, dass die Wurzeln beschädigt werden, nehmen Sie den Baum noch einmal heraus, bevor Sie den Pfahl einschlagen.

4 Verteilen Sie eine Schicht gut verrotteten Stallmist über der Basis des Pflanzlochs, um dem Baum einen guten Start zu geben und das Wasserhaltevermögen zu verbessern. Geben Sie eine 15 cm starke Schicht Oberboden hinzu.

5 Setzen Sie den Baum wieder in die Pflanzgrube und breiten Sie die Wurzeln aus. Schneiden Sie sämtliche gebrochenen Wurzeln bis auf das gesunde Gewebe zurück und achten Sie vor allem auf die kleinen Faserwurzeln. Bestäuben Sie die »offenen« Wurzelenden mit Schwefelblütenpulver, um zu verhindern, dass Krankheitskeime eindringen. Pflanzen Sie den Baum in gleicher Höhe wie er im Topf saß – orientieren Sie sich an der »Markierung«, die im Bereich der Rinde deutlich zu sehen ist.

6 Mischen Sie ein paar Handvoll Knochenmehl (90–180 g) und etwas gut verrotteten Stallmist unter den Oberboden.

7 Bringen Sie dieses Substrat im Umkreis der Wurzeln auf und schütteln Sie den Baum leicht, damit der Boden sich setzt. Treten Sie den Boden mit dem Fuß an, um größere Hohlräume zu verhindern, und sorgen Sie für eine muldenartige Vertiefung, die gewährleistet, dass sich das Wasser unmittelbar über dem Wurzelstock sammelt. Wässern Sie den Baum nach dem Pflanzen gut ein, damit sich der Boden im Umkreis der Wurzeln zusammenschließt. In der ersten Zeit sollten Sie den Boden über den Wurzeln gut feucht halten und das Laub besprühen. Auf diese Weise lässt sich verhindern, dass der Baum austrocknet und welk wird.

8 Bringen Sie eine Bandschnalle mit Gummimanschette an, um den Stamm am Pfahl zu fixieren.

Ein ausgewachsener Weißdorn mit prachtvoller Herbstfärbung

Große Solitärbäume und halbreife Gehölze pflanzen

Große Solitärbäume und halbreife Gehölze werden normalerweise in stabilen, großen Kunststoff-Containern geliefert oder mit in Sackleinen eingebundenem Wurzelballen, der zusätzlich durch ein Drahtnetz gesichert ist. Womöglich wird man eine Maschine benötigen, um die Baumgrube auszuheben und den Baum einzusetzen. Solche Solitärbäume dürften langfristig eine Stütze benötigen, denn mit einem normalen Pfahl ist es meist nicht getan. Das sicherste Stützsystem besteht aus vier Metallpfosten, die in die Basis der Pflanzgrube einbetoniert werden, bevor der Baum eingesetzt wird. Dann werden zwei Holzlatten parallel zueinander links und rechts vom Stamm über den Wurzelballen gelegt. Diese fixiert man an Ort und Stelle mit zwei Drähten, die über dem oberen Ende der Planken verspannt und an den Metallpfosten verankert werden.

Ich habe von jeher gern runde Holzpfähle verwendet, die an einem Ende zugespitzt sind. Vierkantpfähle scheinen sich immer zu drehen, sobald sie in harten, steinigen Boden getrieben werden. Kesseldruckimprägnierte Pfähle, die zuvor mit einem Holzschutzmittel imprägniert wurden, sind teurer als unbehandelte, erweisen sich dafür aber auch als wesentlich haltbarer. Wo immer ein Pfahl erforderlich ist, wird er vertikal in den Boden getrieben. Er muss richtig fest verankert sein, bevor die Pflanze in die Grube gesetzt wird. Um zu verhindern, dass der Pfahl splittert, wenn er mit dem Holzhammer eingeschlagen wird, sollten Sie immer das flache Ende des Hammers verwenden. In Großbritannien gibt ein ganz wunderbares Gerät dafür: Es besteht aus einem stabilen Stahlrohr, das am oberen Ende geschlossen und beidseitig mit einem Griff versehen ist; man stülpt es über das obere Ende des Pfahls, hebt es an und lässt es dann fallen, sodass der Stab durch das Gewicht in den Boden getrieben wird.

Einen Baum verpflanzen – ein Ein-Jahres-Plan

Selbst große Bäume lassen sich noch herausnehmen und verpflanzen. Am besten lässt man sich für eine solche Aktion aber Zeit, indem man die Gehölze im Jahr zuvor schon darauf vorbereitet.

1 Messen Sie im Umkreis des Baums, der versetzt werden soll, einen Kreis von 1,2 bis 2 m Durchmesser aus.

2 Heben Sie einen 30 cm breiten und 30 bis 40 cm tiefen Graben entlang des Kreises aus ...

3 ... und durchtrennen Sie sämtliche Wurzeln.

4 Füllen Sie den Graben mit einer Mischung aus Erde und selbst aufgesetztem Kompost, um die Bildung neuer Faserwurzeln zu fördern. Der Baum lässt sich im darauffolgenden Jahr nach nochmaligem, gründlichem Wässern des Wurzelbereichs dann herausnehmen. Heben Sie die neue Baumgrube aus, bevor Sie den Baum herausnehmen.

Zwiebelblumen pflanzen

Ein Trick, um Zwiebelpflanzen vor Ungeziefer zu schützen und sie am Ende der Vegetationsperiode leichter ausgraben zu können, ist, sie in einen Pflanzkorb einzusetzen. Es gibt dafür ganz spezielle Töpfe mit Löchern in den Seiten, die gewährleisten, dass Wasser in den Boden sickert und keine Staunässe entsteht.

1 Füllen Sie den Pflanzkorb mit Gartenerde (nicht mit Blumenerde) und setzen Sie die Zwiebeln den Anweisungen entsprechend ein. Als Faustregel kann man sich merken: Je größer die Zwiebel, desto tiefer sollte sie gepflanzt werden.

2 Vergraben Sie den Korb im Beet oder in der Rabatte; der obere Rand sollte mit der Erde rundum bündig sein.

3 Geben Sie feinen Maschendraht darüber, um zu verhindern, dass kleine Säugetiere vor Ort an die Zwiebeln herankommen. Nehmen Sie das Drahtgeflecht ab, sobald die Zwiebeln zu sprießen beginnen. Nach der Blüte graben Sie den Korb aus und lagern die Zwiebeln im Gartenschuppen oder an einem dunklen, trockenen Ort, bis es soweit ist, dass sie für das folgende Jahr erneut in den Boden gesetzt werden.

Pflegemaßnahmen

Wässern
Matthew: Wässern Sie die Pflanzen nach dem Setzen gründlich ein, bis sie richtig angewachsen sind, insbesondere bevor die heiße Jahreszeit einsetzt, damit sich die Pflanze leichter etablieren kann. Am besten dringt das Wasser am Abend in den Boden ein. Bringen Sie im Umkreis von Bäumen und Sträuchern einen Gießrand an, damit das Wasser zu den Wurzeln vordringt und nicht einfach davonläuft. Sie können sich aber auch ein Stück Schlauch kaufen, der das Wasser in der Pflanzzeit zum Wurzelballen leitet. Eine andere Möglichkeit wäre, den Boden einer Plastikflasche abzutrennen und diese, vertikal eingegraben, als Trichter zu benutzen. Der Handel bietet auch spezielle Systeme mit einer Plastikkappe über dem Ende an, damit kein Wasserverlust entsteht. Wässern Sie frisch gepflanzte Stauden sorgfältig ein; geben Sie Acht, dass Sie den Boden um die Wurzeln nicht wegschwemmen. An trockeneren Standorten wird man am besten eine vorübergehende Bewässerung installieren, die sich später, wenn sich die Pflanzen etabliert haben, wieder herausnehmen lässt. Aber auch ein leichtes Besprühen der Pflanzen mit Wasser hilft, die Transpiration zu verringern.

Jäten und mulchen
Achten Sie darauf, dass kein Unkraut in der Umgebung wächst, weil dieses Ihren Pflanzen Feuchtigkeit und Nährstoffe streitig machen kann. Mulchen Sie den Boden rundum mit einer 7,5 cm starken Schicht aus gut verrottetem organischem Material; wenn Sie eine Geo-Textilfolie auflegen, genügt auch eine weniger dicke Schicht. Kratzen Sie den Mulch ab und verabreichen Sie einmal jährlich um die Frühjahrsmitte bzw. gegen Ende einen Universaldünger oder Ammoniumsulfat (30–40 g pro Quadratmeter), um das Wurzelwachstum anzuregen, und geben Sie anschließend eine neue Mulchschicht auf. Falls Mulch oder eine Geo-Textilfolie nicht in Frage kommen, jäten Sie am besten von Hand aus. Wenn Sie eine Hacke verwenden, dürfen Sie nicht zu tief gehen; Sie riskieren sonst, die Wurzeln zu verletzen.

Schutz
Schützen Sie die Pflanzen an exponierten Standorten mit einem Windschutznetz, das Sie in Hauptwindrichtung aufstellen. Es lässt sich an Baumpfählen befestigen und sollte um ein Drittel höher als die Pflanze sein. Lassen Sie es stehen, bis die Pflanze richtig eingewurzelt ist. Gleichermaßen lassen sich Pflanzen auch vor Verbrennungen durch die Sonne schützen.

Schnittmaßnahmen, Schädlingskontrolle und Schutz vor Krankheitsbefall

Bäume und Sträucher erfordern sachgemäße Schnittmaßnahmen, um eine schöne Wuchsform zu entwickeln (s. Seite 208–219). Es ist leichter einzugreifen, solange sie klein sind und stark austreiben, denn dann verheilen die Schnittwunden auch ganz schnell. Entfernen Sie tote, kranke und absterbende Zweige ebenso wie sich kreuzende, schwache und aneinander reibende Zweige, kurzum alles, was das Gesamtbild beeinträchtigt. Binden Sie Kletterpflanzen an Drähten auf und stützen Sie Stauden mit Rahmen bzw. Birken- oder Haselreisern (s. Seite 222–225).

Kontrollieren Sie die Pflanzen regelmäßig auf Schädlinge und Krankheiten, die junge Pflanzen schwächen, und gehen Sie unverzüglich dagegen vor (s. Seite 262–377).

Entsprechenden Schutz vorausgesetzt, können Sie selbst exotische Pflanzen wie *Musa basjoo* (die Bananenpalme mit den ausladenden Blättern in der Bildmitte) und *Eucalyptus gunnii* (mit graugrünem Laub am unteren Bildrand rechts) ziehen, die an einem exponierten, dem Wind ausgesetzten Standort nicht gedeihen würden.

Kapitel 8

Schnitt- und Erziehungsmaßnahmen

Warum schneiden?

John: Es gibt Pflanzen in Ihrem Garten, die darauf angewiesen sind, regelmäßig geschnitten zu werden. Andere hingegen, die dicht daneben wachsen, kommen ein ganzes Leben lang ohne Schnitt aus. Was Sie allerdings nie tun sollten, ist schneiden um jeden Preis bzw. einfach nur, weil Sie das Handwerkszeug besitzen. Warum also schneiden? Es gibt vier triftige Gründe, die für einen Schnitt sprechen: Wachstum anzuregen oder einzudämmen, eine ansprechende Wuchsform zu schaffen, die Blühfreude, Frucht- oder Beerenbildung zu steigern und krankes oder unerwünschtes Holz zu entfernen. Somit beeinflussen Schnittmaßnahmen auch die Form einer Pflanze, ihre Höhe, Gesundheit, Lebenserwartung und Fähigkeit, Blüten und Früchte hervorzubringen. Und wie bei Kindern und Haustieren wirkt sich eine frühe Erziehung allemal förderlich auf die Entwicklung aus, und dies gilt auch für unsere Pflanzen.

Zum richtigen Zeitpunkt geschnitten, bringen Waldreben eine verschwenderische Blütenfülle hervor – hier: *Clematis* 'Perle d'Azur', *C.* x *jouiniana* 'Praecox', *C.* 'Polish Spirit' und *C.* 'Arabella'. In Schattierungen von tiefstem Purpurviolett bis nahezu reinem Weiß ergießen sie sich über ein Spalier und den Torbogen.

Wachstum anregen oder eindämmen

Der Hauptgrund für Schnittmaßnahmen dürfte darin bestehen, die Bildung neuer Triebe anzuregen, ob bei einem jungen, aus Samen gezogenen Strauch oder bei einem bereits ausgewachsenen Obstgehölz, das über Jahre vernachlässigt wurde. Wenn wir den Leittrieb eines Baums oder Strauchs entfernen, bildet er neue Seitentriebe aus Wachstumsknospen entlang des Stamms. Wenn wir diese regelmäßig schneiden, entsteht eine dichte Rahmenstruktur aus gesunden Trieben oder Zweigen.

Aber nicht nur ästhetische Gesichtspunkte sprechen für Schnittmaßnahmen. Von ihrem gepflegten Anblick abgesehen, bildet eine Gartenhecke, die ein- bis zweimal jährlich geschnitten wird, mit ihrem dicht verzweigten Astwerk auch eine effektive Abschirmung, Schutz und Sicherheit.

Außer unseren Gartenpflanzen profitieren auch Rasenflächen von regelmäßigen Schnittmaßnahmen. Nur wenn ein Rasen immer wieder gemäht wird, entsteht eine dichte, geschlossene Grasnarbe. Wird das Gras nach der Keimung aber über längere Zeit nicht geschnitten, bleibt es dünn und lückenhaft. Sie brauchen sich nur vor Augen zu halten, dass ein Rasen aus Tausenden von einzelnen Gräsern besteht, die beim Mähen jedes Mal gekappt werden.

Schneiden regt, wie gesagt, das Wachstum an. Durch zweimaliges Schneiden innerhalb einer Wachstumsperiode lassen sich starkwüchsige Pflanzen jedoch auch eindämmen; dies gilt für Efeu ebenso wie für die vielfach verwendete Leyland-Zypresse. Diesen Pflanzen muss man einfach zeigen, wer der Meister ist, denn andernfalls verdrängen sie rigoros ihre weniger wüchsigen Nachbarn. Spalierobstbäume, die vor einer Mauer oder entlang von Drähten gezogen werden, sollten zunächst im Sommer und ein zweites Mal im frühen Winter geschnitten

Gegenüber: *Fremontodendron californicum* lässt sich vor einer sonnigen Mauer in ganz unterschiedliche Formen erziehen. Sobald sich die Pflanze an ihrem Standort wohlfühlt, belohnt sie uns über mindestens sechs Monate des Jahres mit ihrer Blütenpracht.

werden, um überschüssiges Wachstum in Zaum zu halten und Fruchtholz aufzubauen. Dies gilt auch für Glyzinen oder Blauregen, deren Blühfreude auf diese Weise gefördert wird, ohne dass sich eine Unmenge überschüssiger Triebe bildet.

Um das Wachstum einzudämmen oder anzuregen, werden aber nicht nur die Triebe geschnitten. Auch das Einkürzen der Wurzeln erweist sich dort als effektiv, wo es überschüssige Blattmasse zu reduzieren und zu verhindern gilt, dass Fundamente, Mauern und Fallrohre etwa beschädigt werden. Das Beschneiden der Wurzeln wird in der japanischen Kunst der Bonsai-Erziehung gepflegt. Auf diese Weise erzeugte zwergwüchsige Pflanzen können mehrere hundert Jahre alt werden – vollendete Repliken reifer Bäume mit lediglich 30 bis 45 cm Höhe. Der Schlüssel zu ihrem Erfolg und ihrer Langlebigkeit liegt im regelmäßigen Beschneiden der Wurzeln und Triebe. Die Sache wird kontrovers diskutiert. Es gibt Leute, die derartige Kulturmaßnahmen als grausam empfinden, weil sie davon überzeugt sind, dass Pflanzen Gefühle haben.

Zugunsten der Form

Manche Pflanzen wachsen von Natur aus etwas unordentlich und lassen sich somit nur über einen entsprechenden Schnitt einigermaßen in Form halten. Mahonien beispielsweise bilden gern einen einzelnen hohen Trieb ohne jedes Laub, dafür aber einen prächtigen büschelartigen Blütenstand an dessen Spitze.

Ein fächerförmig erzogener Pfirsichbaum *(Prunus persica)* vor der Wand eines Schuppens

Diesen wird man, nachdem die duftenden Blüten verblüht sind, am besten entfernen und den Trieb so einkürzen, dass er sich zwischen die verbleibenden einfügt. Ganz ähnlich ist es mit den Magnolien, der Zaubernuss, Pieris, Rhododendren und Kamelien, die alle irgendwann einen eigenartig hervortretenden Zweig austreiben, der mit scharfer Klinge angeglichen werden sollte.

Andere Pflanzen müssen immer wieder geschnitten werden, damit sie ihre Form behalten. Obstbäume, die in Spalierform, als Cordon (Schnurform) oder Fächer erzogen werden, sollten mindestens zweimal pro Wachstumsperiode geschnitten werden, damit sich ihr Wuchs in Zaum halten lässt (s. Seite 210). Formschnittelemente müssen vor allem im Anfangsstadium häufig geschnitten werden, denn nur so entwickeln sie die gewünschte kompakte Form (s. Seite 175–177). Sorgfalt und regelmäßige Schnittmaßnahmen garantieren die entsprechende Substanz, die für Formschnittfiguren wie Pfauen oder gar Elefanten aus kleinblättrigen Pflanzen wie Liguster erforderlich ist – allerdings genügt ein einziger falscher Schnitt und der Pfau wird zu einer einbeinigen Henne und der Elefant zu einem gut genährten Schaf!

Sobald die Rede auf das Schneiden kommt, werfen eingefleischte Gärtner mit Fachjargon wie »Verflechten«, »Köpfen« und »Auf-den-Stock-setzen« um sich – kompliziert klingende Termini, die im Grunde aber nichts anderes beschreiben, als wo der Schnitt für die gewünschte Form anzusetzen hat. Um es kurz zu umreißen, versteht man unter »Verflechten« das Verweben und Ineinanderführen der Zweige; wenn die Köpfe einer Reihe Linden, Rot-, Weißbuchen oder Platanen sachgemäß miteinander verflochten werden, wirkt das Ergebnis wie eine kompakte Hecke auf Stelzen.

Unter dem so genannten »Köpfen« versteht man das Schneiden der Zweige, die die Krone des Baums bilden, was gewöhnlich im Frühjahr erfolgt. Dabei werden Stumpen von 2 m über Bodenhöhe stehen gelassen, die mit der Zeit dann eine Fülle leuchtend farbiger Triebe hervorbringen – eine Methode, die insbesondere bei Bäumen angewandt wird, deren Jungtriebe sich durch eine reizvolle farbige Rinde auszeichnen. Ich gebe zwar zu, dass ein Baum wie eine Weide, die »geköpft« wird, einen spektakulären Anblick bieten kann, möchte aber dennoch nicht leugnen, dass sie mich zunächst einmal an eine Art Klobürste erinnert! Was ich wesentlich ansprechender finde, sind »auf-den-Stock-gesetzte« Gehölze, was im Grunde mit dem »Köpfen« vergleichbar ist, allerdings auf Bodenhöhe erfolgt. Wieder können Weiden sehr dekorativ wirken, aber auch die laubabwerfenden Hartriegel *(Cornus* spp.) mit ihren leuchtend roten, orangefarbenen, gelben oder nahezu schwarzen jungen Trieben, die im winterlichen Garten Glanzlichter setzen.

Stachelbeeren wie hier die Sorte 'Whinham's Industry' lassen sich leichter pflücken, wenn der stachelige Busch sachgemäß geschnitten und erzogen ist.

Blühfreude, Frucht- oder Beerenbehang anregen

Einer der Hauptgründe, die für Schnittmaßnahmen sprechen, ist eine reichere Blütenpracht bzw. ein vermehrter Frucht- oder Beerenbehang. In der Rabatte lässt sich über den Schnitt vor allem die Blühzeit der Einjährigen verlängern. Wenn man die Triebspitzen von Duftwicken, Levkojen und Löwenmäulchen beispielsweise entspitzt, wird die Bildung von Seitentrieben angeregt, was zu buschigen Pflanzen mit zahlreichen Blüten führt. Das Gleiche gilt für Astern und Pelargonien.

Um Früchte hervorzubringen, muss eine Pflanze zunächst einmal Blüten bilden. An manchen Pflanzen wie Apfelbäumen etwa erscheinen die Blüten am zweijährigen Holz. An anderen wie Weinreben sind die Blüten und somit auch die Früchte an den einjährigen Trieben, die jeden Sommer auf den Winterschnitt folgen. Bevor Sie Obstgehölze schneiden, sollten Sie sich deshalb genau informieren, wann diese am besten geschnitten werden und welche Triebe zu entfernen sind; sonst kann es nämlich passieren, dass Sie am Ende des Jahres leer ausgehen (detailliertere Ratschläge zum Zeitpunkt des Schnitts s. Seite 203–208).

Obstgehölze, die vor einer sonnigen Mauer gezogen werden, schneidet man meist so in Form, dass sämtliche Früchte von der Sonne profitieren. Apfel-, Birn-, Pflaumen-, Pfirsich-, Kirsch- und Feigenbäume werden aus diesem Grund traditionell zu Schnur-, Fächer-, Pyramiden- oder Spalierformen geschnitten und erzogen. Büsche wie Rote und Schwarze Johannisbeeren werden so geschnitten, dass die Mitte der Pflanze möglichst für das Sonnenlicht offen bleibt, was auch das Pflücken erleichtert. Auf die gleiche Weise verfährt man mit Stachelbeersträuchern.

Im Gemüsegarten dient der Schnitt vor allem der Verbesserung von Qualität und Größe der Kulturen. Durch das Entspitzen oder Ausgeizen der Seitentriebe bei Tomaten, Gurken und Melonen etwa wird der buschige Wuchs der Pflanzen eingedämmt und die Zahl der Früchte zugunsten der Größe und oft auch des Geschmacks reduziert. Durch die Eindämmung der Blattmasse wird eine verbesserte Luftzirkulation erreicht, was die Gefahr von Botrytis und anderen Pilzerkrankungen vermindert.

Bei der Spargelernte werden die Pflanzen im wahrsten Sinn des Wortes geschnitten. Wenn man sie stehen ließe, würden die köstlichen Triebe sich zu farnartigen Schossen entwickeln. Entfernt man diese aber um die Sommermitte, so treiben sie als Blattmasse wieder aus. Diese stirbt im Herbst ab, sodass die Pflanze Zeit hat, für das darauffolgende Jahr Kraft zu sammeln. Je länger Spargel über die Sommermitte hinaus noch geschnitten oder geerntet wird, desto spärlicher wird die Ernte in der folgenden Vegetationsperiode ausfallen.

Als Schnittmaßnahme bezeichnen lässt sich bei überreichem Fruchtansatz aber auch das gezielte »Auslichten« bzw. Reduzieren der Früchte. Ich teile durchaus die Ansicht, dass eine

Johns Tipps zur Verhinderung von Krankheiten

Schnittmaßnahmen erhöhen das Risiko, dass Krankheitskeime über die Wunde Eingang in den Organismus der Pflanze finden und Schäden wie Wipfel- oder Spitzendürre, diverse Baumkrebsarten, Bleiglanz oder Feuerbrand nach sich ziehen. Krankheitssporen breiten sich rasch aus, wenn sie auf offene Schnittwunden treffen und dringen umgehend in den Zweig ein. Saft von infizierten Bäumen wird über die Schneide der Astschere auf gesunde Pflanzen übertragen. Von daher sollte man Acht geben, dass die Pflanzen gesund bleiben.

● Säubern Sie Ihre Schnittwerkzeuge regelmäßig nach Gebrauch (Tipps zur Reinigung, s. Seite 220).
● Schneiden Sie Bäume, die Erkrankungen wie Obstbaumkrebs zeigen, als Letzte (Apfelbäume sind besonders anfällig).
● Versiegeln Sie größere Wunden, deren Kallus sich nur langsam schließt, mit einem handelsüblichen Baumwachs, um zu verhindern, dass Sporen eintreten.
● Schneiden Sie zu einer Zeit, in der die Sporen sich in der Ruhephase befinden (bei Obstbaumkrebs heißt das im Winter und bei Bleiglanz im Sommer).
● Entsorgen Sie infiziertes Schnittgut unverzüglich.

kleine Anzahl großer, saftiger Pflaumen beispielsweise einer größeren Menge minderwertiger Früchte vorzuziehen ist. Die Pflanze scheint vielfach meiner Meinung zu sein, denn wenn sie sich nicht imstande sieht, die Fülle der Früchte zu tragen, wirft sie von selbst einige ab, sobald diese zu schwellen beginnen. Auf der nördlichen Halbkugel spricht man vom so genannten »Juni-Fruchtfall«, obwohl dieser, je nach Art und Wachstumsbedingungen auch früher oder später im Jahr erfolgen kann. Wo dieser vorzeitige Fruchtfall nicht von selbst erfolgt, empfiehlt es sich nachzuhelfen, damit der Zweig nicht übermäßig belastet wird, denn sobald er von unten nicht abgestützt ist, riskiert man, dass er bricht oder reißt und somit eine Angriffsfläche für Krankheiten bietet.

Schädlinge oder Krankheiten eindämmen

Wenn Ihre Pflanzen Anzeichen einer Erkrankung zeigen, sollten Sie herausfinden, worum es sich handelt, bevor Sie diese zu beheben versuchen (s. Seite 270–277). Manche Krankheiten lassen sich durch entsprechende Schnittmaßnahmen eindämmen, sofern nicht der Leittrieb befallen ist. Andere werden die Pflanze mit der Zeit ohnehin zugrunde richten. Bis es aber soweit ist, sind oft auch schon die Nachbarpflanzen infiziert. Ein ernsthafter Befall durch die Schwarze Bohnenlaus konzentriert sich bei vielen Pflanzen auf die Jungtriebe, was für Puffbohnen ebenso gilt wie für Kirschen. Die beste Methode, der Schwarzen Bohnenlaus beizukommen, ist, die befallenen Triebe auszuschneiden. Um zu verhindern, dass die Erkrankung auf andere Pflanzen übergreift, sollten Sie das Schnittgut immer aufsammeln und entsorgen. Gewöhnen Sie sich an, das Werkzeug zu säubern, bevor Sie es wieder für gesunde Pflanzen verwenden.

Weitere Gründe für Schnittmaßnahmen

Panaschierte Pflanzen

Sobald ein Zweig einer panaschierten Pflanze in seine eigentliche Form oder ursprüngliche Art zurückfällt und die Blätter die Panaschierung einbüßen, sollten sämtliche einfarbig grünen Triebe ausgeschnitten werden und lediglich die panaschierten stehen bleiben. Andernfalls wachsen diese wesentlich rascher und verdrängen die schwächeren panaschierten Blätter.

Wassertriebe entfernen

Wassertriebe, die unterhalb der Veredelungsstelle von Obstbäumen, Rosen und Rhododendren erscheinen, müssen ausgeschnitten werden, da sie sich als wesentlich starkwüchsiger erweisen als die der darauf veredelten Sorte. Sie sollten entfernt werden, solange sie noch klein und unbelaubt sind, da die Triebe andernfalls zwei oder drei neue Wasserschosse ausbilden können.

Ausschneiden der Blätter bei panaschierten Pflanzen

Kletterpflanzen

Besonders beachtet werden sollten Schnittregeln und Zeitpunkt des Schnitts bei Kletterpflanzen wie Clematis, Kletterrosen und Glyzinen. Sachgemäße Schnitt- und Erziehungsmaßnahmen garantieren eine Fülle von Blüten, während Pflanzen, die zu wenig oder gar nicht geschnitten werden, lange, dünne, nicht blühende Triebe ausbilden und allerhöchstens an den Spitzen ein paar kümmerliche Blüten hervorbringen. Bei Wildem Wein, *Clematis*, Efeu und Kletterhortensien *(Hydrangea petiolaris)*, die an Hauswänden und Mauern gezogen werden, müssen die langen Triebe entfernt werden, bevor diese durch die Laibung in das Dachgebälk und unter die Ziegel vordringen.

Sicherheit

● In der Stadt, in unmittelbarer Nähe von Gebäuden oder an Straßen wird man um der Sicherheit willen die Bäume immer wieder in Höhe und Umfang zurücknehmen müssen. Bei der regelmäßigen Inspizierung sieht man auch, wo krankes Holz herausgenommen werden muss.
● Schnittmaßnahmen an ausgewachsenen Bäumen, für die in der Regel eine Kettensäge erforderlich ist, sollten aus Sicherheitsgründen einem sachverständigen Baumschuler übertragen werden. Informieren Sie sich im Vorhinein über die Kompetenz und Seriosität der beauftragten Firma, damit die Versicherung des Betriebs schlimmstenfalls für etwaige Schäden aufkommt.

Wann sollte geschnitten werden?

John: Mit dem Schneiden ist man nie fertig, denn es gibt letztlich immer eine Pflanze im Garten, die geschnitten werden muss. Von daher habe ich praktisch immer eine Gartenschere in der Tasche, die ich meist auch irgendwo brauchen kann. Wann aber schneidet man am besten? Die Antwort hängt vielfach davon ab, ob es sich um eine Pflanze handelt, die am zwei- bzw. letztjährigen oder am ein- bzw. diesjährigen Holz blüht.

Nach der Blüte

Pflanzen, die am zweijährigen Holz blühen, werden in der Regel nach der Blüte geschnitten. So gibt man der Pflanze Zeit, im Lauf der Wachstumsperiode neues Holz zu bilden, das im darauffolgenden Jahr dann Blüten trägt.

Frühblühende laubabwerfende Gehölze wie Forsythien fallen unter diese Kategorie; unmittelbar nach der Blüte sollten deshalb sämtliche Zweige, die geblüht haben, geschnitten werden. Die neuen jungen Schosse hingegen lässt man stehen, damit sie im darauffolgenden Jahr blühen.

Ein weiteres Beispiel sind Kletterrosen, bei denen die neuen Triebe, die sich nach der Blüte bilden, den Raum der älteren blühenden Triebe einnehmen.

Die Forsythie ist mit ihrem leuchtenden Gelb ein beliebter Frühlingsstrauch, kann aber, entsprechend geschnitten, auch eine aufsehenerregende Hecke bilden.

Johns Schneide-Tipps für seine 40 Favoriten

Hier folgt eine Übersicht über den idealen Schnittzeitraum einer Auswahl gängiger Pflanzen:

Betula	Winter
Buddleja	frühes Frühjahr
Buxus	Frühling und Sommer
Camellia	nach der Blüte
Ceanothus (immergrüne Arten)	nach der Blüte
Ceanothus (laubabwerfende Arten)	Frühling
Chaenomeles	nach der Blüte
Choisya	Sommer
Clematis	im Spätwinter oder nach der Blüte für winter- und frühlingsblühende Sorten (s. Seite 215)
Crataegus	Herbst/Winter
Euphorbia	frühes Frühjahr
Fagus	Frühling
Ficus	Spätwinter
Forsythia	Spätfrühling
Hedera	Winter
Hamamelis	Frühwinter um der Form willen oder um das Wachstums einzudämmen
Ilex	für Weihnachten!
Lavandula	frühes Frühjahr
Lonicera (Sträucher)	nach der Blüte
Lonicera (Kletterpflanzen)	Winter
Magnolia (immergrüne Arten)	Spätfrühling
Magnolia (laubabwerfende Arten)	Winter
Mahonia	nach der Blüte
Malus	Winter
Passiflora	frühes Frühjahr
Philadelphus	nach der Blüte
Pieris	Spätfrühling um der Form willen oder um das Wachstum einzudämmen
Prunus (immergrüne Arten)	nach der Blüte
Prunus (Sträucher)	Mittsommer
Prunus (Bäume)	Mittsommer
Pyracantha (Sträucher)	Winter
Pyracantha (Hecken)	nach der Blüte
Pyrus	Winter
Rhododendron	nach der Blüte
Rosa	Winter/frühes Frühjahr
Syringa	nach der Blüte
Taxus	Frühling
Viburnum (immergrüne Arten)	Winter
Viburnum (laubabwerfende Arten)	Spätherbst und Winter
Wisteria	Spätsommer und Winter (s. Seite 216)

Nach Spätfrösten

Inzwischen haben wir gelernt, dass der Schnitt das Wachstum anregt, allerdings nur, wenn er zur richtigen Zeit erfolgt. Manche Pflanzen treiben bereits früh im Jahr Wachstumsknospen aus, sodass diese durch Spätfröste im Frühjahr geschädigt werden können, insbesondere, wenn Sie den Winterschutz bereits abgenommen haben. So entfalten sich die Knospen der Hortensien bereits unter den Blütenköpfen des Vorjahrs. Wenn Sie die Blütenköpfe aber bereits geschnitten haben, sind die Knospen dem Frost voll ausgesetzt. Wenn sich also ein Wassertropfen hinter einer neuen Knospe einnistet und das Eis sich ausdehnt, wird die junge Knospe regelrecht vom Trieb abgedrückt, sodass sie herunterfällt und abstirbt. Von daher ist es immer besser, Hortensien erst zu schneiden, wenn keine Frostgefahr mehr besteht. Ein verfrühter Schnitt von Strauchrosen (bevor der Frühling wirklich da ist) birgt in kalten Gärten der nördlichen Hemisphäre immer ein Risiko.

Sträucher, die im Sommer am diesjährigen Holz blühen, müssen im Frühling geschnitten werden, um den Wuchs von Blütentrieben anzuregen und kompakte Pflanzen zu fördern. Strauchrosen und Sommerflieder *(Buddleja)* werden erst geschnitten, wenn sich die Gefahr von Frost ausschließen lässt. Regelmäßiges Düngen unterstützt die Bildung kräftiger Triebe, die innerhalb von sechs Wochen blühen.

Die meisten Hecken müssen regelmäßig geschnitten werden, um ansprechend und gepflegt zu wirken. Immergrüne Hecken sind allerdings nicht so robust wie sie immer scheinen. Von außen betrachtet wirken sie geradezu unverwüstlich, wenn man aber einmal hinter die frisch-grüne äußere »Fassade« schaut, sieht man, dass die inneren Triebe vollkommen unbelaubt sind. Während längerer Kälteperioden kann der Frost in das Innere der Pflanze eindringen und empfindliche Schäden anrichten, ja sogar Teile der Hecke zugrunde richten. Um Frostschäden zu verhindern, sollte man Hecken deshalb nicht zu spät im Jahr schneiden und im Frühling lieber mit dem Schneiden warten, bis auch der letzte Frost vorüber ist. Koniferen sind sehr frostempfindlich, insbesondere wenn sie im Spätherbst in der Höhe drastisch zurückgenommen wurden.

Pflanzschnitt – um der Form willen

Je früher Bäume und Sträucher erzogen werden, desto wirksamer lässt sich ein unschöner Wuchs verhindern, wie er vielfach durch gekreuzte oder schwächliche Zweige entsteht, die zu dicht aufeinander sitzen oder sich gegenseitig behindern. Die meisten kletternden Gehölze wie Glyzinen, Waldreben und Geißblatt profitieren von einem Schnitt unmittelbar zur Pflanzzeit, der das Wachstum der jungen Triebe an der Basis anregt. Obstgehölze, die vor einer Wand oder an einem

Spalier gezogen werden, sollten ebenfalls schon frühzeitig geformt werden, um zu garantieren, dass ihre Zweige sich später zu Fächer-, Pyramiden- oder Schnurformen (Cordon) erziehen lassen (s. Seite 210).

Frühjahrsschnitt – um der farbigen Rinde willen

Bei vielen Bäumen und Sträuchern, die um ihrer farbigen Rinde willen beliebt sind, geht es vor allem um die jungen Triebe, die spektakulär wirken. Wenn die Zweige älter werden, büßen sie ihre Färbung ein. Schneiden Sie die Hartriegel, insbesondere Sorten von *Cornus alba* (rot) und *Cornus sericea* 'Flaviramea' (gelb) jedes Frühjahr zurück. Um sicherzugehen, dass sich kräftige, schön gefärbte Zweige bilden, sollten diese, bevor sie sich belauben, dicht über Bodenhöhe gekappt werden. Der gleiche Zeitplan gilt für Weiden, die »auf-den-Stock-gesetzt« oder »geköpft« werden (s. Seite 200).

Während der Samenruhe

Die meisten Obstbäume werden im Winter während der Samenruhe, bevor der Saft steigt, geschnitten, es gibt aber auch Ausnahmen. Die Sporen von Pilzkrankheiten wie Bleiglanz und Baumkrebs, die Pflaumen-, Kirsch- und Apfelbäume befallen, sind im Hochsommer weniger aktiv und finden somit kaum je Eingang in die Schnittwunden. Deshalb werden diese Bäume am besten in dieser Zeit geschnitten.

Einige laubabwerfende Pflanzen neigen zum »Bluten«, falls man sie im Frühjahr, wenn der Saft steigt, schneidet. Weinreben, sowohl die rein dekorativen als auch Sorten, die um der Früchte willen gezogen werden, sollten im Winter geschnitten werden, wenn sich die Pflanzen in der Samenruhe befinden. Sämtliche Birken, die in Form geschnitten werden müssen, sind ebenfalls zu schneiden, bevor das Frühjahr einsetzt. Wer erst schneidet, wenn die Blätter auszutreiben beginnen, riskiert, dass der Saft über Wochen tropft. (Die Norweger destillieren den Saft, um ein alkoholisches Getränk daraus zu gewinnen.)

Regelmäßiges Schneiden starkwüchsiger Pflanzen

Obwohl ich keineswegs ein Befürworter von ständigem Schnippeln und Stutzen bin, sollten formale Hecken unbedingt regelmäßig geschnitten werden. Wie oft, hängt ganz von der Art der Pflanze und deren Wüchsigkeit ab. Gewöhnlich sind für eine gepflegte Hecke zwei Schnitt-Termine pro Jahr erforderlich, auch wenn es Gartenfreunde gibt, deren ganzer Stolz eine peinlich manikürte Hecke ist, die praktisch alle

zwei Wochen geschnitten wird. Wie häufig Sie Ihre Hecke auch schneiden, halten Sie zunächst Ausschau nach nistenden Vögeln; wenn Sie sich schon als glücklicher Gastgeber fühlen dürfen, sollten Sie wenigstens warten, bis die Brutzeit vorbei ist.

Für manche Pflanzen heißt regelmäßiges Schneiden nicht häufiger als einmal im Jahr. Immergrüne Blütensträucher wie etwa *Escallonia*, die prächtige Hecken ergeben und am Holz, das sich im Frühjahr gebildet hat, Blüten treiben, spielt das Timing für den alljährlichen Schnitt eine entscheidende Rolle. Die meisten Sorten blühen den ganzen Sommer über bis in den Herbst hinein. In milden Gegenden kann man sie im Frühjahr schneiden. Wo Spätfröste drohen, schneide ich allerdings lieber im frühen Herbst, selbst wenn ich dafür einige der letzten Blüten opfern muss.

Durch Ausschneiden des alten Holzes erhalten die jungen Triebe dieses Hartriegels *(Cornus sanguinea* 'Midwinter Fire') die Chance, ihre leuchtende Farbenpracht zu entfalten.

Escallonia bifida wird am besten im frühen Herbst geschnitten, wenn der Strauch noch am Blühen ist.

Zweimaliges Schneiden

Wo nur beschränkt Platz ist, können ein Schnitt im Sommer und ein weiterer im Winter das Wachstum wirksam eindämmen und ein reich verzweigtes Gerüst aus Blüten- oder Fruchtholz fördern. Zweimal geschnitten werden Spalierobstgehölze, um den Fruchtbehang sämtlicher Zweige zu steigern. Die beste Zeit für den ersten Schnitt ist im Hochsommer; der zweite Schnitt wird dann im Winter während der Ruhephase vorgenommen. Im darauffolgenden Frühjahr müsste die Pflanze dann ein kräftiges Astgerüst aus reifen Kurztrieben mit zahlreichen dicken, runden Blütenknospen ausgebildet haben (Schritt-für-Schritt-Anweisungen finden sich auf Seite 210).

Glyzinen profitieren von zweimaligen Schnittmaßnahmen – ausführliche Anweisungen dazu finden sich auf Seite 216.

Nach dem Fruchten

Für den Schnitt von Beerensträuchern wie Himbeeren, Brombeeren und Loganbeeren gilt generell: das alte Holz entfernen und das neue stehen lassen. Diese Pflanzen fruchten am einjährigen Holz. Unmittelbar nach dem Fruchten werden die alten Triebe möglichst bis auf Bodenhöhe zurückgeschnitten und die neuen Triebe eingebunden, um diese zu ersetzen.

Im Sommer tragende Sorten werden nach der Ernte geschnitten. Beginnen Sie damit, dass Sie sämtliche Ruten (Triebe), die Früchte getragen haben, bis auf Bodenhöhe schneiden. So bleiben nur die neuen Triebe stehen. Binden Sie die kräftigsten, noch nicht tragenden Triebe an den Stützdrähten im Abstand von 7 bis 10 cm ein. Zu Beginn des Frühjahrs nehmen Sie die hohen Triebe bis zu 15 cm über dem obersten horizontalen Spanndraht zurück.

Von im Herbst tragenden Himbeeren werden im Spätwinter bzw. zeitigen Frühjahr sämtliche Triebe bis auf Bodenhöhe geschnitten. Da die neuen Triebe im späten Frühjahr austreiben, werden sie ohne vorheriges Auslichten an den Stützdrähten aufgebunden. Entsorgen Sie das Schnittgut, um eine Vermehrung von etwaigen Pilzkrankheiten wie der Rutenkrankheit zu verhindern. Schneiden Sie die neuen Pflanzen nach dem Einsetzen bis auf 25 cm zurück.

Ich schneide Beerensträucher wie Schwarze Johannisbeeren am liebsten nach dem Fruchten zurück. Schneiden Sie die ältesten Triebe, um kräftiges neues Wachstum anzuregen, das im kommenden Sommer Früchte trägt. Dabei sollten Sie zugleich auch alle kranken Blätter entfernen. Damit sich Stachelbeeren leichter pflücken lassen, sollte man die Mitte der Pflanzen offen und licht halten. Für den Hauptschnitt empfiehlt sich der Winter, starkwüchsige Pflanzen lassen sich im Sommer noch einmal leicht zurücknehmen.

Die Bildung von Samen verhindern

Wenn Sie sich den Samenstand einer Lupine etwa betrachten, können Sie sich sicherlich gut vorstellen, wie viel Energie angesichts der Größe dafür aufgewandt worden sein muss. Die Bildung von Samen lenkt die Kraftressourcen der Pflanze von der Bildung neuer Triebe ab, was manche davon abhält, ein zweites Mal zu blühen.

Die Blütenstände der Lupinen sollten deshalb unmittelbar nach dem Blühen abgenommen werden, damit die Pflanze einen Nachflor entwickelt, auch wenn dieser deutlich spärlicher ausfällt. Einjährige Duftwicken müssen kontinuierlich ausgezupft werden, um eine weitere Blütenbildung anzuregen. Auch die abgestorbenen Blüten von Rosen sollten entfernt werden, weil sich andernfalls Hagebutten bilden, die

einen zweiten Flor hemmen. Wenn bei Rhododendren die großen Blütenköpfe abgenommen werden, können sich die Blütenknospen für das kommende Jahr bereits im Spätsommer bilden. Wenn sie hingegen nicht entfernt werden, bilden sich seitlich des Samenstands eher Lateraltriebe als Blütenknospen.

Es gibt aber noch einen weiteren triftigen Grund zu schneiden, um die Samenbildung zu verhindern. Einige wertvolle Stauden, Sträucher und Gehölze verstreuen ihre Samen so reichhaltig, dass deren Nachkommen unsere Gärten wie Unkraut überziehen können. *Leycesteria formosa* kann wahrlich Kopfschmerzen bereiten, denn die jadegrünen hohlen Triebe und die überhängenden Blütenstiele erinnern an Ohrringe, wie sie manche Zigeunerschönheiten tragen. Die Vögel stür-

Schwarze Johannisbeeren schneiden

1 Entfernen Sie die alten Zweige mit der dunklen Rinde möglichst bodennah.

2 Entfernen Sie schwächliche und sich kreuzende Triebe mit der Gartenschere oder von Hand.

Himbeeren schneiden

1 Sobald die Himbeerruten gefruchtet haben, werden sie bis auf Bodenhöhe zurückgeschnitten, um zu verhindern, dass die Stummel von Krankheiten befallen werden. Außerdem wird so das Wachstum kräftiger neuer Ruten angeregt.

2 Lassen Sie die Ruten keinesfalls so lang, wie hier gezeigt, stehen. Da die toten Triebe hohl sind, kann Regen eindringen und zum Faulen der Pflanze führen.

zen sich auf ihre tief purpurvioletten Beeren, die unter blass mauvefarbenen Hochblättern verborgen sind; und sie sind letztlich auch verantwortlich für die Vermehrung dieses rasch wachsenden Strauchs.

Der krautige Frauenmantel *(Alchemilla mollis)* bereitet ganz ähnliche Probleme. Ich wollte ihn zwar nicht missen, aber es kann einfach auch zu viel des Guten sein. Seine Sämlinge können sich nämlich im ganzen Garten ausbreiten und bald schon zum Ärgernis werden. Es gibt jedoch eine ganz simple Lösung: Sobald die schaumigen grüngelben Blüten zu welken beginnen, entfernt man sie mit einer Hecken- oder Gartenschere zusammen mit dem erschlaffenden Laub. Damit verhindert man nicht nur die unerwünschte Ausbreitung, sondern fördert auch den Austrieb von frischen, zart-graugrünen Blättern, die bald schon austreiben und die Rabatte aufhellen.

Wie wird geschnitten?

John: Nachdem wir nun auf die verschiedenen Gründe, die für einen Schnitt sprechen, eingegangen sind und auch die Bedeutung des Zeitfaktors angesprochen haben, wollen wir uns im Folgenden mit der Praxis des Schneidens befassen, der eigentlichen »Handarbeit« – hier aber zunächst ein paar grundsätzliche Tipps, wie Ihre Pflanzen zu den schönsten in den Gärten ringsum werden können.

Wie zu Beginn dieses Kapitels bereits angekündigt, ist der frühzeitige Schnitt von Bäumen und Sträuchern ausschlaggebend. Für den Anfang ist es nämlich so viel leichter, einen bleistiftdünnen Stamm zu schneiden, als einen, der nach einigen Jahren bereits so dick und rund wie ein Pfahl ist und sich bereits zwischen andere Pflanzen drängt.

Das Formen einer Jungpflanze erfordert gewisse Grundkenntnisse und etwas gesunden Menschenverstand. Die Knospen sind wichtig, zumal jede für einen Zweig steht. Sobald Sie eine Knospe abbrechen oder beschädigen, heißt dies, dass Sie einen Zweig weniger haben. Und womöglich könnte es ja genau der Ast sein, an dem sich in 20 Jahren eine Gartenschaukel aufhängen ließe.

Am besten merkt man sich, dass ein Trieb, der sich im Lauf der Zeit zu einem Zweig entwickelt, in die Richtung wächst, in die die Knospe zeigt. Wenn Ihr Rosenbusch also etwas einseitig sein sollte, dann müssten Sie die Schosse auf der schwächeren Seite bis auf eine nach außen weisende Knospe zurückschneiden, um das Wachstum in diese Richtung gehend anzuregen. Falls ein neuer Schössling in die falsche Richtung zeigt, sollte er bis auf eine geeignete Knospe, die in die richtige Richtung weist, zurückgeschnitten oder ganz herausgenommen werden. Am Ende der Wachstumsperiode darf man sich dann über eine Pflanze mit ausgewogener Wuchsform freuen. Die kräftigsten Schosse bilden sich an der Basis der Pflanze; je weiter es stammaufwärts geht, desto schwächer und dünner sind die Triebe. Aus diesem Grund werden viele neue Pflanzen nach dem Einsetzen relativ weit zurückgenommen. Himbeerruten etwa werden nach der Pflanzung bis auf 25 cm über der Basis zurückgeschnitten. Mit Kletter- und Ramblerrosen verfährt man gleichermaßen. Strauchrosen bilden auch kräftige Triebe, wenn sie bis auf zwei bis drei Knospen über der Basis zurückgeschnitten werden, was die Blühkraft im Sommer sichtlich anregt. Befindet sich ein Seitentrieb zu nah am Leittrieb, besteht die Gefahr, dass die beiden miteinander

Wenn erforderlich sollten Rhododendren wie hier *Rhododendron loderi* 'King George' um der ausgewogenen Wuchsform willen zurückgeschnitten werden. Überalterte Pflanzen lassen sich durch rigorose Schnittmaßnahmen verjüngen (s. Seite 211–212).

Glossar zum Thema Schnitt

Bevor wir nun in die Praxis des Schneidens einsteigen, gilt es einige Fachbegriffe zu klären, die in Verbindung mit Schnittmaßnahmen immer wieder auftauchen, sei es, dass es sich um die einzelnen Teile der Pflanzen, die geschnitten werden sollen, handelt oder um die »Operation« als solche. Ich werde mich zwar kaum je zu fachspezifischen Exkursen hinreißen lassen, wenn es um das Schneiden von Pflanzen geht, dennoch fällt es leichter sich mitzuteilen, wenn einige Begriffe unmissverständlich geklärt sind. Es ist nämlich so viel einfacher zu sagen: »Kürzen Sie die Seitentriebe um die Hälfte ein und lassen Sie die Fruchtsprosse stehen« als den Vorgang durch umständliche Formulierungen zu umschreiben wie »Kürzen Sie die kleinen Zweige, die aus den Seiten der Hauptzweige austreiben, um die Hälfte, und lassen Sie die kurzen Triebe des älteren Holzes, das die Fruchtknospen trägt, stehen«. Ich habe in diesem Text zwar nicht alle dieser Begriffe benutzt, dennoch dürften sie Ihnen eine Hilfe sein, wenn Sie erst einmal »Geschmack« am Schneiden gefunden haben.

Abgangswinkel Winkel zwischen zwei großen Zweigen oder zwischen dem Hauptstamm und einem größeren Zweig

Achsel Der V-förmige Bereich zwischen dem Trieb der Pflanze und dem davon ausgehenden Blatt/Blattstiel. Die Knospe, die sich hier bildet, ist die so genannte Achselknospe.

Ast Schössling oder junger Zweig

Astgabel Winkel zwischen zwei Zweigen

Astring Verdickung der Rinde am Ursprung eines Triebes, in unmittelbarer Umgebung des Hauptstamms

Auf-den-Stock-setzen Gehölze wie Hasel, Weide oder Erle werden bis auf 30 cm über Bodenhöhe zurückgeschnitten, um das Wachstum zahlreicher gerader Triebe zu fördern.

Einkerben (Auszacken und Einschlitzen) Entfernen eines kleinen Teils des Triebs ober- oder unterhalb einer Knospe, um das Wachstum einzudämmen oder anzuregen

Entfernen verblühter Blütenstände Das Abnehmen von Verblühtem, bevor die Pflanze Samen ansetzt

Entgeizen Entfernen der Triebspitze eines Schosses mit den Fingerspitzen

Entknospen Entfernen einiger Wachstumsknospen, um einen Überschuss an Zweigen zu verhindern bzw. der Blütenknospen, um die Blühfähigkeit oder die Fruchtgröße zu steigern

Gespaltener Leittrieb Zweig, der zwei Seitentriebe bildet, die miteinander um die Leittrieb-Position konkurrieren

Hochstamm Baum oder Strauch, mit relativ hohem unverzweigtem Stamm und Kronenansatz bei ca. 180 cm

Ineinanderführen (Verflechten) Erziehungsmethode, die bei Linden beispielsweise praktiziert wird, bei der die Zweige entlang horizontal gespannter Drähte oder Stöcke ausgerichtet werden und mit der Zeit eine fortlaufend dichte, formale Krone bilden

Jungbaum Ein Jahr alter Baum oder Strauch ohne Seitentriebe. Oft als Beschreibung eines Obstbaums im Jahr nach der Veredelung verwendet

Kallus Eine Schutzschicht aus rindenartigem Wundgewebe, das sich über der Schnittwunde bildet und diese versiegelt

Knospe (Frucht) Rundliche Schwellung, die Blüten hervorbringt

Köpfen (Kopfholzschnitt) Starker Rückschnitt der Zweige eines Baums wie etwa einer Weide, wobei lediglich Stümpfe stehen bleiben

Krone Astgerüst des Baums

Lateraltrieb (Seitenast) Kurztrieb einer verholzten Pflanze

Laubdach (Krone) Gesamtumfang oder »Kopf« von Gehölzen

Leitast Junger Haupttrieb als Verlängerung des Stamms oder zentralen Triebs

Offene (lichte) Mitte Bereich im Zentrum eines Baums oder Strauchs, in dem sich keine Zweige befinden

Peitscher Junger Baum mit nacktem Wurzelballen, der aus einem unverzweigten einzelnen Stamm besteht. Obstgehölz im Jahr nach der Veredelung

Pinzieren (Entspitzen) Entfernen der Triebspitze, um die Bildung von Seitentrieben zu fördern

Schoss Trieb oder junger Zweig

Sporn Kurzer verzweigter Trieb, der Blüten bildet

Stamm Haupttrieb oder Schaft eines Baums

Stammbusch Junger Baum mit einer unten beginnenden Kronenbildung

Terminalknospe Spitzen- oder Gipfelknospe am Ende eines Triebs, die für dessen Wachstum verantwortlich ist. Sie wird auch als Endknospe bezeichnet.

Unterlage Bewurzelte Pflanze, auf die eine andere zu einem Baum oder Strauch veredelt wird

Wachstumszuwachs Was eine Pflanze an Wachstum zulegt, von dem Punkt ausgehend, auf den sie zurückgeschnitten wurde

Wasserschoss (Geiltrieb) Stockausschlag. Starkwüchsiger dünner Trieb, der aus einem Hauptzweig austreibt, vielfach als Folge eines starken Rückschnitts

Wipfeldürre (Spitzendürre) Pilzkrankheit, die die Enden eines Triebs befällt und absterben lässt. Nicht unter Kontrolle gehalten, breitet sie sich stammabwärts in Richtung Basis aus. Die auch als Spitzendürre bezeichnete Krankheit findet oft über eine Schnittwunde Eingang.

Wurzelschössling Trieb, der aus der Wurzel neben der Basis eines Gehölzes austreibt

Zweig Trieb, der vom Leitast oder Stamm ausgehend wächst und weitere Triebe beziehungsweise Laub trägt

konkurrieren; deshalb sollte einer grundsätzlich entfernt werden, denn nur so lässt sich verhindern, dass ein zu steiler Abgangswinkel zwischen zwei Zweigen entsteht. Belässt man ihn, wächst sich die Gabel dazwischen zu einer Schwachstelle aus, was bedeutet, dass die Äste leicht ausbrechen. Entfernen Sie generell den schwächeren Trieb bzw. den, der leicht angewinkelt ist.

Sachgemäß schneiden
(Erhaltungsschnitt)

Schneiden Sie immer schräg in Richtung Triebbasis, indem Sie jeweils über dem Auge ansetzen. Auf diese Weise kann das Wasser, das an der Schnittstelle austritt, vom Auge oder Zweig abfließen. Dies ist besonders bei größeren Schnittstellen wichtig, die schnell abheilen sollen. Aber auch kleine Knospen sind in Gefahr, insbesondere bei Kälte, wenn sie durch gefrierende Wassertröpfchen abgedrängt werden.

Einen Strauch schneiden

Wie viel beim Schneiden herausgenommen wird, hängt immer von der Anzahl der Zweige und der Wuchslänge ab. Ein gepflegter ausgewachsener Pfeifenstrauch *(Philadelphus)* beispielsweise verfügt über 15 bis 20 Haupttriebe. Jeden Sommer sollte nach der Blüte etwa ein Drittel entfernt werden, um das Wachstum von Blütentrieben für das folgende Jahr zu fördern.

Um den dichten und buschigen Wuchs einer Pflanze zu erhalten, sollte unmittelbar über der Basis des Strauchs geschnitten werden, wo die Triebe am stärksten sind. Allgemein gilt, dass immer die ältesten Zweige (man erkennt sie meist an der nahezu schwarzen oder dunkelbraunen Rinde) entfernt werden. Führen Sie den Schnitt stets schräg nach unten gehend aus; bei dünneren Ästen genügt eine Astschere, bei dickeren benötigt man eine Klappsäge. Eine Bügelsäge ist zu groß und erweist sich zwischen einem Dickicht aus Zweigen als unhandlich. Entfernen Sie den Ast möglichst auf Bodenhöhe, denn Stummel bilden eine Angriffsfläche für Krankheiten und verhindern den Austrieb neuer Schosse.

Bei einem jungen etwa zwei bis drei Jahre alten *Philadelphus* aber sollten alle Zweige um ein Drittel eingekürzt werden, um die Bildung eines kräftigen Astgerüsts anzuregen, das Blüten in vernünftiger Höhe hervorbringt.

Einen jungen Obstbaum erziehen
(Erziehungsschnitt)

Im ersten Jahr bildet ein junger Obstbaum einen einzelnen Trieb, der bis zu 1,2 m hoch wird. Im zweiten Jahr sollte er idealerweise gleichmäßig über den Haupttrieb verteilte und in entsprechend günstigem Winkel abgehende Seitentriebe bilden. Bliebe dies allein der Natur überlassen, würden sich zahlreiche lange und kurze Seitentriebe bilden, manche steil angewinkelt und schwächlich. Erfolgreiche Schnittmaßnahmen sorgen hingegen für ein ausgewogenes Astgerüst mit kräftigen und gesunden Zweigen.

Kürzen Sie den Haupttrieb auf entsprechende Höhe ein. Ich halte es für vorteilhaft, wenn die unteren Zweige etwas Abstand zum Boden haben, da sie sich unter dem Gewicht der Früchte gern durchbiegen und dann beim Mähen des Grases immer im Weg sind. Deshalb schneide ich den Trieb bis auf 1 m Höhe frei. Verwenden Sie ein scharfes Messer, um unmittelbar über einem gesunden Auge schräg in Richtung Triebbasis zu schneiden, damit das Wasser abfließen kann. Dabei sollen sechs Augen unterhalb dieses Schnitts stehenbleiben, sodass sich, ausgehend von diesem Bereich, der über die gesamte Lebensdauer des Baums erhalten bleibt, das Astgerüst entwickeln kann. (Wo mehr als sechs Augen vorhanden sind, entfernen Sie die restlichen.)

Kerben Sie das oberste Auge, das dem Schnitt am nächsten ist, ein, indem Sie einen kleinen sichelförmigen V-Schnitt (man spricht auch von »Auszacken«) vom Trieb unmittelbar unterhalb des Auges ausführen. Dieses Auge wird zum Leittrieb erzogen, um die Bildung einer zweiten Lage Zweige anzuregen;

allerdings muss sein Wachstum gebremst werden, indem der Saftfluss gestaut wird. Ungebremst nutzt er sämtlichen Saft für sich allein, was auf Kosten der anderen Zweige geht.

Entfernen Sie das folgende Auge (unterhalb des obersten Auges), indem Sie es mit dem Daumen abknipsen, weil es andernfalls einen Zweig mit zu steilem Abgangswinkel bilden würde. Lassen Sie das dritte und vierte Auge unberührt stehen, da diese in einem günstig gestellten Winkel vom Haupttrieb ausgehend wachsen.

Schlitzen Sie den Ast unmittelbar über den beiden untersten Augen ein, indem Sie ein kleines, halbmondförmiges »Plättchen« des Triebs mit einem scharfen Messer herausschneiden. Auf diese Weise wird den Augen zusätzliche Energie zugeführt und eine gleichmäßige Kronenbildung mit kräftigen und günstig gestellten Ästen erzielt. Wenn Sie Ihr Obstgehölz zu einem Fächer zu erziehen planen, müssen nur drei Äste (nicht fünf) zum Wachsen angeregt werden. Folgen Sie den oben erläuterten Grundregeln, aber schneiden Sie den Trieb dichter über Bodenhöhe und der Veredelungsstelle. Entfernen Sie das obere Auge, das den Leitast bilden würde, und nehmen Sie die beiden Augen darunter ebenfalls heraus (oder brechen Sie sie aus, sobald diese zu wachsen beginnen). Lassen Sie lediglich das vierte Auge sowie die beiden untersten stehen. Bringen Sie ober- und unterhalb der beiden unteren Augen eine Kerbe ein, um ihnen Energie zuzuführen.

Einen größeren Ast schneiden

Da dies eine recht heikle Angelegenheit sein kann, sollte man am besten zu zweit sein, damit einer das Gewicht des Astes stützen kann, während der andere schneidet. (Auf diese Weise verhindert man, dass der Ast ausbricht und eine klaffende Wunde mit zerfetzter Rinde auf der Unterseite hinterlässt.) Verwenden Sie stets eine scharfe Klinge (die Schnittfläche darf nicht eingerissen sein). Eine saubere Schnittstelle heilt schneller ab, was die Gefahr, dass Pilzsporen in die Wunde eindringen, erheblich reduziert.

Erneuerungsschnitt

Der Erneuerungsschnitt wird bei Sträuchern mit ausladenden Zweigen wie dem Pfeifenstrauch *(Philadelphus* 'Virginal'), der Weigelie, buschartig wachsenden Apfelgehölzen und einigen Strauchrosen angewandt. Wenn ein Zweig zu weit herunterhängt, wird er bis auf einen nach außen weisenden Seitentrieb zurückgeschnitten, der mit der Zeit überhängt. In diesem Stadium wird er, wie oben beschrieben, dann erneut zurückgenommen.

Verjüngen eines alten Strauchs

Wenn Sträucher sehr alt werden, verkahlen ihre unteren Zweige. Sobald sich die Bildung neuer Triebe und Blüten ausschließlich auf den oberen Bereich beschränkt, wird es Zeit, sie zu verjüngen und somit wieder »gartenwürdig« zu machen. Es gibt drei Möglichkeiten: Überlassen Sie die Pflanze sich selbst, nehmen Sie sie mit der Wurzel heraus und pflanzen Sie sie an anderer Stelle wieder ein oder entschließen Sie sich zu einem Verjüngungsschnitt.

Die Verjüngung erfordert größere Schnittmaßnahmen, wobei die Gehölze diese Prozedur mehr oder weniger gut vertragen. Eine über 40 Jahre alte *Escallonia* habe ich so zurückgeschnitten, dass nur kniehohe Stummel mit 15 cm Durchmesser stehen blieben. Innerhalb von drei Jahren entstand aus dem Strauch wieder eine kompakte Blütenpflanze. Rhododendren, *Griselinia,* Forsythien und *Philadelphus* tolerieren auch Schnittmaßnahmen im alten Holz, bei denen nur Stummel stehen bleiben. Innerhalb weniger Wachstumsperioden erholen sich diese Pflanzen vollkommen und treiben von unten her zahlreiche neue Triebe aus. Andere Pflanzen wie der Flieder *(Syringa* spp.), Ginster *(Cytisus* spp.), Lavendel und die meisten Koniferen (eine Ausnahme bilden die Eiben) treiben kaum je neue Triebe aus dem alten Holz aus; man riskiert also mit einem allzu rigorosen Rückschnitt, dass sie absterben. Bei der Verjüngung eines Strauchs auf diese Weise kommt es vor allem auf die Terminierung an (s. Seiten 203–208), denn sämtliche neuen Triebe benötigen Zeit, um vor dem ersten strengen Frost erneut Kraft zu schöpfen und zu verholzen. Ein mit Kaliumcarbonat (Pottasche) angereicherter Flüssigdünger, der im Spätsommer verabreicht wird, kräftigt die jungen Triebe.

Einen größeren Ast entfernen

1 Als Erstes sollten Sie prüfen, wo sich eine geeignete Stelle für den Schnitt bietet. Am besten setzen Sie da an, wo sich von Natur aus ein »Kragen« oder Rindenrand in unmittelbarer Nähe des Hauptstamms zeigt. Versuchen Sie den Rand möglichst nicht zu verletzen, weil die Wundheilung dann meist rascher vonstatten geht.

2 Schneiden Sie einen V-förmigen Keil in die Unterseite des Astes. Er verhindert, dass die Rinde beim Herunterfallen des Astes einreißt.

3 Schneiden Sie den Ast nun von oben ein, indem Sie ihn von unten her abstützen. Ein Anschnitt mit der Säge von unten her und ein Schnitt von oben, ein paar Zentimeter weiter außen, verhindert Schaden, falls der Ast aus Versehen bricht. Um die Kallusbildung (Überwallung) im Bereich von Wunden mit mehr als 10 cm Durchmesser anzuregen, werden die Schnittstellen mit Schmirgelpapier geglättet. Um Krankheiten entgegenzuwirken, sollten Sie sämtliche, durch die Säge verursachten Risse im Bereich der Rinde mit einem scharfen Messer entfernen.

4 Wenn größere Mengen alter Zweige im oberen Bereich eines Baums oder Strauchs entfernt werden, insbesondere bei Obstbäumen wie Apfel oder Birne, bilden sich in der Mitte des Baums an den verbleibenden Ästen oft dünne, geiltriebige Schosse, die so genannten Wassertriebe. Da diese nie zu hochwertigen Fruchtholztrieben heranreifen, sollten sie an der Basis des Zweigs oder Stamms entfernt werden; dabei dürfen keine Stümpfe stehen bleiben, die wiederum Triebe produzieren. Entfernen Sie sämtliches Schnittgut, denn Wasserschosse sind anfällig für Baumkrebs, der auf andere Bereiche des Baums übergreifen kann.

Beim Verjüngen einer alten Pflanze durch einen starken Rückschnitt ist es ganz wichtig, die größeren Schnitte im schrägen Winkel zur Basis (s. Seite 210) vorzunehmen, damit das Wasser abfließen kann. Andernfalls fördert man das Eindringen von Krankheitskeimen. Ein spezielles Wundverschlussmittel verhindert das Eindringen von Sporen in die Schnittstelle; bringen Sie das Mittel im Lauf mehrerer darauffolgender Wachstumsperioden sachgemäß auf (eine einmalige Anwendung pro Halbjahr genügt), denn es kann Jahre dauern, bis die Wunde verheilt ist.

Eine Pflanze formen (Formschnitt)

Manche Pflanzen müssen immer wieder geschnitten werden, damit sie ihre Form bewahren. Ganz augenfällig ist dies bei den in Kapitel 6 behandelten Formschnittpflanzen, aber selbst Hochstammbäume erfordern im Jugendstadium gewisse Schnitt- und Erziehungsmaßnahmen. Hochstämme mit einem 1,8 m hohen Stamm bis zum Ansatz der Krone werden beim Heranwachsen durch Entfernen sämtlicher Seitentriebe erzogen. Stützen Sie den Trieb mit einem Bambusstock, damit er gerade bleibt. Sobald er die gewünschte Höhe erreicht hat, entfernen Sie die Triebspitze, damit sich die Zweige bilden können. Als zwergwüchsige Hochstämme mit 1 m Stammhöhe eignen sich Fuchsien, *Euonymus* 'Emerald Gaiety' und *Cotoneaster* 'Conspicuus'.

An Mauern gezogene Obstgehölze wie Apfel, Birne, Kirsche und Pfirsich müssen zweimal pro Jahr, im Winter und im Sommer, geschnitten werden, um die Spalier-, Fächer- oder Schnurform (Cordon) zu erhalten. Außer dem Wachstumszuwachs und den erforderlichen Fruchtholztrieben werden die meisten anderen Triebe entfernt oder eingekürzt. Wenn sie mehr als ein Jahr lang nicht geschnitten wird, entwickelt die Pflanze eine Buschform und büßt die gerüstartige Ausrichtung ein.

An Spalieren aufgeleitete Sträucher wie der Feuerdorn *(Pyracantha)*, der um seiner Blüten und Beeren willen gezogen wird, *Garrya elliptica* mit langen quastenähnlichen Kätzchen und *Fremontodendron* mit schalenförmigen Blüten profitieren von einem regelmäßigen Schnitt, der sie unter Kontrolle hält. Um die kompakte Wuchsform zu erhalten, sollten die Seitentriebe des an Spalieren gezogenen Feuerdorns, sobald sich die Früchte zu runden beginnen, alle zwei bis drei Wochen eingekürzt werden.

Unerlässliche Schnittmaßnahmen an beliebten Gehölzen

Reben

John: Es gibt zweierlei Reben: die dekorativen und die fruchttragenden. Zu den dekorativen gehören *Vitis* 'Brant', *V. coignetiae* und *V. davidii*, alle mit großen Blättern, die eine leuchtende Herbstfärbung annehmen. Geschnitten werden diese Reben einmal jährlich im Spätwinter, um das Wachstum erneut anzuregen. Pflanzen, die auf sehr beschränktem Raum wachsen, profitieren oft von zusätzlichem Einkürzen der zu langen Triebe im Sommer. Eine vernachlässigte Rebe lässt sich verjüngen, wenn Sie die ältesten Triebe dicht über der Basis herausschneiden.

Die fruchttragenden Weinreben erfordern systematischere Schnittmaßnahmen. Ein unsachgemäßer Schnitt hat zur Folge, dass es in dem betreffenden Jahr auch keine Ernte gibt.

Die drei beliebtesten Weinreben, die um ihrer Früchte willen kultiviert werden, sind: der europäische Weinstock *(Vitis vinifera)*, die amerikanische Fuchs-Rebe *(V. labrusca)* und Hybridformen dieser beiden Arten. Die europäischen und die amerikanischen Reben unterscheiden sich dadurch, dass *V. vinifera* die Trauben in Büscheln in unmittelbarer Nähe der Basis des neuen Triebs bildet, während die Sorten von *V. labrusca* und deren Zuchtformen am Trieb aufsteigend fruchten. Beide Typen werden in der Regel an einem geraden Haupttrieb gezogen; die Früchte erscheinen an den Seitentrieben des diesjährigen Holzes.

Die wichtigste Zeit zum Schneiden von Weinreben ist der Winter, denn während der Keimruhe wird ein Großteil der im Vorjahr gebildeten Reiser entfernt. Die europäischen Weinreben werden nach dem Kurztrieb-System geschnitten, was bedeutet, dass sämtliches Holz des Vorjahrs auf zwei Augen der alten Reiser zurückgeschnitten wird. Wenn die neuen Triebe dann erscheinen, wird einer entfernt und nur ein einzelner zum Wachsen stehen gelassen. (Zwei Augen werden nur stehen gelassen für den Fall, dass einer der Triebe ausfällt.) Die Fruchtholztriebe sind im Idealfall bleistiftdick und im Abstand von 15 bis 30 cm belaubt. Die amerikanischen Weinreben-Sorten von *V. labrusca* bilden ihre Trauben über die gesamte Länge des Triebs und werden auf zehn Augen geschnitten. Beim Schneiden können an den längeren Trieben aber auch mehr als zehn Augen stehen bleiben.

Vitis vinifera 'Purpurea' wird vor allem um des Laubes, weniger um der Früchte willen gezogen. Die Rebe ist nicht so starkwüchsig, dass sie ständig geschnitten werden müsste, um sie unter Kontrolle zu halten.

In Europa werden Weinstöcke seit Jahrhunderten auch im Gewächshaus gezogen. Die beste Zeit zum Schneiden ist um die Wintermitte, wenn der Saft zu steigen beginnt. Sobald später geschnitten wird, blutet das Reis zu stark aus und büßt an Kraft ein. Für Weinreben im Gewächshaus gelten die auf Seite 212 erläuterten Schnittmaßnahmen; sobald die Blütentrauben allerdings nur noch als winzige Träubchen erscheinen, muss die Spitze jedes Triebs ausgebrochen werden, wobei drei Blätter unterhalb der Traube stehen bleiben sollten. Kürzen Sie die folgenden Seitentriebe bis auf ein Blatt ein. Im Gewächshaus ist eine gute Luftzirkulation besonders wichtig. Wo die Trauben zu dicht stehen, sollten einige der Blätter im Umkreis entfernt werden, damit Luft daran kommt; so lässt sich auch die Anfälligkeit für Krankheiten senken. Durch Zurücknehmen der Triebe auf eine Traube lassen sich hochwertigere und größere Früchte erzeugen.

Die weißblühende *Clematis montana* var. *wilsonii* gehört zur Gruppe A (s. gegenüberliegende Seite). Sie muss nur geschnitten werden, wenn sie übermäßig stark wächst.

Waldreben *(Clematis)*

Was den sachgemäßen Schnitt von Clematis-Arten anbetrifft, so scheint unter Laien ein wahres Informationsdefizit zu herrschen. Was die Sache ein bisschen kompliziert, ist lediglich, dass sich die Clematis-Arten in drei Gruppen gliedern: A, B und C. Sobald Sie die Art oder Sorte kennen, die Sie ziehen, können Sie sich an den im Folgenden aufgeführten Richtlinien orientieren. Wenn Sie wirklich keinerlei Anhaltspunkt haben, weil Sie vielleicht einen reifen Garten übernommen oder ganz einfach das Schildchen verloren haben, gibt es eine Faustregel, die Ihnen und Ihrer Clematis weiterhelfen kann. Wenn diese nämlich vor dem Frühsommer am Holz des Vorjahrs blüht, dann sollte sie ungeschnitten sich selbst überlassen bleiben. Wenn sie im Hoch- bzw. Spätsommer oder im Herbst an den im gleichen Jahr gebildeten Trieben blüht, sollte sie im späten Winter geschnitten werden. Sie können es mir ruhig glauben, es stimmt!

Gruppe B

Sorten, die vor dem Frühsommer (oder ein paar Wochen später in kälteren Gegenden Großbritanniens und Nordeuropas) blühen, darunter auch die gefüllt blühenden Sorten. Dazu gehören *Clematis* 'Arctic Queen', *C.* 'Royalty', *C.* 'Vyvyan Pennell' und *C.* 'The President'.

1 Mit einer Gartenschere oder einem scharfen Messer schneiden Sie sämtliche toten, schadhaften und schwachen Triebe im späten Winter, bevor der Frühling kommt, aus. Beginnen Sie im oberen Bereich der Pflanze und arbeiten Sie sich Trieb für Trieb nach unten vor, bis Sie auf ein gesundes, kräftiges Auge stoßen. Schneiden Sie unmittelbar über diesem Auge. Beachten Sie, dass auf einen starken Rückschnitt von gefüllt blühenden Sorten in dieser Wachstumsperiode zwar Blüten in der gleichen Farbe, allerdings ungefüllt folgen. Sie fallen aber in die gefüllte Form zurück, wenn sich im Herbst eine Nachblüte entwickelt.

2 Bereits vier Wochen nach dem Schnitt treibt die Pflanze kräftig aus.

Gruppe A

Clematis alpina, *C. armandii* (immergrün), *C. chrysocoma*, *C. cirrhosa* (immergrün), *C. macropetala* und *C. montana*, die im Winter und Frühling blühen

1 Grundsätzlich müssen Waldreben dieser Gruppe nicht jährlich zurückgeschnitten werden. Nur wenn sie an der Basis verkahlen oder sich zu stark ausbreiten und mehr als den vorgesehenen Raum einnehmen ...

2 ... werden sie unmittelbar nach der Blüte geschnitten. Die neuen Triebe, die sich im Lauf des Sommers bilden, werden im darauffolgenden Jahr blühen. Überalterte Exemplare der *Clematis montana* und ihrer Züchtungen lassen sich aber ganz stark zurückschneiden, ohne dass zu befürchten ist, dass die Pflanze eingeht.

Gruppe C

Dazu gehören spätblühende großblumige Hybriden wie *Clematis orientalis*, *C. texensis* und *C. viticella*.

Diese Waldreben blühen an Trieben, die sich im gleichen Jahr gebildet haben. Sie müssen im ausgehenden Winter vor dem Austreiben stark zurückgeschnitten werden.

1 Beginnen Sie an der Basis der Pflanze und folgen Sie jedem Trieb aufwärts, bis Sie auf ein Paar gesunde, kräftige Augen stoßen.

2 Schneiden Sie jeden Trieb unmittelbar über diesen Augen zurück. Entfernen und entsorgen Sie sämtliches Schnittgut. Falls sich die Pflanze bereits in anderen Sträuchern oder einem großen alten Baum verfangen hat, kann dies recht zeitaufwändig sein. Sie müssen nur beharrlich genug sein, und ich garantiere Ihnen: Sie werden dafür belohnt!

Der Blauregen (*Wisteria floribunda*) macht seinem Namen alle Ehre und blüht überreich – vorausgesetzt, er wird richtig geschnitten!

Blauregen oder Glyzine

»Wie kann ich meine Glyzine zum Blühen anregen? Sie wächst gut, hat aber bis jetzt noch keine Blüten gebildet.« Bekäme ich jedes Mal, wenn diese Frage an *Gardeners' Question Time* gerichtet wird, auch nur einen Baum dafür – glauben Sie mir, ich hätte inzwischen einen ganzen Wald!

Wenn die Pflanze mehr als drei Jahre alt ist, sollte sie eigentlich blühen. Die Blüh-unwilligkeit lässt sich entweder auf Überdüngung mit einem stark stickstoffhal-tigen Präparat zurückführen, das das Wachstum auf Kosten der Blüten anregt, oder aber darauf, dass die Glyzine überhaupt nicht oder aber unsachgemäß geschnitten wurde. Diese starkwüchsigen Kletterpflanzen neigen dazu, im Sommer Unmengen langer, dünner, nichtblühender Triebe zu bilden, die nach einem Rückschnitt im Winter im kommenden Jahr noch mehr dergleichen hervorbringen.

Um eine Glyzine zum Blühen anzuregen, muss sie zweimal im Jahr so eingekürzt werden, dass sich blühendes Fruchtholz bildet: einmal im Sommer, um alle Triebe, die als Erweiterung nicht erforderlich sind, zu entfernen, und dann noch einmal im Winter, um die Bildung von Seitentrieben zu fördern. Durch diesen so genannten »Fruchtholzschnitt« werden die kurzen reifen Triebe, die stehen bleiben, angeregt, im darauffolgenden Jahr Blütenknospen zu bilden.

1 Beginnen Sie im Sommer sämt-liche Seitentriebe bis auf fünf bis sechs Augen über dem Haupttrieb zurückzunehmen.

2 Schneiden Sie im Winter diese Trie-be noch weiter zurück, sodass zwei bis drei Augen an der Basis stehen bleiben. Auf diese Weise bildet sich blühendes Fruchtholz, das im folgen-den Jahr Blüten trägt.

3 Manchmal wird die Glyzine auch als Spalier oder Hochstamm erzo-gen. Man darf allerdings nicht verges-sen, dass es sich um starkwüchsige Schlingpflanzen handelt, die beträcht-lich viel Zeit benötigen, um in Schach gehalten zu werden.

Rosen

Bis zu einem gewissen Punkt verzeihen Rosen nahezu alles. Was sie allerdings nicht schätzen, ist, wenn sie nach jahrelanger Vernachlässigung plötzlich rigoros bis auf das alte Holz zurückgeschnitten werden, zumal dieses kaum in der Lage ist, neue Triebe zu bilden. Selbst regelmäßig geschnittene Strauchrosen sind irgendwann alt, und obwohl eine 30 Jahre alte Rose noch immer blühen kann, wird sie nie mehr diese Blütenfülle wie eine neue hervorbringen. Bereiten Sie sich also darauf vor, sie zu ersetzen.

Einen ernsthaften Befall mit Sternrußtau sieht man den Trieben anfälliger Sorten deutlich an. Wo immer möglich sollten Sie die befallenen Triebe im Zug des Winterschnitts entfernen, bevor sich die Sporen im späten Frühjahr ausbreiten. Die Wipfel- oder Spitzendürre kann bei Rosen Probleme bereiten. Die Krankheit beginnt an den Triebspitzen und befällt nach und nach den gesamten Trieb, der schließlich abstirbt. Um Abhilfe zu schaffen, werden die erkrankten Triebe mindestens 5 cm unterhalb des befallenen Triebs zurückgeschnitten.

Wo ältere Zweige entfernt werden, sollten sie möglichst auf Bodenhöhe abgeschnitten werden. Lassen Sie keinen Stummel stehen. Dies gilt auch für Kletter- und Ramblerrosen. Wenn alte Triebe nach der Blüte auf Bodenhöhe entfernt werden, regt dies die Bildung neuer Basaltriebe an, die an der Basis der Pflanze für Laub sorgen. Auf diese Weise lassen sich die »nackten Beine« verbergen und auch im unteren Bereich wird die Blütenbildung angeregt. Zu dicht stehende Triebe kommen der Rose nicht zugute, und wo Zweige, die sich kreuzen, aneinander reiben, entsteht Schaden, es sei denn, sie werden ausgelichtet.

Rosa 'New Dawn' gehört zu den »großen« Rosen, zumal sie einen besonders köstlichen Duft entfaltet.

1 Rosen haben wechselständige, nicht etwa paarweise gegenständige Augen. Das bedeutet, dass Sie den Schnitt über einem geeigneten Auge schräg in Richtung Triebbasis ausführen. Schneiden Sie immer über einem gesunden Auge, das in die Richtung weist, in die der Trieb wachsen soll. Falls kein sichtbares Auge vorhanden ist, wird 15 bis 20 cm über Bodenhöhe geschnitten. Wenn die schlafenden Augen abbrechen, kann nach Belieben geschnitten werden.

2 Strauchrosen werden in der Regel im Frühjahr geschnitten. In einem stark dem Wind ausgesetzten Garten, sollten die Triebe im frühen Winter um ein Drittel ihrer Höhe eingekürzt werden, weil man andernfalls riskiert, dass die Pflanze hin und her geschüttelt wird und sich die Wurzeln lockern.

3 Wichtig ist, dass sämtliche Wildtriebe, die aus der Unterlage austreiben, entfernt werden (der dünnere, hellgrüne Trieb dieser Container-Rose ist tatsächlich ein Wildtrieb; wenn er nicht entfernt wird, setzt er sich mit der Zeit auf Kosten der anderen Triebe durch). Am besten reißt man die Wildtriebe von Hand ab, denn wenn man sie mit der Gartenschere abschneidet, bleibt ein Stumpen zurück, der wieder nachwächst und noch mehr Wildtriebe bildet. Das Gleiche gilt für Hochstammrosen; bei ihnen liefert die Unterlage den Stamm, auf den die Edelsorte veredelt wird. Deshalb müssen sämtliche Wildtriebe, die am Stämmchen unterhalb der Veredelungsstelle erscheinen, entfernt werden.

Hortensien *(Hydrangea)*

Die bekanntesten Hortensien sind die großen, prallen Bauernhortensien *(Hydrangea macrophylla)*, die vom Sommer bis zum ersten Frost eine Zierde für den Garten sind. Obwohl sie auch blühen, wenn sie nicht geschnitten werden, kommt ein jährlicher Schnitt der Schönheit der Blüten sichtlich zugute.

Verblühtes zu entfernen, erscheint mir bei Hortensien nicht ratsam (es sei denn in sehr warmen Klimaten). Die großen Blütenköpfe bieten den neuen Knospen, die sich oben an den Trieben bilden, im zeitigen Frühjahr einen gewissen Frostschutz. Als verblasste pergamentartige Dolden können sie, wenn die Natur im Winter noch schläft, sehr reizvoll wirken, insbesondere, wenn sie mit Raureif überzogen sind.

Bauernhortensien werden um die Mitte bzw. gegen Ende des Frühlings geschnitten. Schneiden Sie sämtliche dünnen, schwächlichen Triebe möglichst unmittelbar über Bodenhöhe aus. Entfernen Sie dabei zwei bis drei der ältesten Zweige, um den Austrieb neuer Triebe aus der Basis anzuregen. Nehmen Sie die alten Blütenköpfe ab, indem Sie dicht oberhalb eines kräftigen, dicken Knospenpaars schneiden.

Frisch gepflanzte Hortensien müssen kaum je geschnitten oder geformt werden. Vernachlässigte Pflanzen jedoch lassen sich stark zurückschneiden, allerdings nicht auf einmal. Es bekommt der Pflanze wesentlich besser, wenn die Schnittmaßnahmen auf zwei Jahre verteilt werden, denn in dem Jahr, in dem geschnitten wird, erscheinen keine Blüten.

Hydrangea paniculata blüht im Spätsommer und Herbst an Trieben, die sich in dieser Wachstumsperiode gebildet haben. Um große Blütendolden zu erhalten, sollten diese Hortensien im ausgehenden Frühling geschnitten werden: dabei entfernt man die Triebe des Vorjahrs, indem man bis zu 5 cm des alten Holzes entfernt.

Die laubabwerfende Kletterhortensie *Hydrangea anomala* subsp. *petiolaris* entfaltet im Sommer cremeweiße Blüten an den Seitentrieben des Vorjahrs. Diese erfordern keine größeren Schnittmaßnahmen; es empfiehlt sich jedoch, die kräftigen, nach außen wachsenden Seitentriebe nach der Blüte einzukürzen.

Hydrangea anomala subsp. *petiolaris* gehört zu Matthews bevorzugten winterharten Kletterpflanzen. Mit ihrer bronzefarbenen Rinde wirkt diese Hortensie selbst im Winter dekorativ.

Schmetterlingsstrauch *(Buddleja)*

Es gibt Pflanzen, die man in Schach halten muss, und der Schmetterlingsstrauch fällt unter diese Kategorie.

Frühjahrsschnitt am Schmetterlingsstrauch oder Sommerflieder

1 Wenn Buddlejen nicht geschnitten werden, entwickeln sie sich innerhalb von ein paar Jahren zu mächtigen Sträuchern mit Blüten, die an den Spitzen der Triebe und Seitentriebe praktisch außer Sichtweite sind.

2 Der Schmetterlingsstrauch blüht im Sommer am diesjährigen Holz. Schneiden Sie im Frühling sämtliche Triebe des Vorjahrs bis auf 5 bis 10 cm des alten Holzes aus.

3 Die neuen Triebe wachsen innerhalb weniger Wochen bis zu 2 m Länge und bilden an den Spitzen jedes Triebs große Blüten. Es ist geradezu eine Freude zu sehen, wie dieser Strauch austreibt. Auch die Schmetterlinge wissen dies zu schätzen, denn sie kommen in großer Zahl in Ihren Garten.

Ginster

Leider ist der im Frühling blühende Besenginster *(Cytisus scoparius)* ein kurzlebiger Strauch. Durch einen jährlichen Schnitt unmittelbar nach der Blüte und bevor sich die schwarzen Samenschoten entwickeln, lässt sich seine Lebensdauer aber verlängern. Ungeschnitten bildet er Unmengen an Samen, die die Pflanze schwächen.

Es gibt kaum etwas Einfacheres als Ginster zu schneiden. Mit der Heckenschere können Sie alle langen dünnen Triebe, die geblüht haben, kappen. Beachten Sie, dass sich alt eingewachsene Pflanzen nicht gern rigoros zurückschneiden lassen. Sie reagieren auf eine solche Prozedur höchst unwillig oder gehen ein. Die stärkeren Triebe verholzen schnell, und sobald ins alte Holz geschnitten wird, besteht kaum eine Chance, dass sie erneut austreiben.

Hartriegel *(Cornus)*

Bei diesen bewundernswert dekorativen Pflanzen sind es nicht die Blüten oder Beeren, die interessant wirken, sondern die Rinde, die in leuchtendem Rot *(Cornus alba)*, Gelb *(C. sericea* 'Flaviramea'), Orange-Gelb und Rot *(C. sanguinea* 'Winter Beauty') sowie Violett-Schwarz *(C. alba* 'Kesselringii') strahlt. Wenn die Blätter im Herbst abfallen, kann sich deren Schönheit voll entfalten – ein großer Auftritt im winterlich fahlen Sonnenlicht! Geschnitten werden die Sträucher im ausgehenden Frühjahr, indem die Triebe bis auf 6 bis 8 cm über Bodenhöhe zurückgeschnitten werden. Diese werden dann im Lauf der Wachstumsperiode durch neue farbenprächtige Zweige ersetzt.

Wo größere Gruppen von Hartriegel zusammen stehen, können die Triebe auch auf unterschiedliche Länge eingekürzt werden, was den Eindruck einer farblichen Staffelung erzeugt. Im darauffolgenden Jahr werden die langen Triebe dann weit herunter geschnitten und die kürzeren weniger stark eingekürzt.

Schnittwerkzeuge

John: Nachdem Anne sich auf den Seiten 100 bis 103 bereits mit den wichtigsten Gartengeräten befasste, sollen hier einige zusätzliche, für den Schnitt erforderliche Geräte behandelt werden. Diese sollten gesondert aufbewahrt und ausschließlich zum Schneiden der Pflanzen genutzt werden. Ich habe schon Gartenscheren gesehen, die aussahen, als hätte ein Dickmaulrüssler auf Steroiden herumgekaut. Als Entschuldigung wird dann oft angeführt, dass zum Drahtschneiden einfach nichts Besseres aufzufinden war. Stumpfe Schnittwerkzeuge sind reine Kraftverschwendung, außerdem sind die Schnittwunden, die entstehen, Eintrittspforten für Krankheiten.

Ich bewahre meine Schnittwerkzeuge in einem Schrank in der Garage auf (die Autos sind eh nie in der Garage, und außerdem habe ich keinen Gartenschuppen).

Hier befinden sich:

- ein Klappmesser

- eine Gartenschere mit zwei Schneiden oder eine so genannte Schwalbenschwanzschere (ich mag die Ambossscheren mit einer Klinge nicht, denn die Klinge drückt den Trieb der Pflanze gegen das flache Metall, sodass das zarte Gewebe von Pelargonien etwa leicht beschädigt werden kann)

- mit einem Benzinmotor betriebene oder elektrische Heckenscheren

- eine Bügelsäge

- ein Beil (zum Zerteilen von Baumwurzeln)

- feine Pickel mit langem Stiel

- eine mit Benzinmotor betriebene Kettensäge

Wenn Sie nur einen Apfelbaum und ein paar kompakte Sträucher besitzen, müssten die Schnittwerkzeuge in einer Schuhschachtel Platz finden, denn mehr als eine Gartenschere, ein Messer und eine Baumsäge werden Sie dann kaum benötigen. Was ich immer auch parat habe: einen Schleifstein, ein Ölkännchen sowie feine Feilen zum Schärfen der Kettensäge. Außerdem besitze ich einen kleinen Häcksler zum Zerkleinern von Schnittgut zu Mulchmaterial – er ist allerdings so laut, dass ich ihn nur selten benutze. Ein Paar feste Handschuhe, die dick genug sind, um vor Dornen zu schützen (sofern es sich nicht um ganz heimtückische handelt) vervollständigt das Inventar.

Sicherheit

Elektrische Geräte wie Heckenscheren können gefährlich sein und sollten mit großer Vorsicht gehandhabt werden, denn es passiert leicht, dass das Kabel durchgeschnitten wird. Um sicherzugehen, dass der Strom abschaltet, sobald das Kabel erwischt wird, sollten Sie einen Fehlerstrom-Schutzschalter anbringen. Prüfen Sie Steckdosen, Anschlüsse und Kabel regelmäßig auf Schäden.

Zur Pflege von Schnittwerkzeugen

Immer wieder verliere ich Werkzeug, weil ich es irgendwo ablege und am Schluss mitzunehmen vergesse. Bis ich dann merke, dass mir etwas fehlt und es wieder finde, beginnt es meist schon zu rosten. Eine Möglichkeit, Abhilfe zu schaffen, ist, jedes Stück immer an den gleichen Platz zu legen, damit jede Lücke auf einen Blick auffällt. Hier finden Sie ein paar Tipps, wie Sie das Werkzeug am besten unter Kontrolle halten.

- Achten Sie auf scharfe Schnittflächen. Eine Klinge, die sachgemäß behandelt wird, lohnt dies durch jahrelang zuverlässige Dienste. Ein Wetzstein und eine Feile sind unerlässlich zum Schärfen der Klingen. Mit einer Feile lassen sich Kerben und unebene Stellen im Bereich der Schneide glätten, nicht aber feine Klingen wie die von Garten- oder Astscheren schleifen. Um die Zähne einer Handsäge zu schärfen, fehlt es mir nicht nur an der erforderlichen Geduld, sondern auch an Sachverstand; außerdem lassen sich Sägeblätter ohne größere Kosten leicht ersetzen.
- Ambossscheren verfügen lediglich über eine Schneide; diese ist beidseitig geschliffen. Schwalbenschwanzscheren haben zwei Klingen, die nur an der Außenseite, weg von der anderen Schneide, geschärft werden sollten. Lösen Sie die Schraube zwischen den beiden Hälften und schärfen Sie jede Klinge für sich. Bevor Sie den Schleifstein ansetzen, geben Sie ein paar Tropfen Leichtöl oder Wasser auf die Klinge. Geben Sie beim Schärfen der Klinge immer wieder etwas Öl oder Wasser auf den Schleifstein. Ziehen Sie den Schleifstein über die Oberfläche der Klinge, indem Sie den vorgegebenen Winkel am Klingenrand einhalten, als ob Sie eine dünne Scheibe Käse abschaben wollten. Achten Sie darauf, dass der Klingenrand gerade bleibt.
- Prüfen Sie die Schärfe Ihres Werkzeugs nicht, indem Sie mit dem Ballen des Daumens über die Klinge fahren. Wenn diese nämlich richtig scharf ist, müssen Sie das Blut abwischen. Prüfen Sie sie besser an einem Aststück.
- Beim Kauf von Werkzeug sollten Sie vor allem in die Qualität des Werkzeugs investieren, weniger in einen raffinierten Griff, einen Befestigungsklipp oder eine Ledersscheide. Stahl aus England, Frankreich, Deutschland oder Spanien ist in der Regel hochwertig; entscheiden Sie sich für ein zuverlässiges Markenprodukt, nicht für irgendwelchen Schnickschnack.
- Putzen Sie Ihre Werkzeuge grundsätzlich nach Gebrauch. Entfernen Sie den Dreck und gewöhnen Sie sich an, bevor Sie sie am Ende eines Arbeitstags wegräumen, sie immer mit einem in Öl getränkten Lappen abzureiben. Krankheiten, insbesondere Virusinfektionen, werden durch den infizierten Saft an unsauberen Scheren, Messern oder Sägeblättern leicht von Pflanze zu Pflanze übertragen. Mit etwas Paraffin-Öl lassen sich selbst die hartnäckigsten Saftflecken entfernen. Geben Sie alle paar Wochen einige Tropfen Leichtöl auf die beweglichen Teile wie Federn, Riegel und Schrauben.
- Reiben Sie Holzgriffe gelegentlich mit einem in Öl getränkten Lappen ab, um zu verhindern, dass sie spröde werden und sich spalten.

Wer seine Schnittwerkzeuge sauber hält, verhindert die Verbreitung von Krankheiten. Sachgemäßes Schleifen erleichtert die Schneidarbeiten beträchtlich.

Stützen

Bob: Mit dem Schnitt ist nur ein Teil der Arbeit erledigt; denn um Blüten- und Fruchtholz der Pflanze in die gewünschte Form zu bringen, bedarf es der entsprechenden Erziehung. Dies aber bedeutet, die unerwünschten Triebe zu entfernen und die erwünschten dann in die richtige Position zu »bewegen«, biegen oder zwingen. Je früher man damit beginnt, umso leichter fällt es, denn die jüngeren, dünneren Triebe sind biegsamer und werden erst mit zunehmendem Alter zäher und störrischer. Dafür aber benötigt man nicht nur einen Blick für die optische Wirkung, sondern auch eine geschickte Hand und eine gewisse Strenge und Rigorosität. Außerdem benötigt man Material zum Aufbinden, vorzugsweise breite, stabile Stützen oder Rahmen, die stark genug sind, um dem Wind standzuhalten, aber auch dem immer größeren Gewicht der Zweige mit ihren Blättern, Blüten und Früchten. Selbst wenn von aktiver Erziehung nicht die Rede sein kann, so dürften viele Pflanzen ohne Stütze einfach nicht auskommen.

Wozu stützen?

Auch wenn die Pflanzen in der Natur sich ihre Stützen selbst »suchen« oder notfalls eben ohne auskommen müssen, profitieren unsere Gartenpflanzen aus vielerlei Gründen von einer Stütze. Im Erziehungsstadium stützen wir Bäume, damit diese entsprechend aufrecht wachsen, bis sich ihre jungen Wurzeln etabliert haben und von selbst dazu fähig sind. Manche Bäume sind auf derart schwache Unterlagen veredelt, dass alles oberhalb der Veredelungsstelle ein ganzes Pflanzenleben lang einer Stütze bedarf. Eine zusätzliche Stütze ist erforderlich, wenn von den Zweigen erwartet wird, dass sie in eine andere als von der Natur vorgegebene Richtung wachsen und dann reiche Erträge liefern, aber auch wenn die Seitentriebe von Bäumen bei Spalierformen, Fächern oder Cordons etwa in einer Weise erzogen werden, die ihrem natürlichen Habitus widerspricht. Die weniger verholzenden Pflanzen wie Tomaten und Brombeeren sowie die »weicheren« Beetpflanzen werden hauptsächlich gestützt, um zu verhindern, dass ihre Blüten oder Früchte auf den Boden hängen, aber auch um die Triebe voneinander getrennt zu halten – denn nur so ist gewährleistet, dass jeder genügend Licht und Luft bekommt. Oft werden sogar einzelne Früchte gestützt, was sich bei Melonen beispielsweise vorteilhaft auf die Größe auswirkt.

Stäbe und Pfähle

Die einfachste Stütze besteht aus einem Stab oder Pfahl, der neben einem jungen Baum in den Boden getrieben wird, um diesen anzubinden. Man hat herausgefunden, dass ein kurzer, kniehoher Stab bereits genügt, um einem Baum Halt zu geben und zu verhindern, dass dieser hin- und hergerüttelt und die Wurzeln gelockert werden. Höhere Stäbe sind meist nicht besser, denn sie behindern in der Regel die Entwicklung des Stamms, es sei denn bei veredelten Bäumen mit schwacher Unterlage oder Gehölzen, die im Bereich der Veredelungsstelle zu brechen drohen. Um die Wurzeln nur ja nicht zu schädigen, setzt man den Pfahl am besten vor dem Baum in die Erde. Ich grabe gewöhnlich zuerst das Loch und schlage den Pfahl dann mit dem Hammer ein. Dann verteile ich die Wurzeln des Baums im Umkreis des Pfahls und fülle sorgfältig mit Erde auf, trete diese fest und binde den Baum schließlich an den Stützpfahl (s. Seite 194). Wer die Stütze erst nach dem Pflanzen einschlägt, riskiert, dass die Wurzeln der Pflanze aufgespießt werden; wenn die beiden vor dem Auffüllen mit Erde aneinander gebunden werden, kann es passieren, dass der Boden nicht richtig aufschließt, sodass der Baum und seine Wurzeln womöglich in der Luft hängen. Setzen Sie den Stützstab am besten in etwas Abstand zum Stamm und integrieren Sie eine von der Schnur gehaltene Manschette, um sicherzugehen, dass die Bindung den Stamm nicht in vertikaler Richtung aufreißt.

Alternativ dazu ziehen es manche Gärtner vor, anstatt eines einzelnen Stabs parallel zum Stamm lieber einen schräg in den Boden geschlagenen Stab zu verwenden, der an der Stelle, an der er auf den Stamm trifft, festgebunden wird. Wieder andere schwören auf zwei Pfähle, die mit einem Querholz an den Stamm gebunden werden – für Bäume, die stark dem Wind ausgesetzt sind, über eine ausladende Krone oder schweren Fruchtbehang verfügen, sicherlich die zuverlässigste Methode. Die Pfähle lassen sich nämlich auch noch setzen, wenn der Baum bereits im Boden ist, somit also in entsprechendem Abstand zum Stamm und den Wurzeln.

Dieses Stäben und Aufbinden eignet sich in kleinerem Maßstab auch für Büsche mit Beerenobst, hohe Sträucher, Tomaten, Auberginen und Paprika, Hochstammrosen, Dahlien und eigens für Ausstellungen kultivierte Chrysanthemen (Schau-Chrysanthemen). Allerdings erfolgt dieses Stäben kleinerer Pflanzen oft nicht mit der erforderlichen Sorgfalt; viele könnten nämlich weit mehr Stütze vertragen, zumal sie rasch an Volumen zulegen und wiederholt neu aufgebunden werden müssen.

Zur Wahl von Pfählen und Bindematerial

Die Stäbe und Pfähle bestehen meist aus unbehandeltem Bauholz. Eigens imprägniertes Holz ist nicht erforderlich, denn in den meisten Fällen handelt es sich lediglich um eine vorübergehende Stütze, die den Wurzeln der Pflanze aber schaden kann. Um Pilzinfektionen vorzubeugen, entfernt man Stäbe und Pfähle am besten, bevor sie ohnehin überflüssig werden. Zur dauerhaften oder langfristigen Verwendung haben sich Stützen aus Metall, Kunststoff oder gar Beton bewährt. Um sie problemlos ersetzen zu können, sollte man Holzpfähle nicht unmittelbar in den Boden schlagen, sondern sie vielmehr in ein Kunststoffrohr, das im Boden fixiert wird, integrieren. Falls die ursprüngliche Stütze nämlich faulen sollte, lässt sie sich leicht herausziehen und durch eine neue ersetzen. Für kleinere Pflanzen ergeben Bambusstöcke und Ginsterruten bewährte Stützen. Oft werden auch lange und möglichst kräftige Stöcke gekauft, die über die Jahre in zahlreiche kleinere und kürzere gebrochen werden. Für empfindliche Pflanzen oder besonders geschätzte Gewächse sollten besser keine Metallstützen verwendet werden, denn bei Frost gefrieren sie und bei Hitze besteht Verbrennungsgefahr. Von daher sollte man die Pflanzen besser an Stöcken aufbinden und diese durch Metallstützen stabilisieren.

Bindematerialien sollen die Pflanze so fest an der Stütze fixieren, dass jede Reibung verhindert wird, allerdings nicht so fest, dass sie abgeklemmt wird. Breitere weichere Materialien eignen sich deshalb besser als Draht oder Schnur. Es gibt zwar spezielle vorgefertigte Bänder zu kaufen, aber viele Gärtner bevorzugen ausgediente Strumpfhosen und Nylonstrümpfe oder auch einen in Streifen geschnittenen Fahrradschlauch. Was immer Sie an Bindematerial verwenden, überprüfen Sie die Bindung alle paar Monate, um diese entsprechend anzupassen, insbesondere nach Sturmböen. Kommerzielle Gurte und Bänder sind mit einem Gummi- oder Kunststoffblock (Manschette) ausgestattet, der als Abstandshalter dient und Stöße abfedert, aber ein Stück Verbundschaumstoff erfüllt letztlich den gleichen Zweck.

Kleinere zartere Pflanzen wie Tomaten und Rosen werden oft mit Draht an Stöcken oder Stützdrähten aufgebunden. Um zu verhindern, dass die Drähte in die Triebe einschneiden, kann man den Trieb mit einem Stoffstreifen unterlegen oder den Bindedraht vorher mit Kunststoff umwickeln. Als wesentlich schonender für zarte Pflanzen erweisen sich Wollfäden, dünne Stoffstreifen, Bast oder Schnur aus Naturmaterial wie Hanf, denn bei Drähten und Plastikschnüren besteht die Gefahr, dass sie einschneiden; außerdem verrotten diese nicht, wenn sie vergessen werden.

Stöcke oder Drähte?

Seit Jahren wird darüber diskutiert, ob es besser ist, die Pflanzen unmittelbar an den Stützdrähten aufzubinden oder sie an Stöcken zu fixieren und diese dann an den Drähten zu befestigen. Wie bereits erwähnt, kann Draht die Pflanzen aufreiben und einschneiden, insbesondere, wenn dieser beim Rosten rau wird; auch wird Metall bei Kälte zweifellos wesentlich kälter als ein Stock. Von daher ist es langfristig wahrscheinlich besser und sauberer, die Bambusstäbe an den Stützdrähten zu befestigen, wie man es bei Bäumen und Zierpflanzen oder emp-

findlichen Gewächsen praktiziert, die zu Fächerformen erzogen werden. Allerdings würde ich mir bei Weinreben oder Brombeeren nicht die Mühe machen, sie zunächst an Stäben aufzubinden, zumal die Schosse jedes zweite Jahr ersetzt werden – von daher genügen Drähte, wie der Erfolg zeigt.

Rahmengerüste für Spaliere oder Cordons

Während die meisten Bäume und Sträucher lediglich angestäbt werden müssen, um sie aufrecht zu halten, benötigen andere einen festeren Rahmen, um sicherzustellen, dass sämtliche Seitentriebe an Ort und Stelle bleiben, aber auch um den Fruchtbehang zu stützen. Eine Reihe in Cordonform erzogener Apfelbäume erfordert zahlreiche stabile Stützen. Spalierobst wie dieses wird meist an relativ starken Drähten erzogen (womöglich auch an Stöcken), die zwischen Pfählen verspannt werden. Diese sollten über eine beachtliche Stärke verfügen, insbesondere in Lagen, die stark dem Wind ausgesetzt sind. Stahl- oder Betonkonstruktionen sind eine sinnvolle und dauerhafte Investition, denn Weichholzpfähle haben nur eine kurze Lebensdauer.

Mauergerüste für Kletterpflanzen

Mauern und Zäune eignen sich gut, um Pflanzen zu ziehen, denn diese profitieren von dem geschützten Mikroklima.

Himbeerruten, die durch Drähte gestützt und auf Abstand gehalten werden

Wenn es sich nicht um Wilden Wein oder Efeu handelt, die sich von selbst festhalten, benötigen diese Pflanzen aber eine Stütze. Befestigen lässt sich diese direkt an der Mauer oder dem Zaun, gegebenenfalls aber auch an Pfosten, die davor angebracht werden. Das Rahmengerüst muss nicht ganz so stabil sein wie bei einem freistehenden Stützelement, weil die Mauer zusätzlichen Schutz bietet, sollte aber dennoch über eine gewisse Festigkeit verfügen. Latten, Stöcke oder eine Kombination aus Stöcken und Drähten ergeben eine ideale Stütze. Die Pflanzen sollten die Mauer oder den Zaun möglichst nicht berühren, sondern besser eine Fingerlänge Abstand davon haben; so kann die Luft frei zirkulieren, und die Pflanzen heizen

sich weniger auf. Durch Ringschrauben lassen sich die Drähte auf Abstand halten. Leider sind diese meist so kurz, dass die Pflanzen letztlich doch zu dicht auf der Mauer oder dem Zaun »sitzen«. Eine bessere Lösung sind Abstandshalter aus Holz, an denen sich die Drähte oder Querlatten fixieren lassen.

Stützen für Gewächse wie Brombeeren, Weinreben und Rosen

Während an Drähten gezogene Obstbäume sehr kräftige Stützen benötigen, um das Gewicht ihrer Früchte zu halten, kommen Brombeeren, Weinreben und schwachwüchsige Kletterpflanzen wie viele Ziersträucher und zu Girlanden erzogene

Rosa 'Cécile Brunner' an Drähten vor einer Mauer

oder locker wachsende Rosen auch mit weniger robusten Stützen aus, zumal ihre biegsamen Triebe kaum je in Form »gezwungen« werden müssen. Sie werden meist unmittelbar an Drähten über Schulterhöhe fixiert, die links und rechts zwischen Endpfosten verspannt sind. Himbeeren, die schwächsten Vertreter der *Rubus*-Gewächse, werden entweder an einem einzelnen Draht gezogen oder zwischen paarweise verspannten Drähten, die im Abstand von 30 bis 40 cm horizontal aufeinander folgen.

Spaliere für Kletterpflanzen

Während fruchtende Spalierpflanzen in der Regel erzogen werden müssen und deshalb auch auf ein offenes, rasterartiges Gerüst aus Stöcken oder Drähten angewiesen sind, lässt man kletternde Ziersträucher wie das Geißblatt oder den Jasmin innerhalb der ihnen zugewiesenen Stelle meist frei wachsen. Meist gibt man ihnen aber ein Holz- oder Kunststoffspalier, durch das sie hindurchranken können – Kletterhilfen, die sich über einem vorhandenen Zaun oder einer Mauer anbringen lassen. Spaliere bilden für Kletterpflanzen eine hervorragende Stütze, vorausgesetzt sie sind sachgemäß angebracht und in sich stabil genug, um auch heftigen Windstößen zu trotzen. Es hat nämlich keinen Sinn, ein Spalier an einem alten oder wackeligen Zaun zu befestigen. Falls wirklich nichts anderes verfügbar sein sollte, wird man besser separate Pfähle aufstellen, die mit Querleisten versehen, das Spalier tragen können.

Stützen für Container-Pflanzen

Die meisten Gärtner verwenden als Stütze für Container-Pflanzen Stöcke, feste Drähte oder Kunststoffstäbe; allerdings besteht immer die Gefahr, dass diese durch die Wurzeln gerammt werden. Außerdem neigen einzelne Stützen dazu, sich zu lockern. Vernünftiger und sicherer ist es deshalb, drei dünnere, zeltartig aufgestellte Stäbe zu verwenden. Für kleine, empfindliche oder junge Pflanzen wie Duftwicken, insbesondere solche, die unter Glas gezogen werden, bietet ein verzweigter Trieb, der von einem Strauch abgeschnitten wird, oft mehr Halt als ein vollkommen glatter Stab. Ich ziehe meine Bambusstöcke selbst, lasse die Verzweigungsansätze stehen und gewinne somit sehr brauchbare Stützen.

Stützen für Stauden

Die Triebe krautiger Pflanzen fallen besonders leicht um. Aufgrund ihres horstartigen Wuchses ist es aber schwierig, sie einzeln abzustützen. Deshalb behelfen sich die meisten Gärtner dadurch, dass sie im Umkreis Stöcke in den Boden stecken und diese mit Schnur verbinden, wenn die Horste schon etwas herangewachsen sind. Wenn die Stiele dann ausgewachsen

Diese *Clematis armandii* wird bald schon mehr Raum benötigen, verströmt aber einen köstlichen Duft.

sind, verbergen sie die Stützen. Vielfach werden aber auch spezielle Kunststoffringe, gewöhnlich in Grün, verwendet. Alte Drahtkörbe erfüllen den gleichen Zweck, wirken optisch aber weniger ansehnlich.

Stützen für Tomaten, Erbsen, Feuerbohnen und Melonen

Tomaten werden meist einzeln mit Bast an Stöcken aufgebunden. Eine kurze Reihe mit mehreren Pflanzen, die alle Erträge bringen, lässt sich aber besser an zwischen Pfählen fixierten Querhölzern aufbinden. An diesen Pfählen lässt sich, solange die Pflanzen noch klein sind – oder über längere Regenperioden – vorübergehend auch eine Plastiküberdachung anbringen. Wenn Tomaten mit Schnur aufgebunden werden, ist es schonender, die Schnur spiralförmig um die Pflanzen zu wickeln und sie dann an einem belaubten Trieb zu befestigen, als sie am Haupttrieb anzubringen.

Erbsen werden traditionell an verzweigten Reisern vom Hasel oder anderen Büschen gezogen. Die modernere Methode ist, sie an zwischen Stäben verspannten Netzen zu ziehen. Da die meisten Kletterpflanzen ein starres Gerüst einem biegsamen vorziehen, sollten die Netze für die Erbsen möglichst straff sein. Ich verwende stattdessen gern verzinkten Hühnerdraht, da dieser fester und unbeschränkt haltbar ist; außerdem kann alles, was sich darin verhakt, am Ende der Wachstumsperiode einfach entsorgt werden.

Feuerbohnen werden sehr hoch, wenn man sie nicht entspitzt. Auch sie profitieren von einer stabilen Stützvorrichtung, die Schnüren, insbesondere, wenn diese durchhängen, entschieden vorzuziehen ist. Zeltförmig aufgestellte Stangen sind besser als alles, was sich aus Schnüren fertigen lässt. Traditionell wurde ein ausgedientes Rad von einem alten Fahrrad auf der Spitze angebracht, das die Stangen auf entsprechenden Abstand hielt.

Melonen und andere Kürbisgewächse *(Cucurbitae)* wachsen wesentlich schneller, wenn sie, sobald sie sich zu runden anfangen, unterstützt werden, anstatt herunterzuhängen. Wenn man Reste aus feinem Netz oder Stoff an Stützen aufbindet, können diese als Beutel für die reifenden Früchte dienen. Wenn die Früchte auf der Erde, einem Metall-, Glas- oder Kunststoff-Untergrund liegen bleiben, faulen sie leicht; unterlegen Sie deshalb am besten ein Stück unbehandeltes Holz.

Links: Duftwicken sehen an einem Wigwam aus Weiden sehr hübsch aus – in der Praxis erweist sich das Design allerdings nicht als ideal! Die Wicken müssen nämlich regelmäßig ausgezupft bzw. die verblühten Köpfe ausgebrochen werden, da jeder Samenansatz die Pflanze am Blühen hindert – eine Aufgabe, die durch ein solches Gerüst beträchtlich erschwert wird. Wer aber die Mühe nicht scheut, darf sich über einen bezaubernden Anblick freuen.
Rechts: Feuerbohnen und *Rosa* 'Madame Alfred Carrière' fühlen sich an dieser Stütze im Nutzgarten sichtlich wohl.

Kapitel 9

Vermehrungsmethoden

John: Es gibt kaum eine befriedigendere Tätigkeit im Garten als das Vermehren von Pflanzen. So bin ich jedes Mal aufs Neue beeindruckt, wenn es mir gelingt, Pflanzen »selbst« zu produzieren. Ob ich Samen aussäe, die feiner sind als ein Staubkorn, oder unbelaubte Triebe bewurzele – die Pflanze, die daraus entsteht, ist und bleibt ein Wunder!

Selbst der Hobby-Gärtner schafft es, Begonienblätter, Triebe eines Strauchs wie etwa einer *Hebe* (Strauchveronika) oder ganze Zweige von Weiden in Pflanzen mit Wurzeln zu verwandeln. Sie werden sehen, die Mühe lohnt sich! Fasziniert von den ersten Erfolgen, wird es Ihnen nicht anders ergehen als mir: Sie werden, solange Sie gärtnern, versuchen, Pflanzen auf jede nur erdenkliche Art zu vermehren.

Dies muss Ihnen aber beileibe nicht zu Kopf steigen, denn zum Prahlen besteht keinerlei Anlass. Die Natur hat schließlich über Millionen von Jahren durch Wind, Wasser, Säugetiere und Vögel weit und breit Samen verteilt oder Pflanzen über Wurzeln, Ausläufer und Stolonen vermehrt.

Problemlos vermehrbare Pflanzen werden vielfach bei Schulfesten und Wohltätigkeitsveranstaltungen in Marmeladengläsern und Joghurttöpfchen angeboten. Sie bewurzeln sich von selbst, werden mit den Wurzeln aufgenommen und zum Verkauf eingetopft – auf diese Weise bekommt man so wuchsfreudige Pflanzen wie die Taubnessel *(Lamium)* und das Immergrün *(Vinca)*.

Gegen Ende dieses Kapitels (s. Seite 251–254) wird Bob Anweisungen geben, welche Vermehrungsformen sich für welche Pflanzen am besten eignen. Hier aber sollen die verschiedenen Methoden zunächst im Einzelnen erläutert werden.

Säen

Im Prinzip geht es bei der Aussaat von Samen immer um den gleichen Prozess, ob es sich um eine Reihe Karotten, ein Beet mit Sommerblumen, einen Rasen, eine Eiche oder ein 20 ha großes Weizenfeld handelt. Der Schlüssel zum Erfolg liegt im Detail.

In der Natur reifen die Samen an der Pflanze; sie fallen zu Boden und kommen, sofern ihnen die Bedingungen zusagen, vereinzelt zum Keimen. Die »Flügel« an den Samen des Bergahorns sorgen dafür, dass diese sich, vom Wind davon getragen, in einer Art Schraubbewegung nach unten bewegen, um ein ganzes Stück weit vom Baum entfernt auszutreiben. Die Samen von fleischigen Beerenfrüchten, die von den Vögeln verzehrt werden, durchlaufen unverdaut deren Organismus und können somit meilenweit entfernt davon heranwachsen.

Nicht jedes Samenkorn überlebt in der Natur. Viele bleiben auf der Strecke und selbst jene, die keimen, werden unter Umständen gefressen oder beschädigt und erreichen somit nie das Stadium »reifer« Pflanzen.

Mit etwas gesundem Menschenverstand und der »Simulation« bestmöglicher Wachstumsbedingungen können wir aber dem Zufall nachhelfen und den Prozentsatz der Samen, die zu Sämlingen heranreifen, beträchtlich steigern.

Wesentliche Voraussetzungen für die Keimung sind Wärme, Luft und Wasser. Über feuchtes Erdsubstrat vermag das Wasser in das Samenkorn einzudringen und die Enzyme zu mobilisieren, allerdings nur wenn Luft und Erde warm genug sind. Nachdem Sauerstoff aber ganz wichtig ist, gilt es Staunässe zu vermeiden, denn andernfalls werden die »Lufttaschen« durch Wasser ersetzt.

Das Eisenkraut *(Verbena bonariensis)* ist eine Staude, die im ersten Jahr bereits Blüten treibt, wenn das Saatgut im zeitigen Frühjahr ausgesät wird.

Ins Freiland aussäen

Mit der Aussaat im Freien und somit ohne jede Schutzvorrichtung setzt der Gärtner das Saatgut zwangsläufig der Willkür der Elemente aus. Eine erfolgreiche Keimung ist somit nicht nur eine Frage der Geduld des Gärtners, sondern auch seiner Sachkenntnis und der richtigen Terminierung der Aussaat.

Wann die beste Zeit zum Aussäen gekommen ist, hängt ganz von der Witterung ab. Wer die Geduld aufbringt, ein paar Tage länger zu warten, bis sich der Boden entsprechend erwärmt hat, darf in der Regel auf eine schnellere Keimung und kräftigere Sämlinge zählen. So wird man in kälteren nördlicheren Breiten erst mehrere Wochen später aussäen können als in wärmeren Gegenden. Wie gesagt, Geduld ist oft alles!

Kalter, feuchter und klebriger Boden ist ein sicherer Garant für Misserfolge. Durch eine gründliche Bodenvorbereitung (s. Seite 140–141) aber kann man die Krümelstruktur des Bodens verbessern und größere Klumpen aufbrechen; dazu gehört auch, dass die Steine aufgelesen werden. Um zu prüfen, ob der Boden zur Bepflanzung bereit ist, nehmen Sie Erde und versuchen mit beiden Händen eine Art »Schneeball« daraus zu formen, den Sie schließlich fallen lassen. Wenn er zu Krümeln zerfällt, können Sie den Boden mit dem Rechen glatt ziehen. Wenn der Ball aber fest bleibt oder in zwei Hälften zerfällt, ist der Boden noch nicht ausreichend vorbereitet zum Pflanzen.

Wenn Sie die Aussaatzeit vorziehen möchten, sollten Sie bestimmte Bereiche des Bodens abdecken, ob mit Glas- oder Kunststoff-Glocken oder in Form eines Frühbeets. Auf diese Weise trocknet der Boden ab und erwärmt sich früher.

Unkraut beeinträchtigt das Wachstum der kleinen Sämlinge. Jedes Mal, wenn Sie den Boden bearbeiten, bringen Sie neue Unkrautsamen an die Oberfläche. Sobald diese keimen, machen sie den kleinen Jungpflanzen im Umkreis Licht, Wasser und Nahrung streitig oder ersticken sie gar. Es gibt mehrere Möglichkeiten, das Unkrautproblem in den Griff zu bekommen und Ihren Sämlingen einen optimalen Start zu sichern. Nach dem abschließenden Rechen lassen Sie das Saatbeet eine Woche lang ruhen, damit die einjährigen Unkräuter Zeit zum Keimen haben. Behandeln Sie sie mit einem Kontaktherbizid oder flammen Sie sie mit einem Flammenspritzgerät ab, bevor Sie, ohne den Boden unnötig aufzubrechen, mit dem Säen beginnen. Die andere, leider auch etwas riskantere Methode wäre, unmittelbar nach dem Rechen einzusäen und, bevor das Unkraut keimt, ein Herbizid aufzubringen. Schützen Sie sich beim Gebrauch von Chemikalien durch wasserdichte Kleidung, Handschuhe und Gesichtsmaske (s. Seite 112). Sie können aber auch das Unkraut jäten, dann aussäen und wieder Unkraut jäten, wenn Sie die Sämlinge pikieren.

Wiesenmargeriten *(Leucanthemum vulgare)* säen sich Jahr für Jahr von selbst aus und sind ideal für Wildgärten.

Ins Freiland aussäen

1 Bevor Sie Samen in Reihen aussäen, nehmen Sie eine Schnur und Holzpflöcke, um den Verlauf jeder Reihe zu markieren.

2 Mit dem Rücken des Rechens graben Sie eine flache Furche, die so genannte Saatrille, in den sorgfältig vorbereiteten Boden. Als Faustregel kann man sich merken, dass feines Saatgut dicht an der Oberfläche, größeres Saatgut indes tiefer auszubringen ist, und die Tiefe der Saatrille entsprechend variiert wird. Puffbohnensamen, die ungefähr so groß wie ein Daumennagel sind, werden 3 bis 5 cm tief eingebracht, während kleine Samen nahezu an der Oberfläche liegen und nur mit einer dünnen Schicht feinkrümeliger Erde bedeckt werden.

3 Ein bewährter Trick ist, ein paar Stunden vor dem Aussäen kochendes Wasser in die offene Saatrille zu gießen. Damit tötet man nicht nur die Unkrautsamen im Boden ab, sondern wärmt den Boden auch auf und bringt das Saatgut zum Quellen.

4 Säen Sie das Saatgut reihenweise dünn und gleichmäßig aus; richten Sie sich dabei nach den Anweisungen auf dem Samenpäckchen. Karotten und anderes Wurzelgemüse, das nicht verpflanzt wird, sät man im entsprechenden Abstand aus. Andere Pflanzen werden nach einer gewissen Zeit ausgedünnt; Sie können also ruhig etwas großzügiger mit dem Saatgut sein.

5 Rechen Sie den Boden wieder glatt, um die Saatrille abzudecken. Wässern Sie das Beet mit einer feinen Brause, um die Samen nicht wegzuschwemmen.

Tipps zur Förderung des Keimvorgangs

● Viele Samen sind durch eine harte Schale geschützt, die die Absorption von Wasser und somit der Keimung erschwert. Um die Keimung harter Samen wie die der Duftwicken zu beschleunigen, können Sie das Saatgut vorher anrauen oder einweichen.

● Bei diesem Anrauen wird ein Teil der harten äußeren Schale des Samenkorns mit Schmirgelpapier, einer Nagelfeile oder einem scharfen Messer leicht aufgebrochen, damit das Wasser besser eindringen kann. Vergewissern Sie sich, dass Sie einen Bereich der Samenschale aufrauen, der das »Auge« (die Narbe, die an der äußeren Schale von größeren Samen sichtbar ist) nicht beeinträchtigt.

● Sie können die Samen aber auch bis zu zwei Stunden in temperiertem Wasser (abgestandenes Wasser hat Raumtemperatur) einweichen. Sobald sie zu quellen beginnen, können sie unmittelbar in Erdsubstrat ausgesät werden. Lassen Sie die Samen vor der Aussaat nicht austrocknen.

● Eine andere Möglichkeit, die Keimung zu beschleunigen, ist das Vorfrieren, insbesondere der Samen einiger Bäume. In der Regel fallen die Samen im Herbst von selbst von der Ausgangspflanze auf warmen Boden und bleiben den kalten Winter über »schlafend« liegen, bevor sie im Frühling keimen. Um diese Bedingungen nachzustellen, geben Sie die Samen in feuchtes Erdsubstrat und stellen die Saatschale in einen durchsichtigen Plastikbeutel (PE-Beutel). Versiegeln und lagern Sie dieses »Paket« drei bis vier Tage bei einer Temperatur von 15 bis 18 °C. Danach stellen Sie es in den Kühlschrank. Halten Sie den Zeitraum ein, der auf dem Samenpäckchen angegeben ist; er kann sich von Art zu Art unterscheiden, aber als Faustregel kann man von 5 bis 10 Tagen ausgehen. Am Ende dieses Zeitraums dürften Sie die Samen »überzeugt« haben, dass sie nach Ablauf eines kalten Winters nun bereit sind, in Aktion zu treten.

Aussaat unter Glas

Ein Gewächshaus bringt für die Aussaat eindeutig Vorteile mit sich, denn nur so ist man bzw. das Saatgut unabhängig von der Witterung. Die Temperaturen lassen sich gezielt steuern, und das Erdsubstrat bleibt über die Bewässerungsanlage gleichmäßig feucht. Auch das Jäten reduziert sich auf ein Minimum, denn die abgepackte Erde ist frei von Unkrautsamen. Der Handel hält spezielle Aussaaterde auf Torfbasis oder auch ohne Torf bereit. Beide sollten die Feuchtigkeit halten, dennoch aber über eine gute Wasserdurchlässigkeit verfügen. Verwenden Sie für die Aussaat auf keinen Fall eine mit Dünger angereicherte Blumenerde. Sämlinge stellen kaum Ansprüche an Nährstoffe, bevor sie eingetopft oder ausgepflanzt werden, und zu viele Nährstoffe fördern die Bildung von Blattmasse, nicht aber die Entwicklung eines kräftigen Wurzelstocks. Selbstverständlich bringt die Aussaat unter Glas auch spezifische Probleme mit sich. Schädlinge wie Nackt- und Gehäuseschnecken können im Gewächshaus eine wahre Plage sein, denn sie fressen sich förmlich durch die Blattmasse hindurch und müssen Tag für Tag über Köder oder Schneckenfallen gefangen werden. Sämlingskrankheiten wie die Umfallkrankheit (Keimlingsbrand) müssen eingedämmt werden, denn sie können innerhalb weniger Tage einen Topf oder eine ganze Saatschale im Keimlingsstadium zugrunde richten.

Aussaat unter Glas

1 Wählen Sie für feines Saatgut ein Aussaatsubstrat auf Torfbasis oder ohne Torf. Füllen Sie das Gefäß oder die Saatschale bis zum oberen Rand mit der Erde und drücken Sie diese leicht mit einem Holzstück an. Wässern Sie das Substrat, indem Sie das Gefäß in eine Schale mit Wasser stellen. Am besten macht man dies am Tag vor der Aussaat.

Das Erdsubstrat sollte feucht, nicht aber nass sein. Öffnen Sie das Samenpäckchen und schütten Sie einen Teil der Samen auf die Handfläche. Wenn die Samen sehr klein sind, geben Sie einen Teelöffel feinen, trockenen Sand in das Päckchen, schütteln es zum Mischen durch und säen wie gewohnt aus.

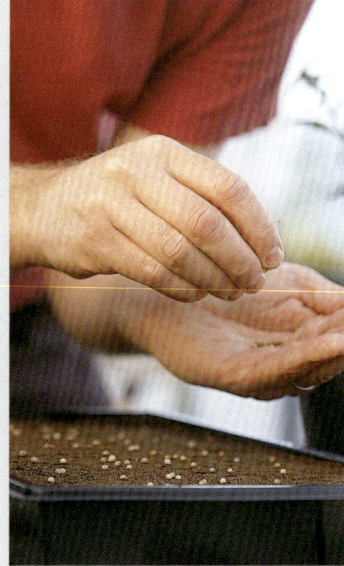

2 Streuen Sie die Samen gleichmäßig über das Erdsubstrat, drücken Sie sie leicht mit dem Holzstück an und fegen Sie alle ab, die am Holz hängen bleiben. Feine Samen werden nicht mit Erde abgedeckt. Wässern Sie das Erdsubstrat, indem Sie das Gefäß in eine Schale mit lauwarmem Wasser stellen (von oben gewässert riskieren Sie, dass die Samen weggeschwemmt werden). Decken Sie das Gefäß mit einer Glasscheibe oder durchsichtiger PE-Folie ab, um die Feuchtigkeit zu halten.

Die Keimungszeiten variieren. Kresse beispielsweise keimt auf einem warmen Fensterbrett innerhalb von 3 bis 5 Tagen nach der Aussaat. Andere Samen, einschließlich diejenigen vieler Baumarten, benötigen bis zu 6 Monate für die Keimung, oder sie erscheinen geradezu unberechenbar in Form von ein bis zwei Sämlingen über 12 bis 18 Monate. Und wieder einmal heißt es Geduld haben!

3 Größere Samenkörner wie die von Kürbissen oder Gurken werden einzeln oder zu zweien in einen Topf gesät, um sicherzustellen, dass die Sämlinge genügend Platz haben.

Lesen Sie die Anweisungen auf dem Samenpäckchen vor dem Aussäen immer genau durch und orientieren Sie sich über Pflanztiefe und bestmögliche Wachstumsbedingungen, denn diese können entscheidend für den Erfolg sein. Kleinere Samen sollten nur mit einer ganz dünnen Schicht Erdsubstrat oder Gartenboden abgedeckt werden. Bei größeren Samenkörnern, wie zum Beispiel denen von Erbsen und Bohnen, muss die Aussaattiefe nicht so genau eingehalten werden, denn diese verfügen über ein ausreichend großes Potenzial an Nährstoffen, das sie ausschöpfen können, bis sie ans Licht kommen. Beachten Sie immer auch, wo die Samen die besten Keimbedingungen finden. Manche Samen bevorzugen totale Dunkelheit bis zur Keimung. Die meisten aber brauchen Licht, allerdings nicht pralles Sonnenlicht, sondern gedämpftes Licht, damit die Blätter nicht verbrennen.

Samen sammeln und lagern

Viele Samenfirmen liefern das Saatgut in luft- und wasserdichten Päckchen. Dennoch müssen nicht alle Samen auf einmal ausgesät werden. Päckchen mit Salatsamen etwa können wieder verschlossen und über die Wachstumsperiode verteilt im Abstand von zwei Wochen ausgesät werden. Die Lagerzeiten für abgepackte Samen variieren von Pflanze zu Pflanze, wobei deren Lebensfähigkeit nach zwei bis drei Jahren dramatisch abfällt. Sellerie-, Kürbis und Kohlsamen bleiben bis zu fünf Jahre nach dem Öffnen keimfähig, während man die Samen von Pastinaken, Zwiebeln und Mais nach einem Jahr nicht mehr aufzuheben braucht.

Gekaufte Samen sind natürlich eine bequeme Sache, auch wenn passionierte Gärtner das Saatgut gern selbst sammeln. Bevor Sie dies in Betracht ziehen (Sie können damit nämlich eine Menge Geld sparen), sollten Sie einige Grundregeln beachten. Sammeln Sie die Samen immer erst, wenn sie reif sind; Sie erkennen dies, sobald die Samenschoten und somit auch die Samen braun oder schwarz werden. Ein Zeitpunkt lässt sich nur schwer angeben, denn manche Pflanzen verstreuen ihre Samen, sobald diese reif sind. Warten Sie also nicht, bis die Samenkapsel an der Pflanze zu faulen beginnt. Ernten Sie die Samen möglichst an einem trockenen, sonnigen Tag.

Geben Sie die Samen nach dem Sammeln in Papiertütchen. Beschriften Sie die Tütchen sofort mit dem vollen Namen der Pflanze und legen Sie ein weiteres Schildchen mit der gleichen Information in das Tütchen hinein. Trocknen Sie die Samen so bald wie möglich im Haus auf einem Blatt Papier und sortieren Sie sämtliche Schoten, Abfälle, Teile von Samenschalen oder zerbrochenen Samen aus. Die schwarzen Plastikdöschen, die als Verpackung von Filmen dienen, sind ideal zum Lagern kleiner Samen. Beschriften Sie auch diese innen und außen (s. auch Seite 251).

Stecklinge

Seit meinem 15. Lebensjahr habe ich Pflanzen aus Stecklingen vermehrt. Als Junge hatte ich eine Vorliebe für Chrysanthemen und Kakteen. Geblieben sind mir das Erstaunen und die Freude, die ich jedes Mal empfinde, wenn es mir gelingt, diese kleinen Pflanzenteilchen zu bewurzeln. Viele Pflanzen lassen sich leicht aus Kopfstecklingen bewurzeln. Es gibt aber nicht nur eine Methode, zumal es immer davon abhängt, ob die Vermehrung über Grünstecklinge oder verholzte Stecklinge erfolgt.

Wie immer Sie vorgehen, vermehren Sie nie Stecklinge, die erkrankt oder von Schädlingen befallen sind. Denken Sie daran, dass es nur darum gehen kann, den Bestand einer besonderen Pflanze zu vermehren und nicht Schädlinge und Krankheiten zu verbreiten, die andere Pflanzen befallen und zugrunde richten.

Grünstecklinge (krautige Stecklinge)

Die Vermehrung aus Grünstecklingen eignet sich für die meisten Sträucher und einige Kletterpflanzen. Diese Stecklinge bewurzeln sich leicht, insbesondere, wenn sie in einem Vermehrungskasten angezogen werden, der etwas Wärme von unten erhält und über eine hohe Luftfeuchtigkeit verfügt (s. Seite 256–257). Die beste Zeit, um diese von dem Elternstrauch abzunehmen, ist gegen Frühlingsende oder im Frühsommer, bevor die Triebe verholzen und fest werden, denn der Begriff Grünsteckling bedeutet in der Tat, dass es sich um die weichen, krautigen Triebe des diesjährigen Holzes handelt.

Viele Gärtner verwenden ein Bewurzelungshormon, das es in Pulver- oder Gelform gibt, um die Bewurzelung von Stecklingen zu beschleunigen, insbesondere von schwer zu bewurzelnden Pflanzen wie Kamelien und Rhododendren. Um zu verhindern, dass etwaige Krankheiten von einer Pflanzengruppe auf die andere übertragen werden, sollten Sie die Stecklinge nicht unmittelbar in den vollen Behälter mit dem Bewurzelungspulver tauchen. Verwenden Sie stattdessen jeweils nur kleine Mengen des Hormons, das Sie in ein sauberes Gefäß abfüllen.

Der Steckling benötigt ein kräftiges Wurzelsystem, bevor er zum Eintopfen bereit ist. Versuchen Sie, die Wurzeln möglichst nicht zu stören, solange diese sich bilden. Warten Sie, bis die kleinen weißen Wurzeln an der Basis des Gefäßes erscheinen, und lassen Sie den Steckling noch mindestens sieben bis zehn Tage in dem Gefäß, damit sich die Wurzeln noch weiter entwickeln können. Sobald sich das Wurzelsystem etabliert hat, lassen sich die Stecklinge vereinzeln und eintopfen.

Grünstecklinge

1 Die beste Zeit, Stecklinge zu nehmen, ist der Morgen, bevor die Blätter zu transpirieren beginnen. Wählen Sie einen krautigen neuen Trieb wie einen jungen Seitenschoss und entfernen Sie ihn von der Ausgangspflanze mit einem scharfen Messer oder reißen Sie den ganzen Trieb mit den Fingerspitzen ab. Vergewissern Sie sich, dass der Astring des Haupttriebs intakt ist. Legen Sie den Steckling in einen verschlossenen durchsichtigen PE-Beutel und lagern Sie ihn in einem kühlen schattigen Raum, bis er eingepflanzt werden kann (am besten nicht mehr als ein paar Stunden lang). Stecklinge verlieren schnell an Feuchtigkeit und welken im Nu, wenn sie nicht feucht gehalten werden.

2 Bereiten Sie den Steckling mit einem scharfen Messer oder einer Rasierklinge vor, indem Sie unmittelbar unterhalb von einem Blattknoten einen sauberen Schnitt machen – in diesem Bereich ist die Hormonkonzentration der Pflanze am höchsten. Bei den meisten Pflanzen haben Sie am Ende einen 5 bis 10 cm langen Steckling. Schneiden oder reißen Sie die unteren Blätter ab und achten Sie darauf, dass Sie den Stiel nicht beschädigen bzw. einen Stummel des Stiels stehen lassen. Wenn Sie dies versäumen, faulen die Blätter, sobald Sie den Steckling in das Erdsubstrat geben; er stirbt ab, bevor er auch nur Wurzeln bilden kann. Wenn sich eine Blütenknospe bildet, brechen Sie die Triebspitze aus.

3 Wenn Sie ein Bewurzelungshormon verwenden, tauchen Sie den Steckling hinein und schütteln den Überschuss ab.

4 Wählen Sie ein gut durchlässiges Erdsubstrat ohne Düngerzusatz. Für eine Grundmischung, die Sie selbst herstellen können, und die gekauften Präparaten in nichts nachsteht, nehmen Sie Torf und scharfen Sand zu gleichen Teilen. Füllen Sie eine Saatschale oder einen flachen Blumentopf bis 2 cm unterhalb des Rands mit dem Erdsubstrat, das feucht, aber nicht nass sein sollte. Um zu prüfen, ob es feucht genug ist, entnehmen Sie eine Handvoll und drücken es in der Hand aus. Wenn das Substrat seine Form behält, ist alles bestens. Wenn beim Drücken indes Wasser heraustropft, ist es zu nass.

Verwenden Sie ein Pflanzholz (ich ziehe einen Bleistift vor), um ein entsprechend tiefes Loch für den Steckling vorzubohren. Die Basis des Stecklings sollte auf dem Grund aufliegen, ohne Lufteinschlüsse zu bilden, und die unteren Blätter sollten über dem Erdsubstrat stehen. Geben Sie die Stecklinge im Abstand von 5 cm in das Erdsubstrat.

5 Drücken Sie das Erdsubstrat von Hand an und wässern Sie es von oben mit einer feinen Brause. Geben Sie den Deckel des Vermehrungskastens oder einen durchsichtigen PE-Beutel darüber und sichern Sie diesen mit Schnur oder einem Gummiring.

Johns Tipp für Heidekraut-Stecklinge

Wenn Sie eine größere Anzahl Heidekraut bewurzeln möchten, sollten Sie die folgende Methode ausprobieren. Ich versichere Ihnen: Ein Versuch lohnt sich!

Füllen Sie eine Saatschale bis 2 cm unterhalb des Rands mit feuchtem Bewurzelungssubstrat. Richten Sie sich genügend kurze (5 cm lange) Heidekraut-Triebe, die Sie von unterschiedlichen Schossen abnehmen. Knipsen Sie die Triebsspitze jedes Stecklings mit dem Fingernagel ab. Sie müssen nicht sämtliche Blätter entfernen. Legen Sie die Stecklinge horizontal auf das Erdsubstrat und feuchten Sie diese mit einer feinen Brause an.

Schneiden Sie ein Stück durchsichtiges Plexiglas (bzw. Fensterglas) zu, das etwas kleiner als die oberen Ausmaße der Saatschale ist. Legen Sie es direkt auf die Stecklinge und drücken Sie diese leicht nach unten, um sicherzugehen, dass sie Kontakt zum Erdsubstrat haben. Geben Sie eine Lage Zeitungspapier auf die Plexiglas-Abdeckung. Nach ein paar Tagen entfernen Sie das Papier und stellen die Schale mit den Stecklingen in gedämpftes Licht, vor praller Sonneneinstrahlung geschützt. Innerhalb von wenigen Wochen sehen Sie durch die Glasschicht hindurch die kleinen, fadenähnlichen weißen Wurzeln, die über dem Erdsubstrat erscheinen. Nun können Sie die »Scheibe« abnehmen und die einzelnen bewurzelten Stecklinge in Töpfchen mit feinem Kompost setzen und wässern; dieses Mal werden sie vertikal eingesetzt. Sorgen Sie für hohe Luftfeuchtigkeit, indem Sie die Pflänzchen in den ersten paar Tagen mit durchsichtiger PE-Folie abdecken. Das Ganze kostet Sie praktisch nichts.

Halbreife Stecklinge

Halbreife Stecklinge werden manchmal auch als Sommersteck-linge oder halbreife Hartholzstecklinge bezeichnet. Alle diese Bezeichnungen sind korrekt, denn das Material, das zur Ver-mehrung genommen wird, stammt vom diesjährigen Holz, das bereits Festigkeit gewinnt und an der Basis zu verholzen beginnt.

Halbreife Stecklinge werden normalerweise von Sträuchern genommen, was vom Hochsommer an bis Mitte Herbst jeder-zeit möglich ist. Halbreife Stecklinge werden ganz ähnlich wie Grünstecklinge genommen (Anweisungen s. gegenüber).

Steckhölzer oder Hartholzstecklinge (verholzte Stecklinge)

Wie im Fall von Grünstecklingen erklärt sich der Name von selbst. Obwohl die Stecklinge wieder vom diesjährigen Holz der Sträucher genommen werden, erfolgt dies zu einem spä-teren Zeitpunkt der Vegetationsperiode, nämlich im Spät-herbst oder Winter, wenn die Triebe bereits verholzt sind.

Im Folgenden finden Sie ein Rezept für die Vermehrung von Hartholzsstecklingen: es braucht dafür ein bisschen gesunden Menschenverstand, eine Spur Know-how und eine Menge Geduld. Kosten werden Sie jedoch rein gar keine haben (weitere Details s. Seite 238).

Halbreife Stecklinge

1 Wählen Sie einen weichen, biegsa-men neuen Trieb aus wie etwa einen jungen Seitenschoss und schneiden Sie einen 7,5 bis 15 cm langen Steck-ling – etwas länger also als Grünsteck-linge in der Regel sind. Versuchen Sie auch hier, den Astring nicht zu verlet-zen, denn dieser beschleunigt die Wur-zelbildung des festen Holzes. Um die Transpiration von Pflanzen mit großen Blättern wie Hortensien und Lorbeer zu reduzieren, halbieren Sie jedes Blatt mit einem scharfen Messer. Entfernen Sie mit den Fingerspitzen die Trieb-spitze von jedem Steckling; auf diese Weise regen Sie die Bildung von Sei-tentrieben an, sobald sich der Steck-ling bewurzelt hat und zu wachsen beginnt.

2 Tauchen Sie ihn in ein Bewurze-lungspulver oder Gel.

3 Mit einem Setzholz oder Bleistift bohren Sie das erste Loch vor, das so tief sein sollte, dass die Basis des Stecklings auf dem Grund des Lochs ruht und die untersten Blätter über dem Erdsubstrat stehen.

4 Geben Sie die Stecklinge wie die Grünstecklinge in das Bewurzelungs-substrat und decken Sie dieses mit durchsichtiger PE-Folie oder einem Vermehrungsdeckel ab. Wässern Sie entsprechend, aber vermeiden Sie jedes Zuviel, denn das Erdsubstrat sollte nicht nass und schwer bleiben. Kontrollieren Sie es regelmäßig auf Krankheitsanzeichen und entfernen Sie alle toten oder absterbenden Blätter. Die Bewurzelungszeiten variieren; manche Pflanzen benöti-gen vier bis fünf Wochen und andere sechs Monate, sodass sich erst im darauffolgenden Frühjahr ein Fort-schritt erkennen lässt. Junge Steck-linge sollten in einem unbeheizten Gewächshaus oder Frühbeet über-wintert werden. Schützen Sie die Stecklinge vor direkter Sonnenein-strahlung.

Steckhölzer oder Hartholzstecklinge

1 Suchen Sie einen reifen, festen Trieb des diesjährigen Holzes aus. Die Länge richtet sich nach dem in diesem Jahr erfolgten Wachstum, sollte aber 20 bis 30 cm messen. Falls die Triebe in der Länge entsprechend zugelegt haben, können auch zwei oder mehr Steckhölzer von jedem Zweig geschnitten werden. Bereiten Sie den Steckling vor, indem Sie an der Basis unmittelbar unterhalb von einem Spross- oder Blattknoten einen sauberen Schnitt erzeugen. Der obere, schräge Schnitt sollte oberhalb eines Auges nach unten abgewinkelt und somit weg davon erfolgen. Gewöhnen Sie sich an, den oberen Schnitt schräg nach unten weisend und den unteren gerade auszuführen. So können Sie jederzeit erkennen, was oben und unten ist, und verhindern, dass Sie den Steckling versehentlich umgekehrt einpflanzen. Schneiden oder knipsen Sie die unteren Stacheln von Pflanzen wie etwa Rosen und Stachelbeeren ab, damit diese sich leichter handhaben lassen. Bei immergrünen Sträuchern entfernen Sie die unteren Blätter.

2 Sie können Ihren Hartholzsteckling entweder in einem Topf im Frühbeet bewurzeln oder direkt im Freiland bzw. in einem Mutterbeet (s. Seite 256). Für Hartholzstecklinge benötigt man kein Bewurzelungshormon. Ich habe meine winterharten Pflanzen von jeher im Freien an einer geschützten Stelle des Gartens bewurzelt. Graben Sie einen 15 cm tiefen Graben mit einer vertikalen Seite. Wenn Sie schweren Boden haben, geben Sie auf die Basis des Grabens eine 2,5 cm starke Schicht Splitt oder groben Sand, um die Durchlässigkeit zu verbessern.

3 Geben Sie die Stecklinge im Abstand von 15 cm vertikal ...

4 ... in Form einer Reihe parallel zur Seite des Grabens ein; die Basis sollte Kontakt mit dem Splitt haben.

5 Füllen Sie die Erde wieder in den Graben ...

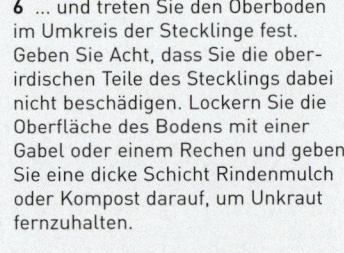

6 ... und treten Sie den Oberboden im Umkreis der Stecklinge fest. Geben Sie Acht, dass Sie die oberirdischen Teile des Stecklings dabei nicht beschädigen. Lockern Sie die Oberfläche des Bodens mit einer Gabel oder einem Rechen und geben Sie eine dicke Schicht Rindenmulch oder Kompost darauf, um Unkraut fernzuhalten.

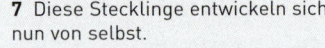

7 Diese Stecklinge entwickeln sich nun von selbst.

Im Lauf des Sommers entwickeln die Stecklinge Seitentriebe. Im Herbst (12 Monate nach der Stecklingsnahme) darf man mit kräftigen, gut bewurzelten, buschigen Pflanzen rechnen, die nun ausgegraben und eingepflanzt werden können.

Blattstecklinge

Über Blattstecklinge können Sie Ihre Zimmerpflanzen erfolgreich vermehren. Rexbegonien *(Begonia rex)*, Bogenhanf *(Sansevieria* spp.) und Drehfrucht *(Streptocarpus* spp.) lassen sich ausnahmslos leicht bewurzeln und können über ein einziges Blatt zahlreiche Jungpflanzen liefern. Sie lassen sich jederzeit bewurzeln, am schnellsten geht es aber im ausgehenden Frühling.

Bei Bogenhanf schneiden Sie das Blatt der Länge nach in Abschnitte von 5 bis 8 cm Länge. Bestäuben Sie die untere Schnittkante jedes Abschnitts mit Bewurzelungshormon (in Pulver oder Gelform erhältlich) und stecken Sie die Abschnitte aufrecht in eine Saatschale mit feuchtem Stecklingssubstrat. Schützen Sie die Saatschale vor prallem Sonnenlicht. Die Stecklinge von der Basis des Blatts bewurzeln sich schneller als jene in Richtung Blattspitze. Nach zwei bis drei Monaten bilden sich an der Basis jedes Blattabschnitts im Bereich der Blattader, die im Erdsubstrat steckt, kleine Pflänzchen.

Blattstecklinge

1 Wählen Sie ein gesundes, unbeschädigtes Blatt (hier: *Begonia rex)* aus und entfernen Sie es von der Pflanze.

2 Entfernen Sie den Stiel von dem Blatt und schneiden Sie mit einem scharfen Messer durch die größeren Adern auf der Blattunterseite.

3 Füllen Sie eine Saatschale mit Stecklingserde. Wässern Sie diese leicht mit einer feinen Brause und legen Sie das Blatt mit der Unterseite nach unten auf das feuchte Erdsubstrat. Um sicherzugehen, dass die aufgeschnittenen Blattadern Kontakt zum Erdsubstrat haben, stecken Sie es mit einem U-förmigen Stück feinem Draht fest oder beschweren es mit Steinen. Stellen Sie die Schale nicht in die pralle Sonne.

4 Im Bereich der aufgeschnittenen Adern bilden sich kleine Pflänzchen; es bedarf allerdings etwas Geduld, denn es kann Monate dauern (hier abgebildet sind Begonien nach Ablauf von sechs Wochen).

5 Wenn die Pflänzchen gut bewurzelt sind (hier nach etwa drei Monaten), können sie herausgenommen und eingetopft werden.

Drehfrucht-Blätter lassen sich ebenfalls der Länge nach schneiden. Mit einem scharfen Messer schneiden Sie entlang jeder Seite der Mittelader und erhalten somit zwei Blattteile. Die Mittelader können Sie wegschmeißen. Bestäuben Sie die Schnittkante jedes Blattteils mit Bewurzelungshormonpulver oder Gel. Legen Sie die Schnittkante in eine Schale mit Stecklingserde. Halten Sie dieses Erdsubstrat feucht, ohne das Drehfrucht-Blatt zu befeuchten, weil sonst die Gefahr besteht, dass die feinen Härchen auf der Oberfläche faulen. Mit der Zeit bilden sich an der Basis des Blatts kleine Pflänzchen. Üben Sie sich erneut in Geduld, denn es kann je nach Jahreszeit 8 bis 20 Wochen dauern.

Die Blätter von Usambaraveilchen *(Saintpaulia* spp.) werden vermehrt, ohne dass der Stiel des Blatts entfernt wird. Pflanzen mit gesunden, gut entwickelten Blättern lassen sich zu jeder Zeit des Jahres bewurzeln. Schneiden Sie das Blatt mit möglichst langem Stiel von der Mutterpflanze ab. Füllen Sie ein Gefäß mit Bewurzelungserde, der ein Teil grober Sand auf fünf Teile Erdsubstrat beigegeben wird, um die Dränage zu verbessern. Graben Sie mit einem Setzholz oder Bleistift von der Mitte abgerückt ein Loch in das Erdgemisch. Schneiden Sie das Ende des Stiels mit einem sauberen, geraden Schnitt ab, ohne den weichen Stiel zu verletzen.

Ich verwende für Usambaraveilchen kein Bewurzelungsmittel, nachdem ich herausgefunden habe, dass es überflüssig ist. Stecken Sie den Blattstiel aufrecht in den Topf und halten Sie das Blatt leicht über der Oberfläche des Erdsubstrats; abgerückt von der Mitte bleibt genügend Platz für die neuen Pflanzen. Innerhalb von sechs Wochen bilden sich an der Oberfläche neue Pflanzen, die nun vereinzelt und eingetopft werden können.

Bewurzeln eines Stecklings in einem Glas Wasser

● Die meisten Leute haben irgendwann einmal einen Steckling in einem Krug oder Glas Leitungswasser bewurzelt. Viele Pflanzen wie Pelargonien bewurzeln sich innerhalb weniger Wochen. Sobald sich Wurzeln gebildet haben, können die jungen Pflanzen eingepflanzt werden. Geben Sie Acht, dass Sie die zarten Wurzeln nicht beschädigen. Halten Sie die Erde feucht, bis sich die Wurzeln ausgebreitet haben und die Pflanze zu wachsen beginnt.

Blattknospen- oder Augenstecklinge

Diese Stecklingsart besteht aus einem gesunden Blatt mit Pflanzenstängel und einem Auge in der Blattachsel (Verbindung von Stängel und Blattstiel). Die Methode wird bei Kamelien erfolgreich praktiziert. Die Stecklinge werden im Sommer von den diesjährigen Trieben genommen, die bereits merklich an Festigkeit zulegen.

Schneiden Sie den Stängel unmittelbar über einem Blatt mit einem gesunden Auge, indem Sie den Schnitt schräg nach unten abgewinkelt, weg von dem Auge ausführen. Machen Sie 2,5 cm unterhalb des Blatts einen geraden, sauberen Schnitt. Spalten Sie den Stängel der Länge nach, indem Sie seine volle Länge belassen, die Dicke aber halbieren. So entsteht eine größere »Wunde«, aus der Wurzeln sprießen können. Tauchen Sie den Stängel in ein Bewurzelungspulver oder Gel und stecken Sie ihn in feuchtes Stecklingssubstrat. Stellen Sie den Topf in einen beheizten Vermehrungskasten und besprühen Sie ihn regelmäßig mit einem feinen Hauch von auf Zimmertemperatur angewärmtem Regenwasser. Wer keinen Vermehrungskasten besitzt, stülpt einen PE-Beutel über den Topf und stellt ihn an einen warmen, schattigen Ort. Im Fall von Kamelien sollten sich die Stecklinge innerhalb von drei Monaten bewurzelt haben. Achten Sie beim Eintopfen auf die Wurzeln, die in diesem Stadium ganz leicht brechen. Kamelien sind kalkfliehende Pflanzen und sollten deshalb saure Erde erhalten, wie sie auch für Heidekrautgewächse verwendet wird.

Nach dieser Methode kann man auch Mahonien, insbesondere von im frühen Herbst genommenen Stecklingen vermehren. Schneiden Sie das große, mit Dornen bewehrte Blatt in die Hälfte, um die Verdunstung zu verringern, aber spalten Sie den Stängel nicht.

Wurzelstecklinge

Wer eine einfache und sehr effektive Methode sucht, um seinen Bestand an Pflanzen zu vermehren, kann Wurzelstecklinge nehmen. Die beste Zeit, um eine Pflanze aus Wurzelstecklingen zu vermehren, ist die Ruhephase zwischen dem Spätherbst und dem ausgehenden Winter. Wenn Sie die horstbildenden krautigen Pflanzen wie *Phlox* und *Acanthus* ausgraben, empfiehlt es sich, die Erde im Umkreis der Wurzeln abzuwaschen, bevor der Wurzelstock für die Vermehrung entfernt wird. Aber auch zum Teilen der Horste (s. gegenüberliegende Seite) erweist sich dieser Zeitraum als ideal. Wo es große Bäume wie etwa *Paulownia tomentosa* zu vermehren gilt, erweist es sich meist als nicht praktikabel, die Mutterpflanze herauszunehmen, um Wurzelstecklinge zu gewinnen. Stattdessen gräbt man vielmehr in den Boden, bis man auf junge Wurzeln stößt. Bei der Zierquitte etwa *(Chaenomeles)* nimmt man Teile junger Wurzeln aus dem Mittelbereich des Wurzelballens heraus.

Wurzelstecklinge

1 Graben Sie die Mutterpflanze aus und waschen Sie den Boden ab, um die Wurzeln freizulegen. Entfernen Sie die erforderliche Menge junger Wurzeln, ohne die Mutterpflanze übermäßig stark zu schädigen. Mit einem scharfen Messer machen Sie einen sauberen Schnitt. Am besten suchen Sie sich bleistiftdicke Wuzeln aus; dünnere fadenartige Wuzeln lassen sich zwar auch vermehren, aber nicht auf diese Weise (s. unten). Lagern Sie die Wurzeln in einem beschrifteten PE-Beutel, bis Sie bereit sind, sie zu verwenden; dies sollte allerdings nicht länger als ein paar Stunden dauern. Setzen Sie die Mutterpflanze baldmöglichst wieder ein, treten Sie den Boden an und wässern Sie die Pflanze, damit sich der Boden um die Wurzeln schließt.

Um die Wurzeln vorzubereiten, entfernen Sie sämtliche dünnen Seitenwurzeln und legen diese beiseite. Schneiden Sie die verbleibenden Wurzeln in Abschnitte von 7,5 bis 10 cm Länge. Merken Sie sich, welches Ende des Wurzelstecklings oben und welches unten ist. Schneiden Sie das obere Ende, das der Krone der Pflanze am nächsten ist, mit einem sauberen, geraden Schnitt ab und das untere Ende im schrägen Winkel. Dünne Wurzeln sollten in kürzere Abschnitte (5 bis 7,5 cm) geschnitten werden. Bestäuben Sie die Schnittflächen jedes Wurzelstecklings mit Schwefelblütenpulver oder einem Fungizid, um das Mykose-Risiko (Pilzkrankheit) zu senken.

2 Füllen Sie eine Mischung aus gut durchlässigem Bewurzelungssubstrat und grobem Sand in einen Topf. Mit Hilfe eines Setzholzes oder Bleistifts setzen Sie die Stecklinge im Abstand von 5 cm vertikal ein. Das obere Ende mit dem geraden Schnitt sollte mit der Oberfläche des Erdsubstrats bündig sein. Pflanzen Sie sämtliche kleinen, dünnen Wurzelabschnitte gesondert in eine Saatschale mit Stecklingserde. Legen Sie die feinen Wurzeln im Abstand von 5 cm horizontal auf das Erdsubstrat, bedecken Sie sie mit einer dünnen Schicht Erde; anschließend werden sie mit einer feinen Brause gewässert.

Stellen Sie die Wurzelstecklinge über die Wintermonate in einen unbeheizten Frühbeetkasten oder an einen geschützten Ort im Freien. Bis zum Fruhjahr durften die Stecklinge weitere Wurzeln gebildet haben und die Adventivknopsen bereits Schosse und Blätter zeigen. Im Sommer sind die Pflanzen dann gut bewurzelt und können in mit Nährstoffen angereicherter Erde getopft werden.

Pflanzen teilen

Horstbildende Pflanzen wie Stauden und einige Steingartenpflanzen, die auf Bodenhöhe mehr als einen Stängel bilden, lassen sich in mehrere Pflanzen teilen, von denen jede über Wurzeln, eine Krone und Wachstumsknospen verfügt. Diese Methode eignet sich nicht, um den Bestand von eintriebigen Pflanzen zu vermehren, denn der Mohn *(Papaver orientale)* etwa lässt sich nicht teilen, sondern durch Wurzelstecklinge vermehren (s. links).

Die Teilung erfolgt am besten im zeitigen Frühjahr, wenn das Wachstum erneut einsetzt, oder im späten Herbst, wenn das Laub der Pflanzen vor dem Winter abstirbt. Pflanzen, die wie die *Hosta*-Arten und *Agapanthus* im zeitigen Frühjahr zu wachsen beginnen, teile ich am liebsten im Herbst, wenn ich kaum noch Bedenken haben muss, ihre neuen Triebe zu beschädigen.

Horstbildende Stauden mit feinen Wurzeln wie Astern, *Primula*-Hybriden *(Polyanthus)* und Enziane *(Gentiana)* lassen sich leicht auseinander ziehen und tolerieren, wenn sie im zeitigen Frühjahr aus dem Boden genommen werden. Wählen Sie einen Tag aus, an dem der Boden feucht ist.

Beetiris-Arten, die Rhizome in Form dicker, fleischiger Wurzeln produzieren, können im Sommer im Anschluss an die Blüte geteilt werden. Mit zunehmendem Alter bilden die Pflanzen einen Kreis, der sich von der Mitte absetzt. Die Rhizome sind leicht zu erkennen, weil sie dicht unter der Oberfläche wachsen, um sich dem Sonnenlicht auszusetzen. Graben Sie die Pflanze aus und legen Sie die Wurzeln frei. Mit einem scharfen Messer schneiden Sie den alten verholzten Teil des Wurzelstocks heraus und entsorgen ihn. Zurück bleiben die jungen Teile, die den Blättern am nächsten stehen. Kürzen Sie diesen Blattfächer auf 15 cm ein und pflanzen Sie ihn mit den Rhizomen auf Bodenhöhe in die Erde oder einen Topf.

Einige Zimmerpflanzen bieten sich ebenfalls zum Teilen an. Wie sich Bogenhanf aus Blattstecklingen vermehren lässt, wurde bereits angesprochen (s. Seite 239). Diese Pflanzen lassen sich aber auch über Teilung vermehren, insbesondere im reifen Stadium, indem sie im Topf von sich aus Horste mit zahlreichen Blättern bilden, die an fleischigen Wurzeln unmittelbar über dem Erdsubstrat stehen. Wenn Sie die Mutterpflanze umtopfen, sollten Sie die Gelegenheit wahrnehmen, einige der bewurzelten Ableger herauszuziehen und sie von der Ausgangspflanze abzuschneiden; sie lassen sich dann getrennt eintopfen.

Horstbildende Stauden teilen

1 Graben Sie den Horst aus und ziehen Sie ihn, falls möglich, von Hand auseinander.

2 Die Wurzeln überalterter Horste lassen sich manchmal mit zwei Grabgabeln trennen. Ich hatte mit dieser Methode zwar meist kein Glück, aber versuchen Sie es. Stoßen Sie zwei Grabgabeln Rücken an Rücken in die Mitte des Horstes und lockern Sie die Wurzeln möglichst ohne größeren Schaden anzurichten.

3 Falls erforderlich, verwenden Sie einen Spaten mit scharfer Schneide oder ein Beil, um den Horst in mehrere Stücke zu teilen; versuchen Sie die Wachstumsknospen möglichst nicht zu beschädigen.

Links: Die Hänge-Goldglocke (*Uvularia grandiflora pallida*) ist eine sehr schöne Frühlingsblume für feuchte Waldstandorte. Sie lässt sich im zeitigen Frühjahr durch Teilung vermehren.

4 Die jüngsten und gesündesten Wurzeln sind die am Rand des Horstes. Versuchen Sie also vor allem diese schonend zu behandeln. Die Mitte des Horstes und somit der älteste Teil der Pflanze ist mit der Zeit verholzt; die alten Wurzeln sollten deshalb entsorgt werden.

5 Pflanzen Sie die geteilten Horste in der gleichen Tiefe wie zuvor wieder direkt in den Boden oder in Töpfe mit Blumenerde. Wässern Sie sie gründlich, damit der Boden lückenlos die Wurzeln umschließt.

Absenker bilden

Es gibt viele Möglichkeiten, Absenker zu bilden, die für den Hobbygärtner alle durchaus praktikabel sind. Die gängigste Methode ist das einfache Absenken, wie es uns die Natur seit Urzeiten vormacht.

Einfaches Absenken

Es gibt viele Pflanzen, die sich mit etwas Unterstützung durch einfaches Absenken bewurzeln lassen. Der große Vorteil ist, dass der bewurzelte Absenker in der Regel bereits eine beachtliche Größe hat. Die Methode eignet sich insbesondere für schwer zu bewurzelnde Pflanzen wie Rhododendren, Zaubernuss *(Hamamelis* spp.) und den Seidelbast *(Daphne)*.

Einfaches Absenken ist zu jeder Zeit des Jahres möglich, aber das Bewurzeln erfolgt in der Regel schneller, wenn die Pflanze, von der der Absenker genommen wir, aktiv am Wachsen ist – vorrangig also in der Zeit vom Frühling bis zum Sommer.

Das Alter des Strauchs oder Baums ist nicht wichtig, solange Sie einen jungen Ast aussuchen, der nicht mehr als zwei Wachstumsperioden alt ist. Älteres Holz wird sich unter Umständen überhaupt nicht bewurzeln oder zumindest sehr lange brauchen, um Wurzeln zu bilden.

Vermehrung durch Anhäufeln (Abrisse)

Die Gewinnung von Jungpflanzen durch Anhäufeln abgerissener diesjähriger Seitentriebe ist eine einfache, wenn auch keine schnelle Vermehrungsmethode, die sich für *Weigela,* *Philadelphus,* Stachelbeeren und Schwarze Johannisbeeren anbietet. Bei jüngeren Pflanzen erweist es sich als sehr zuverlässige Methode, denn ältere bringen keine neuen Triebe auf Bodenhöhe hervor.

Schneiden Sie den Strauch im Winter bis auf 45 cm Höhe zurück. Im darauffolgenden Jahr lassen Sie die Triebe bis zum Winter wachsen und kürzen sie auf 2,5 cm über Bodenhöhe ein. Im Frühjahr beginnen dann viele Triebe zu wachsen. Wenn diese 15 cm hoch sind, werden sie mit gutem Gartenboden, dem Sand oder Kies hinzugefügt wurde, angehäufelt, sodass nur noch die Triebspitzen hervorschauen. Während die Triebe im Lauf des Frühlings und Sommers wachsen, wird, ähnlich wie bei Kartoffeln, zunehmend mehr Erde im Umkreis angehäufelt, bis der Hügel eine Höhe von 25 bis 30 cm erreicht hat. Im Herbst, wenn Sie den Boden entfernen, werden Sie sehen, dass jeder Trieb Wurzeln gebildet hat. Diese Triebe können nun von der Mutterpflanze getrennt werden, wobei ein 2,5 cm langer Stummel stehen bleibt. Die bewurzelten Abrisse können nun in Töpfe eingesetzt oder in den Garten ausgepflanzt werden, um eine

Wachstumsperiode lang weiterzuwachsen. Falls erforderlich, fahren Sie im darauffolgenden Frühjahr mit dem Anhäufeln fort, bis sich zusätzliche Triebe gebildet haben.

Absenken oder Ablegen

Hier geht es nicht um Anhäufeln, sondern um das Gegenteil. Man versteht darunter das Ausgraben der Mutterpflanze. Die Methode ist aber weniger erfolgversprechend, da der Boden in einem trockenen Sommer leicht austrocknet. Das Absenken eignet sich vor allem für Heidekraut-Arten wie *Erica* spp. und *Calluna* spp. sowie für *Gaultheria mucronata*.

Graben Sie die Mutterpflanze im Frühjahr oder frühen Herbst aus. Vergrößern Sie das Pflanzloch, um die gesamte Pflanze bequem einsetzen zu können und pflanzen Sie sie wieder ein, indem nur die Triebspitzen über Bodenhöhe stehen bleiben. Breiten Sie die eingegrabenen Triebe aus, um sie voneinander zu trennen und füllen Sie dazwischen vorsichtig mit Stecklingserde auf. Wässern Sie das Ganze, um die Erde im Umkreis der Triebe zusammenzuschließen. Graben Sie die gesamte Pflanze sechs bis sieben Monate nach dem Umpflanzen wieder aus. Sie werden sehen, dass die Triebe Wurzeln gebildet haben und diese nun abgeschnitten und eingetopft oder ausgepflanzt werden können. Knipsen Sie zur Pflanzzeit die Triebspitze jeweils ab, denn auf diese Weise wird die Pflanze angeregt, Seitenschosse zu bilden und zu einem kompakten Busch heranzuwachsen.

Absenken durch leichtes Knicken und Drehen des Triebs

Diese Form des einfachen Absenkens eignet sich besonders für Kletterpflanzen wie *Clematis,* Geißblatt, Jasmin, *Fallopia* und *Glyzine*. Wie beim einfachen Absenken kann die Vermehrung zu jeder Zeit des Jahres erfolgen, jedoch gelingt die Bewurzelung im Frühling und Frühsommer am schnellsten. Wählen Sie einen Trieb des diesjährigen Holzes aus, der sich auf den Boden legen lässt. An dem Punkt, an dem der Trieb den Boden berührt, setzen Sie der Erde einen Eimer voll Sand- und Torfsubstrat zu, um die Bewurzelung zu fördern. Wo der Platz beschränkt ist, kann der Trieb auch um die Mutterpflanze (weg von der Wurzelzone) gebogen werden und somit einen Kreis bilden. Anstatt den Trieb wie beim einfachen Absenken horizontal abzusenken, biegen Sie ihn durch leichtes Knicken in die Erde und wieder nach außen, bis er dem Ungeheuer von Loch-Ness gleicht. Vergewissern Sie sich, dass Sie mindestens vier bis fünf Blätter zwischen den eingegrabenen Abschnitten stehen lassen. Entfernen Sie die Blätter von sämtlichen unterirdisch vergrabenen Abschnitten und winden Sie den Trieb dann wie für das einfache Absenken beschrieben (s. Seite 245) unterhalb eines Nodiums (Blattknoten), an dem das Blatt entfernt wurde. Sichern Sie Ihr Loch-Ness-Ungeheuer mit U-förmigen Drahtklammern,

Einfaches Absenken

1 Wählen Sie einen Zweig auf Bodenhöhe aus oder einen, der sich so biegen lässt, dass er den Boden berührt. An dem Punkt, an dem der Zweig auf den Boden trifft, lockern Sie die Erde mit der Grabgabel. Geben Sie Sand und Torf hinzu, um die Dränage zu verbessern und die Wurzelbildung zu fördern. Graben Sie eine Mulde, in die der Trieb hineingelegt wird.

2 Streifen Sie jeweils 15 cm beidseitig der Stelle, an der der Trieb den Boden berührt, sämtliche Blätter ab, um die Pflanze anzuregen, ihre gesamte Energie in die Wurzelbildung zu lenken.

3 Verletzen Sie den Trieb an dem Punkt, an dem er in Kontakt mit dem Boden kommt. Folgen Sie diesem Punkt mit einem langen, schräg nach unten geführten Schnitt teilweise durch den Trieb und halten Sie den Schnitt offen, indem Sie als Keil ein Stück Streichholz dazwischen klemmen. Sie können den Trieb aber auch so drehen, dass er an der entsprechenden Stelle bricht.

4 Heften Sie den Trieb an Ort und Stelle mit einem U-förmigen Stück Draht oder einem biegsamen kleinen Ast so fest, dass er unten bleibt, und vergewissern Sie sich, dass die Wunde unmittelbaren Kontakt zum vorbereiteten Boden hat.

5 Befestigen Sie die Triebe so, dass sie aufrecht und gerade nach oben wachsen – sie lassen sich später auch leichter wieder herausnehmen. Falls erforderlich, binden Sie den Triebabschnitt, der über den Bereich zum Bewurzeln hinausragt, an einem Stab oder Stock fest, damit der Wind ihn nicht umreißt. Auf diese Weise wird die Pflanze zugleich erzogen, aufrecht und nicht abgewinkelt zu wachsen.

6 Bedecken Sie den Trieb mit zusätzlichem Erdsubstrat und wässern Sie ihn, damit sich der Boden setzt. Legen Sie einen großen Stein oder Betonblock auf den Trieb, um zu verhindern, dass er sich lockert oder gestört wird.

Es kann bis zu 18 Monaten dauern, bis sich der Trieb bewurzelt; die meisten Pflanzen schaffen es aber innerhalb eines Jahres. Halten Sie den Boden feucht. Im darauffolgenden Herbst heben Sie den Zweig mit einer Grabgabel aus dem Boden. Wenn er ausreichend bewurzelt ist, schneiden Sie den Trieb, der der Mutterpflanze am nächsten ist, ab. Überlegen Sie sich gut, wo Sie schneiden, denn die ganze Mühe wäre schließlich umsonst, wenn Sie zwischen der Triebspitze und den neuen Wurzeln schneiden würden! Versuchen Sie, den neu bewurzelten Absenker mit möglichst viel Erde herauszuheben, um zu verhindern, dass die Wurzeln einen Schock bekommen. Topfen Sie den Absenker ein oder pflanzen Sie ihn im Garten aus.

Hamamelis x *intermedia* lässt sich im Allgemeinen gut durch Absenker vermehren. Man benötigt dafür aber Zweige, die biegsamer sind als die hier abgebildeten, starr nach oben gerichteten Zweige.

die Sie in den Boden stecken. Bedecken Sie die Triebe, die eingegraben werden, mit Stecklingserde und achten Sie darauf, dass diese feucht bleibt.

Nach etwa zwölf Monaten müssten die Absenker bewurzelt und zum Ausgraben bereit sein. Graben Sie den gesamten Trieb aus und legen Sie die Wurzelabschnitte frei. Schneiden Sie den Trieb unmittelbar hinter dem bewurzelten Abschnitt, sodass jede Pflanze über einen Bereich des gewundenen Wachstumsabschnitts verfügt, der über Bodenhöhe angesiedelt war. Topfen Sie die Absenker ein oder pflanzen Sie sie an einem geschützten Platz Ihres Gartens aus, damit sie ein Jahr weiterwachsen können, bevor sie langfristig ihren festen Standort erhalten.

Luftableger (Abmoosen)

Bislang habe ich Vermehrungsverfahren durch Absenker erläutert, bei denen die Pflanze mit dem Boden in Berührung gebracht wird. Es gibt jedoch viele Fälle, in denen dies nicht möglich ist. Steife aufrechte Zweige der Zaubernuss (*Hamamelis* spp.), Rhododendren und Zimmerpflanzen wie der Gummibaum *(Ficus* spp.) sowie der Wunderstrauch *(Codiaeum* spp.) lassen sich von Natur aus nicht auf Bodenhöhe herunterbiegen. Durch Luftableger bringt der Gärtner die für die Bewurzelung erforderliche Erde jedoch zur Pflanze, und nicht wie üblich umgekehrt. Am besten geschieht dies in der Zeit vom mittleren Frühling bis zum Hochsommer.

Luftableger
(Abmoosen)

1 Wählen Sie einen festen, gesunden ein Jahr alten Trieb aus. Zwischen zwei Nodien (Blattknoten) schneiden Sie einen Teil des Triebs schräg ein.

2 Klemmen Sie ein kleines Stück eines Streichholzes als Keil dazwischen, um zu verhindern, dass die Wunde wieder verwächst.

3 Pudern Sie die Wunde mit einem Bewurzelungshormon ein oder tragen Sie ein Gel auf.

4 Packen Sie feuchtes Torfmoos *(Sphagnum)* um die verwundete Stelle.

5 Binden Sie eine Hülle aus durchsichtiger PE-Folie um das Moos. Versiegeln Sie diese im Umkreis des Triebs oben und unten mit Klebeband oder Bast, um einen Feuchtigkeitsverlust zu verhindern.

6 Decken Sie die PE-Folie mit einer Lage Schwarzfolie ab und versiegeln Sie auch diese. Zimmerpflanzen werden so zwar etwas seltsam aussehen, bieten aber willkommenen Gesprächsstoff.

7 Entfernen Sie die Schwarzfolie einmal pro Monat, um zu prüfen, ob sich etwas tut. Wenn das Moos auszutrocknen droht, lösen Sie die obere Bindung, füllen etwas Wasser nach und verschließen sie wieder. Nach einiger Zeit erscheinen weiße Wurzeln. Bei Zimmerpflanzen dauert dies in der Regel 8 bis 10 Wochen. Bei Bäumen und Sträuchern kann es 12 bis 18 Monate dauern, bis sie sich bewurzeln.

Wenn der Trieb richtig bewurzelt ist, lösen Sie die Folie sorgfältig und entfernen alles lose Moos. Schneiden Sie den Trieb unmittelbar unter dem bewurzelten Bereich ab und topfen Sie die neue Pflanze ein. Schneiden Sie den Trieb der Mutterpflanze bis zu einem Blatt, Auge oder Seitenschoss zurück, um die Verzweigung anzuregen.

Erdbeer-Ausläufer

Erdbeeren werden über Ausläufer-Pflanzen vermehrt (s. unten). Gut eingewachsene Erdbeeren produzieren an langen Trieben oder so genannten Ausläufern neue Pflanzen, die so fruchtbar sind, dass sie zum Ärgernis werden, wenn man sie nicht für die Vermehrung benötigt. Vermehren Sie nur Ausläufer von gesunden Erdbeerpflanzen.

Erdbeer-Ausläufer

1 Selektieren Sie im Frühsommer die Anzahl neuer Pflanzen, die Sie benötigen. Suchen Sie die größten Ableger aus, jeweils nur einen pro Ausläufer, und schneiden Sie alle hinter dem ersten Ableger wachsenden ab. Versenken Sie einen 7 bis 10 cm großen Topf randbündig im Boden neben der Mutterpflanze und füllen Sie diesen mit lehmhaltigem Erdsubstrat.

2 Heften Sie den Ableger mit einem gebogenen Draht an Ort und Stelle über dem Erdsubstrat fest.

Wässern Sie das Erdsubstrat in Trockenperioden.

Innerhalb von einigen Wochen treibt die Pflanze im Erdsubstrat Wurzeln, sodass sich der Ausläufer von der Mutterpflanze trennen lässt. Im Herbst ist die im Topf angezogene Pflanze zum Auspflanzen bereit. Die Jungpflanzen wurzeln zwar auch unmittelbar im Gartenboden ein, brauchen aber länger als im Topf. Lockern Sie den Boden zwischen den Pflanzen, um die Bewurzelung zu fördern.

Veredeln

Lassen Sie sich nicht davon abhalten, Pflanzen zu veredeln, nur weil es einige detaillierte Schnittmaßnahmen zu erlernen gilt. Mit etwas Übung wird man diese bald schon perfekt beherrschen.

Mein erster Veredelungsversuch war ein durchschlagender Erfolg. Es handelte sich um einen alten Apfelbaum, der, von neuer Lebenskraft durchdrungen, noch köstlichere Tafeläpfel hervorbrachte. Ich hatte in der Zwischenzeit zwar auch schon Fehlschläge, empfinde es aber jedes Mal als höchst befriedigend, wenn es mir gelingt, ein Gehölz zu veredeln.

Für den Laien verständlich ausgedrückt, bedeutet Veredeln, die Schnittflächen zweier Pflanzen so zu verbinden, dass sie zu einer Pflanze verwachsen. Als Unterlage bezeichnet man die Pflanze, die über das Wurzelsystem Wasser und Nährstoffe liefert und die Pflanze im Boden verankert, während man die darauf veredelte Pflanze als das Edelreis oder Reis bezeichnet.

Einer der Hauptgründe für das Veredeln besteht darin, die besten Eigenschaften zweier Pflanzen auf eine zu übertragen. Die Unterlage kann starkwüchsig sein und über ein kräftiges Wurzelsystem verfügen. Die neue Art oder Sorte, das Edelholz also, das darauf veredelt wird, kann sich durch besondere Blütenpracht, reichen Fruchtbehang oder andere Vorzüge auszeichnen, besitzt aber ein schwaches Wurzelsystem. Wenn Sie die beiden aber durch Veredeln verbinden, gewinnen Sie ein Top-Exemplar mit starkem Wurzelsystem. Diese Technik eignet sich besonders für die Gewinnung von Zwerg-Obstbäumen, bei denen Starkwüchsigkeit nicht erwünscht ist (in diesem Fall kann der Baum mit einer geeigneten, weniger starkwüchsigen Unterlage veredelt werden). Das Veredeln eignet sich aber auch zur Vermehrung von Flieder, der sich über Wurzelstecklinge nur schwer vermehren lässt.

Es gibt zahlreiche unterschiedliche Veredelungsmethoden. Die erfolgreichsten für eine Reihe von Pflanzen sind die Kopulation mit Gegenzunge und das Sattelpfropfen. Die ideale Zeit für beide Verfahren ist das zeitige Frühjahr, bevor der Wachstumsprozess von Bäumen und Sträuchern erneut einsetzt. Für den Kauf von Unterlagen wendet man sich an Spezialbetriebe; vielfach lassen sich aber auch Unterlagen aus dem Saatgut des eigenen Gartens heranziehen. Meist sind für das Veredeln Pflanzen erforderlich, die einen Bezug zur Unterlage haben. Die Eberesche oder Vogelbeere (*Sorbus* spp.) verträgt sich mit dem Apfel und dem Weißdorn, weil alle der gleichen Familie der Rosengewächse (*Rosaceae*) angehören. Gleichermaßen lässt sich jede Rosenart als Unterlage verwenden, egal ob eine Busch-, Strauch- oder Kletterrose (jeweils ungeachtet der Sorte) entstehen soll.

Sattelpfropfen

Ich veredle am liebsten, wenn die Unterlage bereits gepflanzt ist, insbesondere, wenn es sich um mehrere Gehölze handelt, denn dann ist die Prozedur wesentlich rückenschonender.

Man kann die Sache natürlich auch am Tisch erledigen und sich nach erfolgter Veredelung ans Einpflanzen machen. Bewährt hat sich das Sattelpfropfen bei Rhododendren, Zaubernuss, Ahorn und Eberesche.

Sattelpfropfen

1 Wählen Sie als Edelreis einen Trieb oder Zweig aus, der sich im vorangegangenen Sommer gebildet hat. Schneiden Sie ihn mit einem scharfen Messer oder einer Gartenschere so an, dass eine keilförmige Einkerbung (ein auf dem Kopf stehendes V bzw. ein Satteldach) entsteht.

3 Vergewissern Sie sich, dass die beiden Triebenden sauber und lückenlos abschließen. Das Edelreis kann nun auf zwei bis drei Augen zurückgeschnitten werden. Beim Verbinden der beiden müssen die Hölzer so gut zusammenpassen, dass Kambium- und Rindenschicht einander berühren.

2 Für die Unterlage wählen Sie einen Trieb mit annähernd gleicher Dicke wie die des Edelholzes. Spitzen Sie die Unterlage dicht über dem Boden so an, dass das V-förmige Ende das Edelreis einschließt.

4 Die Veredelungsstelle kann nun versiegelt werden, um zu verhindern, dass Krankheiten in die Wunden Eingang finden, die beiden Hölzer sich verschieben oder austrocknen. Altmodisch wie ich bin, schwöre ich auf Bast zum Zusammenbinden. Als modernere Alternative bietet sich ein Kunststoffverband an. Abschließend bepinseln Sie die Bindung zur luftdichten Versiegelung mit Baumwachs. Geben Sie auch einen Klecks Baumwachs auf die Triebspitze.

Kopulation mit Gegenzunge

Die Technik ist die gleiche wie beim Sattelpfropfen, nur dass sich Form und Größe des Schnitts unterscheiden. Die Kopulation mit Gegenzunge wird vor allem an Obstbäumen, Rhododendren, Zaubernuss und Ahorn praktiziert.

Der erste Schnitt an der Unterlage erfolgt 10 bis 15 cm über Bodenhöhe, indem Sie 3,5 bis 5 cm lang schräg nach oben schneiden. Ein Drittel des Wegs von diesem Schrägschnitt nach unten setzen Sie von oben aus zu einem 1 cm langen vertikalen Schnitt an, der die »Zunge« ergibt. Legen Sie nun am Edelreis im gleichen Winkel wie an der Unterlage einen Schrägschnitt an, indem Sie genau unterhalb eines treibenden Auges enden. Setzen Sie ein Drittel des Wegs aufwärts vom unteren Ende des Schrägschnitts wieder einen 1 cm tiefen Schnitt an. Fügen Sie die beiden vorbereiteten Triebstücke zusammen, sodass sich die beiden Zungen zu einer zusammenschließen. Sichern und versiegeln Sie die Schnittstelle wie beim Sattelpfropfen.

Okulieren

Die als Okulation bekannte Technik wird auch als Augenveredelung bezeichnet. Es handelt sich um ein beliebtes und zuverlässiges Verfahren zur Veredelung von Strauchrosen. Okuliert wird im Sommer, meist an Freiland- oder Container-Rosen. Der Unterschied zwischen dem Okulieren und dem Veredeln besteht im verwendeten Material. Während bei der Kopulation mit Gegenzunge und beim Sattelpfropfen zwei Triebe der gewünschten Sorte verwendet werden, wird beim Okulieren ein einziges treibendes Auge aus dem Edelreis geschnitten und mit der Unterlage in Verbindung gebracht. Man kann ein gewöhnliches scharfes Messer verwenden, besser aber ist ein Okuliermesser. Dieses verfügt über eine Ausbuchtung, den so genannten »Löser« am oberen Ende der stumpfen Seite, mit der die Schnittstelle an der Unterlage offen gehalten wird, sodass sich das Reis leichter einpassen lässt. (s. Seite 250).

Okulieren

1 Wählen Sie einen gut entwickelten Trieb aus dem Holz des Vorjahrs und vergewissern Sie sich, dass dieser in den Blattachseln schlafende Augen enthält. Entfernen Sie den Trieb und entblättern Sie ihn. Bereiten Sie das Auge vor, bevor Sie die Unterlage öffnen. Schneiden Sie ein einzelnes Auge mit möglichst wenig Holz aus dem gewählten Trieb. Lösen Sie den Holzstreifen unter der Rinde mit der Spitze des Messers heraus und entsorgen Sie ihn. So bleiben Auge und die Kambiumschicht an der Rinde fest. Halten Sie das Auge feucht, während Sie die Unterlage vorbereiten – am einfachsten ist es, wenn Sie es zwischen die Lippen stecken. Sprechen sollten Sie solange allerdings nicht, weil Sie sonst womöglich darauf beißen.

2 Bereiten Sie nun die Unterlage vor, die das Auge aufnehmen soll. Setzen Sie 2,5 bis 5 cm über Bodenhöhe zu einem horizontalen Schnitt an und entsorgen Sie das obere Ende. Säubern Sie den als Unterlage vorgesehenen Trieb mit einem Lappen.

3 Sobald der Hals der Unterlage sauber ist, beginnen Sie mit dem Veredeln.

4 Bringen Sie an der Unterlage einen T-förmigen Schnitt an, der tief genug ist, um die Kambiumschicht unter der Rinde freizulegen. Das »Bein« des T-Schnitts sollte weniger als 1 cm lang sein, der horizontale »Kopf« indes 2,5 cm messen.

5 Benutzen Sie die abgeflachte stumpfe Seite des Messers bzw. den »Löser«, um die beiden Rindenlappen von der Unterlage zu lösen. Schieben Sie das vorbereitete Auge mit der Spitze nach oben unter die Rindenlappen und vergewissern Sie sich, dass die beiden Kambiumschichten Kontakt haben. Trennen Sie sämtliche überschüssige Rinde im Umkreis des Auges ab, damit diese mit dem »Bein« des T-Schnitts bündig ist.

6 Sichern Sie die Veredelungsstelle ober- und unterhalb des Auges mit Bast. Manche Gärtner bevorzugen ein spezielles Gummiveredlungsband. Dieses wird über die Augen-Veredelungsstelle gespannt und mit einer Büroklammer fixiert.

Sobald das Auge zu treiben beginnt, können Sie den Bast entfernen (ein Gummiveredelungband löst sich mit der Zeit von selbst auf). Im zeitigen Frühjahr schneiden Sie die Unterlage über dem neuen Austrieb der Knospe, damit er sich den Sommer über entwickeln und zum Blühen kommen kann.

Welche Methode
für welche Pflanze?

Bob: Nachdem John Einzelheiten zu den verschiedenen Verfahren des Veredelns erläutert hat, sollen hier einige Richtlinien folgen, die aufzeigen, welche Methoden sich für welche Pflanzen erfahrungsgemäß bewährt haben, aber auch welche Tücken diese mit sich bringen können.

Säen

Die meisten Blütenpflanzen (im botanischen Sinn gehören dazu auch die Gemüse) lassen sich aus Samen ziehen – eine Möglichkeit, die Gartenliebhaber gern nutzen –, und viele nichtblühende Pflanzen können aus samenähnlichen Materialien gezogen werden: Farne aus Sporen und Pilze aus Myzel. Allerdings lässt sich über Samen nicht immer die gleiche Pflanze wie die Mutterpflanze erzeugen, was vielfach damit zusammenhängt, wie die spezielle Sorte ursprünglich zustande kam. Sorten, die aus einem Zufallssämling entstanden sind, in ihrem Erscheinungsbild aber höchst unterschiedlich ausfallen, bringen nach wiederholter Vermehrung noch immer einige ähnliche Nachkommen hervor. Die gesamte Vielfalt der Klatschmohne beispielsweise wurde aus der ungefüllten Wildart gewonnen, indem die immer wieder leicht unterschiedlichen Pflanzen selektiert und kultiviert wurden, bis sich die Unterschiede allmählich »verbessern« ließen. Die Samen dieser Pflanzen erzeugen hauptsächlich Formen, die den Ausgangspflanzen weitgehend gleichen. Aber andere Pflanzensorten gehen auf Mutationen zurück, wie etwa Knospenmutationen an Obstbäumen: Dabei fängt ein Teil einer Pflanze an, sich vollkommen anders zu verhalten. Indem dieses abgelöst und getrennt weiterkultiviert wird (ob auf seinem eigenen Wurzelstock oder auf eine Unterlage veredelt), gelingt es uns, sie zu erhalten und zu vermehren. Diese Knospenmutationen müssen beinahe immer auf diese Weise, die so genannte vegetative Vermehrung, »reproduziert« werden, da sich eine Mutation gewöhnlich nicht auf das erzeugte Saatgut auswirkt. Mit anderen Worten heißt dies, dass die Vermehrung eines Sports durch Veredeln einen weiteren Sport erzeugt, während bei der Vermehrung durch Samen normalerweise lediglich die ursprüngliche Form erzeugt wird.

Samenfirmen bedienen sich unterschiedlicher Techniken, um sicherzugehen, dass der Kunde am Ende weitgehend das erhält, was auf dem Päckchen abgebildet ist, wenn er das Saatgut für seine Blumen oder Gemüse ausbringt. Dies ist nicht immer der Fall, wenn Sie Ihr Saatgut selbst ernten. Wenn Sie Ihre eigenen 'Cox Orange'-Apfelkerne oder Ihre 'Iceberg'-Hagebutten säen, werden Sie wahrscheinlich keine 'Cox Orange' oder 'Iceberg' unter den Nachkommen erhalten, sondern vielmehr ein Sortiment an Äpfeln und Rosen, die willkürlich variieren

und viele, die den Ausgangsformen gleichen. So fällt Samen nur dann artrein oder erwartungsgemäß aus, wenn er sorgfältig produziert wurde, und diese Wahrscheinlichkeit dürfte bei Verwendung kommerzieller Samenpäckchen am größten sein. Falls sich diese Erwartung nicht erfüllt, empfiehlt es sich, zumindest die erste Pflanze zu kaufen, wenn es genau der richtige Kultivar sein soll – dieser wird dann normalerweise vegetativ vermehrt. Wenn Sie also eine 'Victoria'-Zwetschge, eine 'King Edward'-Kartoffel, einen 'Belle Étoile'-*Philadelphus* oder eine 'Sarah Bernhardt'-Päonie haben wollen, können Sie sie nicht aus Samen ziehen, obwohl es Ihnen womöglich gelingt, etwas ganz und gar Ähnliches oder etwas von Grund auf Unähnliches heranzuziehen – aber das macht schließlich den Reiz der Sache aus.

Vergessen Sie nicht, dass die Vermehrung aus Samen in der Praxis nicht einfacher, schneller oder gar günstiger sein muss als wenn Sie eine Pflanze kaufen – insbesondere, wenn Sie nur ein bis zwei Exemplare wollen. Wenn es aber viele Pflanzen sein sollen, dann erweist sich die Aussaat in der Regel als unglaublich preisgünstig. Arbeiten Sie gewissenhaft, und Sie werden sehen, dass das Saatgut im Allgemeinen wächst. Bei sorgfältiger Einteilung müsste ein Päckchen genügen, um einen größeren Flecken zu füllen. Im Übrigen sind aus Samen gezogene Pflanzen in der Regel ausgesprochen starkwüchsig und ertragreich. Samen, die an Ort und Stelle ausgesät und nicht gestört werden, bringen oft die schönsten Exemplare hervor, insbesondere wenn sie sachgemäß ausgedünnt und von Anfang an unkrautfrei gehalten werden.

Als Faustregel kann man sich merken, dass sich einjährige und zweijährige Sommerblumen, einige Staudenarten und die meisten Gemüsearten durch Aussaat gewinnen lassen.

Selbst gesammeltes Saatgut

Gekaufte Samenpäckchen sollten erbringen, was sie versprechen und auf der Abbildung zeigen. Selbst gesammelte Samen gibt es zwar gratis, sie können aber, wie ich schon sagte, unter Umständen nicht sortenrein ausfallen und oft nicht einmal lebensfähig sein (lassen Sie sich dennoch nicht abhalten, zumindest einen Versuch zu unternehmen). Es macht nämlich großen Spaß, Pflanzen aus Samen zu ziehen, die man selbst gesammelt hat, zumal es auch dem Neuling problemlos gelingt, innerhalb weniger Jahre durch sorgfältige Selektion eine bestimmte Sorte zu erzeugen. Umgekehrt kann eine unsachgemäße Selektion Ihren Bestand aber auch empfindlich beeinträchtigen, indem in der gleichen Zeit eine kaum noch definierbare Mischform daraus entsteht. So kann Samen von einer Duftwicken-Mischung etwa in nur vier bis fünf Jahren lediglich noch die purpurviolette Wildform hervorbringen. Von Goldlack, Levkojen, Kohl und anderen *Brassicaceae*, Eier- und Moschuskürbissen, Gurken und anderen *Cucurbita-*

Johns und Bobs Tipps zum Vermehren von etwa 75 Pflanzen

Obwohl es Spaß machen kann, die skurrilsten Vermehrungsverfahren auszuprobieren, halten sich die meisten Gartenfreunde an bewährte Methoden wie Aussaat, Stecklingsnahme oder Teilung, um ihre Bestände zu vermehren. Die hier folgende Tabelle zeigt auf einen Blick, wie sich einige der beliebtesten Pflanzen am leichtesten vermehren lassen.

	Samen	Grünstecklinge oder krautige Stecklinge	Halbreife oder Sommerstecklinge	Steckhölzer oder Hartholzstecklinge	Wurzelstecklinge	Blattstecklinge	Teilung
Alcea	●						
Begonia	●					●	
Brassica	●						
Buddleia		●	●	●			
Buxus		●	●				
Calendula	●						
Camellia			●				
Campanula	●	●					
Capsicum	●						
Ceanothus			●		●		
Choisya		●	●		●		
Chrysanthemum		●	●				●
Citrus		●	●				●
Clematis		●					●
Cornus		●	●	●			
Cotoneaster	●	●	●	●			
Crataegus	●						
Cyclamen	●						
Dahlia	●						
Daphne	●		●				
Dianthus	●		●				
Digitalis	●						
Erica	●		●				
Euphorbia	●	●					●
Fagus	●						
Ficus				●			
Forsythia	●	●	●	●			
Fuchsia	●	●	●				
Galanthus	●						●
Geranium	●				●		●
Gladiolus	●						
Hebe	●	●	●				
Hedera		●	●				
Helleborus	●						●
Hemerocallis	●						●
Hosta	●						●
Hydrangea		●	●				●
Ilex	●	●					
Iris	●						●

	Samen	Grünstecklinge oder krautige Stecklinge	Halbreife oder Sommerstecklinge	Steckhölzer oder Hartholzstecklinge	Wurzelstecklinge	Blattstecklinge	Teilung
Jasminum		●	●				
Kniphofia	●						●
Laburnum	●			●			
Lathyrus	●						●
Lavender	●		●				
Lonicera	●		●	●			
Lupins	●	●	●				
Magnolia	●	●	●				
Mahonia	●						●
Malus	●						
Mentha		●					●
Narcissus	●						
Nepeta	●	●					●
Nicotiana	●						
Paeonia	●						●
Papaver	●				●		●
Passiflora	●						
Philadelphus		●	●	●			
Primula	●						●
Pyracantha	●		●				
Pyrus	●						
Ribes				●			
Rosemary			●				
Roses	●			●			
Salvia	●		●				●
Sarcococca	●		●				●
Sedum	●	●				●	●
Skimmia	●		●				
Sorbus	●						
Strawberries	●						●
Syringa	●	●	●		●		
Thymus	●	●					●
Tomaten	●						
Tropaeolum	●	●			●		●
Tulips	●						
Viburnum	●	●	●	●			
Vitis			●	●			
Wisteria		●					

ceae, Blattsalate, Karotten, Mais und anderen Gemüsearten sowie von Beerensträuchern sollten Sie deshalb auch kein Saatgut sammeln (es sei denn, Sie würden sich auskennen). Sie können, wenn Sie wirklich wollen, zwar die meisten Sträucher, Bäume, verholzten Kletterpflanzen und Stauden von selbst gesammeltem Samen ziehen, wiederum aber nicht die hervorragenden namhaften Sorten.

Teilung

Einige Nutzpflanzen wie Kartoffeln, Topinambur *(Helianthus tuberosus)* und der Knollenziest *(Stachys sieboldii)*, Knoblauch und Schalotten sowie einige Blumen wie Dahlien bilden Sprossknollen oder Speicherorgane, die sich ausgraben und ganz leicht teilen lassen. Bei Pflanzen, die wie Veilchen und Erdbeeren Stolonen oder Ausläufer bilden, geht das ganz einfach. Vieltriebige Pflanzen wie Himbeeren oder Bambus bzw. jedes Gewächs mit weitreichenden Rhizomwurzeln, die nicht von einem zentralen Horst ausgehen, lassen sich in viele kleinere Pflanzen unterteilen. So lassen sich die meisten Sträucher, die Wurzelsprosse bilden, ganz leicht teilen. Nahezu sämtliche horstbildenden Stauden lassen sich teilen, denn sie verfügen über zahlreiche Augen und Schosse, die problemlos Wurzeln treiben – man denke nur an Taglilien, *Phlox*, Rittersporn, Rhabarber und Artischocken. Die meisten profitieren von einer alle paar Jahre vorgenommenen Teilung, die verjüngend und kräftigend wirkt, zumal dabei die tote Mitte herausgenommen und die stärksten Triebe bzw. Schosse neu eingepflanzt werden. Allerdings gibt es immer auch Ausnahmen. Päonien, Nieswurzarten und Spargel eignen sich nicht für dieses Verfahren; sie reagieren kurze Zeit danach höchst unwillig oder blühen spontan und sterben dann ab – es sei denn sie würden ganz liebevoll umsorgt, aber das ist, wie gesagt, Glückssache. Als Faustregel kann man sich merken: je fleischiger das Wurzelsystem und je mehr Schosse und Augen die einzelnen Partien enthalten, desto besser sind die Chancen einer erfolgreichen Teilung. Bei großen, brüchigen Wurzeln mit wenigen Augen ist es schwieriger – oder wie bei den Yuccas einfach langwieriger. Wenig Erfolg hat man mit Einjährigen und Bäumen.

Stecklinge

Manche krautigen Pflanzen und ein paar verholzende Gewächse lassen sich aus ziemlich kleinen Wurzelstecklingen ziehen; andere wie einige sukkulente Zimmerpflanzen vermehrt man über Blattstecklinge. Mit ein bisschen Geschick und Talent lässt sich beinahe jeder lebende Teil einer Pflanze zum Weiterwachsen anregen. Dennoch meine ich, dass Sie mit den gängigsten Methoden beginnen sollten. Hartholzstecklinge oder Steckhölzer lassen sich mit unterschiedlichen Erfolgsquoten von den meisten Gehölzen nehmen. Vergessen Sie nicht, dass eine Erfolgsbilanz von 6 Prozent für einen kommerziellen Gartenbetrieb als Fehlschlag zu werten ist, für den Hausgarten aber durchaus

genügen kann. Viele Sträucher und die meisten krautigen Pflanzen lassen sich erfolgreich aus Grünstecklingen vermehren, die im Lauf der Wachstumsperiode Wurzeln bilden. Diese Stecklingsart ist in der Regel auf Wärme von unten (Bodenheizung) und eine Pflanzenglocke (Cloche) oder Abdeckhaube angewiesen, um sich zufriedenstellend zu entwickeln. Für »härteres« Pflanzenmaterial ist zusätzlich ein Sprühnebelgerät erforderlich. Die meisten Einjährigen und viele Zweijährige lassen sich kaum je über eines der Verfahren bewurzeln, das Gleiche gilt für die meisten Bäume. Mit Schwarzen oder Roten Johannisbeeren bzw. Zier-Johannisbeeren *(Ribes)*, Weintrauben und Stachelbeeren müsste es aber in jedem Fall gelingen, und erstaunlicherweise lassen sich auch die meisten Rosen über Stecklinge vermehren.

Absenker bilden

Absenker lassen sich im Prinzip von allen Pflanzen bilden, von denen man Stecklinge nehmen kann. Dennoch wird dieses Verfahren vor allem bei Sträuchern praktiziert, die sich nicht leicht oder nur langsam von Stecklingen bewurzeln lassen, wie etwa Rhododendren. Kletterpflanzen lassen sich am einfachsten absenken. Wer von seiner Lieblingspflanze also ein oder zwei weitere Exemplare (allerdings nicht größere Mengen) gewinnen möchte, findet in Absenkern eine geeignete und beinahe mühelose Vermehrungsmöglichkeit.

Veredeln

Auch wenn nur wenige Hobbygärtner Pflanzen veredeln, so handelt es sich doch um ein relativ einfaches Verfahren. Wichtig ist die Terminierung, aber die Technik an sich ist keinesfalls so kompliziert, als dass nicht jeder sich darin versuchen könnte. Sobald man sie nämlich beherrscht, kann man auf den gleichen Baum eine Vielzahl an Varietäten übertragen, Schäden beheben oder die Verzweigung fördern und die Sorten wechseln. Falls es Ihnen nicht gelingen sollte, setzt sich die Ausgangsform in der Regel ohnehin wieder durch. Veredelt werden meist laubabwerfende Bäume und Sträucher; man kann aber auch Tomatenstauden auf Kartoffeln oder Tomaten auf eine krankheitsresistente Unterlage veredeln. Die meisten gekauften Obstbäume (Steinobst ausgenommen) sowie viele Ziergehölze, aber auch die meisten Sträucher und Kletterpflanzen wurden auf spezifische Unterlagen veredelt.

Okulieren (Augenveredelung)

Dieses Verfahren ist etwas anspruchsvoller, lässt sich aber mit etwas Geschick doch recht leicht bewältigen. Die meisten Rosen und Steinobstgehölze wurden auf geeignete Unterlagen okuliert.

Dieser Apfel *(Malus 'Yellow Ingestrie')* würde auf seinen eigenen Wurzeln zu einem viel größeren und um Jahre später tragenden Baum heranwachsen. Auf eine schwachwüchsige Halbstamm-Unterlage veredelt, eignet er sich auch für mittelgroße Gärten.

Vermehrungseinrichtungen, Geräte und Hilfsmittel

Saatbeet und Anzucht- oder Mutterbeet

Bob: Dies sind große Worte für ein kleines Fleckchen vorbereiteten Boden in einer geschützten Gartenecke, der weder starken Windböen ausgesetzt noch in tiefem Schatten liegen sollte. Viele Gärtner ziehen ihre jungen Sämlinge am liebsten in einem Saatbeet vor und setzen sie dann erst an Ort und Stelle, um sie reifen zu lassen. Hier werden Gemüse wie Kohlarten und Lauchgewächse sowie Zierpflanzen wie Goldlack und Levkojen, die regelmäßig irgendwo die Lücken füllen, ausgesät, ausgedünnt und umsorgt, bis sie groß genug sind, um an den vorgesehenen Platz umgesetzt zu werden. Der Boden für ein Saatbeet sollte sandig und leicht, feucht, aber nie staunass oder übermäßig nährstoffreich sein. Stecklinge (oft werden sie in einem mit Sand ausgestreuten schmalen Graben untergebracht), langsam wachsende Zierpflanzen und Exemplare, die nur vorübergehend eingeschlagen wurden (grob eingepflanzt, meist liegend), werden in Anzuchtbeete gepflanzt, wo sie heranwachsen, bevor sie an ihren endgültigen Platz umgesetzt werden. Der Boden im Anzuchtbeet sollte frei von Unkraut, feucht, aber nie staunass, schwerer als im Saatbeet, womöglich also etwas lehmhaltiger, weniger sandig und fruchtbarer, wenn auch nicht extrem nährstoffreich sein. In den meisten Fällen genügt es, den Boden gründlich umzugraben und auszujäten.

Pflanzenglocken (Cloches), Frühbeete und Vermehrungskästen

Diese Hilfsmittel können entscheidend zur erfolgreichen Vermehrung beitragen, denn sie schützen die Sämlinge, Stecklinge und Jungpflanzen vor der austrocknenden Wirkung der Luft und extremer Kälte. Eine Cloche (traditionell eine Glasglocke) wird heute aus Kunststoff hergestellt. Manche lassen sich zu langen Abdeckungen zusammenstecken, die ganze Reihen von Sämlingen schützen. Andere wie durchsichtige Plastikflaschen, von denen Boden und Verschluss entfernt wurden, eignen sich für Einzelpflanzen. Der Vorteil von Pflanzenglocken gegenüber einem Frühbeet ist, dass sie sich nach Bedarf je nach Jahreszeit und den jeweiligen Kulturansprüchen von einem Platz zum anderen transportieren lassen. Von daher können Sie die Pflanzen unmittelbar an Ort und Stelle einsetzen, denn Cloches sind klein, erfordern wenig Zuwendung wie etwa Gießen, weil das Regenwasser von den Seiten her einsickern kann (was im Frühbeet nicht möglich ist). Insgesamt betrachtet sind diese Glasglocken für den emsigen Gemüsegärtner von größtem Nutzen, zumal sie sich auch für die Anzucht von Wintersalaten bewährt haben.

Frühbeete sind größer, besser isoliert und dauerhafter als Glasglocken. Manche Pflanzen werden unmittelbar in den Boden gesetzt, die meisten aber in Töpfen vorgezogen. Viele Gärtner setzen diese Töpfe ins Frühbeet, nachdem sie sie an einem wärmeren Ort vorgezogen haben; hier bleiben sie dann, bis sie groß genug sind, um ausgepflanzt zu werden. Frühbeete eignen sich aber auch zum Überwintern von Pflanzen. Da sie haltbarer und geräumiger sind als Glasglocken und die Pflanzen meist eingetopft sind, müssen sie regelmäßig von Hand gegossen werden. Was Frühbeete auszeichnet, ist die bessere Isolierung; sie halten die Pflanzen somit entschieden wärmer. Allerdings lässt die Luftzirkulation meist zu wünschen übrig, sodass Jungpflanzen an einem sonnigen Tag regelrecht gekocht werden können, wenn die Deckel nicht geöffnet sind. Der Handel hält Vermehrungskästen bereit, die so groß sind wie Frühbeete (meist sind sie mit Bodenheizkabeln ausgestattet), aber auch kleine Einrichtungen, die das Format von Saatschalen mit Kunststoffabdeckung haben. Letztere sind eine einfache Hilfe für die Anzucht von Samen oder Stecklingen, denn die durchsichtigen Deckel halten die Luft gleichermaßen wie eine Cloche feucht. Pflanzen in Vermehrungskästen müssen umsorgt und gepflegt werden wie Babys, denn sie sind, solange sie noch klein sind, sehr empfindlich. Stimmen Sie die Pflegemaßnahmen sorgfältig auf die jeweiligen Kulturen ab, die darin gezogen werden – manche Pflanzen erfordern Schatten oder gar Dunkelheit, um zu keimen (s. Seite 235).

Wärme und Feuchtigkeit

Zusätzliche Wärme von unten wirkt sich vorteilhaft auf die Vermehrung aus, da warme, feuchte Erde die Samen zur schnelleren Keimung und die Stecklinge zur Wurzelbildung anregt. Früher behalf man sich mit gärendem Mist, um die Beete zu erwärmen, was in der Praxis allerdings recht kompliziert war, denn alle zwei Monate musste das Beet ganz neu aufgesetzt werden. Dennoch wird auch heute noch gärender Mist verwendet, wo es ein Beet kurzzeitig zu erwärmen gilt, um Melonen oder Kürbissen einen guten Start zu geben. Obwohl sich die verschiedensten Wärmequellen einsetzen lassen, verfügen die meisten Vermehrungskästen und beheizten Beete über elektrische Heizpads, Matten oder, am gebräuchlichsten, über spezielle Kabel, die in Sand eingebettet sind. Sie erweisen sich als ausgezeichnete Vermehrungshilfe; da sie aber über Strom betrieben werden, sollte man für die Installation einen Elektriker beauftragen. Einmal installiert, lässt sich das Erdsubstrat über Thermostat auf der eingestellten Temperatur halten. Vermehrungskästen, die die Größe von Saatschalen haben, gibt es mit eingebauter elektrischer Heizung zu kaufen. Sie können aber auch ganz normale Saatschalen auf Heizmatten oder Stellagen stellen. Auch größere Vermehrungseinheiten mit mehreren Tabletts sind im Handel erhältlich, können aber auch selbst gebaut werden.

Während eine Bodenheizung zum Keimen der Samen oder Bewurzeln der Stecklinge hilfreich ist, sind für die Anzucht frostempfindlicher Pflanzen weitere Heizmöglichkeiten von Vorteil. Elektrische oder gebläseunterstützte Heizgeräte sind ideal zur Vermehrung empfindlicher Pflanzen, die im Winter in eigens geschützten Bereichen bereits vorgezogen werden können, ohne dass das ganze Gewächshaus beheizt werden muss. Um Grün- oder Blattstecklinge zu vermehren, bewährt sich eine Sprühnebel-Bewässerung. Was früher von Hand erfolgte, geht in größeren Vermehrungseinrichtungen inzwischen vollautomatisiert vonstatten.

Nahezu jede Pflanze profitiert bereits von einem Minimum an Bodenwärme – eine Bodenheizung ist somit das wichtigste Gerät, um Pflanzen frühzeitig vorzuziehen und somit eine wesentliche Voraussetzung für die Keimung und Anzucht frostempfindlicher Samen (Salate gehören zu den wenigen Ausnahmen, die nicht keimen, wenn sie zu warm haben). Um Grün- und Blattstecklinge zu bewurzeln, aber auch für empfindliche Kulturen erweist sich Wärme in der Regel als große Hilfe – im Zweifelsfall also immer Wärme zuführen. Dass Elektrizität immer auch gefährlich ist, insbesondere in Verbindung mit Dampf oder, schlimmer noch, mit Inkompetenz, soll hier dennoch nicht unerwähnt bleiben. Lassen Sie alles, was nicht einfach über Stecker und Steckdose funktioniert, fachmännisch installieren und lesen Sie unbedingt die Anweisungen!

Zur Auswahl und Verwendung von Vermehrungseinrichtungen

Wie aber weiß man, welche Vermehrungseinrichtung die »richtige« ist? Nun, das hängt im Wesentlichen davon ab, was man zu vermehren gedenkt. Die meisten einjährigen Sommerblumen und Gemüsearten werden am besten an Ort und Stelle ausgesät. Ein kleines Saatbeet erweist sich jedoch als sehr praktisch, wenn laufend Kohlarten, Lauch oder Salate gepflanzt werden, aber auch für die Anzucht zweijähriger Beetpflanzen und vieler winterharter, aus Samen gezogener Pflanzen. Ein Anzuchtbeet bewährt sich, wenn Sie immer wieder Hartholzstecklinge nehmen oder Ihre Füllpflanzen wie etwa Levkojen oder Nelken selbst ziehen. Diese Pflanzen profitieren von einer Pflanzenglocke, die Schädlinge fernhält und die Sämlinge vor Kälte und Wind schützt, wenngleich eine derartige Abdeckung oft auch dazu führt, dass die Pflanzen wesentlich weniger robust sind und übermäßig viel Blattmaterial bilden. Deshalb sollten die Pflanzen zunächst abgehärtet werden, bevor sie an ihren endgültigen Platz umgesetzt werden.

Ein Frühbeetkasten empfiehlt sich für die Vermehrung nahezu winterharter Pflanzen in Töpfen – wie etwa Fuchsien und Pelargonien – oder zur Anzucht kälteempfindlicher Gemüse-

Eine Pflanzenglocke oder Cloche schützt diese jungen Zucchini-Pflanzen vor Frost; sie kann aber auch die Blätter regelrecht weichkochen, wenn sie nicht angehoben wird.

arten. Jeder passionierte Hobbygärtner sollte einen kleinen Vermehrungskasten haben, da viele besonders schöne Pflanzen sich nicht unmittelbar im Freiland aussäen lassen. Eine geräumige, beheizbare Vermehrungseinrichtung ist für ambitionierte Gartenliebhaber beinahe so hilfreich wie ein Gewächshaus.

Crepis rubra gehört zur Familie der *Asteraceae* und sät sich wie der ebenfalls zur Familie gehörende Löwenzahn von selbst aus.

Der nächste Schritt

Sobald die Samen gekeimt haben, könnte man sie eigentlich sich selbst überlassen. Allerdings würde das Ergebnis nicht unbedingt wunschgemäß ausfallen, es sei denn, Sie wären ein Glückspilz, der geschickt genug war, genau die richtige Anzahl Sämlinge am richtigen Platz anzuziehen. Ob Sie an Ort und Stelle aussäen oder in ein Saatbeet – immer werden Sie zwangsläufig zu dick aussäen, sodass die Keimung nur spärlich erfolgt und mit Einbußen gerechnet werden muss. So erhalten Sie entweder einen lückenhaften oder dicht wie Kresse wachsenden Sämlingsbestand. Deshalb gilt es die vorhandenen Sämlinge so bald wie möglich auszudünnen, um zu verhindern, dass sie einander erdrücken oder gegenseitig verdrängen. Dieses frühe Ausdünnen ist noch wichtiger, wenn Sie in Töpfe, Multi-Topfplatten oder Saatschalen ausgesät haben, wo der Wurzelraum zwangsläufig beschränkt ist.

Pikieren

Sämlinge, die anfangs zusammen ausgesät wurden, um während der Keimung Platz zu sparen, werden mit der Zeit größer und sind somit bald schon bereit, in eigene Töpfe, Multi-Topfplatten oder Saatschalen eingepflanzt zu werden. Dieses so genannte »Pikieren«, das anstatt des Ausdünnens oder im Zuge dessen erfolgt, wird bei der Anzucht von Sämlingen in Töpfen oder Schalen praktiziert. Die in einem Saatbeet ausgesäten Sämlinge müssen nicht unbedingt pikiert werden, da hier doch wesentlich mehr Platz verfügbar ist.

Unterschätzen Sie die Bedeutung des Pikierens aber auf keinen Fall – erwiesenermaßen sind Tomatensämlinge, die innerhalb von drei Tagen nach Erscheinen pikiert wurden, nahezu doppelt so groß wie jene, die etwa eine Woche länger in ihrem ersten Topf stehen blieben. Wählen Sie zum Umpflanzen kein zu großes Gefäß. Die winzigen Sämlinge entwickeln sich in kleinen Töpfen, Zell- oder Multi-Topfplatten meist am besten, bis sie groß genug sind, einen größeren Erdsubstratballen zu durchwurzeln. Nicht weniger Überlegung bedarf die Frage, wo Sie sonst all die großen Töpfe aufbewahren sollen. Wenn die Sämlinge weiter herangewachsen sind, lassen sie sich in zunehmend größere Töpfe umsetzen.

Wenn Sie Ihre Sämlinge in einem geschützten Raum wie einem Gewächshaus oder Vermehrungskasten angezogen haben, sollte gewährleistet sein, dass sie nach dem Pikieren oder Austopfen die gleichen Wachstumsbedingungen erhalten – Sämlinge, die an einem warmen Ort standen, sollten auch dahin zurückgestellt werden. Erst wenn sie sich in ihrem neuen Erdsubstrat etabliert haben, können Sie riskieren, sie herauszunehmen.

Sämlinge pikieren

1 Sämlinge sind groß genug zum Pikieren, wenn sie sich an ihren ersten Blättern, die voll entfaltet sind, fassen lassen. Es ist nämlich wesentlich riskanter, sie am Stängel oder an der Triebspitze zu fassen.

2 Diese Sämlinge hätten schon vor Tagen pikiert werden sollen, denn sie bedrängen sich bereits gegenseitig.

3 Vergessen Sie nicht, die Sämlinge gründlich zu wässern, bevor Sie sie herauszunehmen versuchen. Die Erde bleibt so nämlich besser an den Wurzeln haften und diese werden nicht so leicht beschädigt. Klopfen Sie den Topf, die Multi-Topfplatte oder Saatschale leicht an, um das Erdsubstrat zu lockern, und ziehen Sie dann den Sämling so vorsichtig heraus, dass die Wurzeln nicht beschädigt werden. Verwenden Sie einen Bleistift oder ein Pikierholz, um die fadendünnen Wurzeln zu lockern und herauszuziehen.

4 Halten Sie die Pflanzen nie wie hier gezeigt – Sie zerdrücken so nur die zerbrechlichen Stängel.

5 Wählen Sie einen kleinen Topf oder eine Multi-Topfplatte. Füllen Sie das gesiebte sterile Topfsubstrat wie hier gezeigt ein. Graben Sie mit einem Bleistift oder Pikierholz ein Loch in die Erde und verpflanzen Sie den Sämling unverzüglich. Tauchen Sie den Topf oder die Saatschale in warmes Wasser, bis die Oberfläche feucht erscheint und lassen Sie das Wasser dann abfließen. Wässern oder befeuchten Sie das Erdsubstrat nicht von oben, bevor Sie mit dem Pikieren anfangen. Stellen Sie die Sämlinge, sobald Sie sie umgepflanzt haben, in das Gewächshaus, den Vermehrungskasten oder an eine geschützte Stelle im Garten zurück, bis sie kräftig zu wachsen beginnen und umgetopft werden müssen.

Annes Tipps zum Wässern von Sämlingen
Bob hat sicherlich recht, wenn er keinerlei Risiko eingeht, aber ich wässere sämtliche Sämlinge, die ich je pikiert habe, von oben, und die Tausende und Abertausende, die es überlebt haben, sprechen letztlich für sich. Nur dürfen Sie nicht vergessen, eine feine Brause auf die Gießkanne zu stecken. Ich siebe gekauftes Erdsubstrat auch nicht durch, aber das bleibt Ihrer persönlichen Entscheidung überlassen.

Umtopfen

Der Sinn des Pikierens ist, jedem winzigen Sämling ein bisschen mehr Raum zum Wachsen zuzugestehen. Das ist aber nur die erste Stufe. Wenn die Pflanzen größer werden, müssen Sie erneut in größere Gefäße umgetopft oder an den vorgesehenen Platz im Garten gesetzt werden. Jede Pflanzenart stellt ganz unterschiedliche Anforderungen, und sei es nur an die Menge des Erdsubstrats, die erforderlich ist, ohne dass die Wurzeln eingeengt oder zusammengedrückt werden. Im Allgemeinen ist es besser, zu früh als zu spät umzusetzen, insbesondere im Frühjahr bei rasch wachsenden Einjährigen und Gemüsekulturen, denn durch den so genannten »Blumentopfeffekt« werden die Pflanzen eingeschränkt und in ihrer Entwicklung gehemmt. Im Herbst oder Winter wachsen die Pflanzen so langsam, dass sie kaum je umgetopft werden müssen.

Einkaufen

Ganz ambitionierte Gartenfreunde werden womöglich alles aus Samen ziehen. Um Zeit zu sparen, kaufen sich viele Hobbygärtner die größeren, langsamer wachsenden Pflanzen aber auch in pflanzfertigem Stadium. In den letzten Jahren werden jedoch wieder vermehrt Sämlinge und ganz kleine Pflanzen gekauft, die erst noch wachsen müssen; auf diese Weise erspart man sich zumindest den oft schwierigen Prozess der Keimung sowie das mühsame Pikieren. Im Handel werden am häufigsten Sommerblumen und spezielle Züchtungen wie Fuchsien, Nelken und Chrysanthemen angeboten. Von diesen kleinen Pflanzen gibt es die beliebtesten Sorten in Torfquelltöpfchen, Jiffy- oder Paperpots oder als »lose« kleine Pflanzen zu kaufen. Sie sind zwar teurer als Samen, aber immer noch billiger als ausgewachsene Pflanzen.

Umtopfen

1 Es ist unmöglich, beim Anblick der oberirdischen Pflanzenteile zu sagen, ob eine Pflanze nun zum Umtopfen bereit ist. Ein Indiz kann die Tatsache sein, dass sie zwischen dem Wässern rasch austrocknet. Was Sie aber machen können, ist, den Wurzelballen prüfen – klopfen Sie die Pflanze also aus dem Töpfchen und schauen Sie nach.

Wenn nur wenige Wurzeln sichtbar sind, lassen Sie die Pflanze noch etwas länger im Töpfchen stehen.

2 Wenn jedoch zahlreiche Wurzeln vorhanden sind, ist genau die richtige Zeit zum Umtopfen.

3 Wenn sich die Wurzeln massenhaft bereits im Kreis drehen, entflechten Sie sie unter Wasser, indem Sie sie auseinander ziehen.

4 Pflanzen Sie sie unverzüglich um.

Wie immer empfiehlt es sich, Kataloge zu studieren und möglichst frühzeitig eine Auswahl zu treffen, um die besten Exemplare zu bekommen. Pflanzen in Torfquelltöpfchen werden über den Versandhandel zum bestmöglichen Pflanztermin geliefert und sollten begutachtet, gründlich untersucht und unverzüglich eingetopft werden. Wenn sie ausgetrocknet sind, tauchen Sie die Wurzeln zunächst in warmes Wasser. Es wäre unsinnig, selbst frostharte Sorten sofort ins Freie zu setzen, zumal wenn versäumt wurde, sie abzuhärten! Von daher ist es in jedem Fall besser, die hoch empfindlichen Exemplare zunächst im Gewächshaus oder Frühbeet zu halten, bis sie etwas größer sind und der Boden sich erwärmt hat. Nicht winterharte oder extrem frostempfindliche Pflanzen müssen gleichermaßen eingetopft, dann aber in die Wärme gestellt werden, bis sie so groß und robust sind, dass sich abhärten und auspflanzen lassen.

Topf und Erdsubstrat auswählen

Wie oben bereits angeführt, hat jede Pflanze ihre ganz spezifischen Ansprüche. Während die einen einen möglichst großen Topf und ausgesprochen nährstoffreiche Erde bevorzugen, zeigen sich andere sehr viel genügsamer. Und manche gedeihen und blühen am schönsten, wenn ihre Wurzeln auf engstem Raum zusammengedrängt sind. Im Allgemeinen werden die Pflanzen aber allein schon aus Platzgründen in kleinere Töpfe gezwängt als sie eigentlich benötigen. Diese Tatsache vor Augen, sollten Sie beim Umtopfen für rasch wachsende Pflanzen einen wesentlich größeren Topf als den ursprünglichen auswählen, sowie einen geringfügig größeren für Pflanzen, die relativ kompakt bleiben. Das Gleiche gilt für die Sämlinge: die starkwüchsigsten erhalten nährstoffreichere Erde. Anfangs aber werden alle am besten in schwach nährstoffhaltiges Aussaatsubstrat gesetzt, danach in normale Pflanzerde, und wenn sie schließlich größer und kräftiger sind, in noch nährstoffreichere Erde. Für die größten, kräftigsten und am stärksten zehrenden Pflanzen sollten Sie eine qualitativ hochwertige Universal-Erde verwenden, die Sie gegebenenfalls mit eigenem Kompost und einem organischen Langzeitdünger wie Oscorna vermischen. So lassen sich durchaus befriedigende Ergebnisse erzielen.

Pflanzen umsetzen

Pflanzen im Freiland müssen vom Saatbeet in das Anzuchtbeet umgesetzt werden, ebenso wie Topfpflanzen in größere Töpfe umgesetzt und kleine Pflänzchen aus dem Vermehrungskasten zunächst auf den Arbeitstisch im Gewächshaus und dann in das Frühbeet umgesetzt werden. Entsprechende Sorgfalt und richtige Terminierung vorausgesetzt, profitieren die Pflanzen von diesem Umsetzen immer, denn sie werden nicht nur kräftiger, sondern auch größer und entwickeln einen starken Wurzelballen, der auch ungünstigeren Bedingungen »gewachsen« ist. Insbesondere wenn ganze Bestände aus Goldlack, Levkojen

und Kohlarten aufgebaut werden sollen, ist dieses Umsetzen von größter Bedeutung. Wenn die kleinen Pflänzchen aus dem Saatbeet in das Anzuchtbeet gesetzt werden, wird die Pfahlwurzel abgebrochen; nach dem Einsetzen ins Anzuchtbeet entwickelt sich dann ein fleischigeres Wurzelsystem, das für ein letztes Umsetzen weitaus besser gerüstet ist als die ursprüngliche Pfahlwurzel und sich somit an der vorgesehenen Stelle entsprechend rasch etabliert. Gleichermaßen wichtig ist das Umsetzen von Stecklingen im zweiten Jahr sowie kleinen Staudensämlingen: sie müssen herausgenommen werden und mehr Platz erhalten, denn nur so können sie richtig durchwurzeln, bevor sie an ihren endgültigen Standort verpflanzt werden.

Abhärten

Kleine Pflänzchen können infolge unvermittelter Temperaturunterschiede im Nu eingehen und selbst größere und kräftigere Gewächse reagieren empfindlich darauf. Deshalb müssen die Pflanzen ganz allmählich an Temperaturunterschiede angepasst werden, jedoch keinesfalls auf einmal. Dies gilt aber nicht nur für Jungpflanzen, sondern auch für robuste, etablierte Zimmerpflanzen, die zuerst abgehärtet werden müssen, bevor man sie den Sommer über ins Freie stellt. Das Geheimnis des Abhärtens besteht darin, die Pflanzen tagsüber bei schönem Wetter im Frühsommer ins Freie zu stellen und sie abends wieder hereinzunehmen. Nach ein bis zwei Wochen dürften sie dann so weit sein, dass sie auf Dauer bis zum Herbst draußen bleiben können (immer vorausgesetzt, dass kein Frost mehr droht).

Kleine Pflanzen erfordern zusätzliche Fürsorge – am besten schleust man sie von einer geschützten »Einrichtung« zur nächsten, damit sie sich stufenweise akklimatisieren können, was bedeutet, dass sie vom Vermehrungskasten über das beheizte Gewächshaus (oder zumindest einen frostfreien, warmen Raum) zum unbeheizten Gewächshaus und von da aus zum Frühbeet und unter die Pflanzenglocke kommen, bevor sie schließlich ungeschützt der Witterung ausgesetzt werden. Wenn Sie über keine speziellen Schutzeinrichtungen verfügen, sollten Sie die Pflanzen tagsüber ins Freie stellen und abends mindestens in den ersten drei bis vier Tagen (je länger, desto besser) wieder hereinnehmen (dies gilt selbst für robusteste Pflanzen). Ganz empfindliche Pflanzen sind immer auch auf zusätzlichen Schutz angewiesen. Seien Sie vorsichtig mit gekauften Pflanzen, insbesondere mit Tomaten, Paprika und kälteempfindlichen Beetpflanzen, die entgegen den Versicherungen des Lieferanten womöglich nicht abgehärtet wurden, außer dass sie auf dem Verkaufstisch vielleicht etwas Kälte abbekommen haben. Stellen Sie sie zunächst einmal an einen geschützten Ort und gewöhnen Sie sie ganz allmählich an kühlere Temperaturen, da sie andernfalls in ihrer Entwicklung deutlich zurückbleiben dürften.

Kapitel 10

Schädlinge und Krankheiten

Bob: Was immer wir auch machen, früher oder später werden einige unserer Pflanzen von Schädlingen oder Krankheiten befallen sein – das lässt sich einfach nicht verhindern. Aber ebenso wie wir eine Erkältung, einen Pickel oder einen gebrochenen Knochen überleben, werden Pflanzen mit den meisten Schädlingen und Krankheiten fertig, ohne größeren Schaden zu nehmen, insbesondere, wenn sie bereits richtig eingewurzelt sind. Eine ausgewachsene Pflanze wird vielleicht einen Großteil ihrer Blätter verlieren, aber dafür erhalten die anderen Blätter, die zuvor beschattet waren, mehr Licht. Es geht also kaum je um einen substantiellen Schaden, sondern vielmehr um die Ästhetik – rundum angefressene und durchlöcherte Pflanzen sehen zwar nicht schön aus, sind aber auch keine Katastrophe. Bei Süßkirschen unterstützen uns die Schädlinge aktiv beim Sommerschnitt, denn sie sorgen dafür, dass die sattgrünen Spitzen austrocknen, das Wachstum eingedämmt und die Bildung von Blüten und Fruchtknospen angeregt wird, die wiederum mehr Kirschen hervorbringen. Interessanterweise werden Sie aber wahrscheinlich mehr Kirschen durch die Vögel als durch die Blattläuse verlieren! Auch dürften aufgrund ungünstiger Witterungsbedingungen mehr Gemüsekulturen, Blumen, ja ganze Pflanzen und deren Laub eingehen als durch sämtliche Schädlinge und Krankheiten zusammen! Da wir über die Jahreszeiten aber keinerlei Macht haben, müssen wir sie nehmen, wie sie sind, wohl wissend, dass das Wetter größere Auswirkungen auf unsere Pflanzen hat als alles andere.

Viele Schädlinge und Krankheiten lassen sich wesentlich gelassener und entspannter akzeptieren, wenn man erst einmal so weit ist, dass man den Befall mit dem natürlich wiederkehrenden Kreislauf zu assoziieren vermag. Vielfach werden die Populationen ja auch von der Natur selbst eingedämmt und im Gleichgewicht gehalten, allerdings nicht im Handumdrehen. In manchen Jahren gibt es viele Marienkäfer und Wespen und keine Blattläuse, in anderen Jahren überall Blattläuse und Raupen. Die Schädlinge, die in einem Jahr eine wahre Plage sind, verschwinden oder bereiten im Jahr darauf kaum noch Probleme, wobei sich im Lauf der Jahre beobachten lässt, dass sie, ob

regelmäßig oder mit Unterbrechungen, kommen und gehen. Wo ein Befall lediglich geringfügigen Schaden anrichtet, oder der Fruchtbehang ohnehin so üppig ausfällt, dass ein Verlust nicht ins Gewicht fällt, sollten wir uns ernsthaft fragen, ob der Kosten- und Zeitaufwand, sie einzudämmen, wirklich lohnt. Wenn es ohnehin eine wahre Apfelschwemme gibt, spielt es doch keine Rolle, wenn einige der Früchte mit Maden durchsetzt sind. Obwohl viele Schädlinge und Krankheiten an gut eingewachsenen Pflanzen fast schon ignoriert oder zumindest auf die leichte Schulter genommen werden können, sollte bei jungen Pflanzen umgehend etwas geschehen. Je jünger die Pflanze, desto rascher wird sie eingehen. Dies aber heißt, dass die kleinsten Pflänzchen ein Vielfaches an Zuwendung und Schutz benötigen, bis sie groß und robust genug sind, sich selbst zur Wehr zu setzen, oder bis ihnen nichts mehr passieren kann – warum sich also Sorgen machen, wenn Ihre im Freien wachsenden Tomaten im frühen Herbst Anzeichen von Braunfäule zeigen, wenn sie in ein bis zwei Wochen ohnehin der Kälte zum Opfer fallen. Je kräftiger und stärker unsere Pflanzen sind, desto besser werden sie sich auch gegen Schädlinge und Krankheiten durchsetzen können. Von daher ist unsere vorrangige Aufgabe, ihnen bestmögliche Ausgangsbedingungen zu bieten. Nur wo diese gewährleistet sind, hat es einen Sinn, andere vorbeugende Maßnahmen zu ergreifen.

Es gibt eine ganze Reihe unterschiedlicher Möglichkeiten, mit einem spezifischen Problem umzugehen, angefangen bei relativ einfachen Fallen und Barrieren bis zu riskanteren Verfahren wie Spritzmitteln. Selbst wenn Sie kein überzeugter Verfechter der organischen Gartenbestellung sind, sollten Sie das Problem, bevor Sie zur chemischen Keule greifen, zunächst mit sanfteren und umweltfreundlicheren Methoden anzugehen versuchen. Im Folgenden seien einige Alternativen aufgeführt.

Begleitpflanzung: Wenn Sie Kapuzinerkresse um den Fuß Ihrer Obstbäume pflanzen, haben Sie zwar keine Garantie, dass die Gehölze nicht von Blutläusen befallen werden, aber immerhin dürften diese allmählich spärlicher auftreten. Kapuzinerkresse bietet einen farbenprächtigen Anblick und, darüber hinaus, essbare Blätter, Blüten und Samenstände!

Möhren und Salat wachsen in einem Frühbeetkasten wesentlich schneller, zumal sie bei Frostgefahr geschützt sind. In einem Frühbeet lassen sich aber auch Angriffe durch Vögel, die Möhrenfliege und selbst Nackt- und Gehäuseschnecken abwehren.

Gesunde Pflanzen ziehen

Wie ich schon sagte, eine kräftige Pflanze wird eher gegen Schädlinge und Krankheiten gewappnet sein als ein schwächliches Exemplar. Als Gartenliebhaber müssen wir alles tun, um die entsprechenden Voraussetzungen für gesunde Pflanzen zu schaffen; das beginnt mit der umsichtigen Auswahl (in den Korb gehören grundsätzlich nur Pflanzen, die keinerlei Anzeichen von Schwäche oder Krankheit erkennen lassen) über die standortgerechte Pflanzung oder Aussaat bis zum entsprechenden Mikroklima und dem richtigen Boden. Dazu gehört auch, Stressfaktoren zu vermeiden, indem Gewächse nicht vorzeitig oder zu spät ausgepflanzt oder extremen Windböen ausgesetzt werden. Unter Glas gezogene Pflanzen sollten generell nie unter Staunässe oder extremer Trockenheit, Kälte oder Hitze leiden. Vermeiden Sie auch stehende feuchte Luft, die die Pflanzen regelrecht ersticken kann. Schimmelpilze, Mehltau und Rost haben keine Chance, wenn die Pflanzen weder zu wenig noch zu viel Wasser bekommen. Von daher ist es ganz wichtig, das Erdsubstrat bzw. den Boden feucht zu halten, insbesondere, wenn die Luft feucht ist oder steht. Die meisten dieser Infektionskrankheiten »keimen« überhaupt nur, wenn Wasser, und sei es nur ein Tropfen, verfügbar ist, und wachsen sich längst nicht so beängstigend aus, wenn die Luft trockener

ist. So verhilft ein Auslichten alter vergreister Pflanzen oft zu einer robusteren Gesundheit. Deshalb sollte das Erdsubstrat bzw. der Boden feucht gehalten werden, ohne staunass zu sein. Ebenso ausgewogen sollte auch die Nährstoffzufuhr sein, denn sie dient schließlich dazu, das Wachstum anzuregen, ohne es übermäßig anzukurbeln – achten Sie deshalb auf den entsprechenden Säure- bzw. Kalkgehalt, reichlich Humus und bei zu schweren Böden auf einen Ausgleich mit scharfem Sand. Sämtliche Pflanzen sollten unter gut belüfteten Bedingungen wachsen, allerdings nicht unter Durchzug leiden, was vor allem unter Glas wichtig ist, wo bei mangelnder Ventilation Kohlendioxid verbraucht wird. Verhindern Sie, dass die Pflanzen miteinander konkurrieren, was ihr Gedeihen empfindlich beeinträchtigen kann. Dabei spielt es keine Rolle, ob in unmittelbarer Nachbarschaft Unkraut wächst oder Pflanzen der gleichen Art sich den Platz streitig machen – jedes Gewächs benötigt ausreichend Boden bzw. Erdsubstrat und Licht, um sich entsprechend zu entwickeln. Dünnen Sie die Pflanzen also rechtzeitig aus, um zu verhindern, dass sie schwächlich und geiltriebig werden.

Krankheitsresistente oder alternative Sorten einführen

Resistente Sorten erweisen sich gegenüber vielen verbreiteten Schädlingen und Krankheiten als immun oder nahezu immun. Die Züchter haben aus dem natürlichen Artenspektrum über gezielte Selektion und Kreuzung Nachkommen entwickelt, die weniger anfällig für spezifische Probleme sind. Generell gibt es eine weit größere Anzahl an Sorten, die gegen die verschiedenen Pilz- oder Bakterienkrankheiten (Mehltau, Rost, Schimmelpilze und Fäulnis) resistent sind als gegen Schädlinge, was ich mir nur so erklären kann, dass die gefräßigen Übeltäter vermutlich schwerer zu vertreiben sind. Da die Selektions- und Züchtungsbestrebungen aber vorrangig der Resistenz gelten, lassen Fruchtbehang, Aroma, Süße oder Duft bisweilen zu wünschen übrig. Dennoch werden die meisten resistenten Sorten geschätzt, insbesondere im Gemüsegarten, wo weitgehend immune oder zumindest resistente Sorten gefragt sind. Die Auswahl an resistenten Pflanzen und Samen ist riesig und umfasst alles von schorffreien Apfelsorten über Pastinaken, die weniger anfällig für ulzeröse Erkrankungen (Pflanzenkrebs) sind sowie Lauchsorten, die sich weitgehend frei von Porreerost zeigen, über Schwarze Johannisbeeren und Stachelbeeren, die keinen Mehltau bekommen, bis zu Möhren, die nicht von der Wurzelfliege befallen werden und Salate, deren Wurzelstock weniger Blattläuse anzieht. Wenn ich Ihnen aber einen Rat geben darf: Die Resistenz gegen den einen oder anderen Schädling oder Krankheitsbefall allein sollte für den Kauf nicht ausschlaggebend sein, wenn Ihre Pflanzen nicht ohnehin unter dem betreffenden Problem leiden. Samenfirmen werden diese oder jene Sorte immer wieder als resistent oder gar immun gegen eine bestimmte Krankheit anpreisen. Oft stellt sich aber heraus, dass diese Krankheit die Pflanze in einem Dutzend Jahre lediglich einmal befällt oder überhaupt nur im Gewächshaus Probleme bereitet. Zu erwägen ist auch, dass eine resistente Sorte zwar derzeit immun gegen einen bestimmten Schädling oder Krankheitsbefall sein kann, im Jahr darauf vielleicht aber schon nicht mehr, wenn sich das Schädlingsverhalten sprunghaft geändert oder die Krankheit einen gänzlich anderen Verlauf nimmt (Mutation).

Wer kein Freund von krankheitsresistenten Sorten ist, wird sich aber kaum mit einer krankheitsanfälligen Pflanze begnügen, sondern vielmehr auf eine Alternative zurückgreifen, die keine Probleme bereitet. So lässt sich Knollensellerie beispielsweise wesentlich einfacher ziehen als Staudensellerie (Eppich), zumal er vielfach ohnehin zum Kochen und nicht als Kraut verwendet wird. Kohlrabi erweist sich als wesentlich problemloser als Kohl oder die Weiße Rübe, und die asiatische Birne ist unempfindlicher als die europäischen Sorten. Es gibt allerdings kaum Pflanzen, die nicht unter den üblichen Schädlingen wie Vögeln, Hasen, Hunden, Katzen, Ziegen, Nackt- und Gehäuseschnecken leiden, wobei seltene oder ungewöhnliche Pflanzen von vielen Problemen verschont bleiben, unter denen die Allerweltspflanzen leiden. Man vergleiche nur, wie viele Schädlinge und Krankheiten Rosen und Apfelbäume befallen und wie wenige etwa *Zaluzianskya* oder *Mesembryanthemum*. Die Resistenz ist aber vielfach auch eine Frage der umsichtigen Sortenwahl – so leiden Rosen mit glänzenden Blättern generell weniger unter Blattproblemen als jene mit matten Blättern. Im Gemüsegarten lassen sich Tomaten, die auf weitgehende Pilzresistenz gezüchtet wurden, auch in Böden kultivieren, die unter einer derart hohen Krankheitsbelastung leiden, dass andernfalls eine Bepflanzung überhaupt nicht möglich wäre.

Biologischer Pflanzenschutz oder die Förderung der natürlichen Feinde

Die natürlichen Populationen der Parasiten und »Räuber« in unseren Gärten werden jedem Schädling im Umkreis, aber auch jedem gutartigen Käfer mit Freuden den Garaus machen, ja nicht einmal davor zurückschrecken, einander gegenseitig auszulöschen. An nichts liegt ihnen mehr als am Töten, und ich kann Ihnen nur raten: Helfen Sie ihnen dabei, denn sie

halten die Schädlinge wesentlich besser in Zaum als wir es je könnten. Generell gilt, dass sich Nützlinge, ob groß oder klein, rasch bewegen, man denke nur an Vögel, Käfer, Wespen, Schwebfliegen, Marienkäfer und unzählige andere. Sie machen Jagd auf ihre Beute, während diese fleißig unsere Pflanzen vertilgt. Wenn es uns gelingt, deren Anzahl entsprechend zu vergrößern, werden unsere Schädlingsprobleme bald nicht mehr der Rede wert sein. Es heißt also, unseren Freunden zu helfen und für Wasserressourcen zu sorgen, die ihnen zum Trinken und Baden dienen, für Frösche, Wassermolche und Libellen aber auch Lebensraum bedeuten. Kleine Nützlinge schätzen lange Grashalme, rauen Rindenmulch und dicke Schichten blattreicher, saftiger Bodendeckerpflanzen, unter denen sie sich fortbewegen. Sorgen Sie für entsprechende Überwinterungs- und Nistplätze für alle, von Vogelkästen über Igelbehausungen bis zu Kröten- und Fledermauskästen, nicht zu vergessen Marienkäfer-»Hotels«. Liefern Sie ihnen ganzjährig Nahrung, indem Sie beispielsweise nektar- und pollentragende Blumen pflanzen, aber auch gezielt Samen für Vögel und Katzenfutter für Igel bereitstellen. Nicht zuletzt gilt es, den Garten mit einer Fülle von Begleitpflanzen wie zum Beispiel Buchweizen, Klee und Wicken zu bepflanzen. Was immer Sie tun, verzichten Sie möglichst auf Spritzmittel, weil immer die Gefahr besteht, dass Sie damit mehr Freunde als Feinde töten.

Nistkästen kann man nie genug haben. Wählen Sie unterschiedliche Größen aus, die den verschiedenen Vogelarten in Ihrer Region entgegenkommen. Denken Sie auch daran, die Kästen, nachdem die Vögel ausgeflogen sind, zu putzen, um andere Vögel zum Einzug zu verlocken.

Vorausdenken

Schädlinge und Krankheiten kehren periodisch wieder, wobei viele Attacken durch einen Wetterwechsel und Veränderungen von Boden- oder Wachstumsbedingungen ausgelöst werden. Da hilft nur ein wachsames Auge und überlegtes Vorgehen, um Probleme durch gezielt modifizierte Wachstumsbedingungen abzuwenden und vielfach auch zu verhüten. Sie brauchen den Boden nur feucht zu halten, und schon verfügen Sie über ein höchst effektives Mittel gegen Erdflöhe, die in den ersten ein bis zwei Wochen nach der Keimung von Kohlsamen, der Zeit also in der dieser am anfälligsten ist, Schaden anrichten. Gleichermaßen lässt sich durch eine gleichbleibend feuchte Atmosphäre im Gewächshaus, ob durch Sprühnebelbewässerung oder regelmäßiges Besprühen, die Rote Spinne abhalten. Wenn Sie bei künstlicher Bewässerung den Wurzelbereich von Pflanzen wie Weinreben, Rosen und Stachelbeeren feucht und den »Kopf« trocken halten, werden diese kaum je unter Mehltau leiden. Die Möhrenfliege beispielsweise ist zur Zeit der Blüte des Wiesenbärenklaus aktiv – ein Grund, das Ausdünnen der Möhren besser davor oder danach vorzunehmen. Frühkartoffeln sind kaum brandanfällig, während Puffbohnen, die im Herbst ausgesät und dann überwintert werden, meist bereits zu groß und kräftig sind, um noch durch Blattläuse, die im Sommer auftreten, geschädigt zu werden.

Der Fruchtwechsel im Gemüsegarten hat den Vorteil, dass die Kulturen nicht mehr an den Standort gesetzt werden, den sie im vorangegangenen Jahr einnahmen, was zur Folge hat, dass weniger Schädlinge und Krankheiten an ihrem neuen Standort auf sie warten dürften. Es gibt aber auch die Möglichkeit, eine andere Pflanzmethode anzuwenden – viele Gärtner ziehen Zwiebeln aus Setzlingen anstatt aus Samen, weil Setzlinge weniger anfällig für die Zwiebelfliege sind. Tomaten, die unter Glas gezogen werden, bekommen kaum je Brand, zumindest nicht so früh wie die gleichen Sorten im Freiland. Selbst einfachste Maßnahmen wie das Entfernen der weichen Spitzen bei Puffbohnen, sobald diese genügend Blüten angesetzt haben, können Blattläuse abhalten, sich hier anzusiedeln. Durch unverzügliches Eingreifen lässt sich manches Problem auf der Stelle beheben. So kann man die Raupen der Gelben Stachelbeerblattwespe etwa unmittelbar nach dem Schlüpfen ganz leicht absammeln; dann sitzen nämlich alle auf einem Blatt – wenn sie sich erst über den Busch verteilt haben, sind sie nicht mehr so leicht zu kriegen.

Vlies, feiner Maschendraht, selbst alte Vorhänge aus Netzstoff können eingesetzt werden, um Schädlinge von Kulturen wie diesen unter der Abdeckung verborgenen Möhren fernzuhalten.

Mechanische Barrieren anbringen

Mechanische Barrieren erweisen sich als sehr effektiv gegen größere Schädlinge und auch einige Krankheiten. Netze und Obst-Gehege bedürfen keiner weiteren Erklärung. Vliesmaterialien und feinere Maschendraht-Barrieren dämmen gleichermaßen wirksam den Kohlweißling, die Möhrenfliege und selbst Blattläuse ein. Durchsichtige Kunststoffabdeckungen verhindern bei Kartoffeln und Tomaten wirksam Brand, schützen aber auch Pfirsiche vor Kräuselkrankheit oder Süßkirschen vor Monilia. Natürlich können nur niedrig geschnittene Bäume abgedeckt werden. Wiederum fördert häufiger Schnitt die Anfälligkeit für Krankheitsbefall.

Cloches oder Pflanzenglocken lassen sich bei kleineren Pflanzen gleichermaßen einsetzen und bieten somit auch einen gewissen Schutz vor Hasen, Wild und Eichhörnchen. Als effektives Abschreckungsmittel für Nackt- und Gehäuseschnecken hat sich ein Ring aus Kupfer oder festem Kunststoff bewährt, der im Umkreis anfälliger Pflanzen in den Boden eingelassen wird, aber auch Ruß oder Holzasche. Drahtkörbe, Maschendraht, knisternde Metallstreifen, kreuzweise über Stöcken verspannte Schnüre oder Drähte halten Vögel und Katzen wirksam davon ab, Saatbeete aufzuwühlen und saftig grüne Gewächse zu zerpflücken. Selbst normaler Pappkarton lässt sich um Kohlpflanzen legen, um den Kohlweißling davon abzuhalten, seine Eier im Umkreis des Pflanzenstängels im Boden abzulegen. Schneiden Sie einfach ein Quadrat aus mit einem Schlitz, der vom Rand bis zur Mitte reicht, und schieben Sie dieses um den Stängel der Pflanze, sodass die Pappe flach auf dem Boden aufliegt. Um Topfpflanzen vor Nackt- und Gehäuseschnecken sowie Dickmaulrüsslern zu schützen, stellen Sie den Topf auf kleine Klötzchen in einen Unterteller voll Wasser, und Sie werden sehen, dass der Graben eine natürliche Barriere bildet.

Fallen aufstellen

Durch Fallen lässt sich die Anzahl der Schädlinge, die sich vorrangig über unsere Pflanzen hermacht, bemerkenswert eindämmen, ohne dass andere Kreaturen dabei geschädigt werden. Mit Leim bestrichene Papierstreifen haben seit eh und je als Fliegenfänger gedient; klebrige gelbe Bänder, Leimsticker und Leimtafeln erweisen sich im Gewächshaus als sehr hilfreich, um fliegende Schädlinge wie Glanzkäfer und die Weiße Fliege zu fangen, müssen aber entfernt werden, sobald zur biologischen Kontrolle natürliche Räuber oder Parasiten eingesetzt werden.

Erdflöhe oder Flohkäfer lassen sich durch mit Leim bestrichene Tafeln fangen, die über deren Köpfen flattern, und der Blasenfuß oder auch Fransenfuß durch leimbeschichtetes Papier, das unter die Pflanzen gelegt wird.
Spezielle Leimfallen, die in Obstgärten als Köder eingesetzt werden, sind mit Sexualduftstoffen ausgestattet. Leimringe (mit Leim beschichtete Stoff- oder Papierstreifen), die im Umkreis der Stämme von Gehölzen angebracht werden, locken viele Schädlinge an, die diese auf der Suche nach einem Unterschlupf vermeintlich für dicke, lose Rinde halten, nicht für eine Falle.

Ohrwürmer lassen sich in Bambusrohren oder umgekehrten Blumentöpfen mit Stroh auf einer Lage Stöcken fangen. Tausendfüßler und Drahtwürmer lockt man durch ausgehöhlte Kartoffeln oder Kartoffel- und Möhren-Chips, die im Boden oder unter Blättern verborgen werden, an. Nacktschnecken fängt man unter feuchten Teppichresten, Karton und vor allem mit butterbestrichenen Kohlblättern.

Versteck spielen

Eine gute Möglichkeit, Schädlinge und Krankheiten zu überlisten, ist »anfällige« Gewächse, da und dort zwischen anderen Pflanzen versteckt, auszupflanzen. Man verhindert so auch, dass alle gleichzeitig in die Falle gehen. Duftende Kombinationen irritieren die Schädlinge am ehesten – wer Zwiebeln also zu Möhren setzt oder die Beete mit intensiv duftenden Kräutern umrandet, wird die Schädlinge wirkungsvoll von ihrem ursprünglichen Ziel ablenken. Der spezifische Geruch von Pflanzen wie *Tagetes* vertreibt die Weiße Fliege aus Gewächshäusern. Seetang, Knoblauch oder Unkraut wie Nesseln eignen sich gut, um den Duft, den die Schädlinge suchen, zu überdecken.

Wenn Sie eine Reihe Beetpflanzen, Salate oder Kohl gesetzt haben, verstreuen Sie etwas geschredderte überflüssige Blatt-masse und welke oder schadhafte Blätter zwischen den Reihen. Diese dürften die Schnecken ein bis zwei Tage lang anlocken, bis die Setzlinge etwas kräftiger sind.

Begleitpflanzung als Programm

Begleitpflanzen sind Gewächse, die von Pflanzen in ihrer unmittelbaren Umgebung profitieren. So gehören beispielsweise viele Gemüse- und Gartenpflanzen zu den Leguminosen. Sie enthalten reichlich Stickstoff, der durch die in ihren Wurzeln lebenden Knöllchenbakterien produziert wird. Von daher erweisen sich beispielsweise Bohnen und Mais als ideale Kombination, denn die Bohnen richten sich mit Vorliebe am Mais auf, während dem Mais der stickstoffhaltige Boden zugute kommt. Umgekehrt ist es keine gute Idee, Bohnen neben Zwiebeln zu setzen, da diese einander krank zu machen scheinen. Obwohl es auf diesem Feld noch eine Menge zu lernen gibt, kann man sich merken, dass Lauchgewächse, insbesondere Knoblauch und Schnittlauch, im Ruf stehen, Obstbäume und Rosen gegen Pilzerkrankungen zu schützen, während *Tagetes minuta* seit Jahren wirksam eingesetzt wird, um die Populationen von Älchen- und Fadenwürmern (Nematoden) einzudämmen. Und haben Sie im Übrigen schon beobachtet, dass eine mit Klee durchsetzte Grasnarbe grün bleibt und rascher wächst als eine ohne Klee?

Begleitpflanzung in einem Hochbeet. Wenn mehrere Pflanzen gemischt werden und nicht nur eine einzige Art angebaut wird, die für spezifische Schädlinge oder Krankheiten besonders anfällig ist, werden sich diese auch weniger unkontrolliert ausbreiten.

Biologischer Pflanzenschutz

Viele »Räuber«, Parasiten und Krankheitserreger, wie sie in großen kommerziellen Einrichtungen seit Langem genutzt werden, um Schädlinge oder Krankheiten im Gewächshaus einzudämmen, sind über Versandadressen (siehe Gartenzeitschriften) inzwischen auch für den Hobby-Gärtner zu beziehen. Manche eignen sich auch zur Schädlingskontrolle im Freien wie *Bacillus thuringiensis,* der in Form von Spray zur Eindämmung zahlreicher Raupenarten eingesetzt wird. Die meisten aber sind zur Bekämpfung unter Glas vorgesehen, ob es sich um die Weiße Fliege, die Rote Spinnmilbe, Blattläuse oder Schildläuse handelt. Für jede Art gibt es zwar spezifische Anweisungen, aber im Grunde braucht es nicht mehr, als die nahezu unsichtbaren Käfer freizulassen, damit sie die vorhandenen vertilgen.

Die Weiße Fliege wird durch *Encarsia formosa* (eine winzige Wespe) und die Rote Spinnmilbe durch *Phytoseiulus persimilis* (eine winzige Raubmilbe) eingedämmt.

Blattläuse lassen sich über *Aphidoletes aphidomyza* (räuberische Mücken) oder *Aphidius* spp. (parasitäre Wespen) kontrollieren. Gegen Schmierläuse helfen *Cryptolaemus montrouzieri* (eher als Australischer Marienkäfer bekannt) oder *Hypoaspis miles* (Raubmilben).

Blasenfuß oder Fransenflügler *(Thrips)* werden von *Amblyseius* spp. (Raubmilben) und Schildläuse durch *Steinernema* spp. (räuberische Nematoden) oder *Metaphycus helvolus* (parasitäre Wespen) gefressen.

Dickmaulrüssler-Larven werden getötet, indem man ihr Erdsubstrat mit den parasitären Nematoden *Heterohabditis megidis* oder *Steinernema carposacae* wässert, und, was das Beste ist, Nackt- und Gehäuseschnecken gehen ein, wenn mit *Phasmarhabditis hermaphrodita* (ebenfalls parasitäre Nematoden) gegossen wird. Im Zweifelsfall erkundigen Sie sich beim Lieferanten, zumal laufend neue biologische Kontrollmöglichkeiten eingeführt werden.

Sofortmaßnahmen

Dazu gehört auch das Entfernen und Zerstören der Schädlinge, um weiteren Schaden zu verhindern, sei es, dass man sie von Hand absammelt, was bei kleineren Mengen Nackt-, Gehäuseschnecken und Raupen gut machbar ist, oder – als allerletzten Ausweg – spritzt. Mit dem Absammeln, insbesondere abends beim Licht einer Taschenlampe, lösen sich viele Rätsel und Schäden auf einen Schlag. Wie immer Sie

vorgehen, werfen Sie die Schnecken und dergleichen um Himmels willen nicht über den Gartenzaun, denn sie werden höchstwahrscheinlich zurückkehren. Besonders Nacktschnecken kommen garantiert wieder; wenn Ihre Setzlinge in der letzten Nacht also zur Hälfte aufgefressen wurden, sollten Sie in der heutigen eben besser noch einmal nach draußen gehen, damit nicht auch die andere Hälfte weg ist.

Giftige Sprays sollten nur im absoluten Notfall eingesetzt werden; sie dürfen außerdem nur angewendet werden, wenn sie mit der Angabe »Anwendung im Haus- und Kleingartenbereich« gekennzeichnet sind. Als Erstes sollten Sie die Schädlinge mit einem Wasserstrahl abspritzen, denn wenn man sie so weit vertreiben kann, dass sie über den Rasen fliegen, lässt sich der Befall vielleicht so weit eindämmen, dass keine weiteren Aktionen erforderlich sind.

Wenn Sie ein umweltfreundliches Spray suchen, sind die modernen Cremeseifen genau richtig, denn diese töten Schädlinge, indem sie sie unter einem trocknenden Seifenfilm ersticken, ohne nennenswerte Nebenwirkungen mit sich zu bringen.

Der biologisch-organisch arbeitende Gärtner wird zunächst wohl ein Insektizid aus Pflanzenteilen von beispielsweise *Quassia* oder *Tanacetum* und bei Pilzbefall ein Fungizid aus Kupfer- und Schwefelverbindungen wie etwa Kupfervitriolkalk- oder Bordeaux-Brühe einsetzen.

Kräftige Pflanzen, die entsprechend sauber gehalten werden, sind weit weniger anfällig für die meisten Mehltau-, Rost- und Schimmelpilz-Erkrankungen, aber wenn mit Problemen zu rechnen ist, behandelt man sie am besten frühzeitig und regelmäßig mit diesen Substanzen, sei es zur Vorbeugung oder zur Eindämmung einer unkontrollierten Ausbreitung. Liegt erst einmal ein ernsthafter Befall vor, nützen diese nämlich nichts mehr.

Wer vom organischen Gärtnern nichts hält, wird sich für die immer noch erhältlichen chemischen Alternativen entscheiden. Wie immer Sie letztlich vorgehen, denken Sie daran, die Bienen zu schonen und spritzen Sie zumindest erst abends, wenn diese bereits schlafen gegangen sind.

Tagetes oder Studentenblumen halten die Weiße Fliege von Ihren Tomaten ab; allerdings werden sie diese kaum je hinaustreiben, wenn sich die Schädlinge erst einmal eingenistet haben.

Schädlinge und Krankheiten identifizieren

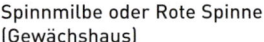

Spinnmilbe oder Rote Spinne (Gewächshaus)

Schildläuse

Matthew: Nachdem Verordnungen der EU aus Brüssel die Gärtner förmlich »entwaffnet« haben, und organische Alternativen stattdessen zum »Mainstream« erklärt wurden, dürfen wir uns über chemisch weitgehend unbelastete Kulturen freuen, angesichts der überaus aggressiven »Feinde« allerdings nicht, ohne unsere Taktiken konstant abzuwandeln. Die Gärtner müssen inzwischen akzeptieren, dass das angestrebte Ziel Kontrolle und nicht Ausrottung heißt, und dass es vorrangig um den Geschmack und nicht um das makellose Aussehen der Kulturen gehen kann, wo verantwortungsbewusste Gärtner um eine Zukunftsperspektive für gesunde Gärten ringen. Die Bestimmungen über Chemikalien ändern sich je nach Gesetzgebung – erkundigen Sie sich in Deutschland z.B. bei dem für Pflanzenschutz zuständigen Umweltbundesamt bzw. dem Bundesamt für Verbraucherschutz und Lebensmittelsicherheit oder auch bei den zuständigen Behörden auf Länderebene. Auch Ihr Händler vor Ort wird Sie über die derzeitigen Optionen gut beraten können.

Da es den Rahmen dieses Buches sprengen würde, sämtliche Schädlinge und Krankheiten aufzuführen, werde ich mich im Folgenden auf die gängigsten Feinde beschränken.

Die Spinnmilbe oder Rote Spinne befällt viele Zimmerpflanzen, kann aber auch im Garten Probleme bereiten, insbesondere nach einem heißen, trockenen Sommer.

Im Anfangsstadium verblassen die Blätter oberseits und bilden Sprenkel. Im fortgeschrittenen Stadium zeigen sich feine Gespinste im Bereich der Blätter. Die Blätter verlieren ihre Färbung, werden trocken wie Pergament und fallen mit der Zeit ab. Wenn Sie genau hinsehen, können Sie die kleinen Milben gerade noch mit bloßem Auge oder einer Handlupe erkennen.

Spinnmilben gedeihen unter warmen, trockenen Bedingungen. Sie haben eine Abneigung gegen Feuchtigkeit – wenn Sie durch Besprühen Ihrer Pflanzen also für hohe Luftfeuchtigkeit sorgen, dürfte diese zumindest nicht ohne Wirkung bleiben. Zur biologischen Kontrolle lassen sich Raubmilben *(Phytoseiulus persimilis)* einführen. Diese sind auf gutes Licht und Tagestemperaturen über 21 °C angewiesen, um zu gedeihen, und sind von Mitte Frühling bis Mitte Herbst aktiv. Mehrere Wochen, bevor sie eingeführt werden, sollten Sie auf Pflanzenöl oder Fettsäuren basierende Sprays bzw. eine Schmierseife-Spiritus-Lösung aufbringen, um die Anzahl der Spinnmilben einzudämmen.

Insektizide, die Bifenthrin enthalten, erweisen sich als effektiv, immer vorausgesetzt, dass die Spinnmilben in Ihrem Gewächshaus nicht immun dagegen sind.

In Großbritannien gibt es über 25 verschiedene Arten der Schildlaus. Pflanzensaft saugende ausgewachsene Exemplare, die sich an Blättern und Stängeln einer ganzen Reihe Zimmer- und Freilandpflanzen festsetzen, verbergen sich unter schützenden schildförmigen Schalen, die in Form und Farbe variieren.

Die Wisteria-Schildlaus, eine der größten, ist bis zu 1 cm lang. Sie schwächt die Pflanzen; »Honigtau«-Ausscheidungen an Blättern werden klebrig und von einem schwarzen, rußigen Schimmelpilz befallen, insbesondere unter feuchten Bedingungen. Im Erwachsenenstadium sind die Schildläuse durch ihre Schale geschützt, aber die frisch geschlüpften Larven kriechen auf der Suche nach einer Bleibe über die Pflanze und sind in dieser Zeit am ungeschütztesten und somit am verletzlichsten. Schildläuse in geschlossenen Räumen brüten das ganze Jahr über, zumal sie in allen Stadien vorhanden sind. Im Freiland schlüpft im Hochsommer lediglich eine Generation.

Um Schildläuse an Obstbäumen und Rosen einzudämmen, empfiehlt es sich, an einem milden, trockenen Tag zu Beginn der kalten Jahreszeit mit Seifenlauge abzuwaschen. Behandeln Sie Zierpflanzen mit Imidacloprid (Achtung: bienengefährlich). Organische Fettsäuren oder Pflanzenöle sind effektiv, allerdings sind mehrere Anwendungen erforderlich. Der Vorteil ist, dass diese Präparate auch Obstbäumen und Sträuchern, die bereits belaubt sind, verabreicht werden können. Um die Schildläuse zu entfernen, reiben Sie ledig feste,

glatte Blätter leicht mit einem Lappen ab, der mit einer milden Seifenlösung getränkt ist.

Biologisch vorgehen kann man gegen die Schädlinge mit der parasitären Wespe, *Metaphycus helvolus*, die im Sommer die Junglarven sowie die erwachsenen Schildläuse angreift.

Weiße Fliege

Diese kleinen Insekten mit weißen Flügeln, die sowohl in geschlossenen Räumen als auch im Freien auftreten, halten sich an den Blattunterseiten von Zierpflanzen und Gemüse versteckt, wo sie Saft saugen und Honigtau ausscheiden. Das Laub wird klebrig und mit einem schwarzen, rußartigen Schimmelpilz überzogen, insbesondere unter feuchten Wachstumsbedingungen.

Um die Weiße Fliege einzudämmen, hängen Sie gelbe Leimtafeln über oder zwischen die Pflanzen. Für Topfpflanzen können Erdsubstrate verwendet werden, die Imidacloprid enthalten. Bringen Sie Thiacloprid auf; es ist als Spray oder Waschlotion (Emulsion) erhältlich. Setzen Sie im Gewächshaus *Encarsia formosa*, eine räuberische Wespe, oder *Delphastus*, eine Marienkäfer-Art ein (prüfen Sie die Bestände, bevor Sie Leimtafeln aufhängen). Sprühen Sie mit organischen Mitteln auf Pflanzenölbasis oder Fettsäuren. Eine neue Methode, um sie zu entfernen, ist die Blätter zu schütteln und die Weiße Fliege mit dem Staubsauger in der Luft abzusaugen. Geben Sie Acht, dass Sie die Pflanzen dabei nicht beschädigen!

Kraut- (Knollen-) und Braunfäule an Kartoffeln

Die Sporen werden vom Wind und dem Regen bei warmer, feuchter Witterung vom Hochsommer an verbreitet. Braune bis schwarze Flecken erscheinen zunächst an den Spitzen und Rändern der kleinen Blättchen, die sich einrollen und welken.

Die Krankheit breitet sich dann rasch auf die größeren Blätter und Stängel aus, bis die Pflanze schließlich umfällt. Die Sporen werden dadurch in die Knollen geschwemmt, deren Schale sich verfärbt, bis eine rotbraune Fäule auftritt. Diese Fäule führt zusammen mit kleineren Infekten dazu, dass von den Knollen nichts weiter als eine übel riechende wässrige Masse bleibt. Die Kartoffel-Braunfäule kann in Kürze eine ganze Ernte zerstören, ob bereits eingelagert oder noch im Boden.

Um die Knollenfäule einzudämmen, kann man den Boden anhäufeln oder mit einer dicken Schicht organischem Material wie Heu oder Stroh mulchen. Entfernen Sie das infizierte Laub unverzüglich, um die Ausbreitung zu verlangsamen und verhindern Sie, dass die Sporen auf die Knollen übergreifen. Wenn Sie das befallene Laub entfernt haben, ernten Sie frühestens nach drei Wochen, damit die Schalen Zeit haben, an Dicke zuzulegen, und die Sporen an der Oberfläche absterben. Lassen Sie die befallenen Knollen nicht im Boden, sondern lesen Sie selbst die kleinsten heraus und entsorgen Sie sie im Mülleimer. Pflanzen Sie Saatkartoffeln nur aus zuverlässiger Quelle. Frühe Kultursorten sind anfälliger für die Kraut- und Braunfäule. Pflanzen Sie deshalb so früh, dass die Pflanzen Zeit haben zu reifen, bevor die Krankheit auftritt. Zur

Verbesserung der Erträge können Sie abwechselnd Reihen mit unterschiedlich resistenten Sorten pflanzen. Prüfen Sie Ihren Bestand an Knollen regelmäßig und entfernen Sie alle, die faulen.

Bringen Sie Bordeaux-Brühe, Kupfer-Oxychlorid oder Mancozeb auf, bevor die Pflanzen infiziert werden. Achten Sie auf Radio- und Fernsehsendungen zu diesen Themen. Wenn das Wetter umschlägt und trockene, sonnige Tage folgen, kann die Ausbreitung zum Stillstand kommen. Sorten, die sich als weitgehend immun bewährt haben, sind: 'Colleen', 'Premiere', 'Cosmos', 'Lady Balfour', 'Pomeroy', 'Orla', 'Remarka', 'Cara', 'Milva', 'Valor', 'Verity' und 'Arran Victory'. Mit 'Sarpo Mira', einer Sorte, für die eine nahezu hundertprozentige Erfolgsgarantie hinsichtlich der Resistenz gegen Kraut- und Braunfäule gegeben wird, bricht eine ganz neue Ära der Faule- und Virusresistenz an. Weitere Sorten wie 'Sarpo Axona' sollen folgen, was einer wahren Revolution gleichkommt.

Kraut- (Knollen-) und Braunfäule an Tomaten

Die Krankheit befällt auch Tomaten und deren Verwandte. Braune, wässrige, rasch größer werdende Flecken erscheinen auf Blättern und Stängeln, während an den Früchten braune Stellen auftreten. Das befallene Gewebe stirbt in Kürze ab.

Meist werden als Erstes die Kartoffeln von der Kraut- und Braunfäule befallen. Befolgen Sie also alle Empfehlungen zur Bekämpfung bei Kartoffeln, um die Gefahr, dass sich die Krankheit auf Ihre Tomaten ausweitet, einzudämmen. Tomaten im Gewächshaus sind in der Regel weniger anfällig dafür. Achten Sie im Gewächshaus auf gute Ventilation. Sammeln Sie keine Samen von infizierten Früchten. Entfernen und entsorgen Sie infizierte Pflanzen unverzüglich. Die Sorte 'Ferline' erweist sich als einigermaßen resistent, allerdings nicht zuverlässig. Sorten mit kleineren Früchten sind weniger anfällig.

Echter Mehltau

Er äußert sich als trockener weißlicher Belag auf den Blattoberseiten, kann sich aber auch auf die Unterseiten, Triebspitzen und Blüten ausbreiten. Die Pflanze wird in ihrem Wachstum gehemmt und wirkt entstellt, was insbesondere an jungem Laub auffällt. Die Früchte spalten sich und brechen auf. An Rhododendron-Blättern bilden sich gelbe Flecken auf den Oberseiten und braune, filzige Stellen unterseits.

Der Echte Mehltau befällt häufig verholzte und krautige Pflanzen wie Rosen, Apfelbäume, Duftwicken und Pflanzen in Hängekörben, aber auch die Blätter von Rote Bete, Pastinaken und Spinat können befallen werden. Die verschiedenen Mehltau-Arten können von nah verwandten Unkräutern auf Kulturpflanzen übergreifen – gründliches Ausjäten ist zur Eindämmung deshalb ganz wichtig.

Trockenheit im Wurzelbereich erhöht die Anfälligkeit. Halten Sie die Pflanzen also gut feucht (ohne das Laub zu bespritzen) und mulchen Sie, um die Bodenfeuchtigkeit zu halten. Verbessern Sie durch entsprechende Schnittmaßnahmen die Luftzirkulation der Pflanzen. Öffnen Sie in Gewächshäusern die Lüftungsklappen oder sorgen Sie für ein Gebläse. Pflanzen Sie nicht zu dicht, sondern im richtigen Abstand und verzichten Sie auf Düngemittel mit hohem Stickstoffgehalt, der das Wachstum der Blattmasse fördert. Wenn Sie standortgerecht pflanzen, reduziert sich der Stressfaktor von selbst und somit auch die Infektionsgefahr. Pflanzen Sie resistente Sorten. Schneiden Sie infizierte Teile unverzüglich aus und vergewissern Sie sich, dass sämtliche mit weißen Flecken

befallenen Triebe (das Endstadium) von Rosen beim Winterschnitt entfernt werden. Sammeln Sie sämtliche infizierten Teile auf; sie müssen entsorgt werden. Viele Kommunen sammeln inzwischen Schnittgut zum Kompostieren, und die Temperaturen auf diesen großen Häufen sind hoch genug, um die Sporen abzutöten.

Spritzen Sie Mittel mit Wirkstoffen wie Myclobutanil, Penconazole, Schwefel oder Fettsäuren. Lesen Sie die Anweisungen auf der Packung vor dem Kauf genau durch, denn Pestizide können rechtlich nur auf die namentlich spezifizierten Pflanzen aufgebracht werden. Für die meisten Gemüsekulturen gibt es keine Fungizide, sodass Sie auf andere Kontrollmöglichkeiten zurückgreifen müssen. Wenn Sie Mehltau von Stachelbeeren einfach abwischen, können die Früchte bedenkenlos verzehrt werden.

Durch doppeltkohlensaures Natrium (5 g pro Liter) lässt sich Mehltau eindämmen. Forscher in Brasilien haben herausgefunden, dass eine Milch-Wasser-Lösung bei Zucchini sehr effektiv ist und überdies das Immunsystem der Pflanze anregt. Wöchentlich gespritzt mit einer Lösung aus einem Teil Milch auf neun Teile Wasser, reduziert sich das Infektionsproblem um 90 Prozent. Forscher in Neuseeland halten entrahmte Milch für ebenso wirksam, wobei der geringere Fettgehalt eine verminderte Geruchsbildung bewirkt. Eingesprüht werden muss die ganze Pflanze. Da aber keines der Produkte garantiert 100-prozentig gegen Echten Mehltau wirkt, kann ich sie hier auch nicht uneingeschränkt empfehlen.

Möhrenfliege

Die Möhrenfliege befällt Karotten, Pastinaken, Petersilie und Staudensellerie. Die Weibchen scheinen den Geruch, der entsteht, wenn Pflanzen beschädigt oder ausgedünnt werden, wahrzunehmen und lassen sich über dieses 'eau de carotte' meilenweit entfernt davon anlocken. Cremegelbe Maden, die bis zu 9 mm groß werden, graben tunnelartige Gänge durch die Wurzeln, sodass rostigbraune Narben erscheinen, wo immer diese Tunnel an den Wurzeln zusammenbrechen. Die Blätter können sich rötlich verfärben. Bei ernsthaftem Befall ist das Wurzelgemüse nicht essbar, zumal es anfälliger für sekundäre Fäulnisprozesse ist und sich somit auch kaum zum Einlagern eignet. Zwischen Sommer und Herbst können zwei bis drei Generationen der Möhrenfliege auftreten.

Säen Sie im Frühsommer, um der ersten Generation zuvorzukommen. Ernten Sie, bevor der Herbst kommt, um die zweite Generation zu umgehen. Umgeben Sie das Pflanzbeet mit 60 cm hohen Barrieren aus durchsichtiger PE-Folie, um tiefliegende Weibchen abzuhalten, oder decken Sie die Kulturen mit Geo-Textilfolie ab. Säen Sie möglichst dünn, damit Sie sich das Ausdünnen ersparen. Falls Sie dennoch ausdünnen müssen, drücken Sie den Boden an und wässern die Reihen unmittelbar danach. Praktizieren Sie Fruchtwechsel. Sorten wie 'Fly away', 'Maestro', 'Resistafly' und 'Sytan' sowie raschwachsende Sorten wie 'Nandor' sind weniger anfällig.

Sorten wie 'Autumn King' scheinen anfälliger zu sein. Pflanzen Sie Karotten an einem windigen Standort.

Sie können jeweils vier Reihen Zwiebeln auf eine Reihe Karotten setzen, und der Schutz wird halten, bis die Zwiebelblätter das Wachstum einstellen und sich die Zwiebeln zu bilden anfangen.

Bringen Sie eine 5 cm starke Mulchschicht aus Grasschnitt auf, bevor die Karotten 10 bis 15 cm hoch sind, und ergänzen Sie diese vier Wochen lang alle acht Tage durch eine 1 cm starke Lage. Sie erschwert den Weibchen, ihre Eier in Bodenritzen abzulegen. Seien Sie aber darauf gefasst, dass diese Bedingungen auch Nackt- und Gehäuseschnecken anlocken. Eine andere Möglichkeit wäre, den Boden im Umkreis der Wurzeln mit einem mindestens 5 cm hohen »Kragen« anzuhäufeln. Auf diese Weise verhindern Sie gleichzeitig, dass die Möhren grüne Köpfe bekommen.

Dickmaulrüssler

Im Erwachsenenstadium sind sie etwa 20 mm lang, matt-schwarz mit blass orangefarbenen Punkten und angewinkelten Fühlern. Dickmaulrüssler halten sich tagsüber im Dunklen auf; nachts sieht man sie, wie sie sich langsam über die Blätter bewegen, Kerben in die Blattränder fressen und sich, sobald sie gestört werden, tot stellen. Zu ihren Lieblingsspeisen gehören Rhododendren, Primeln und der immergrüne *Euonymus*. Es handelt sich ausschließlich um Weibchen, von denen jedes ohne Zutun eines Männchens Tausende von Eiern pro Saison legt. Die Larven sind dick, weiß und C-förmig, haben hellbraune Köpfe und ernähren sich hauptsächlich (aber nicht ausschließlich) von den Wurzeln von Topfpflanzen, die dann einfach welken und eingehen. Wenn man das Erdsubstrat abschüttelt, sind kaum noch Wurzeln vorhanden.

Machen Sie sich im Frühling oder Sommer abends mit der Taschenlampe auf die Jagd, untersuchen Sie Pflanzen und Mauern, sammeln Sie die erwachsenen Dickmaulrüssler ab und zerdrücken Sie sie. Schütteln Sie Sträucher über einem umgedrehten Regenschirm, um sie zu fangen, schauen Sie unter Töpfe oder die Unterseite von Regalen im Gewächshaus, wo sich die Käfer tagsüber gern aufhalten – sie bevorzugen ausnahmslos dunkle Stellen, ob unter Sackleinen, alten Ziegeln oder farbigen Plastikplanen. Legen Sie eine lose Rolle Wellpappe, mit Schnur oder einem Gummi zusammengehalten, in das Gewächshaus. Die erwachsenen Käfer verstecken sich tagsüber darin und können so leicht abgesammelt und zerdrückt werden. Man kann zur

Vorbeugung aber auch die Töpfe mit einer Schicht Kies mulchen oder Gaze über die Abzugslöcher der Töpfe legen, damit die Weibchen ihre Eier nicht hineinlegen. Als Alternative schmieren Sie Vaseline oder Baumleim (Insektenleim) als klebrige Barrieren um die Ränder der Töpfe oder die Regalkanten in Gewächshäusern. Als wichtige »Helfer«, die es zu fördern gilt, erweisen sich Vögel (Rotkehlchen machen sich mit Vorliebe über die Larven her), Frösche, Kröten, Spitzmäuse, Igel und räuberische Laufkäfer.

Zur biologischen Eindämmung setzen Sie Nematoden ein (Emulsion den Anweisungen des Lieferanten entsprechend anwenden). Effektiver »arbeiten« diese in Töpfen mit lockerem Erdsubstrat wie Torf oder Kokosfaser als im Freiland. In schwerem oder trockenem Boden lässt sich kein zufriedenstellendes Ergebnis erzielen.

Mit Imidacloprid gemischtes Erdsubstrat hält die Larven bis zu 12 Monate unter Kontrolle. Waschen Sie die alte Erde von den Wurzeln ab, bevor Sie die Pflanze umtopfen. Im Hoch- oder Spätsommer verabreichtes Thiacloprid dämmt die Larven ein und verhindert später auftretende Schäden. Benutzen Sie altes Erdsubstrat kein zweites Mal, es sei denn, Sie hätten einen Bodensterilisator; selbst wenn die Maden abgesammelt werden, können immer noch Eier vorhanden sein.

Hallimasch (Honigpilz)

Der Blätterpilz *(Armillaria)* breitet sich zwischen den Pflanzen über lange schwarze »Schnürsenkel« aus, die sich 20 cm unter der Bodenoberfläche (sowohl im Boden als auch an den Wurzeln) befinden und jedes Jahr um 1 m wachsen. Pflanzen, die aufgrund karger Wachstumsbedingungen stark strapaziert sind oder bereits krank und geschädigt sind, werden als Erste befallen.

Infizierte Bäume, Sträucher und andere verholzte und krautige Pflanzen gehen ein, nachdem sich ihre Blätter zunächst verfärbt haben und welk geworden sind. Der Tod tritt manchmal ganz schnell ein, oft aber auch erst nach mehreren Jahren. Blüten- oder fruchttragende Pflanzen können außerhalb ihrer Saison noch einmal zur Topform auflaufen, bevor sie schließlich absterben. Lösen Sie die Rinde, insbesondere an der Basis. Wenn diese befallen ist, geht sie ganz leicht ab; der Stamm darunter wird bedeckt sein mit einer cremeweißen Myzelschicht, die den typischen Pilzgeruch verströmt. Insbesondere bei Koniferen tritt eine harzartige Substanz aus dem Stamm aus. An der Basis im Umkreis der Wurzeln infizierter Pflanzen bilden sich im Herbst Klumpen honigfarbener blassstämmiger Schirmlinge, die nachts phosphoriszierend leuchten, in der Regel aber keine Infektionsquelle darstellen. Solange die Pilze jung sind, sind sie gekocht in nicht zu großen Mengen sogar essbar, sodass man sich zumindest auf diese Weise rächen könnte. Informieren Sie sich aber in jedem Fall vorher über deren Identität!

Um den Honigpilz einzudämmen, graben Sie Stumpf und Wurzeln sämt-

licher verholzten Pflanzen aus und entsorgen Sie sie unverzüglich. Verwenden Sie die Rindenschnitzel nicht als Mulch. Falls sie sich gar nicht herausnehmen lassen, behandeln Sie sie mit Ammoniumsulfat, um den Stamm abzutöten und den Zerfall zu beschleunigen.

Düngen und mulchen Sie regelmäßig, um die Pflanzen gesund zu halten. Sobald der Hallimasch in Ihrem Garten auftritt, sollten Sie nur resistente Arten pflanzen. Sie können aber auch Hochbeete anlegen und diese durch eine Barriere aus Geo-Textilfolie, die über der Basis ausgelegt wird, schützen. Um zu verhindern, dass sich der Hallimasch ausbreitet, vergraben Sie eine vertikale Barriere aus starker Plastik-, Butyl- oder Teichfolie von 30 bis 40 cm Höhe im Boden.

Zu den anfälligen Pflanzen gehören Birke (*Betula* spp.), Zeder (*Cupressus* spp.), Cotoneaster, *Forsythie*, Hortensie (*Hydrangea*), Liguster (*Ligustrum* spp.), Apfel- oder Zierapfelbäume (*Malus* spp.), Aprikosen-, Kirsch-, Pfirsich- und Pflaumenbäume (*Prunus* spp.), Rhododendron, Johannisbeere (*Ribes* spp.), Rose (*Rosa* spp.) und Glyzine (*Wisteria*).

Beschränkt resistent sind Schönmalve (*Abutilon*), Bambus, der Gewöhnliche Trompetenbaum (*Catalpa bignonioides*), Bleiwurz (*Ceratostigma* spp.), Judasbaum (*Cercis* spp.), Zierquitte (*Chaenomeles* ssp.), Orangenblume (*Choisya*), Clematis, Perückenstrauch (*Cotinus* spp.), Ölweide (*Elaeagnus*), Buche (*Fagus* spp.), Kerrie (*Kerria*) und Passionsblume (*Passiflora* spp.).

Blattläuse

Kein Gärtner dürfte eine Beschreibung dieser Übeltäter benötigen, die Saft saugen, Honigtau absondern, einen schwarzen, rußigen Schimmelpilz fördern und die Pflanzen mit Viruserkrankungen infizieren. Blattläuse schützen sich, indem sie die Blätter blasig auftreiben und kräuseln, einen wolligen Überzug bilden oder sich im Bereich der Pflanzenwurzeln verbergen und, von Luftströmen weitergetragen, über Hunderte von Kilometern in unseren Gärten landen können.

Blattläuse gibt es in einer Reihe von Farben, vom traditionellen Grün bis zu Rosa und weißlichem Grau sowie Größen von 2 mm bis zur 4,5 mm oder den noch größeren Exemplaren der Lupinenblattlaus. Die meisten Blattläuse leben dicht zusammengedrängt in rasch expandierenden Kolonien an jungen Trieben und unter Blättern, die entstellt werden.

Bei geringfügigem Befall lassen sich die Blattläuse zwischen Finger und Daumen zerreiben. Um ganze Kolonien an kräftigen Trieben zu beseitigen, versuchen Sie, diese mit einem starken Wasserstrahl abzuspritzen, wobei Vorsicht geboten ist, denn die Pflanzen sollten nicht geschädigt werden. Oder machen Sie sich einen Spaß daraus, Sie mit einer funktionstüchtigen Wasserpistole »abzuschießen« – am besten früh am Tag, um das Pilzwachstum einzudämmen. Verwenden Sie organische Kontakt-Insektizide, die Pyrethrum-, Rotenone, Fettsäuren oder Pflanzenöle enthalten. Sie können aber auch Mittel mit dem Wirkstoff Imidacloprid in Sprayform oder als Waschlotion (Emulsion) verwenden.

Zur biologischen Eindämmung setzt man *Aphidius*, eine kleine parasitäre Wespe aus, die auf den Britischen Inseln heimisch ist und ihre Eier auf jungen Blattläusen ablegt. *Aphidoletes* ist eine kleine Mücke, deren Larven Blattläuse vertilgen; beide sind bei Spezialfirmen erhältlich.

Marienkäfer, insbesondere deren Larven, sind gierige Vertilger von Blattläusen. Wenn Sie im Herbst nicht alles bis auf das letzte Hälmchen abräumen, sondern trockene Pflanzenreste, lose Rinde und hohle Stängel als Nistplätze liegen lassen, werden sich bald schon mehr dieser Nützlinge in Ihrem Garten ansiedeln.

Auch Florfliegen und deren Larven fressen Blattläuse. Locken Sie sie in Ihren Garten, indem Sie ihnen Nisträume kaufen oder erstellen. Um selbst welche anzufertigen, müssen Sie von großen, alten Plastiktrinkflaschen lediglich den Boden herausschneiden, ein Stück Wellpappe, das bis zum Flaschenhals reicht, einrollen und das Innere auslegen. Bohren Sie an der Basis der Flaschenwand beidseitig ein kleines Loch ein und stecken Sie einen dünnen Draht hindurch, um die Wellpappe an Ort und Stelle zu halten. Lassen Sie den Verschluss auf der Flasche, damit kein Wasser hinein kommt, und hängen Sie sie vom Hochsommer an in den Garten. Diese kleinen »Behausungen« sollten mindestens 3 m von Bäumen oder Gebäuden entfernt sein und vom frühen Winter an in einen kühlen Schuppen gebracht werden, bevor sie im Frühling wieder in den Garten kommen. Vergessen Sie nicht, das Stroh und die sonstigen Lockmittel in diesen zweckmäßig eingerichteten Zimmern alljährlich zu ersetzen.

Schwebfliegen vertilgen ebenfalls Blattläuse und lassen sich durch entsprechende Nahrungsquellen anlocken. Sie bevorzugen kleine ungefüllte Blüten wie Fenchel und Dill sowie Angehörige der Korbblütler, aber auch die Sumpfblume *(Limnanthes douglasii)*, Prunkwinde *(Convolvulus tricolor)* und Buchweizen *(Fagopyrum esculentum)*.

Blaumeisen fressen mehr Blattläuse als alle anderen Vögel im Garten – eine Familie vertilgt pro Jahr etwa 100 000 Blattläuse. In Ihren Garten locken lassen sich diese, wenn Sie Fettstücke in Ihren Obstbäumen und über den Beerensträuchern aufhängen. Verzichten Sie auf Dünger mit hohem Stickstoffgehalt, der, ganz im Sinn der Blattläuse, das Wachstum von Blattmasse ankurbelt.

Legen Sie alte Ziegel aus, die Lauf- und Kurzflügelkäfern als Versteck dienen, denn sie fressen die Larven der Salatlaus. Säen Sie Salatsorten wie 'Avoncrisp' und 'Avondefiance' aus, die gegen Blattläuse resistent sind. Ziehen Sie Ihre Gemüsekulturen unter einer Geo-Membran.

Um zu verhindern, dass Ameisen die Blattläuse im Bereich von Gehölzen »bewirten«, schmieren Sie einen Ring Fett um den Stamm, der die Ameisen am Hinaufklettern hindert.

Pflanzen Sie so nützliche Gewächse wie die Kapuzinerkresse, die die Schwarze Bohnenblattlaus anziehen. Sobald diese dick befallen ist, nehmen Sie sie heraus und zerstören die Pflanzen.

Im Uhrzeigersinn von oben links:
Ein klassisches Beispiel für Blattlausschäden: die große Lupinenblattlaus, Marienkäfer, Flor- und Schwebfliegen helfen Ihre Blattlauspopulation einzudämmen.

Eine einzelne Zitrusfrucht, hier in ihrer Funktion als Schneckenfalle.

Woll- oder Schmierläuse

Die meisten Woll- oder Schmierlausarten finden sich an Zimmerpflanzen, manche aber befallen auch Gartenpflanzen wie die Spornblume (Ceanothus) und den Neuseeland-Flachs (Phormium spp.). Weiße, von Wachsausscheidungen bedeckte »Trauben«, die wie winzige Holzläuse aussehen, verbergen sich an unzugänglicheren Stellen wie Blattachseln oder zwischen sich windenden, drehwüchsigen Stielen, saugen Saft und schränken das Wachstum ein, indem sie Honigtau ausscheiden, der einen schwarzen rußigen Pilz fördert. Schwerer Befall kann zu vorzeitigem Laubfall führen. Kaufen Sie gesunde Pflanzen und stellen Sie sie zunächst einige Wochen lang in »Quarantäne«, bevor diese ins Gewächshaus Eingang finden. Entfernen Sie tote Blätter und Schnittabfälle, da diese von Wollläusen oder deren Eiern befallen sein können.
Waschen Sie Pfirsichbäume, sofern sie kleingehalten wurden oder noch jung sind, im Winter mit einer Seifenlösung ab. Ziehen Sie die lose Rinde von Reben ab, um die dahinter verborgenen Wollläuse vor der Behandlung freizulegen. Breiten Sie Zeitungspapier unter Reben aus, um die Rindenfetzen zu sammeln und zu entsorgen. Sprühen Sie mit Fettsäuren oder Pflanzenölen und wiederholen Sie die Behandlung mehrfach. Zur biologischen Bekämpfung setzen Sie unter Glas *Cryptolaemus montrouzieri* (räuberische Marienkäfer) ein. Sowohl die ausgewachsenen Exemplare als auch die Larven ernähren sich von Wollläusen. *Leptomastix,* eine winzige Wespe, schmarotzt bei Schmierläusen an Zitruspflanzen und Weintrauben.

Nacktschnecken

Mehrere Schneckenarten ernähren sich von der Blattmasse der unterschiedlichsten Pflanzen. Sie bevorzugen feuchte Bedingungen und sind im Frühjahr besonders aktiv, wenn es häufig regnet und überall reichlich Blattmasse vorhanden ist.

Setzen Sie zur biologischen Eindämmung Nematoden ein; diese arbeiten auf feuchten, gut durchlässigen Böden höchst effektiv, weniger befriedigend hingegen auf Tonböden. Säen Sie die Samen in Töpfen aus und decken Sie die Setzlinge mit Plastikflaschen ohne Boden ab, die sich wie Pflanzglocken darüber stülpen lassen (prüfen Sie, ob einige Tage nach dem Umpflanzen keine Schnecken darunter eingeschlossen wurden). Warten Sie mit dem Mulchen, bis die Pflanzen gut eingewurzelt sind. Legen Sie Fallen aus mit Salatblättern oder den herausgeschabten Resten von ausgedrückten Zitronen oder Melonenschalen, die mit der Schnittfläche nach unten neben anfällige Pflanzen gelegt werden. Stellen Sie als Fallen Becher, Marmeladengläser oder Untertassen auf, die teilweise mit intensiv nach Hopfen schmeckendem Bier gefüllt sind – vergewissern Sie sich, dass die Ränder der Gefäße mindestens 2 cm über Bodenhöhe überstehen, damit keine schneckenvertilgenden Laufkäfer hineinfallen. Leeren Sie die Fallen jeden Tag. Gehen Sie an milden, feuchten Abenden auf Schneckenjagd. Achten Sie besonders auf organische Mulchschichten, in denen sich Schnecken gern verstecken. Legen Sie große Stücke Jute, Karton oder Plastik auf dem Boden aus, unter denen sich die Schnecken verstecken können. Laufkäfer und Tausendfüßler, die sich von Schnecken und deren Eiern ernähren, werden durch die feuchten Bedingungen ebenfalls angelockt. Entsorgen Sie die Schnecken auf einem Feld, einer Hecke oder Brachfläche ein Stück weit weg vom Garten. Sie können sie aber auch in heißem Wasser oder einer starken Salzlösung ertränken.

Fördern Sie andere Räuber aus der Natur wie Vögel, Frösche, Kröten, Igel und Blindschleichen im Garten. Locken Sie Lauf- und Kurzflügelkäfer an, indem Sie einen etwa 7,5 cm tiefen Graben ausheben. Bedecken Sie die Basis mit einer Schicht Kieselsteine, damit die Käfer eine Möglichkeit haben, sich zu verstecken und lassen Sie sie sämtliche Schnecken fressen, die in diesen Graben fallen. Stellen Sie umgedrehte Blumentöpfe für Frösche und Kröten auf und halten Sie Holzscheite für Igel und umgedrehte Ziegeln für Lauf- und Kurzflügelkäfer bereit. Rechen Sie den Boden im Winter durch, um die Schneckeneier für die Vögel freizulegen. Halten Sie Enten und Hühner.

Die meisten Pflanzen tolerieren, sobald sie richtig etabliert sind, Schäden durch Schneckenfraß. Chemisch eindämmen lassen sich Schnecken durch Streuen von Schneckenkorn (Metaldehyd) im Umkreis empfindlicher Pflanzen (beachten Sie dabei unbedingt die Zulassungen und befolgen Sie die Anweisungen des Herstellers!). Auf Aluminium-Sulfat und auf eisenhaltigem Phosphat basierende Körner sind ebenfalls erhältlich. Eine andere Möglichkeit sind Schneckenzäune und Bänder, Kleie, scharfer Sand, Vermiculit (Tonmineral), gemahlenes poröses Felsgestein, Fallen und diverse andere Abwehrmittel. Äußerst wirksam sind auch die geschredderten und damit scharfkantigen Halme des Riesen-Chinaschilfs (Miscanthus giganteus), die man um die gefährdeten Kulturen streut.

Schnecken bewegen sich höchst ungern über offenes Gelände; umranden Sie Hochbeete also mit Gras oder Fliesen. Schnecken machen sich vom Spätsommer an über Kartoffeln her. Ernten Sie sie also im frühen Herbst, um den Schaden in Grenzen zu halten. Ziehen Sie schneckenresistente Sorten wie 'Kestrel', 'Pentland Dell', 'Spey', 'Romano' und 'Golden Wonder'. Säen Sie Kulturen wie Blattsalat aus, denen Schnecken partout nicht widerstehen können. Achten Sie auf Sauberkeit und räumen Sie Laubabfälle und zerfallendes Pflanzenmaterial regelmäßig ab.

Gehäuseschnecken

Sie unterscheiden sich von Nacktschnecken dadurch, dass sie ihr Haus auf dem Rücken tragen. Wie diese kauen sie mit Vorliebe weiches Blattmaterial, sie können aber auch klettern und Bäume schädigen und machen sich oft über die jungen Triebe des Goldregens her. Durch ihr Gehäuse geschützt, sind sie weniger abhängig von einem hohen Feuchtigkeitspegel und da sie, um ihr Gehäuse zu bilden, Kalzium benötigen, kommen sie auf sauren Böden nicht so zahlreich vor. Die gemeine Gehäuseschnecke richtet den größten Schaden an, während die anderen Arten für Pflanzen weniger problematisch sind.

Im Allgemeinen geht man gegen Gehäuseschnecken auf die gleiche Weise vor wie gegen Nacktschnecken (s. Seite 275). Allerdings sind die Nematoden, die gegen Nacktschnecken ausgesetzt werden, bei Gehäuseschnecken keine Hilfe. Gehäuseschnecken halten in umgedrehten Blumentöpfen oder Mauerspalten Winterschlaf und können von Hand abgesammelt werden. Legen Sie eine Art »Ambossstein« für Drosseln bereit, auf dem diese die Häuschen zerschmettern und die Weichteile im Innern fressen können.

Magnesiummangel

Magnesium, ein Baustein des Chlorophylls in Blättern, ist für das Pflanzenwachstum unerlässlich. Auf leichten, sauren oder sandigen Böden kann es häufig zu Mangelerscheinungen kommen, denn die Vorkommen werden vor allem bei feuchter Witterung rasch ausgewaschen. Übermäßige Kaliumgaben (Pottasche) führen zu Mangelerscheinungen, denn wenn Kalium in hoher Konzentration verfügbar ist, wird es, anders als Magnesium, absorbiert.

Mangel herrscht in der Regel gegen Ende der Jahreszeit, was sich in Form einer Gelbfärbung zwischen den Blattadern und im Umkreis der Ränder äußert. Befallen werden als Erstes die älteren Blätter. Rotblättrige Pflanzen wie Rote Bete bekommen rote oder ins Orangerote gehende Flecken. Bei ernsthaftem Mangel erscheint die gleiche Verfärbung auch auf grünlaubigen Pflanzen, und wenn nichts dagegen unternommen wird, sterben die Blätter ab. Magnesiummangel kommt bei Obst und Gemüse vor, insbesondere bei Tomaten, Blattsalaten und Apfelbäumen, aber auch bei Rhododendren.

Behandeln Sie die Böden im Herbst oder Winter mit Magnesiumsulfat oder Calcium-Magnesiumkarbonat (Dolomit-Kalkstein). Magnesiumsulfat (Epsom-Bittersalz) ist ein wirksamer Blattdünger im Sommer. Mischen Sie 200 g auf 10 l Wasser und bringen Sie die Lösung nach der Blüte auf. Reduzieren Sie die Kaliumdüngergaben, falls erforderlich.

Stickstoffmangel

Stickstoff ist wesentlich am Wachstum der Blätter und Triebe beteiligt. Wo Mangel herrscht, ist dies zunächst an den älteren Blättern zu sehen. Die Blätter sind dann klein und blass, sie wachsen langsam und sind matt, und die Blüten und Früchte entwickeln sich oft nur spärlich. Kohlarten verfärben sich gelb, orange, rot oder purpurviolett gesprenkelt, und die Kartoffelernte fällt entsprechend spärlich aus.

Stickstoffmangel kann eine Folge von Mulch aus unverrottetem verholztem Material sein, das im Verlauf der Rotte Stickstoff absorbiert. Dies aber bedeutet, dass Stickstoff für die Pflanzen dann vorübergehend nicht verfügbar ist. Die Mulchschicht sollte vor dem Aufbringen ganz oder teilweise verrottet sein; dennoch empfiehlt es sich, vor dem Mulchen einen Universaldünger oder ein mit Stickstoff angereichertes Präparat auf dem Boden auszubringen.

Stickstoffmangel kommt besonders auf leichten Böden mit geringen Stickstoffressourcen vor. Blattreiche Kulturen wie etwa Kohlgewächse haben einen hohen Stickstoffbedarf; von daher ist ein regelmäßig praktizierter Fruchtwechsel ganz wichtig, um zu verhindern, dass sich die Vorräte im Boden erschöpfen. Möhren benötigen sehr wenig. Gemüse wie Erbsen und Bohnen produzieren in Nodulen an ihren Wurzeln Stickstoff. Dieser kommt Folgekulturen wie Kohlarten oder ähnlich blattreichem Gemüse zugute, wenn die Wurzeln nach der Ernte im Boden bleiben.

Um Stickstoffmangel vorzubeugen, bringen Sie einen Universal- oder mit Stickstoff angereicherten Dünger wie Ammonium-Sulfat, Nitro-Kalk oder getrocknetes Blut-, Horn- und Knochenmehl aus. Verbessern Sie den Boden mit gut verrottetem organischem Material und pflanzen Sie Gründüngungen (s. Seite 133), um zu verhindern, dass der Stickstoff den Winter über ausgewaschen wird. Verbessern Sie die Dränage auf nassen Böden oder mulchen Sie mit Grasschnitt.

Eisenmangel

Die Symptome einer durch Eisenmangel hervorgerufenen Chlorose treten oft an säureliebenden Pflanzen wie Rhododendren und Kamelien in Erscheinung, die auf alkalischen Böden wachsen und somit nicht imstande sind, Eisen aus dem Boden zu absorbieren. Die Folge ist ein Vergilben zwischen den Blattadern und in extremen Fällen Blätter, die sich weiß verfärben und entlang der Ränder braune Flecken bilden.

Verpflanzen Sie säureliebende Gewächse in Hochbeete oder Töpfe mit saurem Erdsubstrat. Wässern Sie sie mit Extrakten von Spurenelementen. In Gegenden mit hartem Wasser sollte besser Regenwasser, abgekühltes gekochtes oder destilliertes Wasser aus einem Enthärtungsgerät verwendet werden. Machen Sie eine Bodenprobe; Wenn der Boden leicht alkalisch ist, sollten Sie den pH-Wert durch Schwefel absenken.

Hohe Phosphatwerte in sauren Böden können ebenfalls zu Eisenmangel führen.

Phosphormangel

Phosphor wird für das Wachstum und den Reifungsprozess von Früchten und Samen benötigt. Auch für die Keimung des Saatguts ist Phosphor erforderlich. Spinat, Möhren, Blattsalate, Johannisbeeren, Äpfel und Stachelbeeren sind sehr anfällig für Mangelerscheinungen.

Die Symptome gleichen denen bei Stickstoffmangel: spärliches Wachstum, kleine Blätter, die sich mattgrün und purpurviolett verfärben, kümmernde Blüten- und Fruchtbildung, kleine und säuerlich schmeckende Früchte. Phosphormangel kommt vermehrt in Gegenden mit hohen Niederschlagsmengen oder auf sauren Böden vor, weil sich Phosphor aus schweren Ton- oder flachgründigen Kreideböden leicht auswäscht.

Bringen Sie Knochenmehl, natürliches Gesteinsphosphat, Superphosphat, so genannte basische Schlacke (Thomasschlacke) oder einen Universal-NPK Dünger auf.

Pottasche- oder Kaliumkarbonat-Mangel

Sowohl die Blüten- und Fruchtbildung als auch das Wachstum werden durch Kaliumkarbonat-Mangel beeinträchtigt. Braune Flecken erscheinen auf den Blattspreiten, Rändern oder Spitzen, und auf den Unterseiten bilden sich Flecken. Die Blätter verfärben sich blaugrün, und die Ränder rollen sich auf und werden weich. Ältere Blätter werden als erste befallen. Diese Mangelerscheinungen zeigen sich häufiger auf leichten Böden oder jenen mit hohem Säuregrad oder alkalinem pH-Wert.

Verbessern Sie Ihren Boden durch Beigaben von organischem Material. Verabreichen Sie Beerensträuchern und Obstbäumen einmal im Jahr mit Schwefel angereichertes Kaliumkarbonat oder einen Dünger auf Kaliumbasis. Zur Vorbeugung und Behebung können Sie mit flüssigem Beinwell oder Seetangmehl kurzfristig Erfolge erzielen. Auch Holzasche kann als Mulch über dem Komposthaufen aufgebracht werden.

Kapitel 11

Gärtnern unter Glas

Bob: Jeder überdachte Bereich steigert den Wert des Gartens, denn er ermöglicht Ihnen die Anzucht einer weit größeren Pflanzenvielfalt über eine wesentlich längere Wachstumsperiode. Baustrukturen, die begehbar sind oder gar zum Sitzen einladen, kommen Ihnen gleichermaßen zugute wie Ihren Pflanzen. Bedenken Sie aber vor allem, dass Ihr Gewächshaus- oder Wintergarten, wie groß er Ihnen anfangs auch erscheinen mag, in kürzester Zeit zu klein sein wird. Kaufen Sie sich also nicht nur das größte Exemplar, das Sie sich leisten können, sondern ein noch beträchtlich größeres. Dieser zunächst einmal riesige leere Raum wird am Ende des ersten Jahrs bereits mehr als voll sein. Eine große Einrichtung rechnet sich ohnehin, denn größere Bereiche kosten prozentual weniger als kleine und büßen auch weniger an Wärme ein. (Allerdings kosten sie insgesamt eben doch mehr!) Wenn Sie in Betracht ziehen, ein Gewächshaus zu bauen, hören Sie sich zuvor bei Leuten um, die Erfahrung damit haben – mir ist jedenfalls noch nie jemand begegnet, der der Meinung gewesen wäre, sein Gewächshaus oder Wintergarten hätte doch kleiner sein sollen!

Ist das teuerste Exemplar auch zwangsläufig das Beste? Wenn Sie sich ein teures Gewächshaus leisten können, lohnen sich die Extrakosten sicherlich, allerdings nur, wenn es wirklich genau das ist, was Sie wollten. Ein kleines Gewächshaus ist ein großer Gewinn im Garten und kostet weniger als ein durchschnittlicher Urlaub; wenn Ihnen aber ein Wintergarten vorschwebte, ist es im Grunde eine Verschwendung. Wenn Sie Ertragskulturen anzubauen planen und über genügend Grund verfügen, wird ein riesiger Polyäthylen-Tunnel genau das Richtige für Sie sein – er dürfte in etwa so teuer kommen wie ein kleines Gewächshaus und, was die Heizkosten anbetrifft, das Zehnfache verschlingen, liefert Ihnen dafür aber eine Unmenge Platz für Ihr Geld. Ein richtiger Wintergarten kann ein Vermögen kosten, verschönert Ihr Anwesen aber auch nachhaltig, was ein Gewächshaus in der Regel nicht tut, ohne dass ich mich jetzt gleich über den Anblick eines vom Wind zerfetzten Folientunnels auslassen möchte.

Zur Wahl der Struktur

Gewächshäuser aus Glas und Holz

Ein traditionelles Gewächshaus wirkt in der Regel dekorativer als jeder andere Typ. Zu unterscheiden sind zwei Varianten: die Pultdach- oder Anlehnform, die sich an eine Mauer oder an die Hauswand anschließen lässt, und die gänzlich frei stehende Variante. Holz ist ein exzellentes Isolationsmaterial, wirkt behaglich und lässt sich relativ billig beheizen. Weil der Sockel über der hölzernen Basis aber oft bis auf Hüfthöhe reicht, was Glas sparen und die Wärme halten hilft, beschränkt sich der verfügbare Platz auf die Arbeitstische und Regalborde (Stellagen).

Ein weiterer Nachteil von Holz, ja selbst von Hartholz, sind die regelmäßig anfallenden Wartungsarbeiten; und selbstverständlich muss auch das Glas mindestens einmal im Jahr geputzt werden. Auch werden Sie vielleicht merken, dass diese stilvollen Gewächshäuser im Allgemeinen über eine unzureichende Ventilation verfügen. Dennoch ist ein traditionelles Gewächshaus mit Holzrahmen eine gute Wahl für Gärtner, die ihre Pflanzen in Töpfen ziehen, aber auch für Leute mit Kindern, da sich die auf einem Sockel aus Holz basierenden Varianten als wesentlich kindersicherer bewährt haben. Im Übrigen hängt es ganz von der Konstruktion ab, wie einfach oder kompliziert es ist, eine zusätzliche Kältedämmung für den Winter anzubringen. Im Sommer können Sie durch Rollos leicht für zusätzliche Verschattung sorgen.

Gewächshäuser aus Glas und Metall

Gewächshäuser aus Glas und Metall sind gewöhnlich ein bisschen günstiger als die aus Holz, leichter zusammenzusetzen (was relativ ist), etwas heller, weil die Metallstreben dünner sind, etwas kälter, weil Metall sich schneller abkühlt, manchmal etwas zugiger und häufig weniger ansehnlich. Allerdings ist die Instandhaltung auch weniger aufwändig als bei Holz. Eine

Frostempfindliche Pflanzen wie diese *Allemanda* können im Winter unter Glas gehalten werden und lassen sich, sobald kein Frost mehr zu befürchten ist, ins Freie stellen.

Die Baukosten für ein viktorianisches Gewächshaus großen Stils schlagen weniger zu Buch als die Unterhaltskosten. Dafür aber bietet es Platz für unzählige Pflanzen und verspricht Gartenfreuden an 365 Tagen im Jahr.

zusätzliche Wärmedämmung lässt sich meist problemlos anbringen, sofern die entsprechenden Befestigungsklammern für die Metallstreben verwendet werden, und für die Verschattung im Sommer kann man zwischen Schattierfarbe oder Rollos wählen. Wo das Glas bis auf Bodenhöhe reicht, können auch Beete angelegt werden.

Begehbare Kunststoff- oder Folientunnel oder Gewächshäuser

Allen gegenteiligen Meinungen zum Trotz erweisen sich diese Konstruktionen als bemerkenswert stabil, wenn sie sachgemäß gebaut sind. Außerdem liegen die Kosten pro Abdeck-Einheit erstaunlich niedrig. Nachteilig wirkt sich allerdings aus, dass die Heizkosten sehr hoch sind, selbst wenn die Anschlussstellen einwandfrei schließen und im Innern kein Zug herrscht. Dies liegt hauptsächlich daran, dass die Folie vergleichsweise dünn ist, was sich bei Hitze wiederum problematisch auf den Luftaustausch auswirken kann. Das diffuse Licht behagt vielen Pflanzen (eine Beschattung ist kaum je erforderlich), wenngleich Tomaten, Auberginen und ein paar andere Kulturen hellere Wachstumsbedingungen bevorzugen. Die Wartungsarbeiten sind aufwändig, denn die Folie muss jedes Jahr abgewaschen und alle fünf Jahre etwa ersetzt werden, jedenfalls sobald das Material opak und brüchig wird.

Wintergärten

Das Spektrum reicht von windschiefen viktorianischen Objekten bis zu modernen doppeltverglasten Luxusausführungen. Generell müssen Sie sich entscheiden, ob Sie Ihren Wintergarten auch als Wohnraum oder ausschließlich als Refugium für

Matthews Tipps zur Wahl eines Gewächshauses

● Holz fügt sich von Natur aus harmonisch in den Garten ein. Zedernholz ist fäulnisbeständig und haltbar, muss aber behandelt werden, damit die Farbe erhalten bleibt. Erkundigen Sie sich, ob anderes Nutzholz wie Rosenholz sachgemäß imprägniert wurde, um die Haltbarkeit zu verlängern.

● Aluminium gibt es in einer Reihe von Farben, sodass Sie zwischen kontrastierendem Weiß, Grün oder Pastelltönen wählen können, die mit dem Hintergrund verschmelzen.

● Achten Sie beim Kauf auf gehärtetes Sicherheitsglas. Die Zusatzausgabe lohnt sich, insbesondere wenn Sie Kinder haben. Manche Gewächshäuser haben Kunststoffrahmen mit einer Polykarbonat-Verglasung, die leicht und sicher ist. Diese bietet im Sommer diffuses Licht und gewährleistet im Winter bei Doppeleindeckung eine gute Wärmedämmung.

● Vergewissern Sie sich, dass die Türen breit genug sind für den Schubkarren. Überzeugen Sie sich auch, dass das Gewächshaus hoch genug ist. Sie sollten, ohne sich ducken zu müssen, eintreten können, den Kopf nicht an der Ventilation anstoßen und genügend Platz haben, um beim Arbeiten unter dem First stehen zu können. Die Höhe lässt sich zwar anheben, indem Sie den Ziegelsteinsockel weiter hochziehen; allerdings werden Sie dann auf jeder Seite der Tür als Ausgleich eine Stufe oder Rampe benötigen. Prüfen Sie, ob im Bereich der Tür genügend Platz ist, um den Schubkarren im Gewächshaus zu wenden und achten Sie insbesondere im Eingangsbereich auf einen festen und strapazierfähigen Bodenbelag.

● Kleinere Gewächshäuser beschränken zwangsläufig die Anzahl der Pflanzen, die Sie ziehen können. Sie sind im Winter schwer zu beheizen und lassen sich im Sommer oft nicht ausreichend belüften. Als Mindestgröße für problemloses Gärtnern gilt eine Fläche von 2,4 x 1,8 m. Wenn Sie beabsichtigen, Tomaten in einer Rabatte zu ziehen, müsste diese mindestens 90 cm breit sein.

Ihre Pflanzen zu nutzen gedenken. Nicht nur wir, sondern auch unser Mobiliar, die Vorhänge und Kissen bevorzugen nämlich eine trockenere Umgebung als die meisten Pflanzen. Außerdem muss es uns, solange wir im warmen Bett liegen, nicht kümmern, wenn es nachts im Wintergarten kalt wird. Wenn Ihr Wintergarten aber zugleich als Wohnraum gedacht ist, sollten Sie sich an Pflanzen halten, die wie Kakteen, Sukkulenten und bestimmte Zimmerpflanzen trockene bzw. aride Bedingungen bevorzugen. Falls er ausschließlich Ihren Pflanzen vorbehalten ist, dann planen Sie auch nicht, Elektro-Geräte, Bücher und Polstermöbel zu integrieren, denn all diesen Dingen bekommt die Feuchtigkeit denkbar schlecht. Der größte Vorteil eines Wintergartens ist seine Nähe zum Haus, was das Verlegen der Leitungen und Zentralheizung enorm vereinfacht. Im Sommer wird man kaum ohne Rollos auskommen, um zu verhindern, dass die hohen Temperaturen die Pflanzen schädigen. Im Übrigen sollte eine automatische Belüftung installiert werden. Selbstverständlich kann diese Nähe zum Haus aber auch ein Sicherheitsrisiko darstellen, sodass Vorsicht oberste Priorität hat!

Sonnenräume oder Orangerien

Während Wintergärten im Allgemeinen ein Glasdach haben, verfügen Sonnenräume oder Orangerien, wie sie früher genannt wurden, lediglich über eine Glasfront, die (vernünftigerweise) zur Sonne hin ausgerichtet ist. Im Winter, wenn die Sonne tiefer steht, scheint sie hinein und erwärmt den Raum. Im Sommer, wenn die Sonne um die Mittagszeit am höchsten steht, dunkelt das Dach ebenso wie entsprechende Sonnensegel den Raum ab, sodass ein kühles, helles, aber schattiges Refugium entsteht. Davon abgesehen, dass man Zimmerpflanzen auf die Fenstersimse stellen kann, eignen sich diese Sonnenräume nicht wirklich, um Pflanzen anzuziehen. Als Überwinterungsquartiere für Zitruspflanzen sind sie jedoch optimal, vorausgesetzt sie werden regelmäßig befeuchtet und gewässert.

Türen, Wege, Böden, Rabatten und Fundamente

Schiebetüren sind am praktischsten, es sei denn sie wären einfach zu klapprig. Als Alternative bieten sich Türen an, die sich nach außen öffnen, denn diese beanspruchen im Innern zumindest keine Bodenfläche. Nach Möglichkeit sollten in größere Konstruktionen doppelt verglaste Türen eingebaut werden. Durch ein Extra-Set mit Schnakendraht bespannter Türen lassen sich viele Schädlinge im Sommer ausschließen, ohne die Luftzirkulation zu behindern. Die Wege wird man am besten pflastern oder betonieren. Bewährt haben sich raue Oberflächen, die bei Nässe trittsicherer und weniger rutschig sind. In richtige Wintergärten gehört ein Plattenboden, für Folientunnel genügt indes auch Rindenmulch oder – was ich bevorzuge – ein alter Teppich. In jedem Fall sollten Sie aber darauf achten, dass der Boden eben und fest ist, zumal es oft auch schwere Dinge zu transportieren gibt. Wenn Sie vorhaben, Rabatten anzulegen, in denen die Pflanzen unmittelbar in der Erde wachsen, ist es ratsam, den Boden vor dem Bauen vor-

Erweiterung des Hauses oder des Gartens? Die schönsten Wintergärten scheinen sich dem Haus ebenso harmonisch anzuschließen wie dem Garten.

zubereiten. Wenn Sie einen fest installierten Boden verlegen, sollten Sie einen Abfluss einplanen, zumal hin und wieder etwas verschüttet wird, was dann abgespritzt werden muss. Informieren Sie sich immer zuerst über die vor Ort geltenden Planungs- und Bauvorschriften. Schwere und sachgemäß verankerte Fundamente sind so wichtig, dass man daran in der Tat nicht sparen darf.

Die Ausrüstung des Gewächshauses

Stellagen, Arbeitstische und Stauraum
Auch wenn man zunächst sicher nicht an erhöhte Stellflächen, Arbeitstische und Staumöglichkeiten denkt, so sind diese Einrichtungen doch ganz wichtig. Die meisten Stellagen lassen sich problemlos an den Seiten des Gewächshauses anbringen, für einen Folientunnel oder einen Wintergarten eignen sich die frei stehenden Varianten aber besser. Die Regalborde bestehen

vielfach aus Latten, die eine gute Luftzirkulation gewährleisten. Aufgrund der oftmals gestaffelten Anordnung erhalten mehr Pflanzen ein Maximum an Licht, während im oberen Bereich des Glasdachs viele von der wärmeren Luft profitieren. Der Arbeitstisch muss vor allem stabil sein, damit er nicht wackelt. Als praktisch erweist sich eine Ablage darunter, die sich als Stauraum nutzen lässt. Vermeiden Sie aber generell überflüssigen Plunder, der letztlich nur wertvollen Pflanzraum wegnimmt. Einzig »genehmigt« ist ein Stuhl als Arbeitserleichterung.

Heizung
Es versteht sich praktisch von selbst, dass sobald nicht genügend geheizt wird, um die Pflanzen in den kältesten Nächten warm zu halten, sämtliche im Vorfeld geleisteten Investitionen und Anstrengungen buchstäblich umsonst waren. Elektrische, mit Thermostaten ausgestattete Heizgebläse sind, selbst wenn sie hauptsächlich nachts gebraucht werden, wenn der Strom billiger ist, letztlich teuer im Unterhalt und müssen fachmännisch

Stellagen wie diese bieten dem Gärtner dank ihrer abgetreppten Anordnung bessere Zugangsmöglichkeiten und den Pflanzen mehr Platz und vor allem optimale Lichtverhältnisse.

installiert werden. Dafür arbeiten sie aber auch so zuverlässig und problemlos, dass sie zu den bevorzugten Heizsystemen gehören. Petroleumheizgeräte und Warmwasserheizungen, bei denen die Heizrohre an einen mit Festbrennstoffen beheizten Kessel angeschlossen sind, haben sich weniger bewährt, und Gas- oder Öl-Heizkessel kommen in der Tat nur für ganz große Gewächshäuser in Frage. (Weitere Ratschläge über Heizsysteme zur Vermehrung von Pflanzen, siehe Seite 256 f.)

Pflanzengesundheit und Hygiene im Gewächshaus

Gesundheit und Hygiene sind unter Glas eher ein Problem, weil die natürlichen Kontroll- und Balancemechanismen, die im Freien automatisch gegeben sind, hier zwangsläufig ausfallen. Raubinsekten finden selten den Weg ins Innere, es sei denn, sie würden durch den verlockenden Duft ihrer Beute angezogen – die Schädlinge können also ungehindert brüten. Infektionen breiten sich rasant aus, zumal sie in der behaglichen Wärme unserer Gewächshäuser mit ihren dicht zusammengedrängt stehenden Pflanzen optimale Voraussetzungen finden. Zu bemängeln ist vor allem, dass unter Glas kaum je Fruchtwechsel praktiziert wird, obwohl gerade hier Jahr für Jahr die gleichen Pflanzen im gleichen Rabattenboden kultiviert werden. Angesichts der Fülle an Blattmasse sind diese Gewächse für Infektionen wesentlich anfälliger als robuste Freilandpflanzen, zumal oft den ganzen Winter über geheizt wird und die Schädlinge, vor Frost verschont, rund um das Jahr bestens gedeihen.

Schädlings- und Krankheitsbekämpfung

Befolgen Sie die auf den Seiten 264–268 erteilten Empfehlungen, denn sie gelten gleichermaßen für die Wachstumsbedingungen unter Glas, auch wenn Sie Schwierigkeiten haben dürften, in einem kleinen Gewächshaus einen Teich oder ein Versteck für einen Igel unterzubringen! Vorbeugung ist alles, dies aber bedeutet, dass wir verstärkt auf die Gesundheit unserer Pflanzen achten müssen. Auf so beschränktem Raum lohnt es sich, Nutzinsekten zu kaufen, und darauf zu hoffen, dass diese sich rundum ansiedeln. Der größte Unterschied zwischen der Anzucht von Pflanzen im Freiland und unter Glas ist, dass sich die Witterungsverhältnisse draußen kaum beeinflussen lassen, sehr wohl aber die Wachstumsvoraussetzungen im Innern. Der wichtigste Faktor für Schädlings- und Krankheitsresistenz sind gesunde Pflanzen, die weitgehend sich selbst überlassen heranwachsen.

Nur gesunde Pflanzen sind in der Lage, Attacken abzuwehren; dies aber setzt eine sorgfältige Überwachung ihrer Wachstumsbedingungen voraus, weil nur so gewährleistet ist, dass sie weder überstrapaziert noch in ihrer Entwicklung eingeschränkt werden. Einschränkungen verhindern, dass sich das Gewebe festigt. Sie erschweren es der Pflanze, das Wachstum wieder aufzunehmen; die Folge ist verkümmerter Wuchs, gespaltene

Früchte und Wurzeln. Pflanzen, die zu weich sind und aufgrund der verfügbaren Wasser- und Düngerressourcen reichlich Blattmasse entwickeln, sind oft extrem anfällig für Schädlinge und Krankheiten. Von daher sollten wir unsere Pflanzen nicht durch ein Übermaß an Zuwendung verwöhnen.

Wässern

Ein kritischer Punkt ist das Wässern. Wo Mangel an Wasser herrscht, stellen die Pflanzen das Wachstum ein. Je zähflüssiger ihr Saft wird, desto verlockender für Schädlinge. Im schlimmsten Fall welken sie – ein sicheres Zeichen, dass sie Schaden genommen haben. Zu viel Wasser macht die Pflanzen allerdings anfällig für Mehltau und Rost. Unter Glas sollte die Gießmenge der jeweiligen Jahres- und Tageszeit angepasst werden, denn selbst bei Kälte kann die Sonne noch so stark sein, dass Ihre Pflanzen mehr Wasser benötigen, als gemeinhin anzunehmen wäre. Die meisten Pflanzen werden am besten morgens gegossen, damit sie an warmen Tagen ihren Wasserbedarf decken können. Wer abends gießt, riskiert, dass die Pflanzen nachts zu feucht und zu kalt stehen. Wenn Sie aber den Eindruck haben, dass Ihre Pflanzen zu anderen Zeiten gewässert werden sollten, dann gehen Sie ruhig darauf ein. Warmes Wasser strapaziert die Pflanzen weniger als kaltes. Wenn das Erdsubstrat extrem trocken sein sollte, geben Sie einen Tropfen Seife ins Wasser, um die Durchfeuchtung zu verbessern. Zu viel Wasser ist so schädlich wie zu wenig, denn es wäscht die Nährstoffe aus dem Boden und bringt die Wurzeln zum Faulen. Lassen Sie Ihre Pflanzen also nie im Wasser stehen und vergewissern Sie sich, dass das Wasser abfließt. Oft lohnt es sich, in ein automatisches Bewässerungssystem zu investieren.

Besprengen und Sprühen

Die Regulierung der Luftfeuchtigkeit fördert das Gedeihen der Pflanzen. Manche bevorzugen trockenere, andere feuchtere Bedingungen, und wieder andere wie etwa Tomaten lieben während der Blüte Feuchtigkeit und danach vermehrt Trockenheit. Im Allgemeinen ist die Luft im Gewächshaus den meisten Pflanzen im Sommer zu trocken und im Winter zu feucht. Feuchtigkeitsliebende Pflanzen profitieren vom Besprengen und Sprühen mit sauberem Regenwasser (Leitungswasser enthält oft zu viele Rückstände). Am besten geschieht dies eher früher als später am Tag, damit die Pflanzen über Nacht trocken sind, allerdings auch nie in der größten Hitze und bei extremer Trockenheit, weil sonst die Gefahr besteht, dass die Pflanzen verbrennen. Auch automatische Sprühgeräte sind erhältlich.

Ob sich die Pflanzen unter Glas wohlfühlen, hängt entscheidend von der entsprechenden Belüftung ab. Alle Pflanzen sind auf eine gute Luftzirkulation angewiesen, denn »stehende« Luft fördert die Anfälligkeit für Krankheiten und Schädlinge.

Bob beim Versprühen seiner bevorzugten Seetang-Lösung

Im Sommer können Sie gar nicht für zu viel Luft sorgen, sodass ein Gebläse eine große Hilfe sein kann. Im Winter geht durch die Belüftung zwangsläufig Wärme verloren. Was sich im Winter als problematisch erweist, ist die Feuchtigkeit, die die Schimmelbildung fördert – sie macht die Luft wärmer und trägt somit zum rascheren Pilzwachstum bei. Vorausgesetzt, dass es nicht zu kalt und windig ist, empfiehlt es sich, jeden Tag so früh wie möglich sämtliche Lüftungsklappen zu öffnen und am späten Nachmittag wieder zu schließen, um die Wärme zu halten. Falls Sie es einmal vergessen haben sollten, ist es ratsamer, die Klappen nicht alle auf einmal zu öffnen, sondern die kühlere Luft besser nach und nach einzulassen, denn jede abrupte Abkühlung wirkt auf die Pflanzen wie ein Schock. Falls Sie je vergessen sollten, die Klappen zuzumachen, dann bleibt Ihnen nichts anderes übrig, als sie selbst nach Mitternacht noch zu schließen, denn zwischen vier und fünf Uhr morgens ist es in der Tat am kältesten. Im Frühling, wenn die Luft noch kalt ist, die Sonne aber bereits kräftig scheint, absorbieren die Pflanzen oft sämtliches Kohlendioxid, insbesondere wenn das Gewächshaus geschlossen bleibt, um Wärme zu speichern. In diesem Fall sollten Sie mit einem gärenden Hefe-Zucker-Wassergemisch gefüllte Flaschen im Gewächshaus aufstellen, um den Pflanzen diese wichtigen gasförmigen Nährstoffe zuzuführen (im Handel in Überdruckflaschen erhältlich). Automatische Belüftungsanlagen und Gebläse sind lohnende Investitionen. Merken Sie sich: Belüftung heißt Luft, nicht Durchzug!

Automatische Temperaturregelung

Während viel darüber nachgedacht wird, wie sich das Gewächshaus im Winter so beheizen lässt, dass Mindesttemperaturen nicht unterschritten werden, vergessen wir leicht, wie sich überhöhte Temperaturen an heißen Tagen bei geschlossenem Gewächshaus auswirken. Steigende Temperaturen sind unter Glas immer kritisch, insbesondere, wenn die Pflanzen über Bodenhöhe hinausgehoben sind, was in der Natur ja nie der Fall

ist. Über automatische Lüftungsklappen wird die überschüssige Wärme zwar abgeleitet, sodass der Luftaustausch gewährleistet ist und das Glas relativ kühl bleibt. Dennoch wird man in einem großen Gewächshaus, in dem die Pflanzen dicht gedrängt nebeneinander stehen, auf zusätzliche Gebläse angewiesen sein, die die Luft umwälzen und die Temperaturunterschiede zwischen heißen und kühleren Bereichen ausgleichen. Im Allgemeinen tendieren wir dazu, die Temperaturen über automatische Thermostate eher zu gleichmäßig zu regeln, während viele Pflanzen kühlere Nächte und wärmere Tage bevorzugen.

Verschattung und Beleuchtung

Die Gefahr, dass die Blätter mancher Pflanzen auf Grund praller Sonneneinstrahlung verbrennen, ist unter Glas weit größer als unter Folie. Gefährdet sind insbesondere Gurken und Gardenien. Extrem heiße und blendend helle Bedingungen fördern im Übrigen die Ausbreitung von Schädlingen wie etwa der Roten Spinnmilbe. Von daher ist eine Verschattung gefragt, sei es, dass man die keimenden Samen mit Papier abdeckt, einen Gazevorhang über die Sämlinge ausbreitet oder das Glas mit Schattierfarbe bestreicht. Für Wintergärten hält der Handel automatische Rollos bereit. Umgekehrt können ambitionierte Gärtner über zusätzliche Lichtquellen das Wachstum im Winter ankurbeln oder den Blütenansatz fördern – eine kostspielige Aktion, die allerdings auch die Abwehrkräfte gegenüber Schädlingen und Krankheiten stärken hilft.

Quarantäne

Zu den Nachteilen eines nahezu geschlossenen Öko-Systems gehört, dass die natürlichen »Kontrolleure« erst gar keinen Zugang finden. Im Gegenzug bleibt aber auch eine Vielzahl von Problemen außen vor, es sei denn, wir schleppten sie ein. Viele Schädlinge wie die Dickmaulrüssler, Schmier- und Schildläuse sowie zahlreiche Krankheiten treten meist nur dann auf, wenn wir sie hinein befördern. Wenn Sie Ihre Pflanzen ausschließlich aus gekauftem Samen in sterilem Erdsubstrat anziehen, können Sie jahrzehntelang gärtnern, ohne dass Probleme auftreten. Gleichermaßen können Sie über eine einzige Pflanze alle nur denkbaren Schädlinge und Krankheiten »fangen«. Untersuchen Sie deshalb jede Pflanze von den Wurzeln bis zur Triebspitze und stellen Sie sie am besten über mehrere Wochen beiseite, um auszuschließen, dass etwas eingeschleppt wird. Beachten Sie diese einfachen Vorsichtsmaßnahmen – ich hatte nie Probleme mit Schmierläusen, bis eine einzige infizierte Pflanze meiner Kontrolle entging.

Räuberische Insekten und Parasiten einführen

Angesichts des geschlossenen Raums unter Glas ist das ökologische Gleichgewicht, das sich im Freien fördern lässt und wesentlich zur Eindämmung von Schädlingen beiträgt, zwangsläufig gestört (ein Teich steht, wie gesagt, meist nicht zur Debatte!).

Da ein Gewächshaus aber regelrecht versiegelt ist, können im Handel erhältliche biologische »Kontrolleure« genutzt werden, wohl wissend, dass diese auch nicht einfach entkommen können. Verfügbar sind Raubinsekten, Parasiten und selbst Krankheitserreger, mit denen sich nahezu alle im Gewächshaus vorkommenden Schädlinge eindämmen lassen, denn sie arbeiten sehr effektiv, wenn sie sachgemäß und zur richtigen Zeit eingesetzt werden. Selbstverständlich lassen sich auch einige natürliche Verbündete einführen. So sind alle Spinnen beispielsweise Fleischfresser. Sie lassen sich über Schnurrahmen anlocken, zwischen denen sie ihre Netze spinnen (so verhindert man auch, dass sie die Wege blockieren), hohle Stängel, in denen sie sich tagsüber aufhalten und Wasser, das in Verschlusskappen von Plastikflaschen zum Trinken bereitgestellt wird.

Begleitpflanzen kultivieren

Begleitpflanzen lassen sich auch unter Glas anziehen, und da der Raum praktisch versiegelt ist, erweisen sie sich als enorm effektiv. Man mag es glauben oder nicht, aber zweifellos wirkt der penetrante Geruch von Studentenblumen *(Tagetes)*, der aus einem Gewächshaus herausströmt, abschreckend auf die Weiße

Fliege, allerdings wird er sie nicht vertreiben, wenn diese sich erst einmal darin angesiedelt hat. Blütenpflanzen können Bestäuber anlocken, aber vergewissern Sie sich, dass die Insekten auch wieder hinausfinden. Als nützlich haben sich auch bestimmte Pflanzen bewährt, die anschließend allerdings geopfert werden müssen. Basilikum scheint Blattläuse von Tomaten abzuhalten; Puffbohnen wirken wie ein Magnet auf die Rote Spinnmilbe, und Ziertabak lockt die Weiße Fliege an. Sobald diese nützlichen »Begleiter« infiziert sind, können sie samt Schädlingen ausgerissen werden.

Hygiene

Sobald sich Schädlinge oder Krankheiten bemerkbar machen, heißt es unverzüglich handeln, damit nicht noch weitere Pflanzen davon befallen werden. Oft lässt sich das Problem zwischen Daumen und Zeigefinger zerdrücken oder durch Auszupfen einiger Blätter beheben – Maßnahmen, die eine Erstinfektion in der Regel verhindern. Die tagtägliche Überwachung und Pflege sind bei der Anzucht unter Glas somit von entscheidender Bedeutung. Bakterien- und Virusinfektionen breiten sich in warmer, feuchter Umgebung rasch aus, sodass Sie Ihr Hauptaugenmerk auf Fäulnis und Zerfall richten und das Problem umgehend beheben sollten. Sterilisieren Sie Scheren, Messer und andere Werkzeuge vor und nach Gebrauch. Stellen Sie in der Wärme auf keinen Fall eine Regentonne auf. Diese kann mit der Zeit ein Hort voller Krankheitserreger sein, die zwar selten reife Pflanzen befallen, für Sämlinge aber unter Umständen tödlich sind.

Dämpfen und Ausräuchern

Das Dämpfen und Ausräuchern des Gewächshauses, wie es früher üblich war, wird heute kaum noch praktiziert. Obwohl es einige wenige spezielle Ausräucherungsmittel gibt, die für bestimmte Pflanzen gefahrlos eingesetzt werden können, wird die Meluheit daran eingehen! Von Schwefelkerzen und Nikotin ist man inzwischen abgekommen, und die meisten Dämpfungs- und Räuchermittel sind für den Laien nicht zugänglich. Zum Reinigen eignet sich ein Dampfdruckreiniger ohnehin besser.

Dampfdruck- beziehungsweise Hochdruckreinigung oder Desinfektion

Dampfdruck- bzw. Hochdruckreinigungsgeräte stellen eine sicherere Möglichkeit dar, das Gewächshaus makellos sauber zu bekommen. Allerdings müssen Sie Acht geben, dass die Scheiben nicht herausgeblasen werden. Leihen Sie sich diese Geräte aus, denn Sie benötigen sie höchstens einmal im Jahr, sodass sich der Kauf kaum lohnt. Achten Sie darauf, dass man Ihnen die vollständige Anleitung aushändigt. Beide reinigen das Glas gleichermaßen gut, selbst wenn Sie sich entscheiden,

Basilikum und Studentenblumen *(Tagetes)* sind bewährte Begleitpflanzen für Tomaten.

den Innenraum nicht zu sterilisieren. Sie können das Glas aber auch gründlich mit einem Haushaltsreiniger und Wasser abreiben und auf diese Weise die Algen entfernen (oft absorbieren diese mehr als die Hälfte des Lichts, das die Pflanzen benötigen). Wenn Sie das Innere sterilisieren, dürfen Sie nicht vergessen, auch die Töpfe und Pflanzschalen mitzuwaschen.

Gewächshaus-Techniken

Kalt, temperiert oder warm?

Ein kaltes Gewächshaus ist, wie der Name bereits sagt, unbeheizt und stark von der Witterung abhängig; es heizt sich in der Sonne auf und kühlt über Nacht drastisch ab. Je nach Konstruktion und Standort sollte ein unbeheiztes Gewächshaus in einem milden Winter aber wenigstens die erforderliche Mindesttemperatur halten können, die zum Überwintern von Zitrusfrüchten oder Mimosen erforderlich ist. Der größte Nutzen eines unbeheizten Gewächshauses besteht jedoch darin, dass es die Wachstumsperiode verlängert, was bedeutet, dass wir unsere Tomaten mit relativ geringem Risiko bis zu einem Monat früher auspflanzen und etwa ein oder gar zwei Monate länger ernten können, bevor die ersten Herbstfröste sie zugrunde richten. Ein unbeheiztes Gewächshaus eignet sich aber auch bestens, um Blumen zu ziehen, denn hier werden sie weder durch Wind noch durch Regen zerzaust; im Übrigen wird ihr Duft buchstäblich einbehalten, sodass Sie ihn in vollen Zügen genießen können. Wenn Sie zusätzlich für ausreichend Wärme sorgen, um es frostfrei zu halten, wird es zu einem temperierten Gewächshaus, wie man es zum Über-

Tomaten gedeihen auch im Freien, unter Glas aber kann man mit früherer Ernte und gesicherten Erträgen rechnen.

wintern von Zitrusbäumen, Engelstrompeten oder *Datura* (*Brugmansia* spp.), Edelfuchsien und ähnlichen Gewächsen benötigt. Dank der Wärme lassen sich frühere sowie spätere Kulturen ziehen, und selbstverständlich das ganze Jahr über Salate und Blumen. Ein temperiertes Gewächshaus verfügt über eine minimale Temperatur, vergleichbar der in Ihrem Schlafzimmer, und wird für Orchideen, winterharte Bananenstauden, Paradiesvogelblumen (*Strelitzia* spp.) und andere exotische Pflanzen benötigt. Die Heizkosten werden durch die breite Palette interessanter Gewächse, die sich ganzjährig kultivieren lassen, reichlich kompensiert. Wer wünschte sich da nicht eine Lockerung der Bauvorschriften, denn dann könnte man schließlich sein gesamtes Domizil in ein einziges beheiztes Gewächshaus verwandeln! Es bedarf auch nicht unbedingt übermäßiger Hitze und Feuchtigkeit, es sei denn zugunsten einiger seltener Pflanzen, aber wenn Sie die Temperatur auf Sauna-Wärme halten müssen, wird es zum Warmhaus.

Zur Auswahl der Pflanzen

Den meisten Gärtnern gelingt es, den größten Teil ihrer Lieblingspflanzen zu ziehen, denn mit einem kalten Gewächshaus (Kalthaus), einer beheizten Vermehrungseinheit im Innern und einem geschützten Garten im Freien bieten sich viele Möglichkeiten. Dennoch dürften Sie nicht umhinkommen, Prioritäten zu setzen, denn nicht alles kann angesichts des meist knappen Raums unter Glas kultiviert werden. Bei der Auswahl der Pflanzen heißt es »strategisch« vorgehen: So könnten Sie etwa Blattpflanzen ziehen, die das ganze Jahr über interessant wirken und Farbe zeigen – es hängt, wie gesagt, von der verfügbaren Wärme ab. Da Sie von der Witterung draußen weitgehend unabhängig sind, können spektakuläre Arrangements entstehen, die sich sehr viel länger halten als die meisten Blüten. In einem Wintergarten dürfte es wichtiger sein, Pflanzen mit architektonischem Wuchs oder dekorativem Blattwerk auszuwählen. Für das Hausinnere geeignete Formschnittgewächse oder schön gewachsene, sachgemäß erzogene Kletterpflanzen und frostempfindliche Mauersträucher stellen ein großes Potenzial dar, das ästhetisch ansprechend wirkt, selbst wenn weder Früchte noch Blüten erscheinen. Viele Blütenpflanzen verströmen einen herrlichen Duft, der unter Glas noch intensiver zur Geltung kommt – *Datura* (*Brugmansia* spp.), Gardenien, Zitusbäumchen und Wachsblumen (*Hoya*) sind ausnahmslos bewährte Gewächshauspflanzen, die sich auch in einem Warmhaus wohlfühlen. Temperierte und kalte Gewächshäuser können jedoch zu einer großartigen Ausstellungsfläche für Blumen werden, die normalerweise im Freien wachsen, nur dass die Saison hier wesentlich länger andauert. Besonders schätzen wird man dies bei Schnittblumen zum Schmücken des Hauses. Nutzpflanzen wird man in einem richtigen Wintergarten wohl kaum ziehen, wobei man nicht vergessen sollte, dass die mediterranen Kräuter und Zitrusgewächse im Winter hier bestens gedeihen. Eine ganz andere Geschichte sind Folientunnel. Obwohl die meisten Leute meinen, dass Folientunnel nur für gewerbliche Zwecke angesagt sind, können diese, mit den spektakulärsten Blumen bepflanzt, zu einer Art privatem Schaufenster werden. Ich pflanze in meinem Tunnel Ananas, Bananen und Guaven sowie Frühkartoffeln, die an Ostern bereits auf den Tisch kommen. Aber selbstverständlich kann jeder seinen Raum nach Belieben nutzen.

Die Jahreszeiten ausdehnen

Die Kultur unter Glas kann, je nach Art des Gewächshauses, auf ganz elementarer Ebene oder auf höchstem Niveau erfolgen. Um mit der einfachsten Nutzung zu beginnen, können

Sie Ihr Gewächshaus natürlich ausschließlich zum Umtopfen nutzen bzw. als riesigen Vermehrungskasten betrachten, in dem Sie Pflanzen fürs Freie vorziehen, auch wenn nur wenige Gewächse oder Nutzpflanzen darin zur Reife kommen werden, von Tomaten im Sommer einmal abgesehen. Stellen Sie einen beheizten Vermehrungskasten hinein, und Sie werden die Wachstumsperiode ausdehnen, denn Sie können die Pflanzen nicht nur wesentlich früher vorziehen, sondern werden auch wesentlich länger in deren Genuss kommen. Sobald Sie eine Heizung installieren, verlängern sich die Jahreszeiten automatisch, allerdings dürfte ohne zusätzliche Beleuchtung das Spektrum der Nutz- und Zierpflanzen um die Wintermitte noch immer beschränkt sein. Im Vergleich zu Kulturen im Freiland

Orangen und andere Zitrusgewächse gedeihen in einem entsprechend temperierten Gewächshaus. Wer würde sich denn nicht an einem solchen Arrangement freuen!

Frühblüher müssen in den meisten Jahren von Hand bestäubt werden.

lassen sich Obst und Gemüse in einem beheizten Gewächshaus um Monate früher ernten, ohne dass Ihnen Vögel die Ernte streitig machen. Welche Pflanzen Sie ziehen können, hängt aber auch von der Ausrüstung ab: entscheidend kann sein, ob Sie lediglich über eine Basisausrüstung verfügen oder über ein raffiniert ausgestattetes Gewächshaus mit beheizten Beeten oder Boden-Heizkabeln.

Pflanzen vortreiben

Eines der Hauptprobleme im Winter ist, dass die Pflanzen nicht genügend Licht bekommen, um richtig zu wachsen. Pflanzen, die ihre Energie unterirdisch speichern, lassen sich durch Wärme, die in der Regel von unten kommt, zum Wachsen anregen. Spargel, Meerkohl, Rhabarber und Chicorée profitieren von warmen und meist auch dunklen geschlossenen Räumen; sie danken es uns durch den Austrieb saftiger junger Triebe, die köstlich schmecken.

Obstgehölze erfolgreich vortreiben

Dieses wunderbare Verfahren geht von der Idee aus, Weintrauben und Beerenfrüchte wie Erdbeeren und Himbeeren in Töpfen anzuziehen und diese je nach Witterung in das Gewächshaus oder ins Freie zu stellen, um die Fruchtbildung zu forcieren. Optimale Möglichkeiten für dieses Verfahren bieten ein temperiertes oder kaltes Gewächshaus oder ein Folientunnel, selbstverständlich aber auch beheizte Gewächshäuser, vorausgesetzt, sie verfügen über eine entsprechend gute Belüftung. Wenn wir die fruchttragenden Gehölze vom ausgehenden Winter an ins Gewächshaus stellen, verschaffen wir ihnen unvermittelt bessere Bedingungen – in der vermeintlichen Annahme, es sei Frühling, starten sie nämlich wesentlich früher mit der Produktion. Sofern man mehrere Exemplare der gleichen Pflanze jeweils im Abstand von zwei Wochen hereinnimmt, wird man seine Lieblingsfrüchte über mehr als ein halbes Jahr hindurch kontinuierlich ernten können. Dabei kommt

es offenbar immer auf die sachgemäße Behandlung an, insbesondere die Bestäubung von Hand, das Auslichten und eine gute Belüftung. Sobald die Früchte geerntet sind, werden die Pflanzen abgehärtet, um den Rest des Jahres außerhalb des Gewächshauses zu verbringen. Geschnitten werden sie, sobald man sie ins Freie stellt, wobei Schädlinge und Krankheiten außerhalb des geschützten Raums gewöhnlich von selbst verschwinden und man somit über weitaus sauberere Pflanzen verfügt, die unter Glas dann erneut vorgetrieben werden können. Diese Methode des Obstbaus, die sich insbesondere bei Weintrauben bewährt hat, ist zweifellos eine sehr vernünftige Sache, denn sie gewährleistet Jahr für Jahr ein breites Sortiment an Früchten von nahezu jeder Lieblingssorte. So können Sie immerhin ein halbes Dutzend oder mehr anziehen, indem Sie immer ein Exemplar im Boden und eines unter Glas halten. Pfirsiche, Aprikosen und Kirschen lassen sich nach dieser Methode ebenso gut ziehen wie Stachelbeeren. Man bringt die Pflanzen zu Beginn des Frühjahrs ins Gewächshaus, stellt sie möglichst hoch und gerade so nah ans Glas, dass sie dieses nicht berühren. Belohnt wird man dafür über Monate mit kleinen Ernten, lange bevor die Pflanzen im Freien zu reifen beginnen.

Bestäubungslenkung durch Bestäuben von Hand

Diese Bestäubungspraktik, die für manche Kulturen unter Glas unerlässlich ist, lässt sich ganz einfach ausführen. Nehmen Sie einen kleinen, flaumigen Pinsel oder einen Wattebausch und fahren Sie leicht über die männlichen Blüten, um die Pollen zu sammeln, nehmen diese zu den weiblichen und pinseln sie auf deren Narbe. Wie aber lässt sich der Unterschied erkennen? Grundsätzlich besitzen männliche Blüten (und einige »bisexuelle« Blüten) Pollen, einen meist gelben, leicht klebrigen, feinen

Ein weicher, flaumiger Pinsel ist ideal für die künstliche Bestäubung.

Staub. Weibliche Blüten geben im Gegensatz dazu keine Pollen ab, verfügen aber über kleine, klebrige »Rezeptoren« und relativ oft über kleine Früchte, die sich hinter den Blüten bilden, insbesondere bei Angehörigen der Kürbis- und Gurkenfamilie. Wenn eine Blüte zweigeschlechtlich ist, kann es sein, dass sie sich nicht selbst befruchtet, was heißt, dass sie zunächst als männlich und später wieder als weiblich zu behandeln ist. Zur Frage, welche Pflanzen auf eine Bestäubung angewiesen sind, kann ich Ihnen nur raten: Sehen Sie davon ab, sofern es Ihnen nicht um die Gewinnung von Samen und Früchten geht. Nehmen Sie die Zierpflanzen aus, um sicherzustellen, dass sie länger blühen. Zitrusgewächse, Pfirsich- und Aprikosenbäumchen sowie die meisten anderen vorgetriebenen Obstarten, insbesondere Stachelbeeren aber sind auf eine regelmäßige, sorgfältig ausgeführte Bestäubung von Hand angewiesen. Auberginen, Okra und Paprika können darauf angewiesen sein, und auch Tomaten gedeihen besser, wenn sie bestäubt werden. Ich habe Weintrauben noch nie künstlich bestäubt, aber bei frühem Mais lohnt sich eine sorgfältige Bestäubung. Bei unter Glas gezogenen Gurken liegt der Fall anders – jede männliche Blüte (sie zeigt wohlgemerkt keine Frucht dahinter) muss entfernt werden, bevor sie sich öffnet, sonst haben Sie am Schluss befruchtete Gewächshaus-Gurken, die bitter schmecken.

Fruchtwechsel

Obwohl der Fruchtwechsel im Freiland generell große Beachtung findet, wird er unter Glas noch vielfach ignoriert. Wenn aber Jahr für Jahr die gleichen gängigen Kulturen gezogen werden (s. Seite 134–135), ist der Misserfolg geradezu vorprogrammiert, vor allem wenn nichts anderes als Tomaten gezogen werden. Wenn dies aber der Fall sein sollte, dann vermeiden Sie wenigstens, Tomaten in Anzuchttüten oder Töpfen zu kultivieren, denn diese schaffen mit ihrem beschränktem Wurzellauf und dem unzureichendem Wasserhaltevermögen nur zusätzliche Probleme. Stattdessen gilt es, den Beet- oder Rabattenboden jedes Jahr mit Kompost und organischen Düngerpräparaten anzureichern. Sobald die Tomaten abgeerntet sind, sollten Sie sämtliche Reste rigoros beseitigen und eine Gründüngung (s. Seite 133) bzw. Salate wie Feldsalat und *Claytonia* aussäen. Arbeiten Sie diese ein bis zwei Monate vor der Pflanzung der neuen Tomaten ein. Wenn Ihre Tomaten nach mehreren Jahren kontinuierlich schlechter gedeihen, heben Sie einen Graben von der Länge der Rabatte aus und tauschen den Boden gegen gut verrottete umgedrehte Rasensoden (lehmhaltig) aus. Selbst wenn diese Prozedur alle fünf bis zehn Jahre fällig ist, erweist sie sich als weniger aufwändig als jedes Jahr Anzuchttüten hinein- und herauszuschleppen, nicht zu vergessen das zeitraubende Gießen, das diese erfordern. Falls Sie über etwas mehr Platz verfügen und mehrere Kulturen anziehen, können Sie einen Fruchtwechsel-Plan für die verschiedenen Sorten ausarbeiten; ein großer Folientunnel bietet ohnehin genügend Raum, um ein facettenreiches Arrangement zu planen. Wenn Sie die Pflanzen in Töpfen oder Kübeln kultivieren, heißt dies noch lange nicht, dass keine Probleme auftreten, denn Schädlinge und Krankheiten können sich darin regelrecht aufbauen. Wie immer Sie vorgehen, das Dümmste, was Sie machen könnten, wäre, das Erdsubstrat zweimal zu nutzen oder es gar noch einmal für die gleichen Pflanzen zu verwenden!

Paprika und Peperoni, hier *Capsicum* 'Hot Banana', lassen sich leichter kultivieren als Tomaten.

Kapitel 12

Gärtnern in Töpfen und Trögen

Matthew: Sie können nahezu alles in Töpfen heranziehen, solange diese groß genug sind für die ausgewählten Pflanzen. Das Spektrum der Möglichkeiten ist faszinierend und reicht von Einjährigen über Bäume und Stauden bis zu Blumen, Obst und Gemüse.

Selbst wenn Ihr Gartenboden alkalisch ist, lassen sich in Töpfen auch Pflanzen, die sauren Boden bevorzugen, kultivieren, gleichermaßen aber auch frostempfindliche Gewächse, die den Sommer über draußen stehen können und den Winter in einem geschützten Gewächshaus verbringen. Das Thema Topfkultur ist so umfassend, dass es damit aber längst nicht ausgeschöpft ist – erkunden Sie seine vielen Facetten und scheuen Sie sich nicht zu experimentieren.

Töpfe ohne Abzugslöcher eignen sich hervorragend für Sumpfpflanzen. Ich habe in meinem Garten einen Topf, in dem *Equisetum hyemale*, ein dekorativer Winter-Schachtelhalm, mit seinem frischen Grün ein bezauberndes Bild bietet, wenn die späte Abendsonne durch die quirlständigen »Federn« fällt, eine rot blühende *Lobelia cardinalis* mit leuchtend roten Stielen und *Houttuynia cordata* 'Chameleon', die durch dekorativ panaschiertes Laub ins Auge fällt. Ich teile das Arrangement im Frühling, wenn die Gewächse einander den Raum streitig machen, und fülle regelmäßig Wasser nach, denn es kann letztlich nie genug sein! Das Gefäß ist genau richtig, um die starkwüchsige *Houttuynia* in Zaum zu halten und die Lobelie vor Nackt- und Gehäuseschnecken zu schützen.

Töpfe und Kübel erweisen sich auch für fleischfressende Pflanzen als ideal. Meine winterharte *Sarracenia purpurea* subsp. *purpurea* und *Sarracenia flava* teilen sich im Bereich der Terrasse eine blauglasierte Schale, in der ihr torfhaltiges Erdsubstrat von einem naturalistischen Stück Holz gehalten wird, wie man es von Aquarien im Wohnzimmer kennt. Die andere Hälfte des Gefäßes, dessen Grund ganz zeitgemäß mit schwarzem Glassplitt ausgelegt ist, stellt den Teich dar und dient zugleich als Tränke für die Vögel, deren mineralische Ausscheidungen ein zusätzlicher Flüssigdünger sind!

Links: Töpfe prägen das Bild dieser eleganten Terrasse.
Rechts: Die Zimmerkalla *(Zantedeschia aethiopica)* bildet in einem glasierten Topf einen Blickfang.

Sehr schön wirken harmonisch aufeinander abgestimmte Topfpflanzungen. In Farbschemen gehalten, die sich mit silbernen, goldenen und rubinenen Jubiläumsfeiern verbinden lassen, bilden sie ideale Geschenke. Das Ereignis im Auge, schafft man es schließlich auch leichter, sich von ihnen zu trennen. Ob in der Gärtnerei oder im Gartencenter, es empfiehlt sich, Töpfe und Pflanzen auf einmal zu kaufen, um ein auf den Anlass abgestimmtes, harmonisches Arrangement zu schaffen.

Auch Wildblumen wirken in Töpfen sehr schön. Pflanzen Sie sie entweder in den Torfquelltöpfchen in lehmhaltige Blumenerde oder setzen Sie die Substratballen, um eine naturnah anmutende Wirkung zu erzielen, zwischen einen Streifen Rasensoden in eine flache Pflanzschale oder einen Topf. Töpfe sind im Garten geschätzte Lückenfüller. Setzen Sie sie gezielt ein, um Bereiche, die nach der Blüte etwas langweilig wirken, mit Farbe aufzufrischen; solange sie blühen, erfüllen sie an dieser Stelle eine wichtige Aufgabe, wenn sie dann zu welken beginnen, kann man sie einfach beiseite stellen. Besonders bewährt haben sich dafür Lilien oder einjährige Kletterpflanzen.

Töpfe auswählen

Auch bei der Auswahl der Töpfe heißt es Kreativität beweisen! Säubern Sie alte Farbdosen (Ölfarbe lässt sich mit Spiritus und warmer Seifenlauge entfernen), stanzen Sie mit einem Nagel mehrere Abzugslöcher in den Boden, und schon haben Sie ganz umsonst ein einfaches aber reizvolles Pflanzgefäß. Verzinkte Eimer können an Stelle der wesentlich teureren modernen Behälter treten. Es ist gar nicht schwer, eigene Ideen zu verwirklichen. Kaufen Sie einen preisgünstigen Topf, bestreichen Sie ihn mit Mörtel und belegen Sie ihn mit Mosaiksteinchen aus dem Fachhandel oder Baumarkt (vergewissern Sie sich, dass die Steinchen nicht über den Rand hinausstehen, denn die Kanten sind sehr scharf – ich habe es bereits zu spüren bekommen!). Wenn Sie Spaß am Experimentieren haben, können Sie auch den ganzen Topf mit Mosaiksteinchen zieren oder einfach Ton- oder Porzellanscherben als Dekoration integrieren. Sie können im Baumarkt aber auch Farbproben kaufen und die Töpfe mit ein paar Farbschichten überziehen, die die Bepflanzung ergänzen oder kontrastreich hervorheben. Wenn Sie den Terrakottatopf mit Folie auslegen oder einen Plastiktopf als Einsatz verwenden, hält sich die Farbe umso länger. Sie können Kunststofftöpfe aber auch mit spezieller Metallfarbe oder Karosserie-Lack einsprühen (Anweisungen des Herstellers beachten). Zur Auswahl stehen Ihnen Farben in allen erdenklichen Schattierungen, sodass sie sich jeweils dem mit den Jahreszeiten wechselnden Arrangement anpassen lassen.

Das grüne Betongefäß zeigt, dass Töpfe nicht langweilig sein müssen.

Stauden machen sich sehr gut in Töpfen, insbesondere, wenn es schon ein bisschen zu spät ist, um traditionelle Hängekörbe und Ampeln zu bepflanzen. Wenn andere Topfpflanzen bereits am Verblühen sind, folgt im Spätsommer der große Auftritt der Stauden.

Obwohl mehrjährige Pflanzen meist etwas teurer sind, lassen sie sich nach vollendeter »Show« in Ihre Blumenrabatten integrieren, sodass sie ihr Geld letztlich wert sind!

Keramikwannen oder -tröge eignen sich hervorragend für kleine Wassergarten-Arrangements.

Die meisten Gartencenter bieten ein breites Sortiment an Töpfen für die unterschiedlichsten Ansprüche, von Terrakotta über Blumenkästen aus Fiberglas bis zu schweren Steintrögen und Holzfässern. Bedenken Sie bei der Auswahl, dass die Gefäße mit dem Stil des Gartens harmonieren, darüber hinaus aber auch zweckmäßig sein sollten. Die Größe des Topfs muss auf die jeweilige Pflanze abgestimmt sein. Kleine Töpfe erfordern regelmäßiges Gießen, und Töpfe mit kleiner Basis werden vom Wind leichter umgeweht, insbesondere wenn sie mit relativ hohen Gewächsen bepflanzt sind. Große Töpfe bepflanzt man am besten an Ort und Stelle, denn einmal mit Erde gefüllt, lassen sie sich kaum noch bewegen. Wenn Sie schwere Gefäße umstellen müssen, sollten Sie einen speziellen Topf-Trolley oder Sackwagen benutzen. Der Schubkarren ist dafür jedenfalls nicht geeignet, denn er kann leicht umkippen.

Terrakotta

Terrakottatöpfe gibt es in den unterschiedlichsten Formen und Größen. Bevor Sie zugreifen, sollten Sie sich vergewissern, dass die Töpfe frostbeständig sind, falls Sie sie im Winter draußen lassen wollen. Empfindliche Töpfe müssen vor dem ersten Frost ins Haus genommen werden. Falls dies nicht möglich ist, sollte man sie mit Noppenfolie umwickeln, was gleichzeitig verhindert, dass der Wurzelballen durchfriert, und um der besseren Dränage willen höher stellen, auf einen

Sockel aus Ziegelsteinen, Holzklötzchen oder Tonfüßchen. Eine andere Möglichkeit wäre, die empfindlichen Töpfe in eine geschützte Ecke des Gartens zu schaffen; ideal ist eine geschützte Mauer, aber auch die Basis einer Hecke, die mit ihrem Blattwerk für eine Art Kältedämmung sorgt. Terrakotta wirkt natürlich, verwittert sehr reizvoll und erweist sich im Sommer als kühl und im Winter als warm. Außerdem sieht man an der blasseren Färbung auf einen Blick, wann ein Terrakottatopf gewässert werden muss. Sie können ihn aber auch leicht anklopfen und am Ton hören, ob er Wasser braucht oder nicht: ein widerhallendes »Klingeln« signalisiert Ihnen, dass das Erdsubstrat trocken ist, ein »flacher« Ton, dass der Topf gut gewässert ist. Da das Material stark porös ist, muss ein Terrakottatopf häufiger gegossen werden als Töpfe aus Materialien wie Kunststoff, insbesondere in der Sommerhitze. Eine Möglichkeit, sich das Gießen zu erleichtern, ist den Topf mit Folie oder einer alten Plastiktüte auszukleiden, um den Feuchtigkeitsverlust über die Seiten zu reduzieren. Oder Sie topfen Ihre Pflanze in einem glatten Kunststoffbehälter ein und nutzen den Terrakottatopf als Übertopf. Neue Terrakottatöpfe stellt man vor dem Pflanzen am besten in einen Eimer Wasser, bis sie sich vollgesogen haben. So lässt sich verhindern, dass diese Feuchtigkeit aus dem Erdsubstrat absorbieren, was wiederum dazu führt, dass sich die Erde zusammenzieht und zwischen Topfwand und Erde eine Lücke entsteht.

Kunststoff

In den letzten Jahren haben Qualität und Design der Plastiktöpfe bemerkenswerte Verbesserungen erfahren. Vorbei sind
die Zeiten, in denen sie im Nu ausbleichten und einfach nur
billig, blass und hässlich wirkten. Oft lässt sich zwischen dem
Kunststoff und dem echten Material kaum mehr ein Unterschied erkennen, ob es sich um Blei, Terrakotta, Kunststein
oder Naturstein handelt. Plastiktöpfe bleichen in der Sonne
heute längst nicht mehr so stark aus wie ehemals ihre Vorgänger und bewähren sich bestens an Standorten wie Balkonen
und Dachgärten, wo auf das Gewicht geachtet werden muss.
Sie sind nicht nur preiswerter als die Originale aus Blei, Terrakotta oder Stein, sondern verlieren auch nicht annähernd so
viel Feuchtigkeit über die Seitenwände. Als Nachteil erweist
sich allerdings, dass Kunststoff, verglichen mit Terrakotta, über
eine weniger gute Wärmedämmung verfügt und die Wurzeln
sich im Sommer leicht überhitzen, während sie im Winter
vermehrt unter Kälte leiden. Außerdem entwickeln die der
Witterung ausgesetzten Töpfe kaum je eine reizvolle Patina.
Ganz ähnlich ist es mit Gefäßen aus Fiberglas, die sich zwar
länger halten, dafür aber auch teurer sind.

Stein und Metall

Pflanzgefäße aus Natursteinimitat oder Naturstein können
sehr dekorativ wirken, verwittern malerisch, sind allerdings oft
auch so schwer, dass sie sich kaum umstellen lassen; vielfach
fehlen auch die Abzugslöcher am Topfboden. In diesem Fall
werden Sie die Pflanzen in einen Plastiktopf setzen und das
Steingefäß als Übertopf nutzen müssen. Sie können den Stein-
topf aber auch mit einer Schicht gut dränierendem Material
auskleiden, müssen dann aber besonders vorsichtig wässern.
Wer Gusseisen- und Natursteintöpfe sucht, dürfte bei Firmen,
die sich auf die Wiederverwertung alter und gebrauchter Materialien und Baustoffe spezialisiert haben, fündig werden. Guss-
eiserne Gefäße sollten mit einer Stahlbürste von losem Rost
befreit und danach mit Anti-Rostfarbe behandelt werden, was
deren Lebensdauer beträchtlich verlängert.

Verzinkte Kübel sehen in einem zeitgemäßen Design zwar
sehr reizvoll aus, sind aber oft dünn und scharfkantig. Außerdem heizen sie sich in voller Sonne im Sommer stark auf und
schaden somit den Wurzeln. Als sehr nützlich erweist sich in
dieser Hinsicht das Auskleiden mit PE-Folie. Viele büßen mit
der Zeit ihren Glanz ein, da Zink oxidiert, aber durch einen
Überzug mit Bootslack können Sie leicht Abhilfe schaffen.
Ich habe die Scharniere meines Gartenschuppens mit
Bootslack behandelt, um deren Silberfärbung zu erhalten.

Holz

Holzkübel und Tröge sind sehr beliebt. Die traditionellen halben Fässer lassen sich allerdings nicht mehr so leicht auftreiben und sind, wenn man schon einmal eines bekommt, zunehmend kostspieliger. Holz hat gute Wärmedämmeigen-
schaften und schützt die Pflanzenwurzeln hervorragend. Um
die Lebensdauer von Holzgefäßen zu verlängern, kann man
sie innen mit Bitumen ausstreichen. Eine andere Möglichkeit
wäre, sie vor dem Pflanzen mit PE-Folie auszulegen oder
einen Plastiktopf hineinzustellen. Halbe Fässer lassen sich,
selbst wenn sie leer sind, kaum von der Stelle bewegen, aber
mit einem Sackwagen oder Trolley dürfte es kein Problem
sein. Die aus Holz gearbeiteten Versailles-Kübel wirken in
jeder Farbe dekorativ, auch wenn Weiß zum Vergilben neigt
und regelmäßig nachgestrichen werden muss.

Ein Arrangement mit Sukkulenten – wie geschaffen für einen Steintrog

Ein Wassergarten in einem halben Fass oder Container

Halbe Fässer sind in einem kleinen Garten immer ein Blickfang und hellen jeden Winkel oder Balkon auf. Sie benötigen entweder ein halbes Fass oder einen glasierten Topf mit mindestens 30 cm Durchmesser. Um einen glasierten Topf wasserdicht zu machen, füllen Sie das Abzugsloch im Boden mit Epoxidharz. Halbe Fässer, die ursprünglich als Sherry- oder Whisky-Fässer dienten, sollten eigentlich wasserdicht sein, aber selbst sie rinnen ein bisschen, wenn sie erstmals wieder gefüllt werden. Dann aber müsste das Holz quellen, sich ausdehnen und die Fugen somit versiegeln. Sehen Sie sich den Stempel auf dem Boden des Fasses an, der die Echtheit bestätigt – falls keiner vorhanden ist, dürfte das Fass nicht wasserdicht sein und muss folglich ausgekleidet werden. Bringen Sie das Fass mit Hilfe eines Sackwagens oder Trolleys an den vorgesehenen Standort – vorzugsweise eine ebene, sonnige Stelle –, bevor Sie Wasser einfüllen. Falls Sie einen glasierten Topf verwenden, der unter Umständen nicht frostresistent ist, erscheint es ratsam, das Arrangement in der kalten Jahreszeit herauszunehmen und die Pflanzen an einem frostfreien Ort zu überwintern.

1 Stellen Sie das Gefäß an Ort und Stelle auf, bevor Sie Wasser einfüllen. Prüfen Sie mit der Wasserwaage, ob das Gefäß genau waagrecht steht – Abweichungen lassen sich mit Holz- oder Schieferkeilen ausgleichen. Falls erforderlich, sollten Sie Fässer mit Butyl-Teichfolie auskleiden. Legen Sie die Folie über das Fass und füllen Sie langsam Wasser ein, während Sie die Seiten einhalten. Schneiden Sie die Folie mit einem scharfen Messer auf die entsprechende Größe zu und heften Sie die Seiten mit Heftzwecken oder doppelseitigem Klebeband fest.

2 Geben Sie eine 5 cm starke Schicht gewaschenen Kies auf den Boden des Fasses.

3 Setzen Sie die Wasserpflanzen in Gitterkörbe ...

4 ... und stellen Sie diese im Container auf Backsteine, um sie auf die entsprechende Höhe zu bringen. Wenn die Triebe wachsen, können Sie die Höhe nach und nach reduzieren, bis sich die Pflanzen auf dem Boden des »Teichs« befinden, dennoch aber aus dem Fass herausragen. Die hier abgebildete drehwüchsige Pflanze ist *Juncus effusus* f. *spiralis*, die grasartige eine Art *Acorus*. Bestens geeignet für kleine Fässer sind die Seerosen *Nymphaea* 'Pygmaea Rubra' oder *N.* 'Pygmaea Helvola', beide mit einem Platzbedarf von etwa 30 cm^2. Man wird aber einen Sauerstoff-Lieferanten wie die Wasserpest *(Elodea canadensis)* benötigen, die das Wasser klar hält.

5 Geben Sie das Wasser beim Auffüllen ganz langsam zu; lenken Sie den Fluss dabei in Richtung der Seitenwände des Kübels, um die Pflanzen nicht zu stören.

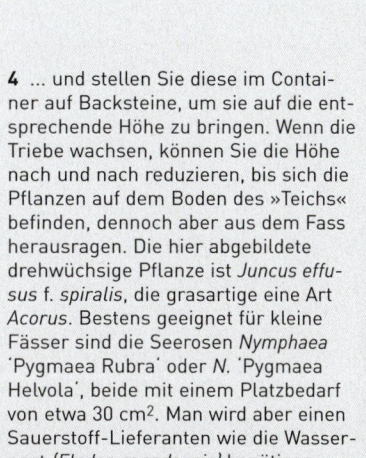

Dränage

Wenn der Container nicht für einen Teich oder Sumpfpflanzen vorgesehen ist, muss er über Abzugslöcher verfügen. Diese sollten mindestens 12 mm Durchmesser haben, wobei auch etwas kleinere den Zweck erfüllen, vorausgesetzt, dass mehrere vorhanden sind. In größeren Gefäßen sollten die Abzugslöcher 7,5 cm Abstand haben. Bringen Sie die Löcher mit einem Metallbohrer oder einem Mauerbohrer für Terrakotta ein. Um zu verhindern, dass der Bohrer von glatten Metall- oder Keramikflächen abrutscht, kleben Sie ein Stück Abdeckband auf die Stelle und bohren hindurch.

Bevor Sie Ihren Behälter nun mit Erde füllen, geben Sie je nach Größe des Topfs eine 5 bis 7,5 cm starke Lage Dränagematerial auf den Boden. Tonscherben von zerbrochenen Töpfen sind ein ideales Dränagematerial, das sich mit dem Hammer auch in noch kleinere Stücke hauen lässt. Geben Sie diese aus Sicherheitsgründen in einen Sack, damit die Stücke nicht herumfliegen (man kann sie so auch leichter wieder aufsammeln). Aber auch Flaschenkorken, zerbrochenes Verpackungsmaterial aus Styropor, gewaschene Steine aus dem Garten, Kies oder Steinsplitt eignen sich gut. Falls Sie noch kleinteiligere Materialien wie Kies verwenden sollten, empfiehlt es sich, die Abzugslöcher zuerst mit einem größeren Stein aus dem Garten oder einer Tonscherbe abzudecken, damit der Kies nicht herausfällt.

Substrat

Das Substrat sollte den Bedürfnissen der Pflanze entsprechen. Eine hochwertige vorgedüngte, möglichst mit Tonprodukten angereicherte Universalerde eignet sich in der Regel bestens für Solitärpflanzen wie Sträucher oder Bäume; das Substrat ist schwer genug, um den Pflanzen Halt zu geben und verfügt über ein gutes Wasserhaltevermögen und eine entsprechende Nährstoffversorgung. Diese Topferde garantiert im Durchschnitt eine mindestens sechswöchige Versorgung der Pflanzen. Universalerde lässt sich auch für saisonale Arrangements nutzen. Das Wasserhaltevermögen wird durch Zugabe von Bentonit, einem Tonprodukt, wesentlich verbessert. Spezielle Erden sind für Zitrus-, säureliebende und alpine Pflanzen erhältlich – oder Sie mischen einfach Ihr eigenes Substrat (s. Seite 136–137).

Beim Füllen des Containers drücken Sie das Erdsubstrat leicht mit den Fingern an, ohne es zu sehr zu verdichten. Füllen Sie die Gefäße nie bis zum Rand, weil das Erdsubstrat ansonsten beim Gießen überfließt. Lassen Sie je nach Größe des Topfs 2,5 bis 5,0 cm bis zum Rand frei. Wenn Sie die Oberfläche mit Kies, Schiefer, Glas- oder Steinsplitt mulchen, reduziert sich nicht nur die Jätarbeit, sondern auch der Feuchtigkeitsverlust.

Einen Trog für Steinpflanzen schaffen

Alpine Pflanzen werden traditionell in alte Steintröge gesetzt. Es lohnt sich, sie selbst anzufertigen, da alte Exemplare immer schwerer zu bekommen sind und überdies eine Menge Geld kosten.

1 Mischen Sie auf einem Brett zwei Teile gesiebte Kokosfaser mit einem Teil Zement und einem Teil scharfem Sand.

2 Graben Sie ein Loch in der Mitte, geben Sie Wasser hinein und mischen Sie das Ganze zu einem Brei.

3 Drehen Sie eine große Schachtel um und schneiden Sie ein Stück kleinmaschiges Drahtgeflecht – 12 mm kleiner als der Boden der Schachtel – zu.

4 Drehen Sie die Schachtel wieder auf die »richtige« Seite und schaufeln Sie eine 2,5 cm starke Schicht des Zement-Sand-Gemischs auf den Boden. Achten Sie darauf, dass auch die Ecken gefüllt sind.

5 Nehmen Sie eine zweite Schachtel, 2,5 cm kleiner als die erste (wenn Sie die beiden ineinander stecken, sollte rundum eine Lücke von 2,5 cm stehen bleiben). Drehen Sie die kleinere Schachtel um, legen Sie den Maschendraht auf den »Boden« und stanzen Sie mehrere Holzdübel durch den Karton und den Maschendraht, um Abzugslöcher einzubringen.

6 Nehmen Sie die Dübel heraus, drehen Sie den Maschendraht wieder auf die rechte Seite (die Löcher müssen passen, wenn die kleinere Schachtel hinzukommt) und legen Sie ihn in die größere Schachtel auf das Zement-Sand-Gemisch. Geben Sie nun eine weitere 2,5 cm starke Schicht des Zement-Sand-Gemischs hinzu.

7 Stellen Sie die kleinere Schachtel in die größere und stecken Sie die Dübel durch die Löcher.

8 Messen Sie die Seiten der inneren Schachtel und schneiden Sie vier weitere Stücke Maschendraht zu, die etwas über die Seiten hinausragen sollten. Stecken Sie den Maschendraht in die Lücken zwischen den beiden Schachteln, ohne dass dieser über den Rand hinausstehen sollte.

9 Stellen Sie Backsteine in die innere Schachtel, um zu verhindern, dass die Seiten zusammenbrechen und stützen Sie die äußere Schachtel mit zusätzlichen Backsteinen.

10 Geben Sie noch mehr Zement-Sand-Gemisch in die Lücke zwischen den beiden Schachteln; schieben Sie das Gemisch mit einem Dübel in die Ecken.

11 Sobald die Mischung den oberen Seitenrand der größeren Schachtel erreicht hat, decken Sie den »Trog« mit einem Stück Plastikfolie ab.

12 Lassen Sie das Material zwei bis drei Tage durchhärten, bevor Sie den Karton im Umkreis der Seiten des Trogs abziehen, und entfernen Sie die innere Schachtel. Nach einer Woche können Sie die Dübel herausdrücken.

Tröge oder Schalen mit Steingartengewächsen bepflanzen

Die Pflanzgefäße müssen über ein Abzugsloch verfügen, das mit Terrakottascherben abgedeckt wird, um zu verhindern, dass das Erdsubstrat herausfällt.

1 Mischen Sie Aussaaterde zu gleichen Teilen mit Sand. Füllen Sie den Trog bis 5 cm unterhalb des Rands; dieser Gießrand erleichtert das Wässern.

2 Wässern Sie die Steingartenpflanzen gründlich, bevor Sie sie aus den Töpfen nehmen.

3 Setzen Sie die Steingartenpflanzen in den Trog, indem Sie sie mit den Fingern andrücken.

4 Geben Sie eine Schicht groben Splitt, gebrochene Schieferplatten oder Steinsplitt hinzu, um das Gefäß abzudecken. Wässern Sie gründlich.

Links: Tröge auf Backsteinsockeln bringen das Arrangement auf Augenhöhe.

Düngen und Wässern

Pflanzen in Töpfen sind auf regelmäßiges Düngen und Wässern angewiesen, zumal ihnen die Möglichkeit fehlt, ihren Wurzeln zu signalisieren, dass diese sich, wie die Pflanzen in der Natur, selbst um Feuchtigkeit und Nährstoffe zu kümmern haben. Informieren Sie sich, welche individuellen Erfordernisse jede Pflanze hat, und wässern Sie sie dementsprechend. Empfindliche Pflanzen bevorzugen lauwarmes Wasser und reagieren höchst unwillig auf kalte Duschen! Während der Wachstumsperiode müssen die meisten Pflanzen regelmäßig gewässert werden, sobald die Oberfläche des Erdsubstrats auszutrocknen beginnt; nur im Winter kann das Gießen auf ein Minimum reduziert werden, solange das Erdsubstrat nur leicht feucht bleibt. Wenn ich hier explizit von den meisten Pflanzen spreche, dann liegt es daran, dass es nicht immer zutrifft – ein Grund mehr, sich um die individuellen Ansprüche jeder Pflanze zu kümmern. Wässern Sie die in Töpfen eingesetzten Pflanzen gründlich, bis sie richtig vollgesogen sind, und das Wasser durch die Abzugslöcher austritt.

Mischen Sie beim Pflanzen einen Depot-Dünger unter das Erdsubstrat. Topfen Sie Solitärpflanzen alle zwei bis drei Jahre um, bevor der Container total durchwurzelt ist. Falls erforderlich, sollten Sie ein Drittel der Wurzeln kappen, bevor Sie die Pflanze neu eintopfen. In der Zwischenzeit nehmen Sie jedes Frühjahr die obersten 5 cm des Erdsubstrats ab und ersetzen dieses durch eine Mischung aus frischer Erde und einem Depot-Dünger. Eine alte Gabel aus der Küche ist dafür übrigens bestens geeignet.

Wenn die Pflanzen zu alt oder zu groß sind, um umgetopft zu werden, sollten Sie ihnen regelmäßig einen Flüssigdünger verabreichen und sie, sobald erste Anzeichen von Stress sichtbar werden, entweder in den Garten auspflanzen oder sie noch einmal vermehren, um von Neuem anzufangen. Orientieren Sie sich grundsätzlich an den Bedürfnissen der Pflanze, bevor Sie sich ans Umtopfen machen – *Clivia* und *Cymbidium* beispielsweise profitieren von beschränktem Wurzelraum (Blumentopfeffekt).

Eine Solitärpflanze eintopfen

1 Geben Sie eine Schicht Dränage-material auf den Boden des Topfs – je nach Größe des Gefäßes sollten es schon 5 bis 7 cm sein.

4 ... und ziehen Sie die Wurzeln nach außen.

2 Geben Sie nun lagenweise Topf-erde darüber und drücken Sie diese mit den Fingern an.

5 Stellen Sie die Pflanze in die Mitte des Topfs, füllen Sie ihn im Umkreis der Seiten mit Erde auf und drücken Sie die Erde mit den Fingern oder einem Stock oder Dübel an.

3 Das Erdsubstrat sollte nur so hoch sein, damit noch ausreichend Platz zum Gießen bleibt, wenn die Pflanze eingetopft ist. Wässern Sie die Pflan-ze ausgiebig, lassen Sie das Wasser abfließen und heben Sie sie dann aus ihrem Top über das neue Gefäß ...

6 Bedecken Sie die Oberfläche mit einer dekorativen Mulchschicht, um die Feuchtigkeit zu halten; je nach Größe des Topfs sollte sie 2,5 bis 5 cm stark sein.

Zwiebelblumen lagenweise pflanzen

Auf diese Weise lässt sich der Frühling erfreulich verlängern.

1 Je nach Größe des Topfs wählen Sie mindestens zwei verschiedene Zwiebelblumen-Arten, die wie Narzissen und Tulpen nacheinander blühen. Geben Sie eine 2,5 cm hohe Schicht Dränagematerial auf den Topfboden.

2 Bedecken Sie diese mit einer Schicht Blumenerde, der Sie 20 Prozent Perlit oder Sand beigeben, um die Dränage zu verbessern (5 bis 7,5 cm hoch).

3 Zwiebelblumen sollten dreimal tiefer als sie groß sind gepflanzt werden, was bedeutet, dass die größeren Zwiebeln die unterste Lage bilden. Gruppieren Sie diese in etwa 1 cm Abstand auf dem Erdsubstrat.

4 Füllen Sie die Lücken zwischen den Zwiebeln mit Erde und lassen Sie die Spitzen herausschauen.

5 Setzen Sie nun die nächste Lage Zwiebeln in die Lücken.

6 Füllen Sie bis etwa 2,5 cm unterhalb des Rands mit Erde auf, wässern Sie ausgiebig und beschriften Sie den Topf, damit Sie nicht vergessen, worauf Sie sich freuen dürfen.

Obstgehölze in Kübeln und Trögen

Ob Aprikosen, Feigen, Äpfel oder Nektarinen, Obstgehölze eignen sich ausgezeichnet für die Topfkultur, zumal man die Bäume oder Sträucher auf diese Weise bestens vor ungünstigen Witterungseinflüssen schützen und genau auf die ihnen entsprechenden Wachstumsbedingungen eingehen kann. Manche profitieren von einem ganzjährigen Platz im Gewächshaus, was sie mit früheren und hochwertigeren Früchten danken, während andere nur im Winter im Haus bleiben und nach zwei- bis dreiwöchigem Abhärten den Sommer als Solitär auf der Terrasse verbringen. Bei der Auswahl von Obstgehölzen empfiehlt es sich, auf Bäume mit zwergwüchsiger Unterlage zurückzugreifen.

Die Container-Kultur früherblühender Obstgehölze wie Aprikosen und Pfirsiche unter Glas schützt die Blüten vor Kälte und die Blätter vor Kräuselkrankheit. Die Bestäubung muss allerdings »von Hand« erfolgen (s. Seite 288–289). Die späterblühenden Arten können durch Insekten bestäubt werden, denn zu dieser Zeit sind die Fenster und Türen des Gewächshauses bereits geöffnet. Wenn Sie aber auf eine sichere Ernte zählen wollen, empfiehlt es sich womöglich doch, sie von Hand vorzunehmen. Ich ziehe in meinem Garten ein Apfelbäumchen der Sorte 'Calville Blanc d'Hiver', dessen Früchte einen köstlichen Apfelkuchen ergeben. Traditionell wurde dieser bei den Viktorianern beliebte Apfel vor einer geschützten Mauer oder im Kübel unter Glas gezogen. Äpfel und Birnen erfordern Pollen von anderen kompatiblen Sorten, die zur gleichen Zeit blühen.

Blaubeeren, Preiselbeeren und deren Verwandte, die alle sauren Boden bevorzugen, auf Torfkultursubstrat gedeihen und auf einen pH-Wert von 4 bis 5,5 in gut durchlässigem Erdsubstrat angewiesen sind, eignen sich gut für die Container-Kultur, obwohl für einen zufriedenstellenden Fruchtbehang zwei bis drei Pflanzen erforderlich sein dürften. Die Pflanzen sollten mit Holzschnitzeln gemulcht und mit Regenwasser gegossen werden.

Ein Topfsubstrat mit leicht saurem pH-Wert ist für Beerensträucher gut geeignet, während sich ein mit Dünger angereichertes Produkt mit einem Tonpräparat für Bäume bewährt hat. Alkalischen Boden bevorzugendes Steinobst profitiert von einer einmal im Jahr verabreichten Gabe Nitro-Kalk.

Stachelbeeren und Weiße oder Rote Johannisbeeren können als dekorative Halbstämmchen im Kübel an der Eingangstür einen ansprechenden Blickfang bilden. Man wird ihren Vorzügen allerdings eher gerecht, wenn man sie als Zierpflanzen und weniger als Ertragspflanzen betrachtet.

Weil Feigen im Ruf stehen, schier den ganzen Garten für sich zu beanspruchen, ist die Topfkultur eine gute Möglichkeit, übermäßiges Wachstum einzudämmen. Terry Red, der sich in seinem Gartenbetrieb auf Feigen spezialisiert hat, hat mir als eine der besten Sorten *Ficus carica* 'Rouge de Bordeaux' empfohlen. *F. c.* 'White Marseilles' ist bekannt für ihre Süße und *F. c.* 'Osborn's Prolific' besticht durch ihr unglaublich süßes und sirupartig intensives, goldenes Fruchtfleisch. Feigen in Töpfen sollten einmal wöchentlich vom späten Frühjahr bis zur Ernte mit einem vermehrt mit Kalium angereicherten Dünger versorgt werden. Brechen Sie die Triebspitzen nach vier bis fünf Blättern aus und topfen Sie die Pflanzen im Frühjahr um.

Aprikosen, die auf 'Pixie', einer Zwerg-Unterlage veredelt sind, eignen sich gut für die Topfkultur. Zwei neue Sorten, *Prunus armeniaca* 'Tomcot' und *P. a.* 'Flavourcot' blühen üppig und können sich durchaus mit altbewährten Sorten wie *P. a.* 'Moorpark' messen.

Auch Weinreben fühlen sich in Töpfen wohl. Viktorianische Obergärtner pflegten sie in Töpfen in der Mitte der großen Tafel aufzustellen, sodass die Trauben direkt vom »Stock« gepflückt werden konnten. Man beginnt mit einjährigen Stecklingen, die in 30- bis 45-cm-Töpfe gesetzt werden; die Triebe werden um eine Art flachen Rahmen erzogen, wie er auch als Stütze für Rosen-Trauerformen verwendet wird. Sobald der Wein den Rahmen überzogen hat, wird er eingebunden. Gewähren Sie ihm im ersten Jahr zwei Trauben und im zweiten und späteren Jahren lediglich eine Traube pro Sporn im Abstand von 30 cm.

Behandeln Sie Obstgehölze in Busch- oder Baumform als Solitärpflanzen und wechseln Sie jedes Jahr im Frühling die oberste Erdschicht aus.

Die meisten Erdbeerkübel sind zu klein für die Kultur von Erdbeeren; man zieht sie deshalb besser in Beeten oder Rabatten.

Zitrusgewächse entfalten im Garten mediterranes Flair.

Gemüse und Kräuter im Topf

Auch Gemüse lässt sich im Topf ziehen, obwohl tiefwurzelnde Arten wie Pastinaken, Kulturen mit langer Vegetationszeit wie Rosenkohl oder andere, die, wie Kürbisse, sehr viel Platz erfordern, schon eine Herausforderung bedeuten. Am besten eignen sich für Töpfe rasch wachsende Sommerkulturen wie Gartenbohnen, Paprika, Zucchini, Tomaten, Frühlingszwiebeln, Rote Bete, Karotten, Weiße Rüben, Kopf- und Pflücksalate oder Sämlingskulturen. Die meisten werden in Töpfen, Saatschalen und Anzuchtsmodulen vorgezogen und später umgepflanzt.

Gemüsearten, die unter Glas in Töpfen ausgesät werden, sind wesentlich früher erntereif als jene, die unmittelbar ins Freiland gesät werden. Gartenbohnen können in einem beheizten Gewächshaus im ausgehenden Winter gesät und im späten Frühjahr und frühen Sommer geerntet werden, ebenso Salate im späten Herbst, die im Winter geerntet werden. Dekorative Gemüsearten stellen in Töpfen eine Zierde dar. Warum also nicht das Wagnis eingehen und sie als attraktive Sommerbepflanzung präsentieren? Die Wirkung ist immer wieder überraschend. Ein sehr schönes Arrangement bilden Kopfsalat, Karotten und aufstrebende Frühlingszwiebeln mit karmesinroten 'Tumbler'-Tomaten und Rote Bete sowie Mangold 'Bright Lights'. Noch spektakulärer wirkt eine Kombination aus Gemüse, Blumen und Kräutern. 'Pickwick', eine rotblühende buschige Feuerbohne erfordert keine Stütze und macht sich als Solitärpflanze im Topf ebenso gut wie die kleinen Erbsen der Sorte 'Half-pint', Radieschen und Salate. Gemüse wie Auberginen und Gartenbohnen wirken ausgesprochen dekorativ, insbesondere die gesprenkelte lavendelfarbene Aubergine 'Listade de Gandia' und die dunkel purpurvioletten Schoten der Gartenbohne 'Purple Teepee'. Gemüse in Töpfen muss regelmäßig gewässert und zweimal wöchentlich mit einem Flüssig-Universaldünger gedüngt werden, bis sich die Pflanzen etabliert haben; danach erhalten sie einmal wöchentlich einen mit Kalium angereicherten Dünger, um die Schoten- oder Fruchtentwicklung zu fördern. Stellen Sie sicher, dass die Töpfe an einem sonnigen Standort stehen, und drehen Sie sie von Zeit zu Zeit, damit sie gleichmäßig wachsen. Ernten Sie regelmäßig, um die Blüten-, Frucht- oder Blattbildung auszudehnen und deren dekorativen Charakter zu erhalten. Bei der Auswahl von Töpfen für Gemüse sollten Sie vor allem darauf achten, dass genügend Platz für die Wurzeln vorhanden ist. Viele der hier erwähnten Gemüsearten gedeihen ebenso gut im Blumenkasten; angesichts des beschränkten Raumangebots darf man sie allerdings nicht zu dicht setzen. Wenn Sie Gemüse aus Samen anziehen, sollten Sie die Pflanzen sachgemäß abhärten, bevor Sie sie, sobald kein Frost mehr droht, ins Freiland aussetzen.

Kleinwüchsige Kartoffeln lassen sich in 30 bis 45 cm großen Töpfen in Einheitserde anziehen und sind somit praktisch vor Schnecken geschützt. Frühkartoffeln wie die Sorte 'Rocket' sind dafür gut geeignet. Manche Samenhandlungen bieten Kartoffeln im Spätsommer an, die, in Töpfen kultiviert, an Weihnachten das Festtagsessen bereichern, vorausgesetzt, sie werden an einem frostfreien Ort oder im Gewächshaus gezogen.

Kräuter wie Thymian und Majoran, die in sonnigen mediterranen Klimaten gedeihen, können einzeln in kleinen Töpfen gezogen werden und benötigen nur wenig Wasser. Die meisten Kräuter bevorzugen einen windgeschützten Standort und profitieren von etwas Sonne – Frostlöcher und Windschneisen eignen sich nicht für Kräuter. Rasch wachsende Pflanzen wie Petersilie fühlen sich in tiefen Gefäßen am wohlsten, denn wo der Wurzelraum zu stark eingeschränkt ist, kümmern sie vor sich hin. Rosmarin und Zwerg-Majoran wachsen problemlos in Hängekörben. Minze lässt sich in Töpfen bestens in Zaum halten, während andere größere mehrjährige Kräuter wie Liebstöckel oder Engelwurz besser im Freiland gedeihen.

Schützen Sie langlebigere Kräuterpflanzungen wie etwa Lorbeer im Winter, indem Sie sie in Vlies (Geo-Textil-Membran) einpacken und in eine geschützte Ecke des Gartens oder in einen geschlossenen Raum stellen. Durch Mulchen der Oberfläche mit einer Schicht Kies oder Steinsplitt lässt sich die Verdunstung reduzieren.

Ein schlichter, aber geschmackvoller Behälter unterstreicht die dekorative Wirkung von Schnittlauch und besonders zierenden Grünkohl-Sorten.

Kräuterpflanzung im Erdbeertopf

Erdbeeren gedeihen nicht besonders gut in den Erdbeertöpfen, Kräuter aber umso besser! Um zu gewährleisten, dass der ganze Topf gleichmäßig bewässert wird, sollten Sie der unter Punkt 2 aufgeführten Anweisung folgen. Eine andere Möglichkeit wäre, das Innere einer Küchenpapier-Rolle mit grobem Sand zu füllen, den Topf zu bepflanzen und die Papprolle dann vorsichtig aus dem Erdsubstrat herauszuziehen.

1 Legen Sie die Basis des Pflanzgefäßes mit einer 2,5 cm hohen Schicht Dränagematerial aus.

2 Nehmen Sie ein Plastikrohr mit 2,5 cm Durchmesser, schneiden Sie es so zurecht, dass es lang genug ist, um vom Topfboden bis knapp über die oberste Lage Erdsubstrat zu reichen, und bohren Sie Löcher in die Seiten, damit es sich durchlässig wie ein Sieb erweist. Setzen Sie das Rohr in die Mitte des Pflanzgefäßes.

3 Füllen Sie die untere Hälfte des Gefäßes mit Topfsubstrat und grobem Sand und drücken Sie dieses im Umkreis des Rohrs fest, bis die Erde zum unteren Rand des tiefsten Pflanzlochs reicht.

4 Je nach Größe des Wurzelballens drücken Sie die Kräuter von außen durch das Pflanzloch ...

5 ... oder (noch besser) wickeln das Blattwerk in die Folie eines alten Düngersacks und »fädeln« das Kraut von innen durch das Pflanzloch.

6 Bauen Sie eine weitere Lage Erde auf und verfahren Sie wie zuvor erklärt. Füllen Sie den Behälter mit Erde bis wenig unterhalb des Rohrendes.

7 Füllen Sie das Rohr mit Kies.

8 Stellen Sie den Topf an eine sonnige Stelle und drehen Sie ihn von Zeit zu Zeit, damit die Pflanzen gleichmäßig wachsen.

Hängekörbe

Gartencenter und Heimwerker-Märkte bieten inzwischen eine riesige Auswahl an Hängekörben, wobei das Spektrum von zeitgemäßen bis zu traditionellen Varianten reicht. Die herkömmlichen Formen haben in den letzten Jahren bemerkenswerte Verbesserungen erfahren. Viele bestehen nun aus Kunststoff und sind somit wesentlich leichter; manche verfügen über ein integriertes Wasserspeichersystem, das, an der Basis angebracht, das Gießen erleichtert, während wieder andere in Fächer unterteilt sind, die sich über Scharniere zum Bepflanzen öffnen lassen. Wenn Sie sich für ein traditionelles Design entscheiden, sollten Sie sich vergewissern, dass seitlich ausreichend Platz zum Bepflanzen vorgesehen ist. Viele Hängekörbe erinnern mehr an Ampeln als an Körbe und enthalten weniger Pflanzraum – Puristen lehnen diese zwar meist ab, aber manche wirken, insbesondere im rustikalen Ambiente, ausgesprochen dekorativ. Konische Hängekörbe aus Weide, Seegras oder geflochtenen Blättern sind tiefer als die herkömmlichen Formen und somit ideal für größere Pflanzen mit architektonischem Blattwerk, das die kühne Gestaltung des Gefäßes zusätzlich betont. Andere im traditionellen halbkugelförmigen Design bestehen aus Moos, gedrehten Bananen- und Kokospalmblättern.

Beim Anbringen der Hängekörbe an der Mauer sollten Sie sich vergewissern, dass die Aufhängung stabil genug ist, um das Gewicht des Gefäßes und seinen mit Wasser vollgesogenen Inhalt zu tragen. Es gibt diese Aufhängungen, entsprechend den Größen der Körbe, in unterschiedlichen Stärken, von daher heißt es, die richtige Wahl zu treffen. Es empfiehlt sich auch, die Dicke der Ketten an das jeweilige Gewicht anzupassen, um auszuschließen, dass diese reißen. An einem drehbaren Haken aufgehängt, lässt sich der Korb problemlos von jeder Seite wässern und pflegen, aber auch der gleichmäßige Wuchs fördern. Selbst ausziehbare Systeme sind im Handel erhältlich. Sie lassen sich nach unten ziehen und nach dem Gießen oder Auszupfen wieder auf die ursprüngliche Höhe zurückfahren.

Hängekörbe bepflanzen

Kaufen Sie Ihre Pflanzen möglichst bald, nachdem diese im Gartencenter angeboten werden (Sie haben so auch die größte Auswahl), am besten am Tag der Anlieferung, denn sie sollten nicht zu lange auf den Regalen stehen. Wählen Sie gesunde Pflanzen aus. Wenn die Blätter schon gelb werden, die Pflanzen schwach oder verhungert aussehen und die Wurzeln bereits aus dem Topfboden oder den Anzuchtschalen austreten, sollte man sie lieber stehen lassen, ebenso wenn das Erdsubstrat eingetrocknet ist. Hängekörbe werden mit einer Mischung aus Universal-Blumenerde und mit Blähton durchsetztem Substrat gefüllt, um Gewicht zu sparen. Wenn Sie ein Gewächshaus

Kapuzinerkresse erfreut uns mit essbaren Blättern, Blüten und Samenständen.

besitzen, können Sie Ihre Hängekörbe schon frühzeitig bepflanzen und sie in der Wärme halten, bis sich die Pflanzen richtig etabliert haben. Brechen Sie die Triebspitzen aus und entfernen Sie die Blüten, damit sich die gesamte Energie der Pflanzen auf das neue Wachstum konzentriert – bessere Startchancen können Sie ihnen nicht bieten.

Gewöhnen Sie die Pflanzen allmählich an die Bedingungen im Freien, indem Sie sie anfangs tagsüber zwei Wochen lang an einer geschützten Stelle im Garten halten, um sie abzuhärten, bevor Sie sie, sobald kein Frost mehr droht, dauerhaft im Freien lassen. Wenn Sie kein Gewächshaus besitzen, sollten Sie warten, bis es etwas wärmer ist, und die Hängekörbe zunächst an einem geschützten Ort halten, bis die Pflanzen richtig eingewurzelt sind. Orientieren Sie sich an der Wettervorhersage, denn noch können Spätfröste drohen.

Scheuen Sie sich nicht, bei der Bepflanzung von Hängekörben zu experimentieren und Blattpflanzen an Stelle von Blütenpflanzen einzusetzen oder Zimmerpflanzen, Kräuter oder Gemüse, immer vorausgesetzt, dass sie sich für den Standort eignen. Lobelien, Fleißige Lieschen, Fuchsien und Farne blühen im Schatten; *Helichrysum*, Pelargonien und Petunien bevorzugen Sonne, wobei die meisten Pflanzen ein breites Spektrum an Bedingungen tolerieren.

Hängekörbe wirken am schönsten, wenn Sie farblich fein abgestimmt sind. Sie sollten schließlich nicht unangenehm ins Auge fallen.

Halten Sie die Augen offen, ob sich nicht etwa eine grell kirschrote Petunie in einen Korb voll pastellfarbener Blüten eingeschlichen hat, und nehmen Sie sie gleich zu Beginn heraus. Wie oft werden sie einfach stehen gelassen, obwohl sie zum Bedauern des Besitzers einen Sommer lang das Arrangement verderben, was durchaus nicht sein müsste!

Wässern und Düngen von Hängekörben

Die günstigste Gießzeit für Hängekörbe ist der frühe Morgen, denn so sind die Pflanzen gut vorbereitet für den bevorstehenden Tag. In der Sommerhitze benötigen die Pflanzen reichlich Wasser; dies aber heißt, sowohl mittags als auch abends noch einmal nach ihnen zu schauen. Universal-Blumenerde lässt sich nicht so leicht wieder durchfeuchten, wenn sie erst einmal ausgetrocknet ist. Wässern Sie also regelmäßig.

Es hat sich bewährt, ein Topfpflanzen-Arrangement unter den Hängekorb zu stellen, das die Tropfen auffängt, bevor das überschüssige Wasser einfach davonläuft. Die beste und sicherste Art, einen Hängekorb zu wässern, ist ein Spritzrohr, da das Wasser auf diese Weise direkt in die Mitte des Korbs gelangt und keine Gefahr besteht, dass nur das Laub und die Blüten benetzt werden, was Schäden und Krankheiten zufolge haben kann.

Ein Spritzrohr können Sie leicht auch selbst herstellen, indem Sie einen Schlauch an einem Bambusstock befestigen und das Ende des Schlauchs 15 cm überhängen lassen, um einen flexiblen Wasserspender zu erhalten. Dies ist auf jeden Fall wesentlich sicherer als auf einer Leiter zu stehen und mit der Kanne zu wässern; wo es nicht anders machbar ist, sollten Sie zumindest dafür sorgen, dass die Leiter einen stabilen Stand hat und die Kanne möglichst leicht ist. Füllen Sie sie nur mit so viel Wasser, wie Sie ohne etwas zu riskieren tragen können. Es fällt leichter, von einer hohen Trittleiter aus die Kanne auf Armlänge zu halten als über Kopfhöhe zu gießen versuchen. Ideal ist ein Bewässerungssystem, denn es erspart Zeit und Mühe und wässert wesentlich effektiver.

Pflanzen in Hängekörben müssen regelmäßig gedüngt werden, denn es sind gar viele Wurzeln, die sich auf engstem Raum zusammendrängen. Wenn die Pflanzen sich etabliert haben, kann man in einem Arbeitsgang wässern und düngen, indem man eine Patrone mit löslichem Dünger zwischen dem Ende des Schlauchs und der Multi-Funktionsbrause anbringt. Sie können aber auch eine leichte Gießkanne verwenden oder dem Erdsubstrat einen Depotdünger zusetzen. Beginnen Sie mit einem Universaldünger und gehen Sie, sobald die Pflanzen richtig eingewurzelt sind, zu einem mit Kalium angereicherten Dünger wie Tomatendünger über, den Sie einmal pro Woche verabreichen, um die Blütenbildung anzuregen. Brechen Sie Verwelktes regelmäßig aus, um die Lebensdauer des Arrangements zu verlängern, und achten Sie auf Anzeichen von Schädlingen oder Krankheiten.

Zehn ungewöhnliche Ideen für Hängekörbe (»hanging baskets«)

● An einer geschützten Stelle, an der Ihre Pflanzen weitgehend vor ungünstigen Witterungsverhältnissen verschont bleiben, können Sie ein Winter- oder Frühlingsarrangement mit Zwiebelblumen, Heidekraut und Stiefmütterchen, kombiniert mit Immergrünen wie Efeu, *Euonymus* oder *Santolina* ausprobieren.

● Im Frühling stellen Sie kleine Töpfe mit Zwiebelblumen in Hängekörbe. Diese lassen sich herausnehmen und nach dem Verblühen durch neue Pflanzen ersetzen. So wirkt die Bepflanzung immer frisch.

● Im Herbst verwenden Sie Stecklinge von Sträuchern als farbigen Blatt-, Trieb- und Beerenschmuck. Diese lassen sich später dann zum Reifen in den Garten pflanzen.

● Pflanzen Sie im Sommer Salate – Kopfsalat mit violettroten Rändern und Mangold mit leuchtend roten Stielen kommen mit Tomaten (empfehlenswert: die Sorte 'Tumbler') oder Kräutern sehr schön zur Geltung. Ernten Sie, solange die Früchte noch klein sind, um eine kontinuierliche Blüten-, Frucht- und Blattbildung sicherzustellen.

● Heften Sie zwei Körbe mit Draht zu einer Kugel aneinander, die sich mit Sukkulenten füllen oder mit Grassamen aussäen lässt; eine Graskugel wirkt sehr interessant.

● Im Frühling empfehlen sich Wildpflanzen wie Primeln und Schlüsselblumen.

● Pflanzen Sie Beetpflanzen wie Zweizahn (*Bidens ferrulifolia*) oder purpurviolette Petunien. Beschränken Sie sich pro Korb auf jeweils eine Sorte.

● Kombinieren Sie Erdbeeren mit Tomaten. Hängen Sie den Korb an die hintere Haustür; mit einer Ausziehmechanik versehen, lässt er sich leicht pflegen und ernten.

● Integrieren Sie Hängekörbe auch im Haus; über der Badewanne wirken Hängepflanzen sehr dekorativ.

● Verwenden Sie Zimmerpflanzen wie *Syngonium* oder *Begonia rex*, um ein tropisches Sommerarrangement zu schaffen.

Greifen Sie ruhig zu!

Körbe erfordern viel Wasser, regelmäßiges Auszupfen und nicht zu viel Sonne.

Verjüngungskur für Pflanzen in Hängekörben und Ampeln

Gegen Ende des Sommers sind Hängekörbe und Ampeln oft regelrecht »ausgebrannt«. Die Blüten verblassen und die Pflanzen sind trotz bester Pflege erschöpft, nachdem sie sich mit anhaltender Blütenpracht doch reichlich verausgabt haben. Dennoch kann man ihnen für ein glänzendes »Finale« noch einen letzten Energieschub verpassen. Kürzen Sie sie mit der Schere leicht ein, um die Blüten und eventuell vorhandene Samenstände, die übersehen wurden, zu entfernen, denn die Samenproduktion schwächt die Pflanzen und hindert sie am Blühen. Schauen Sie sich den Korb genau an, um die letzten Blüten sowie welke oder erkrankte Triebe systematisch auszuzupfen, und überprüfen Sie die Bepflanzung auf Schädlinge und Krankheiten.

Wenn das Erdsubstrat trocken ist, tauchen Sie den ganzen Korb in einen großen Eimer Wasser oder eine Wassertonne, um ihn gründlich durchzuweichen. Wenn Sie unzufrieden sein sollten mit Ihrem Arrangement, überlegen Sie sich, warum. Machen Sie sich Notizen für das kommende Jahr, sei es, dass Sie einen größeren Korb gebraucht hätten oder ein Depot-Dünger erforderlich gewesen wäre. Schreiben Sie sich auf, welche Pflanzen sich bewährt haben und machen Sie sich diese Informationen im folgenden Jahr zunutze.

Am Schluss nehmen Sie den Korb oder Topf aus dem sengenden Sonnenlicht und düngen mit einem vermehrt stickstoffhaltigen Dünger, um den Pflanzen einen Energieschub zu verpassen. Sobald diese erneut zu wachsen beginnen und die Pflanzen wieder Kraft geschöpft haben, können Sie auf eine vermehrt Kalium enthaltende Düngung »zurückfahren«. Nun brauchen Sie sich nur noch zurücklehnen, um die neue Blütenpracht zu genießen.

Einen Hängekorb mit Vlies auskleiden und bepflanzen

Es gibt eine ganze Reihe flexibler Stoffe und anderer natürlicher wiederverwerteter und verwertbarer Materialien, mit denen sich Hängekörbe auskleiden lassen. Sehen Sie aus Umweltschutzgründen von der Verwendung besonders geschützter Arten wie Sphagnum-Moos ab. Hängekörbe mit »festen« Wänden aus Keramik oder gewobenen Materialien, die mit Kunststoff ausgeschlagen sind, können nur von oben bepflanzt werden. Viele verfügen aber über den Vorteil eines eingebauten Wasserspeichers, der das Erdsubstrat vor zu raschem Austrocknen schützt.

1 Lösen Sie die Ketten und stellen Sie den Korb in der Ihnen entsprechenden Arbeitshöhe sicher auf einen Eimer oder Blumentopf.

2 Falls Sie Sisal, Moos oder ein ähnliches »Futter« verwenden, sollten Sie nur den halben Korb ausschlagen. Andere Materialien werden an Ort und Stelle eingesetzt, um zu verhindern, dass die Pflanzen herausfallen. Wenn Sie Schwarzfolie verwenden, schneiden Sie vorsichtig Löcher für die Bepflanzung in die Seiten.

3 Drücken Sie das »Moos« leicht an, und vergewissern Sie sich, dass es gleichmäßig verteilt ist.

4 Schneiden Sie aus einem Kompost- oder Abfallsack aus Kunststoff einen Kreis mit etwa 15 cm Durchmesser aus. Legen Sie ihn auf den Grund des Korbs, damit das Wasser nicht einfach hindurch fließt.

7 Füllen Sie den Korb mit Erdsubstrat, aber lassen Sie zum Wässern mindestens 4 cm Platz zwischen Erde und oberem Rand. Setzen Sie Ihre Star- pflanze in die Mitte und drücken Sie sie vorsichtig mit den Fingerspitzen an.

5 Mischen Sie einen Depot-Dünger unter das Erdsubstrat und füllen Sie den Korb bis zur Hälfte. Oder ver- wenden Sie Universalerde und mit 20 Prozent Blähton (Perlit) durch- setzte Erde.

8 Füllen Sie den Rest des Korbs dann mit weiteren Pflanzen.

6 Zur Auswahl steht eine breite Palet- te von Körben. Bei Körben mit großen Löchern können Sie die Pflanzen einfach mit dem Wurzelballen durch die Lücken in das Erdsubstrat setzen. Bei Körben mit kleinen Löchern um- wickeln Sie das Laub mit einem Strei- fen Plastikfolie von einem Düngersack und führen die Pflanze vorsichtig durch das Innere, um zu verhindern, dass der Wurzelballen Schaden nimmt. Wenn Sie Moos verwenden, kleiden Sie den Korb erst vollends aus, wenn die Pflanzen bereits an Ort und Stelle sind. Drücken Sie das Moos im Umkreis der Pflanzen leicht an. Achten Sie bei Draht- oder Plastik- körben darauf, dass die Basis üppig mit Pflanzen bedeckt ist. Der Korb sollte sich überbordend bewachsen zeigen, denn nichts wirkt desillusio- nierender als Hängekörbe mit kahlem Boden.

9 Hängen Sie den Korb an Ort und Stelle auf und wässern Sie ihn vor allem ausgiebig (das ist ganz wichtig)! Hängekörbe müssen jeden Tag mit Wasser versorgt werden, an heißen Sommertagen gar zweimal am Tag, morgens und abends. Düngen Sie regelmäßig, denn es sind schließlich eine ganze Menge Wurzeln, die sich auf engstem Raum zusammendrän- gen. Brechen Sie die Blüten aus, bis sich die Pflanzen etabliert haben.

Register

Dank an die Fotografen

Alle Schritt-für-Schritt-Fotofolgen stammen von Mark Winwood.

Weitere Fotografen
JB: Jonathan Buckley
BF: Bob Flowerdew
GPL: Garden Picture Library
JS: John Swithinbank
MW: Mark Winwood

Vorwort und Einführung
Seite 1 GPL/Leigh Clapp (La Casella, Frankreich)
Seite 2/3 GPL/Steven Wooster (Design Ivan Hicks)
Seite 4/5 JB (Design Simon Hopkinson)
Seite 6 JB (Design Frances Denby)
Seite 8 JB
Seite 9 JB
Seite 11 JB (Design Veronica Cross)

Kapitel 1
Seite 15 JB (Design Joe Swift/The Plant Room)
Seite 16 JB (Design Christopher Lloyd)
Seite 17 beide JB
Seite 18 (oben links) JB
Seite 19 (oben) JB (Design Mhairi Clutson); (unten) JB
Seite 20 JS
Seite 21 JB (Design Sarah Raven)
Seite 22 Harald Jahn/Corbis (Haus entworfen von
 Friedrich Hundertwasser, Wien, Österreich)
Seite 23 JB (Design Wendy & Leslie Howell)
Seite 24 JB
Seite 25 GPL/Marie O'Hara
Seite 26 Bill Ross/Corbis
Seite 27 GPL/John Glover
Seite 28 GPL/NouN
Seite 29 JB (Design Sarah Raven)
Seite 31 GPL/David Dixon (RHS Chelsea Flower Show 2005;
 Design Stephen Hall)
Seite 32 (links) Naturepl/Bernard Castelein; (rechts) GPL/Ron Evans
Seite 33 (oben) Naturepl/Dietmar Nill; (unten) Naturepl/Geoff Dore
Seite 34 JB (Design Carol & Malcolm Skinner)
Seite 36 JB (Design Helen Yemm)
Seite 37 (oben) GPL/Mark Bolton; (unten) JB
Seite 39 JB (Design Beth Chatto)
Seite 40 (oben) JB (Design Christopher Lloyd); (unten) JB (Design Sue
 & Wol Staines)
Seite 41 JB (Design Christopher Lloyd)
Seite 42 JB (Design Christopher Lloyd)
Seite 44 GPL/Linda Burgess
Seite 45 JB (Design Beth Chatto)
Seite 47 GPL/John Glover
Seite 48 JB (Design Alan Titchmarsh)
Seite 49 JB

Kapitel 2
Seite 51 Derek St Romaine (RHS Chelsea Flower Show 2002:
 A Celtic Sanctuary; Design Mary Reynolds)

Seite 54 GPL/Brigitte Thomas
Seite 56 Caroline Hughes (Hildegard Holt's Garten)
Seite 57 GPL/Leigh Clapp
Seite 60 GPL/Michael Paul (St Remy de Provence, Frankreich)
Seite 63 GPL/Steven Wooster (The Enchanted Forest; Design Ivan Hicks)
Seite 65 JB (Design Helen Yemm)
Seite 66 GPL/Clive Boursnell
Seite 69 Clive Nicholls (Design Andrew & Karla Newell)
Seite 72 beide MW
Seite 73 JB (Design Sue & Wol Staines)
Seite 74 (links) GPL/Sunniva Harte; (rechts) JB (Design Sue & Wol Staines)
Seite 75 GPL/Sunniva Harte
Seite 78 GPL/Lynn Keddie (Mill House, Wiltshire)
Seite 80 JB (Design Maureen Sawyer)
Seite 81 (oben links) GPL/Pernilla Bergdahl (RHS Gardens, Wisley); (Mitte)
 GPL/Howard Rice (Bressingham Garden); (oben rechts) GPL/Didier Willery;
 (unten rechts) MW
Seite 86 JB (Design Helen Yemm)
Seite 88 alle GPL: (von oben links) John Glover; François de Heel;
 Ron Sutherland (Design Michele Osborne); Howard Rice; Sunniva Harte
Seite 92 JB (Design June Streets)
Seite 93 GPL/Gerard Liston
Seite 94 (oben links) GPL/Howard Rice
Seite 96 GPL/Howard Rice
Seite 97 GPL/Le Scanff Mayer
Seite 98 GPL/Rich Pomerantz
Seite 99 GPL/Jason Ingram (Elworthy Cottage, Taunton)
Seite 100 JS
Seite 101 MW
Seite 102 (links) JS; (rechts) JB (Design Christopher Lloyd)
Seite 103 (links) JB (Design Alan Titchmarsh); (rechts) JB (Design Sarah Raven)
Seite 104/105 GPL/Marie O'Hara

Kapitel 3
Seite 107 JB (Design Sarah Raven)
Seite 110 JB (Design Helen Yemm)
Seite 112 JB (Design Helen Yemm)
Seite 113 JB
Seite 115 GPL/John Glover
Seite 116 JB (Design Helen Yemm)
Seite 117 beide JB (Design Helen Yemm)
Seite 118 GPL/Kathy Collins
Seite 119 JB

Kapitel 4
Seite 121 GPL/Michael Howes
Seite 122 GPL/John Glover
Seite 124 JB (Design Alan Titchmarsh)
Seite 125 (oben) GPL/J S Sira; (unten) JB (Design Veronica Cross)
Seite 127 JB (Spencer Road)
Seite 129 JB (Design Sue & Wol Staines)
Seite 130 MW
Seite 133 (links) GPL/David Cavagnaro; (rechts) GPL/Sunniva Harte
Seite 134 GPL/David Cavagnaro
Seite 135 JB (Design Sue & Wol Staines)
Seite 136 BF
Seite 137 JB
Seite 138 BF
Seite 143 MW